21世纪高等院校教材·法学系列

环境资源法学

吕忠梅　高利红　余耀军　编著

科学出版社
北京

内 容 简 介

本书分为导论和上、中、下篇四个部分。导论部分主要对环境资源、环境问题和环境资源法进行了简单的介绍；上篇是环境法的价值定位和环境权；中篇为法律制度篇，用五章的篇幅详细介绍了环境资源的基本法律制度；下篇用三章的篇幅简要介绍了我国的污染控制立法、资源保护立法和国际环境资源法的基本理论。

本书可作为法学、环境管理、资源保护专业的硕士研究生、法学本科生，也可以作为环境资源行政管理、执法和司法部门工作人员的参考用书。

图书在版编目（CIP）数据

环境资源法学/吕忠梅，高利红，余耀军编著. —北京：科学出版社，2004.9

（21世纪高等院校教材·法学系列）

ISBN 978-7-03-014043-2

Ⅰ. 环…　Ⅱ. ①吕…②高…③余…　Ⅲ. ①环境保护法-法的理论-中国-高等学校-教材②自然资源保护法-法的理论-中国-高等学校-教材　Ⅳ. D922.601

中国版本图书馆CIP数据核字（2004）第077827号

责任编辑：徐　蕊/责任校对：宋玲玲
责任印制：赵　博/封面设计：陈　敬

科学出版社出版
北京东黄城根北街16号
邮政编码：100717
http://www.sciencep.com

北京华宇信诺印刷有限公司印刷
科学出版社发行　各地新华书店经销
*
2004年8月第　一　版　开本：B5（720×1000）
2025年2月第十九次印刷　印张：20 3/4
字数：394 000

定价：52.00元

（如有印装质量问题，我社负责调换）

作 者 简 介

吕忠梅，女，湖北人，法学博士学位，十大青年法学家之一。现为湖北省高级人民法院副院长、中南财经政法大学法学院教授、博士生导师、全国普通高等院校人文社科基地——武汉大学环境资源法研究所学科带头人。在《法学研究》、《中国法学》等刊物发表论文60余篇。代表作：《环境法新视野》（专著），《论公民环境权》、《再论公民环境权》等。

高利红，女，河南洛阳人，副教授，法学博士。现为《法商研究》兼职编辑、《私法研究》和《环境资源法论丛》编辑，中南财经政法大学法学院经济法系主任，环境资源法研究所副所长，环境资源法硕士研究生导师组副组长，中国法学会环境资源法研究会常务理事。主要代表作为：《动物不是物，是什么?》、《环境法的价值定位》、《环境资源法的伦理基础》等。

余耀军，男，河南南阳人，中南财经政法大学法学院副教授，武汉大学环境资源保护法博士研究生，中国法学会环境资源法研究会理事。参加了国家社科基金、司法部、教育部、水利部、教育部人文社科重点基地等课题的研究。其中，水利部项目成果获该部长江水利委员会科技进步一等奖。在《法学》、《法商研究》等学术刊物上发表学术论文十多篇，并多次被人大复印资料、中国社科文摘转载，合著、参编教材数部。

前　言

写一本有特色的环境资源法的教材是我们多年以来的愿望和追求，本书就是我们努力的结果，虽然还存在一些不足，但我们期待读者的批评能让我们进一步完善。本书力图求新但不过于立异、追求体系性但并非不突出重点。具体而言，有如下特点：

1. 理论性强。环境资源法作为一个新兴的部门法，基础理论十分薄弱，这导致既有的教材基本上停留在对现有立法介绍的水平上，未能从理论层面进行较好地分析，从而使知识片段化、破碎化，学生很难在短短一个学期的学习中获得环境资源法的基本理论框架。本书力图克服这一缺陷。

2. 系统分析现有立法的基本制度，将法律制度抽象出来，设专门一篇进行介绍，不仅利于学生学习，也有利于教学。

3. 本书强调环境资源法的法律属性，用规范的法学术语进行表述，既不故作高深，又力求摆脱原有教材大量采用其他学科用语的写作风格，旨在提升环境法的法学品格，这也是我们这个环境法研究群体多年来的学术追求。

本书撰写分工如下：

吕忠梅：第一章、第二章的第二、三、四节，第四章；

高利红：第二章的第一节、第三、五、六、七章；

余耀军：第八、九、十、十一、十二章。

中南财经政法大学环境资源法专业的硕士研究生刘超、刘玉林、陈海嵩、张宝、蔡淑贤等同学参加了本书校订本的校稿工作，在此表示感谢！

目　　录

前言

导　论

第一章　环境资源与环境问题…… 1
第一节　环境资源…… 1
第二节　环境问题…… 5
第二章　环境资源法概述…… 14
第一节　环境资源法的含义…… 14
第二节　环境资源法律关系…… 19
第三节　环境资源法的地位与体系…… 29
第四节　环境资源保护基本法…… 34

上　篇

第三章　环境资源法的价值定位…… 45
第一节　环境资源法的价值观…… 45
第二节　环境资源法的目的…… 52
第三节　环境资源法的基本原则…… 61
第四章　环境权的理论与实践…… 71
第一节　国际人权法的发展…… 71
第二节　环境权的基本理论…… 73
第三节　公民环境权…… 85
第四节　国家环境权…… 99

中　篇

第五章　环境资源综合法律制度…… 113
第一节　源头控制制度…… 113
第二节　过程控制制度…… 126
第六章　自然保护法律制度…… 134
第一节　自然资源权属制度…… 134
第二节　自然资源有偿使用制度…… 139

第三节　自然资源开发禁限制度…… 141
第四节　进出口管制制度…… 143
第五节　自然资源补救制度…… 145
第七章　污染控制制度…… 149
第一节　城市环境综合整治定量考核制度…… 149
第二节　排污申报登记制度…… 150
第三节　污染物排放税费制度…… 152
第四节　现场检查制度…… 155
第五节　限期治理制度…… 158
第六节　防止污染转嫁、转移制度…… 160
第七节　污染事故强制应急制度…… 166
第八章　环境资源责任制度…… 168
第一节　环境资源民事责任…… 168
第二节　环境资源行政责任…… 176
第三节　环境资源刑事责任…… 183
第九章　环境资源纠纷解决制度…… 195
第一节　非诉解决制度…… 195
第二节　环境资源民事诉讼…… 199
第三节　环境资源行政诉讼…… 209
第四节　环境资源刑事诉讼…… 215

下　　篇

第十章　自然保护法…… 218
第一节　自然保护法概述…… 218
第二节　环境要素保护法…… 221
第三节　生物多样性保护法…… 243
第四节　特殊区域保护法…… 250
第十一章　污染防治法…… 264
第一节　污染防治法概述…… 264
第二节　媒介污染防治法…… 265
第三节　污染物质污染防治法…… 281
第十二章　国际环境资源法…… 295
第一节　国际环境资源法概述…… 295
第二节　中国对国际环境资源保护的法律态度…… 318
参考文献…… 322

导论

第一章 环境资源与环境问题

第一节 环境资源

一、环境资源的概念

（一）两种不同理解

环境资源的概念通常有两种解释：一种是将环境与资源并列解释，另一种是将环境作为资源的定语进行解释。两种不同的解释乃是基于对于环境概念的不同理解，这种不同理解的后果不仅使环境资源的定义存在一定差别，还会直接影响环境资源立法的目的、任务、原则、制度体系等，因此，需要进行深入的分析。

将环境作为资源的定语进行理解，重在强调环境的资源属性，即认为环境本身就是资源，环境所包含的生态功能和自净能力也是一种具有经济价值的资源，是人类发展经济必不可少的基础条件。按照这种理解，环境的价值体现在其对人类的有用性上，环境中的野生生物、矿产、水、森林、草原、海洋等都因其对人类具有的经济价值而应该予以保护，即使大气，也因为其参与生态系统的物质循环、能量流动并且可以纳污而被看成是一种资源。显然，这种理解的视角是经济学意义上的，哲学基础是人类中心主义的。体现在环境立法上，就是强调环境资源法的目的在于促进经济的发展；在环境管理的设计上，就是要尽可能发挥环境资源的经济价值，管理的目的就是为了更有效地利用环境资源；在法律机制上，强调市场的资源配置功能；在法律手段上，注重经济刺激和经济方法。

我们认为，这种理解有其合理之处，但不宜作为立法的基础。环境虽然具有经济价值，但经济价值绝不是环境价值的全部，环境还具有生态价值、美学价值。而且，环境不仅是人类发展经济的基础，也是整个人类和地球上其他生物存在的基础。如果将环境仅仅理解为资源，则必然将其他价值排除在法律的保护范围之外。而且，纯粹人类中心主义的法律观念得到进一步的强化，不仅无助于解决人类与地球上其他生命形式的关系，也无助于解决当代人与后代人在利用环境上的关系。因此，我们认为，将环境理解为资源，是不全面，也是不合适的。

如果将环境与资源作为两个概念理解，则在法律上就须分别予以定义。在立法体系上，表现为环境法与资源法两个部门法律并行。这基本上代表了我国目前的立法体系状况[①]。在部门法的划分上，有的将自然资源法作为环境资源法的一个分支[②]，有的则将其归入环境资源法[③]。关于环境法与资源法的关系问题，也是许多学者讨论的一个理论问题，这些理论一般都认为，环境法与自然资源法虽然有着紧密的联系，但并不是完全相同的，“环境法侧重于治理污染，自然资源法的中心内容是资源的合理利用和保护”[④]。

我们认为，这种将环境与资源分开理解并分开立法的做法并不可取。环境本身的含义比自然资源的要广，自然资源不过是环境的一个组成部分而已。尽管自然资源由于与人类经济生活的关系较为密切而首先受到法律的重视，但它首先表现为是环境的要素，其次才表现为对人类社会经济发展的有用性。前已述及，自然资源的经济价值只是其所包含的价值中的一部分，而不是全部。因此，这种观念所导致的立法体例上的区分，不仅致使对资源的管理无法全面进行，也使得具有生态联系性、系统整体性和功能协调性的自然环境被人为地分割，从而使体现在同一环境之上的各种利益无法得到平衡和协调，造成法律调整的冲突。对资源单一的经济属性的认识，在立法上表现为：资源法对自然资源本身具有的环境功能比较忽视；而环境法将资源的管理也当作非重点来处理，甚至有将环境法直接理解为是污染控制法的倾向。

我们认为，对于环境与资源的理解，不应该以某种单一的功能为出发点，更不应该仅仅以其对人类的有用性为前提。环境资源法的科学理论基础应该是生态学和环境科学，经济学只是在处理具体的法律制度时，才能充当理论依据，而不应该作为整个环境资源立法的理论指导。从生态学的角度理解，资源就是环境的一个组成部分，尽管这一部分对人类的经济价值更大一些。基于此，我们认为，环境的概念涵盖了资源的概念，环境资源也可以简称为环境，而环境资源法学就

---

① 我国目前有《森林法》、《草原法》、《渔业法》、《矿产资源法》、《土地管理法》、《水法》等一系列资源法，这些法律的立法目的主要是为了合理地开发利用资源，对于这些资源本身的环境功能没有给予足够的重视。与此相对应的环境法则重在保护某种环境要素或防治污染，如《海洋环境保护法》、《水污染防治法》、《大气污染防治法》等。尤其是关于水的立法更能体现这一特点，水污染防治的任务交给了《水污染防治法》，而《水法》的目的则是为了合理开发的目的。也就是说，同样是水，《水污染防治法》的立法重点在于其环境功能，而《水法》的重点则在于其经济价值，两者分而治之。

② 比如，韩德培主编的《环境保护法教程》、蔡守秋主编的《环境法教程》，金瑞林主编的《环境与资源保护法学》，王灿发主编的《环境法学教程》等。

③ 比如，李昌麒主编的《经济法学》，中国政法大学出版社 1999 年 11 月版；朱崇实主编：《经济法》，厦门大学出版社 1999 年 3 月版。

④ 肖乾刚主编：《自然资源法》，法律出版社 1992 年版第 21～22 页。同样的论述还可见金瑞林主编的《环境与资源保护法学》第 5 页。

是环境法学。不过，由于不同资源名有其特性[①]，针对不同资源的特性进行单独的立法也是一种比较现实实用的立法体例。但是不管立法体例表现如何，都必须强调环境的整体性，以及资源作为环境组成部分的生态属性。

（二）环境资源的概念

环境资源法上的环境，不同于生活中和环境科学上使用的环境的概念。在生活中，环境的概念可谓是一个“乾坤袋”，用得十分广泛，含义非常丰富，它一般不单独使用，而是和其他词组合成一个复合词，比如人文环境、投资环境、地理环境、天文环境等，其内涵和外延并不十分精确，甚至是人言人殊。大致是指围绕所指的中心事物的一切外部条件和因素的综合体。环境科学上的环境一般被认为“是指围绕人群的空间，及其中可以直接、间接影响人类生活和发展的各种自然因素的总体，但也有些人认为环境除自然因素外，还应包括有关的社会因素”。[②]

环境资源法上的环境，则必须有明确的范围，这是法律规范性的必然要求。各国环境资源法都是在环境科学关于环境定义的基础上，对环境一词的法律概念给出明确的界定，以解决法律的适用范围问题。界定的方法有的是直接定义，有的是列举，有的则明确规定环境资源法的使用范围或环境保护部门的职责，以较间接的方法来对这一问题予以回答。比如，英国 1997 年《环境保护法》将环境解释为：“环境”是指地球的组成部分，包括：①大气、土地和水；②所有大气层；③所有的有机物质、无机物质和生物体；④相互影响的自然系统，包括第 1 项至第 3 项所提到的成分[③]。前苏联在《苏联自然保护法》中，将法律上保护的自然客体概括为八个方面：土地、矿藏、水（地面水、地下水和土壤水）、大气森林和其他野生植物、居民区绿化林木、典型景观、稀有的名胜自然客体、疗养区、森林公园保护带和市郊绿化区、动物（有益的野生动物群）。印度 1986 年颁布的《环境保护法》给环境下的定义非常广泛和复杂，包括“大气、水和土地以

---

① 资源的特点可概括为：(1) 有限性。又称稀缺性，是资源最重要的特征。资源的有限性表现为两个方面：首先，任何资源在总量上是有限的；其次，可替代资源的品种也是有限的。(2) 整体性。各种自然资源在生物圈中相互依存，相互制约。构成完整的资源生态系统。其中，任何一个要素的变化，必然要引起其他要素的相应变化。诸要素又相互作用，并反馈到前一个要素，如此往复不已，互为因果，并交织在一起，共同构成了统一整体。(3) 地域性。各种自然资源在地域分布上极不平衡，其组合形式千差万别，从而形成了各具特色的相当的地区性资源优势。(4) 多用性。资源一般具有多种功能和用途，同一种资源可以作为不同生产过程的投入因素。不同的行业对同一资源存在着投入需求；同一行业的不同部门以及同一部门的不同经济单位都会同时存在对同一资源的需求。

② 中国大百科全书环境科学卷第 154 页。

③ 赵国青主编，中新环境管理咨询有限公司编译：《外国环境法选编》第一辑上册，中国政法大学出版社 2000 年 10 月版第 289 页。

及它们‘与人类和其他现存生物、植物、微生物和资产的相互关系’”。① 在日本，作为环境法对象的环境主要包括“两个方面的内容：第一，是构成自然的物象要素，如大气、水、静稳、土壤等；第二，是‘成形的自然’，即良好的自然环境”。② 而美国《国家环境政策法》中，在规定总统向国会提交环境质量报告中应当说明的事项时，将环境解释为：“国家各种主要的自然、人为或改造过的环境的状况与情况，包括但不限于，空气和水包括海域、海湾及淡水以及陆地环境（包括但不限于森林、干地、湿地、山脉、城市、郊区及乡村环境）”。③ 我国《环境保护法》将环境定义为：是指影响人类生存和发展的各种天然的和经过人工改造的自然因素的总体。包括大气、水、海洋、土地、矿藏、森林、草原、野生生物、自然遗迹、人文遗迹、自然保护区、风景名胜区、城市和乡村。从这个定义中可以显然看出，在我国的环境立法中是将资源包括在环境概念之中的。因此，在本书中，环境资源的概念与环境的概念含义相同。

二、环境资源的分类

环境是由各种物质因素所组成的综合体，为研究方便，我们有必要将其进行分类。不同的分类标准和分类方法常在立法和研究中采用。

1. 依据组成环境的物质与人类活动的关系，将环境分为天然环境和人为环境两类

天然环境又称自然环境，是指地球在发展演化过程中自然形成的、未受人类干预或只受人类轻微干预、尚保持自然风貌的环境，如野生动植物、原始森林等；人为环境又称人工环境，则是指在自然环境的基础上经过人类改造或人类创造的、体现了人类文明的环境，如水库、道路、公园、城市等。这种分类法由斯德哥尔摩《人类环境宣言》最先采用，后为各国立法所接受，我国《环境保护法》就采用了这一分类法。

2. 依据组成人类环境的各种自然要素的不同，将环境分为大气环境、水环境、土壤环境、生物环境等

大气环境是指随地心引力而旋转的大气层；水环境是指地球表面的各种水体，包括海洋、河流、湖泊、沼泽以及地表以下埋藏在土壤和岩石空隙中的地下水等；土壤环境是指地球表面能够为绿色植物提供肥力的表层；生物环境是指地

① 国家中华社会科学基金研究课题：《比较环境资源法研究》第158页，课题负责人：曾昭度，执行负责人：王曦。

② 汪劲：《日本环境法概论》武汉大学出版社1994年版，第9页。

③ 赵国青主编，中新环境管理咨询有限公司编译：《外国环境法选编》第一辑上册，中国政法大学出版社2000年10月版第8页。

球表面除人类以外的其他所有生物。这种按环境要素所进行的分类，在解决环境问题方面具有重要意义，各环境资源保护单行法主要采用这种分类法，以便针对各环境要素的不同特点采取有效的保护措施。

3. 依据环境的范围不同可将环境分为聚落环境、区域环境、地理环境、地质环境、宇宙环境等

聚落环境是人类聚居和生活场所的环境；区域环境是指占有一定特殊地域空间的环境；地理环境是由岩石、土壤、水、大气、生物等自然要素有机结合而成的自然综合体；宇宙环境是指大气层以外的环境。这种分类法将环境中的自然因素和人为因素综合加以考虑，是环境科学研究环境的发展变化规律的重要分类方法，也是环境资源法研究人类活动对环境的影响、研究环境资源法律行为的重要分类方法。

第二节　环 境 问 题

一、环境问题的概念及种类

环境问题是指因自然变化或人类活动而引起的环境破坏和环境质量变化，以及由此给人类的生存和发展带来的不利影响。环境问题可以依不同的标准进行分类。

1. 因环境问题产生的原因不同，可将环境问题分为第一环境问题和第二环境问题

第一环境问题是因自然界自身变化而造成的环境污染和环境破坏，如火山爆发、地震、洪水、冰川运动等，人们通常将其称之为自然灾害。这类环境问题是人类无法控制的，其危害后果也难以为人们所估量，人类主要是通过采取预防措施，减少或避免危害后果的发生；但这类环境问题发生的数量和影响的范围都是有限的。第二环境问题是因人类的生产和生活活动违背自然规律，不恰当地开发利用环境所造成的环境污染和环境破坏。这类环境问题主要是由于人类活动引起的，因而可以通过对人类活动的调整而减少或避免其发生，同时还可以采取有效手段加以治理。由于人类活动的量大面广，对环境的影响无时不在，无处不在，因而这类环境问题发生的数量多、影响范围大，是环境科学和环境资源法重点研究的环境问题。

2. 因环境问题造成的危害后果不同，可将环境问题分为环境污染和自然环境破坏

这种分类主要是对第二环境问题所进行的再分类。环境污染是指人类活动所引起的环境质量下降而有害于人类及其他生物的正常生存和发展的现象；环境污

染产生的主要原因是人类对资源的不合理利用，使有用的资源变为废物进入环境而造成危害。环境污染有不同类型：按环境要素可分为大气污染、水污染、土壤污染等；按污染物的性质可分为生物污染、化学污染和物理污染；按污染物的形态可分为废气污染、废水污染、固体废物污染、噪声污染、辐射污染等。自然环境破坏是人类不合理地开发利用自然环境，过量地向环境索取物质和能量，使得自然环境的恢复和增殖能力受到破坏的现象。自然环境破坏的主要原因是人类超出环境生态平衡的限度开发和使用资源。自然环境破坏也有不同类型，主要有水土流失、森林覆盖率急剧下降、草原退化、土壤贫瘠化、水源枯竭、气候异常、物种灭绝等。严格来说，环境污染和自然环境破坏都是人类不合理开发利用环境的结果，过量地掠夺自然环境造成自然环境破坏，将过量索取的物质和能量不加以充分利用而使其成为废物进入环境又会造成环境污染，因而，环境污染和自然环境破坏是不能截然分开的；两者也互为因果，严重的环境污染可以导致生物死亡从而破坏生态平衡，使自然环境遭受破坏；自然环境的破坏则降低了环境的自净能力，加剧污染的程度。环境污染与自然环境破坏互相联系，互相作用，这是环境科学和环境资源法要解决的主要问题。

二、环境问题的产生和发展

环境问题作为人类与环境对立的产物，其产生可以说是必然的，人类在有目的地改造和利用环境，环境也以其固有规律在运动，对人类产生反作用。人类对自然规律的认识水平在一定时期存在着局限性，由于科学技术发展水平的限制不可能完全认识到环境的发展变化规律，尤其是正确地预见其活动对环境的远期和间接影响。因此，人类对环境的利用过程与自然环境的演变规律之间总是存在着矛盾；加之人类作为社会化动物，人类社会的发展又受到社会形态、阶级等政治因素的影响，使得环境问题与政治制度相联系，呈现出纷繁复杂的特征。可以说，环境问题自人类出现以来就开始存在，它经历了漫长的发展历程，但由于多种社会、经济的原因而显现出不同的特征。纵观人类发展的历史，环境问题的产生和发展可分为两大阶段。

(一) 局部环境问题阶段

环境问题从产生到发展经历了漫长的历史，它一开始表现为局部的环境污染和破坏，其间又可以根据各个时期的不同特点将它们分为三个时期。

1. 原始人类时期

此时人类与环境的关系主要表现为人类对环境的适应，人类的生存方式为穴居树栖，以野生动植物为食，使用的工具主要是石器。人类的劳动主要是原始采集和捕猎活动，生产能力极为有限，对环境的干预和影响极弱，主要还靠自然的“恩赐”度日。这一阶段，基本上还不存在我们今天所说的环境问题。但这一时期也开始了环境问题的萌芽，如在人类聚居区周围过量采捕野生动植物等。总的来看，在原始人类时期，人口的数量、生产力水平、社会发展都极为有限，人类对环境的影响尚未超出自然环境的调节能力，未对环境造成危害。

2. 农牧业社会时期

包括人类进入农牧业社会以后至18世纪60年代工业革命以前。此时人类对于自然规律的认识已有了极大的进步，铁的使用使人类对环境的改造能力大大增强，生活方式也发生了巨大的变化。人类已经结庐而居，为从环境中获得更多的生活资料，人类开垦荒地、放牧牲畜，并向环境排放人类的代谢产物及农业、牧业废物。随着农牧业经济的发展，人口的增加，城市的出现和发展，逐步出现了环境问题：一是人类为获取丰富的食物而在人类居住区周围大量开垦土地，破坏天然植被，导致森林破坏、草原退化、水土流失严重的局面，最终形成沙漠或土壤肥力极低的荒地，使局部地区的自然环境遭受严重破坏，有些至今也未恢复。如古代两河流域、古希腊、阿尔卑斯山南坡、古巴以及我国的黄河流域等，都留下了古代人类破坏自然环境、现代人遭受环境惩罚的深刻教训。这些环境问题在当时发生的区域并不很多，范围也不很大，在人口不多的情况下，也不会构成对人类的威胁；但这些破坏的后果却是难以逆转的，影响深远，充分反映出环境问题产生容易解决难的特性。二是在这一时期城市开始出现环境污染萌芽，有些甚至发展到一定程度。城市作为特殊的生态系统，其功能结构不合理，环境自净能力极为有限，在一些早期形成的城市中，因人口拥挤、生活废弃物增多使城市生活环境恶化，出现了较为集中的环境污染，主要是水污染、固体废弃物污染和噪声污染。如我国的长安城在10世纪左右因水污染严重而被迫迁向西南，美国的洛杉矶在16世纪中期被称为“烟湾”，而罗马城则有“死人也能被吵活”的说法。这时污染虽已出现，但总的来看影响的范围不大，当时的人口、城市数量都有限，人类可以通过迁徙解决污染问题，因而并未引起人们的重视。

3. 工业革命时期

包括自18世纪60年代蒸汽机的发明开始至20世纪60年代。这一时期，科学技术迅猛发展，从机器劳动代替人工劳动开始，生产力水平迅速提高，工业出现并且部门越来越多，人类对自然环境的开发能力达到了空前程度。对自然环境改造和利用的成就使人类盲目自信起来，似乎人类已经可以主宰自然。因此，这一时期人类对自然资源进行了掠夺式的开发利用，大规模的垦殖、采矿以及森林采伐使得局部地区的自然环境受到严重破坏；同时，人类将环境作为天然垃圾场，毫无顾忌地向自然排放废弃物，造成了严重的城市和工业区的环境污染，并且环境污染迅速超过了自然环境破坏的速度。化学工业尤其是有机合成化学工业生产了大量的化学品，人工制取的化学品的种类与日俱增，而其中很多是有毒、有害及生物难以降解的化学品。这些化学品进入环境，在环境中扩散、迁移、累积和转化，对人体健康构成了严重的威胁。此时环境污染已十分严重，各种污染物质或通过食物链进入人体，或在特定气候条件下造成危害，最终损害人体健康，威胁人类的生存和发展。近几十年来，成千上万的人被环境污染夺去了生命。在20世纪30年代至60年代，发生了马斯河谷事件、多诺拉烟雾事件、伦敦烟雾事件、水俣病事件、四日市哮喘事件、米糠油事件、痛痛病事件、洛杉矶光化学烟雾事件等严重的公害事件①。莱茵河、泰晤士河变成了鱼虾绝迹的臭水沟；爱尔兰海上成千上万只海鸟因多氯联苯中毒而死亡；南极大陆上的企鹅体内也检验出了DDT；在格陵兰冰盖层中，铅和汞的含量在不断上升。许多有害物质进入人体及生物体内还会产生潜在的和远期的危害。这一切引起了当时世界各国的普遍关注。

（二）全球性环境问题阶段

20世纪五六十年代严重的环境污染和破坏问题出现以后，引起了人们对环境问题的警觉，许多污染严重的国家还开始了对环境污染的治理，并取得了一定的成效。局部地区的环境质量得到改善，但从世界范围来看，环境污染与生态破坏问题并未解决，而且仍在不断恶化，局部地区的问题打破了区域和国家的疆界演变成为全球性的问题；暂时性的问题相互贯通、相互影响演变成长远问题；潜在性的问题进一步恶化蔓延演变成为公开性问题。从20世纪70年代末80年代初开始，全球性的环境危机开始出现，更为严重的环境污染和更大范围的生态破坏事件频繁发生，出现了明显不同于过去环境问题特征的现代环境问题。

在当今，人们所严重关切的现代环境问题主要是酸雨，臭氧层破坏，全球性气候变化，生物多样性锐减，有毒化学品的污染及越境转移，土壤退化加速，淡水资源的枯竭与污染，污染导致的海洋生态危机，森林面积急剧减少，突发性环境污染事故及大规模生态破坏等。其中最严重的问题有：

1. 酸雨

酸雨通常是指pH值小于5.6的雨雪或其他方式形成的大气降水。酸雨的最大危害是酸沉降，即大气中酸性物质降落到地面，引起水体、土地等环境因素的酸化，危害人类及其生境。酸雨素有“空中死神”之称，是远距离大气污染的结果。酸雨对人类环境的危害是多方面的，它可使土壤、湖泊、河流酸化，影响水生生物的正常生长，也妨害植物的生长；它腐蚀建筑材料、金属结构、油漆等，

---

① 我国学者将以上环境污染事件合称为“八大公害事件”，由于20世纪80年代又发生了一系列新的公害事件，为示区别，又将它们称为“旧八大公害事件”。

使古建筑、雕塑像也受到损坏；它污染湖泊、河流及地下水，使作为饮用水源的水中金属溶出，直接影响饮用者的健康。据科学家估计，欧洲各国森林、湖泊和农作物受酸雨危害的损失每年超过13亿美元，瑞典和挪威南部以及美国东北部许多湖泊已成为无鱼的死湖；瑞典18万多个大中型湖泊已经酸化，其中的4000个酸化严重①。酸雨的产生主要是矿物燃烧和冶炼过程中的硫和氮的氧化物排入大气层，在空气中与水汽化合生成硫酸和硝酸，随大气降水降落到地面。目前，世界上有三大酸雨中心，它们是斯堪的纳维亚地区、欧洲大陆和北美。此外，印度局部、日本列岛以及我国的长江以南地区酸雨也较严重。

2. 臭氧层破坏

臭氧层是指距离地球表面10至50公里的大气层中由臭氧构成的气层。臭氧是一种气体，其分子结构为三个氧元子。臭氧层的主要功能在于吸收来自宇宙的紫外线，使地球上的万物免受紫外线辐射的危害，所以，臭氧层被称之为地球的"保护伞"。但如今，臭氧层已被人类严重破坏，20世纪开始，人类大量使用的高度稳定的合成化合物——如空调器、冰箱、工业溶剂、航空航天用制冷剂、喷雾剂、清洗剂中含有的氯氟烃化合物挥发出来，通过复杂的物理和化学过程与臭氧发生化学反应而将其摧毁。1984年，科学家们首先在南极上空发现了臭氧层空洞（即臭氧的密度不到正常密度的一半），最近在北极上空也发现了臭氧层空洞，臭氧量已经减少了60%②。臭氧层破坏的直接后果是使太阳辐射的紫外线长驱直入，使人类遭受紫外线的危害。科学家们证实：大气中臭氧每减少1%，照射到地面上的紫外线就增加2%，皮肤癌的发病率则增加约4%。此外，臭氧层的变化还会损害人的免疫系统，使人罹患白内障和呼吸道疾病的可能性增大；同时也损害海洋生物，阻止植物生长。最近的环境科学研究成果还表明：臭氧层破坏也是影响全球气候变化的一个重要因素。

3. 温室效应及全球气候变化

地球表面的温度及气候由太阳辐射决定，从长期来看，地球从太阳吸收的能量必须与地球和大气层向外释放的辐射能量相平衡。若外放能量的一部分由辐射性的大气层气体（温室气体）吸收并再反射回地球，就会减少向外层空间的能量净排放，则不能维持全球的能量收放平衡，大气层和地球表面将变得热起来，这就是温室效应。自然界中主要的温室气体是二氧化碳、水蒸气、甲烷、一氧化氮和臭氧。人类活动大量排放的二氧化碳造成的温室效应使地球变暖，自工业革命以来，矿物燃料使用量大幅度增加，而森林遭受严重破坏使地球正在失去二氧化碳的转化器，大气中温室气体的浓度迅速增加。温室效应的危害在于它可能使全

---

① 《中国大百科全书·环境科学》，中国大百科全书出版社，1983年，第372～373页。

② 详见《北极臭氧层出现巨大空洞》一文，载《参考消息》2000年4月8日。

球气温升高。据科学家们计算，二氧化碳浓度增加一倍，将会使全球平均温度增加 1.5～7℃，高纬度地区增加 4～10℃，这样迅速升高的温度将会使地球上的冰川融化，导致全球海平面上升，使许多沿海城市遭受灭顶之灾。预计到 2050 年，非洲"从开罗到拉各斯的沿海地区将完全被洪水淹没，许多大城市不得不被人们遗弃。数以万计的人们将被迫逃离家园，痛苦地生活在炎热而缺水的内陆。亚洲同样也是一幅类似的恐怖画面。孟加拉国几乎完全被淹没，东印度群岛只剩下几个零星小岛"①。政府间气候变化问题研究小组在《2001 年气候变化报告》中指出，"全球变暖很可能引起一系列讨厌的后果：老年人在烟雾笼罩的、被污染的城市里经受折磨并死去；庄稼减产；野生动植物和家畜在这个炎热可怕的星球上灭绝"②。

全球气候变化是一个十分复杂的问题，科学家们经过大量观测，认为温室效应是引起全球气候变化的一个重要原因。他们认为：目前引起气候变化的主要温室气体有二氧化碳、氯氟烃、甲烷及氧化亚氮，而二氧化碳是造成温室效应的主要"元凶"。科学家们还得出结论：过去一百年来地球表面温度已上升了 0.3～0.6℃③。关于全球气候变化的成因及后果，目前在科学家们中间还存在分歧，但多数人认为：全球气候变化将给人类造成极为严重的社会经济问题，所以必须及早采取切实的预防和控制措施。

4. 突发性环境污染事故

人类进入 20 世纪 80 年代以后，每年都在发生大量污染事件，据英国核能安全局统计，全世界平均每年发生二百多起严重的污染事故。其中影响范围大、危害严重、引起世界注目的有意大利塞维索化学污染事故，美国三里岛核电站泄漏事故，墨西哥液化气爆炸事件，印度博帕尔农药泄漏事件，前苏联切尔诺贝利核电站泄漏事故，瑞士巴塞尔赞多兹化学公司莱茵河污染事故④。这些污染事故的发生带有突发性，且污染范围大、危害严重，所造成的经济损失巨大，受害者不仅有污染源所在国居民，甚至影响到不少邻近国家。如切尔诺贝利核泄漏事故就使欧亚两大陆近半个地球遭受到放射性尘埃的危害。更为严重的是，这些突发性污染事故的危害持续时间长，危及子孙后代的健康。这些严重的危害后果都是以前的污染事件所无法比拟的。

5. 大规模的生态破坏

生态破坏在全世界范围内均有发生，但后果俱深俱重者当推持续了多年之久

---

① 《2050 年的世界环境》，见《参考消息》2001 年 4 月 21 日第 7 版。
② 《2050 年的世界环境》，见《参考消息》2001 年 4 月 21 日第 7 版。
③ 《21 世纪的挑战与机遇》，钟述孔著，世界知识出版社 1992 年 12 月版，第 26 页。
④ 《中国的环境资源管理》，曲格平著，中国环境科学出版社 1989 年版，第 101～104 页。

的非洲大灾荒。非洲大灾荒的产生固然具有自然因素如气候、地理条件的影响，但专家们普遍认为：这场灾荒是非洲大面积的森林被破坏、农业和人口政策失误，滥伐、滥耕、滥牧的结果。严重大灾荒从20世纪60年代末期初现端倪，到70年代末80年代初急剧恶化，有36个国家遭受灾害，数以百万计的人被饿死，这些都是历史上罕见的。非洲大灾荒实际上是人为因素和自然因素的相互作用形成的恶性循环：人口激增，加剧了毁林、毁牧和水土流失；生态破坏的结果则导致生物生产量的减少，生活更加贫困，生存条件更得不到保障。

从以上不难看出：世界环境问题的新发展是一些老的环境问题又以一种新形式出现，同时也在产生全新的环境问题。现代环境问题大致可分为全球性环境污染、严重的环境污染事故和大规模生态破坏三类。有的学者将前述六件突发性污染事故加上全球大气污染和非洲大灾荒合称为“新八大公害事件”，以示与过去“八大公害事件”的区别。

比较新旧公害事件，二者有显著的区别：过去的公害事件大都是污染对人体健康的危害，污染源也主要来自工业生产；新的公害事件既包括对人体健康的影响，又包括生态环境的破坏，污染源则除了工业生产以外，还包括社会生活、交通运输、开发活动乃至政府决策等多方面的人类活动。旧的公害事件大都局限在一个比较小的范围之内，危害规模不大，危害的时间也较短暂；而新的公害事件则是危害范围大，持续时间长，并且后果严重。旧的公害事件大多为单个环境要素受到影响而产生的危害后果，且污染物累积的时间有限；而新的公害事件则表现为长期环境污染的综合效应，是对环境更深更广的危害。旧的八大公害事件从1930年马斯河谷事件至1968年米糠油事件，前后经历了38年时间；而新的八大公害事件则发生在20世纪70年代中期到80年代初的不到10年时间内，公害发生的频率在加快。旧的公害事件都发生在发达国家；而新的公害事件却扩展到了发展中国家，发展中国家现在面临的环境问题，比发达国家的环境污染问题严重，更难解决。可以说，在现代，环境问题及其危害已经超越国界而成为各国无法回避的共同问题，解决这些问题需要各国的共同行动。否则，将造成难以挽回的严重后果。

（三）中国的环境资源现状及问题

中国的环境问题，早在建国初期就已经暴露出来了。当时的主要表现是，由于森林和草原的滥伐滥垦，植被遭到破坏，导致水土流失及土壤侵蚀。在几个主要城市，出现了不同程度的工业污染，较普遍的是一些工矿企业特别是火电厂，沿江河建设却没有采取防治污染的措施，造成了一定范围的污染。但由于当时人口相对较少，生产规模不大，所产生的环境问题大多是局部性的生态破坏和环境污染。

在“大跃进”时期，由于“左”倾路线的影响，使国民经济出现了严重的困难，国家和人民遭受了重大损失，也造成了相当程度的工业污染和比较严重的生态破坏。主要表现为“小钢铁”遍地开花，任意布点，不采取任何污染控制措施，加之管理混乱，使环境污染迅速发展，在许多城市的工业区，烟雾弥漫 、污水横流、渣滓遍地。特别是对矿产资源的乱挖滥采，对植被的破坏，不仅造成了惊人的浪费，而且破坏了许多地貌和景观，更为严重的是使生物资源遭受了劫难，给生态环境带来了一系列的严重后果。中国自然资源遭到的这次大范围的冲击和破坏，使中国的环境问题发展到严重阶段。

十年“文化大革命”，不但使中国的经济濒临崩溃，也使环境污染和破坏触目惊心：工业片面追求高产值导致资源能源的大量浪费和严重的环境污染；大办“五小”工业由于缺乏环境资源保护措施使环境质量迅速恶化；“三线”建设将许多污染严重的工厂迁进了深山峡谷，形成了严重的污染却无法实施集中控制；城市建设“变消费城市为生产城市”，许多文化古城建设了一批重污染型工业，加重了环境污染的危害；农业生产强调“以粮为纲”，毁林、毁牧、围湖造田等破坏了生态平衡，导致生态恶性循环；在无政府状态下，对野生珍稀动植物滥猎滥采成风，许多珍稀动物濒临灭绝。此时的环境污染和生态破坏迅速蔓延，于1972年出现了大连湾污染告急、北京官厅水库渔业污染事件、松花江水系污染报警事件①。中国的环境问题由发生期上升到暴发期。

1973年至1978年，中国的环境资源保护事业开始起步，但在政治动乱的形势下，环境资源保护的一切努力，只能减缓某些地区和某些方面的污染程度，却无力阻挡污染恶化的趋势。这一时期的环境问题主要表现为：工业盲目发展、城市布局混乱导致环境急剧恶化，一些主要城市都出现了严重污染的局面；生态破坏日益加剧，自然灾害频繁；植被破坏加剧了水土流失，土壤退化、沙化、盐碱化趋势加剧；农业环境普遍受到化肥、农药、工业废弃物和乡镇企业的污染；人口剧增对环境造成巨大冲击和压力，对土地、森林、草原、矿产、淡水等各种自然资源的超负荷开发利用，使得人口与资源的矛盾日益突出。

改革开放以后，中国的环境资源保护事业有了迅速发展，政府相继作出了一系列关于环境资源保护的重大决策，制定和颁布了许多重要的政策和法律法规，使得中国的环境问题有所控制。但是，由于中国过去的历史“欠账”太多，加之在近期内中国的经济还需要进一步发展，因此，环境问题仍然存在并且比较严重，并且环境形势相当严峻。各项污染物排放总量很大，污染程度仍处于相当高的水平，一些地区的环境质量仍在恶化，相当多的城市水、气、声、土壤环境污

---

① 《中国环境资源保护行政二十年》，《中国环境资源保护行政二十年》编委会，中国环境科学出版社1994年版，第5～6页。

染仍较严重，农村环境质量有所下降，生态恶化加剧的趋势尚未得到有效遏止，部分地区生态破坏的程度还在加剧。根据国家环保总局 1999 年发布的中国环境公报，水环境面临的严重问题是水体污染和水资源短缺。主要河流有机物污染普遍：辽河、海河污染严重，淮河水质较差，黄河水质不容乐观。部分地区过量开采地下水，形成地下水降落漏斗，已引起地面沉降等环境地质问题。多数城市地下水受到一定程度的点状和面状污染，水质污染有逐年加重的趋势。近海环境状况总体较差，海洋环境污染恶化的趋势仍未得到有效控制。仅 1999 年，中国海域记录的赤潮就达 15 次之多。酸雨污染面积占国土面积的 30%，污染程度居高不下。主要分布在长江以南、青藏高原以东及四川盆地。华中、华南、西南及华东地区存在酸雨污染严重的区域，北方地区局部区域也出现了酸雨。草地退化严重，其中，中度退化程度以上（包括沙化、碱化）的草地达 1.3 亿公顷，占草地总面积的 1/3。沙化土地面积已经达到了 168.9 万平方公里，形成一条西起塔里木盆地，东至松嫩平原西部，东西长 4500 公里，南北宽约 600 公里的风沙带。这成为危害我国大部分地区的沙尘暴的主要来源。沙尘暴是一种危害极大的气象灾害，它与一般风暴不同的根本点在于沙尘暴除了大风之外，风中还混有尘埃颗粒、花粉、细菌和病毒以及其他一些对人体有害的物质。目击者描述说，"当沙尘暴到来时，天空涌现出如同原子弹爆炸时的巨大蘑菇云，几分钟后，周围一片漆黑，伸手不见五指，空气中夹杂着呛人的尘土味，骤烈的狂风夹杂着沙石迎面扑来，令人无法正常呼吸。"① 沙尘暴就是土地荒漠化的警报。

---

① 《目击西北特大沙尘暴》，见《南方周末》2000 年 4 月 7 日第 2 版。

第二章　环境资源法概述

第一节　环境资源法的含义

一、环境资源法的概念

环境资源法是调整人们在开发利用、保护改善环境的活动中所产生的环境资源社会关系的法律规范的总和。其目的是为了确认、建立和保护符合生态规律的环境资源法律秩序，保护人类健康，促进经济发展。

对于这一定义，我们可以从如下方面加以理解：

(1) 环境资源法所调整的对象是因人类—环境关系而产生的环境资源社会关系，它所保护的是人类赖以生存和发展的物质环境，目的在于协调人类与环境的关系，使人类按照自然客观规律开发利用环境资源。因此，环境资源法的任务不是保护某一个或某些环境要素，更不是单纯的污染治理，而是保护人类生存环境的整体。

(2) 环境资源法要实现协调人类—环境关系的目标，只有通过调整人与人之间的关系，即通过调整环境资源社会关系才能完成；人类也只有在一定的社会关系中从事活动才能与环境资源发生联系。所以，环境资源法作为人的行为规范，不能直接调整人与自然的关系，法的意志性是无法加诸于环境资源这一客观物质世界之上的。只有通过将正确运用和遵循生态规律及其他客观规律的行为准则上升为国家意志，以环境资源法的形式来规范人们的行为，从而保证人们的活动控制在有利于保护环境的范围之内，实现人类与环境协调发展的目的。

(3) 环境资源法是建立和维护环境资源法律秩序的主要依据。环境资源法作为国家管理环境的重要工具，与其他法律部门一样，也是经过国家制定或认可，并由国家强制力保证实施的社会规范，它以明确、肯定、普遍的形式规定了人们在环境资源保护方面的权利和义务。建立和保护法律社会中的人们相互间关系有条不紊的状态，形成人、机构、关系、原则和规则的环境资源法律总体。环境资源法具有高度的概括性、强烈的规范性及普遍的约束力，人们只有遵守和执行环境资源法，才可能有良好的环境资源法律秩序。

二、环境资源法的调整对象——环境资源社会关系

环境资源法所调整的是人们在开发利用、保护改善环境过程中所产生的各种社会关系。这类社会关系以人类—环境关系为其产生的基础，为区别于其他社会关系，我们将其称之为环境资源社会关系。

环境资源社会关系是人类在开发利用和改造环境的过程中，在以自然资源为劳动对象的生产活动中和以环境为基本生存条件的社会生活中经常发生的一类社会关系。可以说，自有人类以来，就产生了以环境资源为基础的社会关系，但在相当长时间内，因为人类没有正确认识人类—环境的关系而使得这类社会关系未被重视，也没有专门法律对其进行规范。人类在以自然环境的主人自居，藐视自然规律，坚信“人定胜天”时，也不可能对这类社会关系进行规范。只有人类对自然环境的认识水平达到一定高度，充分认识到人类与环境是相互影响、相互制约、相互作用的关系；认识到人类必须改变过去对自然不可一世的态度，认识并正确运用自然规律，与环境建立一种平等、和睦、协调、相互尊重的关系时，以环境资源为基础的社会关系才能成为专门法律调整的对象。因此，成为环境资源法的调整对象的社会关系是现代国家的最基本社会关系之一，它是国家为管理环境资源，实现环境资源保护目标，采取各种手段作用于全体社会和公民，公民为保障和享有环境权益，与国家、社会以及其他公民不断发生着的联系。环境资源社会关系正是这样一种因环境资源而产生的各种主体相互作用的社会形式，是一种广泛而复杂的社会关系。在当代社会，人类—环境关系所涉及的社会生活和经济活动的每一方面，都存在这一类社会关系。

作为环境资源法调整对象的社会关系，主要包括两个方面的内容。

（一）与合理开发利用自然资源和保护生态环境有关的社会关系

这类关系可简称为生态环境保护关系。具体为人类在开发和合理利用大气、水、土地、矿藏、森林、草原、野生动植物等环境资源过程中所产生的社会关系。这种社会关系有如下特征。

1. 客观性

人类要生存和发展，必须要对自然环境加以改造，对资源加以利用，这些活动是人类进步所必不可少的。它们为人类提供必要的物质条件，创造物质财富。生态环境保护关系在一定程度上具有客观性，是必然要产生的。

2. 经济—环境效益统一性

人类对自然环境资源的利用往往带有经济目的，而人类与环境相互作用的规律告诫我们：必须遵循自然规律，在维持生态平衡的基础上，谋求经济效益。人

类对于环境资源的开发利用在取得经济效益的同时，必然会造成一定的环境影响，环境资源法调整生态环境保护关系的目的，就在于保证人们在进行环境资源的开发利用活动时谋求经济效益与环境效益的统一，将开发活动对环境的不良影响降至最低程度。

（二）在防治环境污染和其他公害、改善环境质量过程中发生的社会关系

这类关系可简称为污染防治关系。具体为防治人类在生产和生活过程中所产生的大气污染、水质污染、固体废弃物污染、噪声污染、有毒有害物质污染、电磁辐射污染、食品污染等活动中形成的各种社会关系。这种社会关系有如下特征。

1. 主观性

环境污染和其他公害的产生是人类盲目地利用和改造自然的结果，是人类对于自然及自然规律认识不足的产物；防治环境污染、改善环境质量则是人类有意识地协调人与自然的关系，尊重自然规律的行为。因此，在一定程度上，污染防治关系的产生具有主观性。此外，人类防治污染与其他公害的能力取决于科学技术的发展水平，而科技的发展也是人类认识和运用自然规律的结果。随着人类对自然规律认识的不断演化和科技的进步，环境污染是可以控制的。

2. 环境效益优先性

人类长期以来对单纯经济效益的追求和科学技术的滥用导致了环境污染和公害的产生，环境效益却被人们忽视了。防治环境污染、改善环境质量作为人类反思过去的错误、纠正自己行为的活动，就应特别注重树立生态观念，不仅要像重视经济效益一样重视环境效益，而且要在遵循自然规律的前提下，优先考虑环境效益。环境资源保护的优先考虑可能会限制局部地区经济发展的速度和规模，影响到经济效益，但从全局利益、长远利益和可持续发展的角度看，在防治环境污染和其他公害方面优先考虑环境效益是为了经济的健康、持续发展，是为了保护人类的根本利益。

以上两种关系是人类在开发利用、保护改善环境资源过程中产生的社会关系的两个方面，两者相互联系，不能截然分开。合理利用自然资源、保持生态系统的平衡有利于充分利用环境的自净能力，在环境容量内防治环境污染和其他公害；而防治环境污染和其他公害、改善环境质量又是维持生态平衡的必要条件；人们开发利用自然资源、保护生态环境与防治环境污染和其他公害、改善环境质量的活动也是不能割裂的。因此，我们说环境资源社会关系既是一个统一整体，又各有特点，各有侧重；既不能完全对立，又不能混淆，它们共同构成了环境资源法的调整对象。

三、环境资源法的特征

（一）环境资源法的特殊性

与其他部门法比较，环境资源法律规范具有如下特征：

（1）与普通法律规范不同，它是一般法律规范和法律化的科学技术规范的综合体，是社会性与科学性高度统一的法律规范，是法律作为调节社会关系的工具与运用生态规律调控环境的有机结合，它尤其重视自己的科学基础——环境科学理论。

（2）环境资源法律规范具有多层次性和效力的多元性。环境资源管理的多层次性和复杂性决定了这一特征，一般而言，国家环境资源管理法律规范比较稳定，社会环境资源管理的法律规范则具有一定的灵活性。

（3）环境资源法主体承担的违法责任具有多种形式。环境资源法律规范的综合性使得环境资源法主体承担的法律责任包括有行政法律责任、民事法律责任以及刑事法律责任等几种形式。

（二）环境资源法的综合调控体制

环境资源法对社会关系的调整，是指统治阶级通过运用法律形式影响人类—环境系统的活动过程，从而达到建立、维护和发展有利于统治阶级的社会经济秩序的目的。然而，在一定的社会制度中，采取怎样的法律形式对社会关系进行调整，并不取决于统治阶级的“自由意志”，而是由社会关系的客观需要所决定的。环境资源法作为调整环境资源社会关系的法律，在整个国家法律制度中的地位和作用，也是由它所调整的环境资源社会关系在社会经济生活中的作用所决定的。环境资源社会关系与社会生产和生活的密切联系性决定了环境资源法的内在本质是环境资源保护与国家行政权力的结合。

人类在长期的生存发展过程中不断与环境发生作用，各种自发形成的环境资源管理早已存在。随着国家的产生，奴隶制度下即开始出现了国家干预环境的法律形式，如古巴比伦王国颁布的《汉穆拉比法典》。随着生产力的迅速发展和科学技术的进步，一方面环境问题逐渐发展成为威胁人类自身生存和发展的大问题，国家不得不加强对环境资源的干预，承担起保护环境资源的职责；另一方面环境问题发展到一定程度又将引起经济和社会的不稳定，国家不会任其发展，必然主动积极地对环境进行干预。实践证明，环境问题及其与能源、粮食、人口等问题的综合作用所造成的对人类生存和发展的威胁，要求人类必须彻底改变观念，从全面协调人类—环境关系的角度对环境问题进行宏观调控。而能够担当起这一重任的只有也只可能是国家。国家实现其管理职能的基本方式就是建立代表国家的相应职能机构，赋予其权力，以对全社会实施环境资源管理。于是，在现代法治国家，国家干预环境资源社会关系的法律必然得到迅速发展，并且在社会生活中发挥重要的作用。所以，可以认为环境资源法就是国家干预环境资源社会关系的法律规范的总称。

然而，环境资源社会关系又具有广泛性、复杂性和综合性，国家行政权力的干预是环境资源保护主要的也是最重要的手段，但仅仅依靠这种单一的手段是不够的。环境资源保护涉及各行各业、方方面面，是千百万人的事业。国家的行政管理虽以其直接强制性和简便性为特征，但它却容易置管理相对人于对立和被动的地位，不利于调动和发挥相对人的积极性，失之于僵硬和机械；况且，环境资源社会关系中也还存在着与行政关系相互独立的民事关系及其他管理关系。因此，对环境资源社会关系的法律调整不可能也不应该是单一的，除了行政法律手段以外还必须有其他法律手段。环境资源法实际上采取的是一种综合运用法律部门的手段和对环境实行综合调控的体制。

1. 综合调控体制就是要综合运用各个法律部门的手段，对环境资源社会关系实行综合调整

由于环境问题的客观性、多层次性和与多种性质的经济关系的密切联系性。使得环境资源社会关系具有不同的性质，不可能由某一法律部门进行全部调整，必须针对不同性质的环境资源社会关系，运用不同的法律部门的调整手段，实现对环境资源社会关系的调整。

2. 在对环境资源社会关系实行综合法律调整的过程中，各个法律部门是互相配合、互相联系和互相作用的

而这种互相配合和影响是以各个法律部门保持各自的特殊功能和属性为前提的，并不因为它们对于环境资源社会关系的调整而失去其原有的性质。所以，在环境资源法中，存在着多种法律规范，如宪法规范、民法规范、刑法规范、行政法规范、诉讼法规范等，由于这些法律规范既保持了其原法律部门的属性又因与环境问题的联系产生了一些新特点，所以，我们将其称之为环境资源民法规范、环境资源刑法规范、环境资源行政法规范、环境资源诉讼法规范等。

3. 对于环境资源社会关系实行综合法律调整，主要依靠行政法

环境资源行政法是调整环境资源社会关系的基本法，除此以外的民法、刑法、环境资源法等也对环境资源保护发挥着调整作用。

各个法律部门手段的综合调整，比它们在孤立状态下的单独调整作用更大。在综合调整中，各法律部门规范不仅对它所调整的环境资源社会关系产生直接的作用，同时对其他法律部门规范所调整的环境资源社会关系也能够产生间接作用。从总体上看，综合调整还有利于清除各法律规范之间不协调甚至矛盾的现象，产生法律调整的整体效应。

值得指出的是，环境资源法的综合调控体制是指法律部门相互影响和相互作用的机制，是以《环境资源保护法》为“龙头”的各相关法律部门相互协调和配合的法律制度，从理论上将直接调整环境资源社会关系的法律规范单独划为一类，称之为环境资源法，并形成专门的环境资源法体系是必要的。环境资源法学的重要任务就是研究环境资源法律规范与其他法律部门规范的区别，探讨其内在规律。因而，环境资源法采取综合调控体制并不能阻碍其成为独立的法律部门。

第二节　环境资源法律关系

一、环境资源法律关系及其构成

（一）环境资源法律关系的概念

法律关系是由法律规范所确认的当事人之间的具有权利义务内容的社会关系。或者说，法律关系是指社会关系为法律规范调整之后所形成的权利和义务关系。一般情况下，法律关系都是由这个法律部门对特定的社会关系进行调整而形成的，是这种特定的社会关系的法律化，社会关系的属性决定了法律关系的属性。现在的问题是，在现代社会法律分工日趋精细、新的法律部门不断产生的情况下，不同法律部门对同一领域的社会关系进行调整的现象十分普遍。像环境资源法这样的综合运用各种法律手段对社会关系进行调整的部门，其所涉及的社会关系是十分复杂的，这样的法律部门所调整的社会关系的属性是以什么为标准来确定的？其法律关系又是如何形成的呢？

根据法学原理，作为法律调整对象的社会关系是“法所调整的一定的能够体现意志关系的具体的社会关系。这样的社会关系具有如下特点：①是一定范围的社会关系，是统治阶级认为最重要的，体现和反映国家、组织和个人重要利益的社会关系，而不是全部社会关系。②是可以体现为意志关系和意志行为的社会关系，是人们为了实现一定的目的而自觉努力的心理状态支配下所形成的社会关系和行为，而无意志的行为不能成为法律的调整对象。③是现实中具体存在的，具有明确的主体、客体和具体权利义务的社会关系，而抽象的、观念的社会关系是不能成为法律的调整对象的”[①]。据此，作为环境资源法调整对象的社会关系也应该是具备上述特征的社会关系。环境资源法所调整的社会关系虽然具有综合性，但却可以根据这一类社会关系的环境利益，人们为实现这一利益而自觉努力的心理状态或意志作用的特殊性来加以把握，强调环境资源社会关系的环境效益性和公共利益性。环境资源法调整的直接对象是环境资源社会关系参加者的意志

① 邹瑜、顾明主编：《法学大辞典》，中国政法大学出版社 1991 年版，第 1067 页。

行为，因而，作为区分环境资源法律或法律规范标准的调整对象也不是社会关系本身，而是一定社会条件下环境资源社会关系对于立法者而言能够实现的环境意志和利益。由此可以看出：环境资源社会关系的特定性是由于这一类社会关系所体现的环境利益对全人类生存和发展的至关重要性所决定的。人们为了实现环境利益必须作出种种行动自觉努力，其中包括运用法律手段规范人们与环境有关的种种行为，形成具体的权利义务关系，以保障环境利益的实现。于是便形成了环境资源法律关系。

根据我们对环境资源法调整对象的理解，环境资源法律关系是指环境资源法主体根据环境资源法的规定，在参加与环境有关的社会经济活动过程中所形成的保护环境的权利义务关系。它们是为环境资源法所确认和调整的环境资源社会关系。或者说，当环境资源社会关系为环境资源法规范所调整时，环境资源社会关系当事人的地位和相互权利义务就具有了法律性质。环境资源法律关系是环境资源法律规范的社会形式，是环境资源法律规范与环境资源社会关系相结合的表现。只有在环境资源法律关系里，环境资源社会关系才取得法律形式，环境资源法律规范才能发挥调整环境资源保护活动的作用。

（二）环境资源法律关系的构成要素

法律关系的构成要素是指结成当事人之间权利和义务关系的必要条件。它们包括三个方面：参与法律关系的主体；构成法律关系内容的权利和义务；作为权利义务对象的法律关系的客体。有的法学著作将它们称为构成法律关系的“三要素学说”。这一学说为学者们广泛接受，成为适用于任何法律部门的理论，环境资源法律关系也不例外，也是由主体、内容、客体三要素构成的。

1. 任何环境资源法律关系都是由三要素构成的

三个要素相互联系，相互制约，缺一不可，少了任何一个要素，都构成不了具体的环境资源法律关系。主体是环境资源法律关系的前提和中心环节，没有主体就没有主体的活动，也就没有环境资源法律关系的内容和客体。内容是环境资源法律关系的实质需要，它是连接主体的纽带，正是由于它的存在，才在主体之间形成具体的环境权利义务关系。客体是环境权利义务所指向的事物，没有客体，主体的存在和活动就成了无的放矢。

2. 环境资源法律关系的任何一个要素都具有确定性

环境资源法律关系中的一个要素变更，原来的法律关系也会随之发生变化。主体的确定性是指环境资源法律关系的权利主体和义务主体都是同时存在的，不能是它又不是它；内容的确定性是指环境权利义务是具体的，不能有别的解释；客体的确定性，是指环境权利义务所指向的事物是明确的，不能发生歧义。

3. 环境资源法律关系要素，是环境事实在环境资源法律上的反映

环境资源法律关系作为现实环境社会关系的主观形式，其构成要素不是法学家所杜撰的，而是国家使环境事实得以实现的法律保障。我们从环境资源社会关系的角度来认识，任何一个环境事实，首先要有人参加，否则就不会有环境活动；其次是人们在进行这种活动时彼此要有具体的作为，否则这种活动毫无意义可言；最后是人们在进行这种活动时总要有追求的目标，否则，这种活动就无法落到实处。环境事实关系在未经法律规范之前，只是一种不稳定的没有国家强制力保障实现的形式。这种不稳定的环境事实要求得到保障，就需要有相应的法律对之进行规范。所以，环境资源法律关系的构成要素以不稳定的环境事实或环境资源社会关系为前提，其任务就是要使环境事实关系要素上升为法律关系的要素，目的在于使这种环境事实关系具有稳定性。

二、环境资源法律关系的主体

（一）环境资源法律关系主体的概念

环境资源法律关系的主体是指环境权利的享有者和环境义务的承担者，或者参加环境资源法律关系享受环境权利承担环境义务的当事人。在环境资源法律关系中，享有环境权利或环境职权的一方称之为权利主体或职权主体；承担环境义务或环境职责的一方称之为义务主体或职责主体。但在环境资源法律关系中，双方当事人在许多情况下，既享有环境权利或环境职权，同时又承担环境义务或环境职责。

环境资源法的主体是环境资源法中权利和义务的载体，没有环境资源法主体，环境资源法中的权利和义务也就因失去依托而无法存在，环境资源法的调整也便毫无意义，其宗旨、作用便无从存在。因此，环境资源法的主体是十分重要的。只有主体存在，才能谈及权利、义务和责任，才能谈到环境资源法的宗旨、作用和价值。

关于环境资源法律关系的主体有一些值得注意的问题，即环境资源法主体与其他法律关系主体有无区别？环境资源法是否需要对其法律关系参加者的资格专门作出规定？或者说应如何解释有些环境资源法律关系的参加者需由环境资源保护行政主管部门对其主体资格进行审核批准的法律现象？如环境影响评价制度就要求评价者必须取得环保部门颁发的许可证。对此，我们认为，在市场经济条件下，市场主体是一定的，市场主体的基本资格也是一定的，但因市场主体的组合形式不同或市场主体参与的法律关系的性质不同，同一主体便具备了不同的“身份”，从而享有不同性质的权利并承担不同的义务，自然人如此，法人亦如此。

众所周知，在民法上，自然人的权利能力是平等的，其行为能力则因年龄和

智力状况的不同而分为三种情况，但自然人的权利能力却并不仅仅只适用于民商法领域，公民一旦具有权利能力便可以参加多种法律关系。或者说各法律部门对于公民的权利能力的规定是相同的，其行为能力则是由不同的法律部门加以规定的，如民法上的公民行为能力依年龄智力状况加以确定；行政法上的公民行为能力除其年龄和智力状况外，还需对其从事的职业乃至受教育程度等加以确定。因此，权利能力作为自然人取得法律人格的基础一旦由民法作出规定便可以适用于任何法律部门，它是对主体资格的一般规定。而行为能力则不然，它作为主体具体享有权利并实际承担义务的资格，则是与权利义务的性质直接相关的，所以需要由不同的法律部门依其本质作出特别规定，但其他法律部门对于自然人行为能力的规定又必须以民法的规定为基础。法人作为法律上的拟制主体，与自然人一样要有取得其法律人格的一般条件，这便是法人的权利能力，它是对法人主体资格的基础规定，是所有法人均应平等享有的主体资格，而行为能力则不然。与自然人的行为能力一样，法人的行为能力亦需根据其参加的法律关系的性质不同而作出不同规定，由于法人的情况千差万别，不可能像对自然人的规定那样简便，而需根据法人的具体情况作出不同规定。但各部门法关于法人行为能力的限定同样也是建立在民法的规定基础之上的，环境资源法对于其法律关系参加者资格的限定也正是在民法赋予的法人行为能力基础之上设定的特殊条件。如环境影响评价者首先必须取得法人资格，在此基础上才能根据环境资源法的有关规定向环境资源保护行政主管部门申请从事环境影响评价的许可证，环境资源保护行政主管部门也必须在审查过其法人资格之后才可能颁发环境影响评价许可证。在此意义上说，市场经济主体是一定的，其主体资格是平等的，但因相同的主体在不同法律部门中的行为能力不同，参与法律关系的条件不同便享有了不同性质的权利并承担不同的义务，自然人如此，法人亦如此。并不能简单地认为赋予主体权利能力的法律与限定其行为能力的法律必须同属一个法律部门，同一主体因为参加不同的法律关系而使其行为受到不同法律部门的调整是极为正常的现象。因此，并无必要在每个法律部门中都对其法律关系参加者的主体资格作出全面规定。

正确地认识环境资源法律关系的主体问题，不仅有助于深入地理解环境资源法律关系的内容，而且有助于深入地理解环境资源法律规范的性质和特征。正因为环境资源法律关系的主体权利能力与行为能力的规定不属于同一法律部门，才有了环境资源法综合运用各种法律手段调整环境资源社会关系的特征，环境资源法中的民法规范、行政法规范、刑法规范才有了统一的基础。

同时，也正因为环境资源法律关系主体权利能力与其他部门法的一致性，才出现了环境资源法研究中将环境资源法主体的分类等同于其他法律部门的现象。我们则根据环境资源法律关系主体行为能力的特征，对环境资源法主体进行分类。

（二）环境资源法律关系主体的分类

目前一般的环境资源法理论，都将环境资源法律关系主体分为国家机关、社会组织和公民个人等。这种分类法并无错误，但存在缺陷：一是难以与其他法律关系的主体相区别；二是不能较好地体现环境资源法律关系主体自身的特征。

根据法学原理，法律的调整对象是确定的一定范围内的社会关系，限定了能够参与该社会关系的主体的范围。因此，调整对象与主体是密切相关的。环境资源法的主体范围也是由环境资源法的调整对象决定的。环境资源法的主体也就是为环境资源法所调整的国家在对环境活动进行调控过程中所发生的社会关系的参加者。由于环境资源法依调整对象分为生态环境保护法和污染防治法两大类，因此，环境资源法的主体便可首先分为生态环境资源法主体与污染防治法主体。

生态环境保护法的主体可以分为两类，即代表国家对自然环境和自然资源的开发利用进行监督管理的主体和在经济社会活动中接受国家环境资源管理的主体。前者可简称为管理主体，后者可简称为开发主体。管理主体依环境资源法对自然环境的开发和利用活动进行组织、指挥、协调和监督，是主动者；而开发主体在接受国家管理方面，则处于被动者的地位。

污染防治法的主体也分为两类，即代表国家对污染环境的行为进行监督管理的主体和在防治环境和其他公害方面接受国家管理的主体。前者可简称为管理主体，后者可简称为污染防治主体。管理主体依法对污染和破坏环境的行为进行监督，行使执法权，是主动者；污染防治主体接受国家的环境资源管理，因而处于被动地位。管理主体所进行的监督管理，无论是禁止、限制还是保护、促进，都直接对污染防治主体发生效力，而不取决于后者的意思和决策。

由此可见，环境资源法的主体主要包括：生态环境保护法中的管理主体和开发主体，以及污染防治法中的管理主体和污染防治主体。在这四种主体中，由于生态环境保护法的管理主体与污染防治法的管理主体都是依法代表国家对环境活动进行的法律调整，因而可以合称为管理主体；而无论是开发主体还是污染防治主体都要受到国家调控和管理的制约，因此可以统称为受制主体。

综上所述，可以将环境资源法的主体分为两类：即管理主体与受制主体。一般而言，管理主体是能够代表国家行使其环境资源保护职能的各种国家机关；受制主体则是在经济和社会活动中接受国家的调控和管理的主体，包括机关、团体、社会组织、公民个人等。

（三）环境资源法律关系主体的特征

1. 环境资源法律关系的主体具有广泛性

环境资源法律关系的主体明显地广于民事法律关系和行政法律关系的主体，

任何机关、团体、社会组织、公民个人都可以成为环境资源法律关系的主体。在国际环境资源法中，国家更是经常和大量地成为环境资源法律关系的主体。

2. 环境资源法律关系中，国家环境资源管理机关是最重要的主体

在环境资源行政管理关系中，国家环境资源管理机关是环境资源法律关系的必要一方，具有不可替换和不可选择性。环境资源管理机关在大多数情况下可以单方面设立、变更和废除环境资源法律关系，并以国家强制力使相对人接受和服从自己的意志。

3. 权利主体与义务主体具有对应性

在环境资源法律关系中，一方既是权利主体，又是义务主体，并不存在专门的权利主体或专门的义务主体；而且该权利与义务是互通的，权利主体所享有的权利实质上就是一种义务，任何一方都不能只享有权利而不承担义务，也不能只承担义务而不享有权利。

三、环境资源法律关系的内容

（一）环境资源法律关系内容的概念

环境资源法律关系的内容是指环境资源法当事人的权利义务的总和，每一个具体的环境资源法律关系都是由主体双方的权利义务构成的，将所有的环境资源法律权利义务概括起来，研究其最一般的原理，就是这里所要说明的环境资源法律关系的内容。

环境资源法权利，是指法律规定的，环境资源法律关系主体主张其法定利益的可能性，主体实现自己利益的行为界限是法律规定。法律所规定的主体的权利，只有通过主体主张才可能实现。就主体行为方面而言，主体主张权利的力量来源是法律，其实现自己利益的行为又必须遵守法律划定的范围。作为环境资源法主体的国家机关，在行使法定权力、取得公共利益时，也不得逾越法律的轨道。

环境资源法义务，是指环境资源法律规范对环境资源法律关系主体作出一定行为和不得作出一定行为的拘束力或要求力。环境资源法义务是国家强制人们实施适应或满足环境权利的行为的合法手段，是实现环境权利、取得相应利益的前提和保障。

环境资源法权利和环境资源法义务是环境资源法律关系主体的行为规则，是建立环境资源法律秩序的根据和实施环境资源法制监督的前提，对于环境资源保护尤其是环境资源管理活动具有重要意义。

根据前述对环境资源法主体的分类，我们可以对环境资源法上管理主体和受制主体的权利义务分别述之。

（二）环境资源管理主体的权利和义务

根据我国有关法律法规的规定，可以将环境资源管理主体的权利和义务抽象和概括为如下内容。

1. 环境资源管理主体的权力

环境资源管理主体的权力是指法律赋予的，为实现国家环境资源管理职能所必需的，运用各种国家机器及物质设施使全社会服从自己意志的各种方法手段和强制力量的总称。这些权力包括：

（1）环境资源管理规范制定权。是指根据宪法或法律授权，以法律、法规、规章以及其他规范性文件形式规定人们必须遵守的行为准则的抽象性权力。

（2）环境资源行政处理权。是指根据环境资源行政法律规范，具体地为相对人设立、变更和取消权利义务的权力。

（3）处罚强制权。是指环境资源管理机关对违反环境资源管理法规行为人以制裁，对拒绝履行环境保护义务行为人以强制执行的权力。

（4）特别物权。国家对特定物的管理权，如河流、海域、滩涂、矿藏、森林等国有财产，由特定国家机关进行管理，实现其环境效益。对这些物的取得、收益和处分不完全适用民法规定。

（5）环境司法权。这是指解决因执行国家环境资源法律法规而发生的各种纠纷的权利，主要包括公安、检察、法院的司法权和环境资源行政管理部门的准司法权——行政司法权。

2. 环境资源管理主体的义务

环境资源管理主体的职责，可以将其归纳为如下方面：

（1）管理性义务。指为建立和保持正常生产和生活所必需的环境资源法律秩序的总和。如制定法律法规、管理各种开发利用环境的活动、管理各种污染和破坏环境的活动、协调环境与发展的关系等。

（2）服务性义务。指为保护和改善环境创造各种条件的义务的总和。如进行环境资源保护的宣传教育、推广先进的环境资源保护工艺流程、提供污染治理设施等。

（3）接受监督的义务。包括接受立法机关的权力监督，社会组织、公民的社会监督、司法审查、行政监督以及行政赔偿等。

（三）环境资源受控主体的权利和义务

1. 受控主体的权利是指受控主体在环境资源法上为实现自己利益的意思力量

（1）参加环境资源管理权。主要是对环境资源法律法规的制定进行讨论和建议，对环境资源管理工作进行批评、监督以及参与具体的环境资源管理活动的权利。

(2) 环境使用权。是指受控主体拥有的使用环境的权利。如对自然资源的开发利用、对环境质量的保护改善以及在健康优美的环境中生存的权利等。

(3) 保障权。受控主体在开发利用和保护改善环境的过程中，可以主张国家环境资源管理机关主动作为，以保障法律规定的权利得以实现，也可以主张国家环境资源管理机关为改善环境质量提供服务，国家环境资源管理机关应采取各种方法保障人民的权利。如在公民和社会组织经营的财产受到环境污染和破坏时，有权请求国家机关给予保护，环境资源管理机关通过制定正确的环境管理战略和政策，使环境质量得到改善。

(4) 受益权。受控主体在开发利用环境过程中享有法定利益的权利。它包括两方面：一是在直接开发利用和保护改善环境中享有获得相应收益的权利；二是享有保护改善环境质量的环境效益的权利。

(5) 申诉和控诉权。这是指在与环境资源管理机关发生争议和受到违法处理后，有通过正当合法渠道寻求救济的权利，以及在环境权益受到侵害后有依法寻求司法救济的权利。具体有检举、控告、申诉、申请复议、申请仲裁和提起环境诉讼的权利等。

2. 受控主体的义务

(1) 遵守和维护环境资源法律秩序的义务。环境资源法律规范作为法律秩序的基础，规定了人们的行为准则。在依法作为时，应当遵守各种规则，发生正常、融洽的环境资源社会关系，不从事法律所禁止的行为。环境资源法律秩序是服务于整个社会公共利益的，每一个公民和社会组织都应当自觉主动地加以维护，并协助国家环境资源管理机关履行法定职责。

(2) 服从国家环境资源管理的义务。在环境资源法中，环境资源管理机关拥有一定的裁量权，在合乎法律界限和目的的前提下，有视情制宜的余地。一切公民和社会组织应服从管理机关各种方式的管理。即使对管理行为的合法性有争议，也应当通过法定程序由有关机关认定，不得擅自否定管理决定的确定力和拘束力。

(3) 服从制裁的义务。如果受控主体未能履行义务或故意、过失地违反法律，应当服从有关机关的处理决定，接受国家对其违法行为的否定性评价，以恢复被破坏的环境资源法律秩序。

(四) 环境资源法律关系的内容特征

环境资源法律关系的内容特征与环境资源法律关系主体的组合特征以及环境资源法的宗旨密切联系。这里值得特别说明的是，环境资源法主体在行使权力时，均负有不得滥用权力的义务。如管理主体滥用权力，不仅会直接侵害受制主体的利益，而且会直接影响到环境资源保护的实效，影响环境资源法宗旨的实现，受制主体滥用权利，如借口自己的独立主体地位及相应的权利，对国家的环境管理加以抵制，或者滥用环境权利污染和破坏环境，不仅会给其自身环境带来危害，而且也会影响国家环境资源管理的效果，增加环境资源保护的压力。因此，环境资源法主体必须依法行使权利、依法履行义务，而不能滥用权利或僭越权利。

环境资源法律关系中的权利义务在服从一般法理的前提下，也有自己的独特性，从环境资源法的规定来看，各种主体的权利义务既不均衡，也不对等。例如，有一些环境资源法规侧重于规定管理主体的权利与义务，很少为受制主体设定义务；而有的环境资源法规则更侧重于规定受制主体的义务，或者更偏重于受制主体的权利或义务等等。

此外，主体的权利义务的不对等还表现为管理主体与受制主体的权利义务不对等。由于管理主体和受制主体并非居于同一层面的平等主体，因而不可能像民商法那样有对等的权利义务，即并非管理主体的权利就是受制主体的义务，或者相反。并且这种不对等与行政法上的权利义务的不对等也不完全相同，行政法的权利义务的不对等因其行政行为的先定力而表现得十分直接和强烈；而环境资源法上权利义务不对等则因其社会性表现得更为间接与和谐。因此，从这里也可以看出环境资源法与民法、行政法等相关法律部门的差别。

实际上，环境资源法律关系中权利义务的不对等、不均衡正是环境资源法进行环境资源保护所需要的，因为不可能出现由平权者的一方来引导和管理另一方。这种现象反映了从传统个人权利本位观向社会权利本位观的发展，是环境资源法对法学理论的贡献。

如果对环境资源法律关系中的权利义务关系作进一步考察还可以发现：环境资源法在对同一主体的权利义务的具体规定方面还存在着一定的倾斜性。总体来看，环境资源法赋予管理主体的权利要多于加之其上的义务，而赋予受制主体的权利则少于义务。环境资源法之所以如此规定，一方面是为了使管理主体能够享有充分的权力，以保证对环境资源的有效管理；另一方面，受制主体的基本权利已在其他法律部门中作了规定，在环境资源法中主要强调其作为受制主体应有的资格条件的限制以及环境资源法上的义务，因而，比较而言义务性规范便较多，在有关法律法规中表现出权利义务规定的倾斜性，这种倾斜性实质上也体现了权利义务不对等性的特征。

环境资源法律关系中权利义务的特殊性，体现在各个层面中，而这种特殊性或环境资源法与其他法律部门权利义务的不同规定恰恰是环境资源法的宗旨、任务和职能的需要。在这个意义上，权利义务也存在一致性，即环境资源法对各种主体规定各种权利义务，虽然表现为权利义务规定的不均衡性、不对等性和倾斜性，但这种不均衡、不对等和倾斜恰恰是为了保护环境资源，维护社会公共利益，促进经济与社会环境协调发展，而这些目标的实现，无论是对于管理主体，还是对于受制主体，也都是大有裨益的。归根结底，环境资源保护的结果，有利于全体社会和人民，环境资源法的权利义务所包含的利益是归属于全体社会和人民的。环境质量的改善、环境效益的提高有利于全体人民乃至整个人类，并不能由某个人或某个团体所独占。对于环境资源法主体权利义务的一致性认识也是十分必要的。只有正确地把握这一特征，才能够促进受制主体积极地行使权力和履行义务，积极地配合管理主体的管理行为，从而提高环境资源法的实效，实现环境资源法主体的行为与环境资源法调整之间互动互利的良性循环。

四、环境资源法律关系的客体

（一）环境资源法律关系的客体的概念

环境资源法律关系的客体是环境资源法主体的权利和义务所能实际作用的事物。在环境资源法律关系中，如果仅仅只有主体和主体的权利和义务，而无权利义务所指向的具体事物，那么权利与义务则是无本之木，主体之间建立环境资源法律关系也就失去了意义。因此，环境资源法律关系的客体是环境资源法律关系的当然要素。根据我们对环境资源法调整对象的认识，可以将环境资源法的客体确定为以下几类。

1. 环境资源

在自然环境要素对于人类生存和发展的重要意义上，我们将整个自然环境称之为环境资源。根据生态学上的最小限制律，任何一个环境要素的恶化都会导致整个环境质量的降低。所以，环境资源是一个综合体，是较之于单个环境要素的个别生态作用更大的综合效应体。在这里，我们指的是由法律所确认的人类赖以生存和发展的客观物质条件的总和，它包括大气、水、海洋、土地、矿藏、森林、草原、野生生物、自然遗迹、人文遗迹、自然保护区、风景名胜区、城市和乡村等及各种环境要素的生态效益和其他非生态价值。

环境资源不同于一般的财产，其生态效益和其他非生态价值是无法用金钱来表示的。因此，对于环境资源，国家禁止破坏和污染，禁止任何组织或个人以任何手段侵占或转让；对环境资源必须依法合理开发利用，并应该实行综合利用。

2. 环境行为

一般称之为环境资源管理行为，是指环境资源法主体在开发利用和保护改善环境的过程中，为达到协调人类—环境关系的目的而进行的有目的、有意识的活动。环境行为应该包括管理主体的行为和受控主体的行为。这种行为，可以表现为具有权力因素的环境资源管理行为，如环境资源管理机关的职权行为；又可以表现为具有财产因素的行为，如对开发利用环境者合法利益的保护、对环境资源的开发利用等。

（二）环境资源法律关系客体的特征

1. 作为环境资源法律关系客体的环境资源具有强烈的生态性而非经济性

民事法律关系和环境资源法律关系上的物所具有的都是经济性或物质利益性特征；而在环境资源法律关系中，各环境要素的生态效益是第一位的。因此，环境资源法为实现自身的立法目标和宗旨往往是对物的经济效益的限制。

2. 环境行为是环境关系的经常客体

由于环境资源法主要调整由国家干预的环境资源社会关系，而环境资源法对此类关系的调整，又通过制定相关的法律法规，规定管理机关的职权以及实施这些职权来实现的。同时，人们对环境的开发利用又是与社会经济发展和人类生存密不可分的，对环境的保护行为反映。

在社会经济活动的各个方面，这就决定了环境行为是环境资源法律关系最重要和最经常的客体。

第三节　环境资源法的地位与体系

一、环境资源法的地位

环境资源法的地位，通常是指环境资源法在法律体系中是否具有自己的位置，是否具有不可替代的独立存在理由和价值。凡认为环境资源法在法律体系中有不可替代的功能的，就认为环境资源法具有自己的独立地位，反之则相反。可见，环境资源法的地位在表面意义上就是指环境资源法在法律体系中的存在状态。

对于环境资源法的地位，学者们的认识也是各不相同的，归纳起来，大致可分为肯定说和否定说两类。凡肯定环境资源法存在的学者，一般都对环境资源法在法律体系中的地位加以确认；而否定环境资源法的存在的学者，则对环境资源法在法律体系中的地位加以否定。在肯定说和否定说的内部，也还存在着许多不尽相同的观点。我们认为：环境资源法在法律体系中具有不可替代的独立存在的理由和价值，是一个新兴的独立的法律部门。

之所以说环境资源法是一个独立的法律部门，是因为任何将环境资源法纳入其他法律部门的观点和理由都不能全部解决环境资源法的理论问题，而且也有悖于法学的一般原理。一般认为，凡在法律体系中具有独立地位的法，就一定能够以法律部门的形式存在，而划分法律部门的标准则是法的调整对象，因此只有具有独立调整对象的法才能是一个独立的法律部门。此外，各法律部门虽具有相对稳定性，但并不是一成不变的，它们始终潜在着分解和重构的趋势。各种法律部门的分立、合并、解析和重组，可以使各种法律规范“同质组合”，形成更为科学的法律部门。环境资源法正是这样发展起来的一个独立法律部门。

1. 环境资源法有自己独立的调整对象

区别法律部门的最重要标志就是其调整对象的独立性或特殊性。环境资源法的调整对象是环境资源社会关系，这类社会关系是在人们开发利用、保护改善环境的过程中所产生的，其特征是它的产生及发展以人类—环境关系为基础，并且与人类对环境资源保护的认识水平密切相关。环境资源社会关系，既包括国家及其职能部门在环境资源管理活动中所产生的社会关系，也包括社会生产和生活过程中与开发利用、保护改善环境有关的社会关系。这类社会关系具有广泛性、复杂性和综合性，它既不是单纯的行政关系，也不是单纯的经济关系。这样一类环境资源社会关系，不是其他任何法律部门所调整的社会关系所能包含的。

2. 环境资源法有自己的调整方法

调整方法的不同，也是区别不同法律部门的重要标志。环境资源法为实现协调人类—环境关系的目标，采用独特的调整方法，建立了自己的法律原则和制度，这些原则如“协调发展原则”、“综合整治原则”、“环境责任原则”、“公众参与原则”，制度如“环境影响评价”制度、“三同时”制度“排污收费”制度、“许可证”制度、“限期治理”制度等等都明显地不同于其他法律部门。尤其是环境资源法为防止环境问题的产生和恶化，大多采用预防性手段；为保证人们的活动符合生态规律，在环境资源法中大量采用技术规范等等，都不是其他法律部门所能包含或取代的。

3. 环境资源法有自己特殊的任务和目的

一般说来，环境资源法的任务和目的是保护环境，保障人体健康，维护生态平衡，各国在环境立法中根据本国情况各有侧重。我国《环境保护法》规定的任务和目的是：“保护和改善生活环境与生态环境，防治污染与其他公害，保障人体健康，促进社会主义现代化建设的发展。”这一任务无法被其他法律部门的任务所代替，目的也不可能由别的法律部门来实现。

4. 环境资源法有自己的特征

由于环境资源保护是一项永久性、全民性的活动，环境质量改善的后果对全体社会成员一视同仁，因而环境资源法的调整对象与保护对象都具有广泛性。环境资源法以生态规律为基础结合社会规律而产生，地球一体化要求世界各国在环境资源保护领域携手合作，使得这一部门法的社会性与公益性更为显著。这些特征都是环境资源法性质的体现，是环境资源法区别于其他法律部门的标志。

5. 环境资源法有独立的法律体系

环境资源法虽然出现的时期不长，但由于其与人类生存和发展密切相关而得到迅速发展，迄今，各国均已制定和颁布了大量的环境资源法律法规，进行了多种理论研究，形成了独立的法律体系。在我国，现在已有了以宪法为依据，以环境资源保护基本法为基础，以各环境要素保护法为主干结合环境技术规范的环境立法体系；以国家立法为主、部门立法和地方立法相结合的环境资源法效力体系以及环境资源法学基础理论与各环境要素保护法理论相结合的环境资源法学理论体系。这些体系的形成，也是环境资源法能够区别于其他法律部门并取得独立地位的重要条件。

当然，我们也承认环境资源法与其他法律部门尤其是行政法、民法存在着密切的联系，许多环境资源法律规范是从这些部门法律规范中发展而来的。然而新产生的环境资源法律规范较之于传统的法律规范却发生了质的变化，它们之间存在着质的差异，是由环境资源法独特的调整对象决定的。因此，是环境、经济与社会的发展产生了需要法律加以调整的新的社会关系，才形成了不同于其他法律规范的新法律规范，这些新的法律规范构成了一个新的法律部门，即环境资源法。

二、环境资源法的效力体系

在我国，环境资源法的效力体系是根据环境资源法的各种形式意义上的子法律部门的制定机关、具体内容的不同，按照不同的效力等级或层次而划分的环境资源法的内部结构。在一个国家内，宪法拥有最高法律效力，其他各种法律法规必须以宪法为立法依据，形成一个下一等级法律法规服从上一等级法律法规，上下一致的统一体。据此，我国现行的环境资源法效力体系可表述如下。

（一）宪法

宪法中关于环境资源保护的条款，是制定其他环境资源法的宪法依据。《中华人民共和国宪法》第 9 条第 2 款规定：“国家保障自然资源的合理利用、保护珍贵的动物和植物。禁止任何组织和个人用任何手段侵占或者破坏自然资源。”第 26 条第 1 款明确规定：“国家保护生活环境和生态环境，防治污染和其他公害。”

（二）环境资源保护基本法

《中华人民共和国环境保护法》（以下简称《环境保护法》）是我国环境资源保护的基本法。在环境资源法体系中占有核心地位，它对环境资源保护的重大问题作出全面的原则性规定，是构成其他单项环境资源法的依据。《环境保护法》不仅明确了环境资源保护的任务和对象，而且对环境资源监督管理体制、环境资源保护的基本原则和制度、保护自然环境和防治污染的基本要求以及法律责任作了相应规定。

（三）环境资源保护单行法

环境资源保护单行法是针对特定的生态环境资源保护对象和特定的污染防治对象而制定的单项法律。这些单行法在我国都是由全国人大常委会制定的。它分为两大类：一类为生态环境资源保护立法，主要包括《中华人民共和国森林法》（以下简《森林法》）、《中华人民共和国草原法》（以下简称《草原法》）、《中华人民共和国渔业法》（以下简称《渔业法》）、《中华人民共和国矿产资源法》（以下简称《矿产资源法》）、《中华人民共和国土地管理法》（以下简称《土地管理法》）、《中华人民共和国水法》（以下简称《水法》）、《中华人民共和国野生动物保护法》和《中华人民共和国水土保持法》等八部法律；另一类为污染防治法，主要包括《中华人民共和国水污染防治法》、《中华人民共和国大气污染防治法》、《中华人民共和国噪声污染防治法》、《中华人民共和国固体废弃物污染环境防治法》和以防治海洋污染为主的《中华人民共和国海洋环境保护法》等法律。

（四）环境资源保护法规

环境资源法规是由国务院制定并公布或者经国务院批准而由有关主管部门公布的有关环境资源保护的规范性文件。主要包括两部分内容：一部分是为执行环境资源保护基本法和单行法而制定的实施细则或条例，如《大气污染防治法实施细则》、《水污染防治法实施细则》、《森林法实施细则》、《土地管理法实施细则》、《征收排污费暂行办法》、《环境噪声污染防治条例》等；另一部分是对环境资源保护工作中出现的新领域或尚未制定相应法律的某些重要领域所制定的规范性文件，如《结合技术改造防治工业污染的几项规定》，《对外经济开放地区环境管理暂行规定》，《关于加强乡镇、街道企业环境管理的规定》，等等。

（五）环境资源保护部门规章

环境资源保护部门规章是由环境资源保护行政主管部门或有关部门发布的环境资源保护规范性文件，它们有的由环境资源保护行政管理部门单独发布，有的由几个有关部门联合发布，是以有关的环境资源法律和行政法规为依据而制定的。如国家环保总局发布的《排放污染物申报登记管理规定》、《放射环境管理办法》，国家环保总局、海关总署联合发布的《关于严格控制境外有害废物转移到我国的通知》。

（六）地方性环境资源法规和地方政府规章

地方性环境资源法规和地方政府规章是各省、自治区、直辖市、省人民政府所在地的城市以及国务院批准的较大城市的人民代表大会或其常委会制定的有关环境资源保护的规范性文件；各省、自治区、直辖市、省人民政府所在地的城市以及国务院批准的较大城市的人民政府制定的有关环境资源保护的规范性文件称之为地方规章。这些地方性法规和地方政府规章都是以实施国家环境资源法律、行政法规为目的，以解决本地区某一特殊环境问题为目标，因地制宜而制定的。如《北京市实施〈中华人民共和国大气污染防治法〉办法》，《上海市黄浦江上游饮用水源保护条例》、《武汉市环境资源保护条例》等。

（七）环境标准

环境标准是环境资源法效力体系中的一个特殊组成部分。在我国，环境标准有国家标准和地方标准两级。国家级环境标准由国家环保局制定，地方级环境标准由省一级人民政府制定，并须报国家环保局备案。环境标准属于强制性标准。大多数国家的环境资源法律法规都规定，违反环境标准应依法承担相应的法律后果。我国的环境资源法也规定，违反环境标准应依法承担相应的法律后果。我国的环境标准主要分为环境质量标准、污染物排放标准、环境基础标准、样品标准和方法标准。另外还有一些环境资源保护的行业标准。

（八）国际环境资源保护条约

根据我国宪法的有关规定，经过我国批准和加入的国际条约、公约和议定书，与国内法同具法律效力。《环境保护法》第46条还规定，如遇国际条约与国内环境资源法有不同规定时，应优先适用国际条约的规定，但我国声明保留的条款除外。因此，国际环境资源保护条约也是我国环境资源法效力体系中的重要组成部分。为加强环境资源保护领域的国际合作，维护国家的环境权益，同时也承担应尽的国际义务，中国先后缔结和参加了《保护臭氧层维也纳公约》、《控制危险废物越境转移及其处置的巴塞尔公约》、《气候变化框架公约》、《生物多样性公约》、《南极环境保护议定书》等多项国际环境资源保护条约。

第四节 环境资源保护基本法

一、环境资源保护基本法的概念

环境资源保护基本法又称为环境资源保护基干法，是指一个国家制定的全面调整环境社会关系的法律文件。这个法律文件以对人类环境的合理开发利用、保护改善为立法目的和法律控制的内容，以规定国家的环境资源保护职责和管理权限为形式，以全面协调人类—环境的关系为宗旨，对一国环境法律秩序的建立、确认和保障发挥基础与核心作用。环境资源保护基本法通常表现为一个国家的最高环境立法，如美国的《国家环境政策法》、前苏联的《苏俄自然保护法》、日本的《环境保护法》等等。一般认为，环境资源保护基本法的颁布，是一国环境资源保护法制化的标志，也是一国环境资源保护或环境管理水平的标志，它体现着一国的社会文明程度和发展的观念 。

环境资源保护基本法是在人类面临严重的环境问题，重新审视人类与环境的关系，开始选择新的不同于传统发展模式的生产方式和生活方式的产物。它虽然仅仅只是一个法律文件，但其却具有划时代的意义，无论是对于环境法还是环境法学的产生和发展都具有决定性作用。理解环境资源保护基本法的概念，必须把握如下方面。

（一）环境资源保护基本法是人类正确认识自然、重新检讨人类传统生活方式，规范人类活动对环境的影响的产物

世界上最早颁行的环境资源保护基本法是美国 1969 年的《国家环境政策法》，迄今也不过 30 多年的历史。环境问题早已存在，过去也有不少国家颁行过许多单行法律法规来解决环境问题，但始终未将环境问题的解决与人类的生产方式或发展模式联系起来。直到 1966 年联合国在世界范围内组织人类环境问题的大讨论，才使人们真正认识环境与发展、环境与资源、环境与人口的关系，认识到需要有统一的发展目标和发展战略，需要有统一的法律。1972 年斯德哥尔摩人类环境会议的召开，《人类环境宣言》的出台，使人们对环境问题的认识产生了质的飞跃，只有这一时期才有可能出现环境资源保护基本法。这一现象出现于 20 世纪 60 年代末到 70 年代初并非偶然，是在环境问题日趋严重的背景下，人类对环境问题性质的认识不断深入的前提下制定出来的。它的出现，是现代环境资源法迈向成熟的一个标志。由于以基本法的形态出现，从而使得相关的其他法律也不同程度地呈现出生态化的特征，使环境资源的思维演进到一个更加深入和全面的阶段。事实上，1972 年前后也正是世界各国制定环境资源保护基本法的

高峰期，大多数国家的环境资源保护基本法是在 20 世纪 70 年代末出台的。

（二）环境资源保护基本法的产生是环境社会关系客观上需要统一的法律调整的结果

人类—环境的关系自人类产生以来便始终伴随着社会经济的发展，而人类的社会经济活动又无一不与环境紧密联系。但是在相当长时期内，由于人类生产力发展水平的限制，人类活动对环境的不良影响还不足以对人类自身的发展构成威胁，或人类囿于认识的局限还不足以预见这种威胁，所以法律在人类与环境的关系领域尚未发挥积极的作用，也未进行系统的规范。但人类进入现代社会以后，随着人类生产力水平的迅猛提高，人类对环境的影响日益增大，各种新的与环境有关的行为与活动不断出现，而在这些行为与活动过程中所产生的社会关系日益复杂并呈现出特殊性，这就在客观上要求出现专门的法律对于这样一类社会关系进行统一调整，确立一致的调整原则和控制内容。

在综合性的环境资源保护基本法颁布以前，各国一般都有许多单项的环境资源立法，这些法律、法规通常是针对某个环境要素或某个地域的环境资源状况所作的具体规定，因为缺乏统一的指导原则和整体规划，使得众多的法律、法规之间缺乏有机的联系，在具体法规中确立起来的法律制度应用范围狭窄，受到的制约因素多，从整体上削弱了环境资源法的实际运作效果。因而，颁布一部综合性的环境资源保护基本法，统领各单项立法，对环境资源法的体系进行梳理就成为现实的需要。这方面的典型代表当属日本。因此，环境资源保护基本法正是在环境问题、环境资源保护与环境社会关系日益复杂的客观条件下产生的。

（三）环境资源保护基本法是确立环境法的基本原则与制度、建立环境法律秩序的重要保障

环境资源保护基本法的出现，是人类对环境问题的性质有了深入认识的结果。在环境问题的性质上，起初多理解为工程技术问题，是技术不成熟的产物，只要能发明出更新更清洁的生产工艺，就可以根除环境问题。但随着对环境与人口、环境与发展等关系的讨论，人们终于认识到，环境危机乃是一个综合性的社会问题，其所涉及的社会关系十分广泛，单靠技术手段是无法解决问题的，必须进行全面的综合管理，并调动非政府力量积极参与，正是在这种背景下，综合性的环境资源保护基本法的制定才显得十分必要。因而，应该从大环境的角度，从人与环境全面相关的角度来理解和把握环境资源保护基本法。

过去，各国也曾试图运用各种传统的法律手段对这类社会现象进行调整。但是，环境问题的特殊性以及传统法律手段的局限性都使得各种利用传统法部门或法律措施的内容拓展以覆盖环境资源保护领域的企图归于失败。根源于自由主

义、个人本位或国家本位的传统法律制度无法也无力调整环境社会关系。必须出现真正体现社会利益本位、保障当代人与后代人权利的新的法律制度与原则。而较之于已经经过几百年甚至上千年历史的传统法律部门而言，这一新的法律部门要有贯穿一致的立法宗旨，要有不同于传统法律部门的规范体系和制度体系，更要有一个能够全面反映这些新的法律观念、法律意识、法律制度的法律文件。因此，即使是在美国这样典型的英美法系国家，其环境资源保护基本法也是以成文法形式并由联邦政府颁布的。

（四）环境资源保护基本法的内容随着人类对环境资源保护的认识不断提高而向纵深发展

环境保护基本法作为一个国家环境政策的集中体现，与该国环境问题及环境资源保护的特点密切相关，也与人类对环境问题的认识直接联系。环境资源保护基本法是对人类的发展方向、发展模式进行重新全面思考的一个表现和结果。自工业革命以来，人类获得的巨大的生产力已经足以毁灭地球及人类全体。环境掠夺型的生产模式已经在发达国家全面展开，而一些发展中国家则正跃跃欲试地在本国推行这种生产战略，然而，资源与人口的矛盾却尖锐地暴露出来，这不仅使得发达国家感到压力和惶恐，更使发展中国家在前进的道路上步履维艰，缩小与发达国家的距离的希望显得十分渺茫，南北国家间的矛盾越加突出，发展与环境资源的制约之间的张力也越来越大。于是，不论是发达国家还是发展中国家在两难的境地中苦苦思考。各种关于发展的学说也相继应时而出。经过系统的考虑之后，各国纷纷采取了立法的手段，从经济发展模式的选择和对经济发展速度的限制入手，推出了自己的环境资源保护基本法。它是对人类迄今为止的生产模式的一次总思考。1992 年，里约热内卢环境与发展大会的召开，《地球宣言》将可持续发展作为全球环境资源保护的根本目标，继《人类环境宣言》以后又一次使人类对环境问题的认识产生了新的飞跃，环境与发展成为迈向 21 世纪的人类面临的最大问题。在这一挑战面前，各国纷纷对环境资源保护基本法进行了检讨，一些过去没有环境资源保护基本法的国家迅速制定并颁行了《环境资源保护基本法》，如泰国以及拉丁美洲诸国；一些已经制定有《环境资源保护基本法》的国家根据可持续发展的要求进行了修订或重新制定新的基本法，如日本将过去的《公害对策基本法》予以废止，重新制定并颁布了《环境保护法》，完成了环境资源保护从公害治理为主到全面保护环境的过程。1992 年以来，世界各国方兴未艾地颁行环境资源保护基本法的热潮也说明了这一问题。

二、环境资源保护基本法的地位

环境资源保护基本法的地位是指该法在一国法律体系中所处的位置。具体而言，它应包括两方面的内容：其一是环境资源保护基本法在某一国家立法体系中与其他法律文件相比较而言所处的位置；其二是环境资源保护基本法在某国环境法体系中所处的位置。而这两方面又是相互联系的。学者们通常从不同的角度来认识这一问题。

由于各国立法体制的不同，关于基本法与普通法的划分标准很难统一。如在我国，根据法理学所提出的划分法律的标准是立法机关的立法权限，通常认为，由全国人民代表大会制定的法律为基本法，由全国人大常委会制定的法律为普通法。根据这一划分标准，《中华人民共和国环境保护法》与《中华人民共和国水法》、《中华人民共和国森林法》、《中华人民共和国水污染防治法》、《中华人民共和国大气污染防治法》等一系列有关环境资源保护的法律都是由全国人大常委会颁布的，它们应属于同一层次的法律，不存在孰高孰低的问题，更不应有普通法与基本法的区别。依此理论，我国的《中华人民共和国环境保护法》就不是基本法，其地位根本不可能与《中华人民共和国刑法》、《中华人民共和国民法通则》等法律同日而语。

但是，《中华人民共和国环境保护法》无论是内容，还是作用又都的确不同于其他环境资源保护法律，那么，应如何认识这一问题呢？

有学者认为，美国《联邦环境政策法》在美国环境法体系中占有比较特殊的地位。被称之为“保护环境的国家基本章程”。而《联邦环境政策法》在美国环境法体系中的地位主要是由其性质和作用决定的，就性质而言，它是一部从宏观方面调整国家基本政策的法律，它对一切联邦行政机关补充了保护环境的法律义务和责任。它以统一的国家环境政策、目标和程序改变了行政机关在环境资源保护问题上的各行其是、消极涣散的局面。就其作用而言，它规定的环境影响评价程序迫使行政机关把对环境价值的考虑纳入决策过程。改变了行政机关过去的忽视环境价值的行政决策方式。它在美国历史上第一次为行政机关正确对待经济发展和环境资源保护两方面利益和目标创造了内部和外部的条件。由于《联邦环境政策法》的特殊性质和作用，同其他的环境法律相比，它在美国环境法体系中显然处于更高的位置①。

我们认为，中国的《环境保护法》不仅应该而且必须是一部环境资源保护基本法，它在中国环境法体系中占有核心地位；同时，在中国法律体系中也有重要

① 王曦：《美国环境法概论》，武汉大学出版社 1992 年版，第 243 页。

的位置；否则，就既不符合中国可持续发展的立法框架，也不利于环境资源法的发展。

1.《环境保护法》成为基本法是我国实施可持续发展战略的需要

中国正在从粗放型生产经营模式向集约型模式转变。中国经济社会的高速持续发展若想要保持潜在的发展后劲，必须实施可持续发展战略，这一现实决定了环境资源法在整个法律体系中的地位只能是基本法，唯有如此，它才能对其他的法律形成制约，并在制约的基础上达到一种有机的平衡，使得经济的发展遵循动态平衡的法律规范的保障。若环境资源法地位低下，则无法起到整体规制经济和社会发展的作用，不利于可持续发展战略的全面实现。

2. 环境资源立法的现状也要求将《环境保护法》作为这一部门的基本法予以确立

最近10年来，环境资源立法呈现出加速度发展的趋势，所涉及内容越来越广，程度也越来越深，单项立法、行政法规、规章及环境标准都已具备相当大的规模。而且，环境资源法也正向纵深发展，各项制度之间的分化和结合，各单项立法的分立和整合都在不断地变动之中，必须有一个统领全部法规的基本法从整体上进行把握，才能够使得现有立法汇集成一个系统化的有机整体，而这一任务目前只有《环境保护法》才能胜任。

3.《环境保护法》的内容和体系结构决定了它就是一部环境资源保护基本法

《环境保护法》调整的内容和范围涉及环境资源保护的整个领域，它全面调整环境资源社会关系，既规定了国家的环境资源保护职责，也规定了公民、法人、社会团体的环境资源保护权利和义务。它以统一的立法宗旨、立法目标规定了中国环境资源保护的基本原则和基本法律制度，对环境资源保护的基本内容作了系统规定，并确立了中国的环境管理的体制。这些内容，是其他环境资源法律法规所不具备也不可能具备的。

4.《环境保护法》所规定的基本原则和制度为其他环境资源保护法律法规的制定提供了法律依据

《环境保护法》的一个重要特点，就是具有较强的纲领性，这些纲领性的规定是我国环境资源保护成功经验的总结，将这些成功的经验措施上升到法律的高度，这就意味着将以国家强制力、以法律的权威性来推动这些大政方针和政策措施的施行，这不仅有利于保障我国环境资源保护事业的长期稳定发展，也能为我们制定其他单项法律、法规提供依据。《环境保护法》所确定的保护生态环境和防治污染的各项法律制度，不仅范围广泛，而且都是基本性规范。

《环境保护法》是全国人大常委会通过的法律，并不影响其基本法的性质，更不能否认其作为基本法的地位与作用。如在我国民法体系中，《民法通则》与《合同法》、《婚姻法》都是由全国人民代表大会通过的法律，但并不能说明它们都是民事基本法或否认它们之间存在的上下位关系。环境法体系中的各项法律也是如此，也不能因为它们是通过同一立法机关并经由同一程序制定的就可以否认其性质、内容和作用上的差别，否认它们之间应有的逻辑联系。因此，对于《环境保护法》地位的认识必须建立在科学求实的基础上，否则，会造成理论与实际的严重背离，引起不必要的混乱。

基于以上认识，可以认为，环境资源保护基本法在环境法体系中占有重要地位，其效力仅次于宪法，一切环境立法都必须遵循宪法和基本法。同时，我国的其他基本法如民法、刑法、行政法等涉及环境资源保护的规定，也必须与《环境保护法》相协调。

三、中国环境资源保护基本法的产生和发展

1973 年国务院转发了《关于保护和改善环境的若干规定（试行草案）》，1978 年中共中央批转了国务院环境保护领导小组会议通过的《环境保护工作汇报要点》。这些规范性的文件，都是对环境资源保护的基本方面的原则性规定，对推动环境资源保护工作起到了重要的作用。在这些规范性文件的基础上，吸收国外环境资源保护的经验教训，我国于 1979 年制定了《环境保护法（试行）》①。在立法草案的说明中，明确将“试行法”认定为基本法。“试行法”主要是规定国家在环境资源保护方面的基本方针和基本政策，针对我国当时工业企业排放污染物比较严重和城市公共设施不足的状况，注重对企业污染的治理，并严格控制新的污染源。对自然生态保护也予以了关注。

“试行法”于 1979 年由第五届全国人民代表大会常务委员会第十一次会议通过。内容包括总则、保护自然环境、防治污染和其他公害、环境资源保护机构和职责、科学研究和宣传教育、奖励和惩罚、附则七章 33 条。基本上奠定了环境资源保护基本法的框架，以法律的形式固定了环境保护基本政策。使我国的环境保护工作走上了法制轨道，为加快环境资源立法奠定了基础。“试行法”的实施，提高了公众的法制观念和环境意识，推动了环境资源保护的法制建设，加强了环境资源管理，促进了环境资源保护事业的发展，对保护和改善环境、防治污染和其他公害起到了积极作用。但在执法过程中也发现了不少问题，其立法的不完善之处对保护环境资源的不力和不利已十分明显。“试行法”已经不能适应新的环境保护需要，需要对其进行修改，具体原因为：

---

① 为与现行的《环境保护法》相区别，一般将《环境保护法（试行）》称之为“试行法”，本书也采用了这一俗称。——作者

1. 立法依据发生了变化

“试行法”是依据1978年宪法第11条关于“国家保护环境和自然资源，防治污染和其他公害”的规定制定的。1982年对《宪法》进行了修改并重新颁布，现行宪法第26条的规定比过去更为全面，明确了既要保护环境，又要改善环境；既要保护和改善生活环境，又要保护和改善生态环境，从而把保护、改善生活、生态环境上升为国家的一项基本国策与根本任务。这意味着，今后的环境资源立法只能制定更加严格的措施和标准，而不得降低。宪法的原则性规定，必须要有环境资源立法的具体保障，环境资源保护基本法作为仅次于宪法的环境基本法也必须相应作出调整，以适应新形势下国家对环境质量的进一步要求。同时，现行宪法第9条对自然资源的保护也作出了明确规定，使自然资源保护的宪法依据也更加明确和翔实，为此，环境资源保护基本法的内容也应适当调整。为了在环境资源保护法中充分体现《宪法》对环境资源保护事业的新要求，必须对“试行法”作相应的修改。

2. 形势发生了巨大变化

“试行法”是在我国经历了“文化大革命”之后，刚刚开始拨乱反正时制定的，距今已逾10年。10年来，随着全国工作重心的转移，国家的经济生活、社会面貌和环境资源保护工作均发生了巨大而深刻的变化，乡镇企业、个体企业、私营企业的发展和对外开放、对内搞活经济时，如何防治污染和保护环境等，都必须作出相应的法律规定。

3. 产生可操作的制度和措施需要以法律形式固定下来

随着环境资源保护事业的发展与环境法律的实施，尤其是我国环境资源保护宣传教育事业的迅速而富有成效的开拓，我国广大干部、群众的环境意识大为提高，人们对环境资源保护提出了更高、更严的要求，而环境资源保护的实践又积累了不少可以提升为法律的经验，如，“试行法”仅规定了环境影响评价、三同时和超标排污收费制度，在中国式环境资源管理道路的探索实践中，又摸索和发展了一些新的行之有效的管理措施和方法，这些措施和方法有些是对过去老制度的进一步完善，如在超标排污收费制度基础上发展的排污费制度，有一些是新的措施，如排污许可证、城市环境综合整治定量考核、排污申报登记、环境资源保护目标责任制等，这些措施和方法不仅需要进一步发展而且需要将其以立法的形式固定下来，这就必然会产生新的法律规范。

4. “试行法”本身也需要进一步修改和完善

10年的实践证明，“试行法”规定的一些主要内容是正确的、可行的。但是，由于我国环境资源保护工作起步较晚，“试行法”又是我国有史以来第一部环境资源保护基本法，我国环境法学研究还处于初创前夕，致使立法缺乏经验和强有力的理论指导，出现了法律规定有的过于笼统，有的不够确切，有的不切实际的种种问题。另外，也还存在着一些应予避免的立法漏洞。如，“试行法”对于违法责任未设专章，仅仅是对惩罚作了一条笼统的规定，这使得在执法中对违反环境资源法的主体难以追究法律责任，削弱了法律的严肃性和效力，使得法律在逻辑上也欠缺完整性。而法律责任是一部法律具备国家强制力的基本保障。凡此种种，都要总结经验教训，对“试行法”的问题和缺陷进行修改和完善。

此外，“试行法”是由全国人大常委会原则通过试行的。有些地方和部门的干部，甚至一些领导同志，把“试行"看成是可行可不行（这当然是一种缺乏法制知识造成的误解），未予认真贯彻实施，有的地方的环境污染和破坏未能得到及时有效的制止，有的地方甚至出现了环境质量进一步恶化的现象。

“试行法”的修改，曾经列入国务院原则批准的《1982～1986 年经济立法规划》。1983 年 3 月，由当时城乡建设环境资源保护部牵头，邀请国务院有关部委、部分省、环境资源保护局和有关大专院校、科研单位的专家、法律工作者参加，组成了“试行法”修改起草领导小组。确定起草工作总的指导思想是：坚持实事求是的原则，依据宪法和社会主义现代化建设的总方针、总任务，把成熟的环境资源保护政策法律化、条文化，通过修改，使环境资源保护法更加科学、充实和完善、实效。

在修改起草过程中，曾组织各有关方面的人员，到各地环保部门、司法部门及企业事业单位作了大量的调查研究，认真总结了我国环境资源保护立法、执法、司法、守法的经验教训，并参考国外环境资源保护立法情况，对“试行法”进行逐条分析：凡原规定行之有效的，予以保留；原规定需要进一步明确或简化的，予以明确或简化；原规定不恰当的，予以删除；原有的法律漏洞，予以补充纠正。到 1983 年 12 月，完成了修改稿初稿。此后，有关部门多次以座谈会或书面形式进行了协商，也征求了各个领域专家学者的意见。1986 年底，国家环境保护局将《中华人民共和国环境保护法（修改送审稿）》报送国务院审查。1989 年国务院第四十七次常务会议，讨论通过了提交全国人大常务委员会的《中华人民共和国环境保护法（修改草案）》；并将修改草案提交全国人大常委会审议。同年第七届全国人大常委会第十次会议对修改草案进行了初审。根据委员们以及全国人大教科文卫委员会、财经委员会的审议意见，以及各地方、中央有关部门和有关人员，包括有关专家的意见，全国人大法律委员会于 1989 年 12 月连续召开会议，审议了《环境保护法（修改草案）》。法律委员会认为：目前我国的环境污染情况相当严重，环境资源保护工作应当进一步加强，1979 年制定的“试行法”已不适应形势发展的需要，加以修改是必要的，修改草案基本可行，并在归纳八个方面的修改意见、进行一些文字修改的基础上提出了修改草案修改稿，1989 年 12 月 20 日向全国人大常委会作了对《中华人民共和国环境保护法（修改草稿）》审议结果的报告。1989 年 12 月 26 日，第七届全国人大常委会第十一次会议通过了《中华人民共和国环境保护法》。

四、《环境保护法》的体系结构

现行的《环境资源保护法》共有六章四十七条，较之于“试行法”，现行的《环境保护法》的保护对象更为明确，内容条款更为规范，法律责任更为具体，并且便于操作。经过改进和完善的内容主要有下列方面。

（1）第一章《总则》第1条规定立法依据时，根据1982年《宪法》，将保护对象明确规定为生活环境和生态环境，更突出了人类生存环境的概念；还明确了不但要保护环境，而且要改善环境；既要保护和改善生活环境，又要保护和改善生态环境。第4条对于环境资源保护的基本原则作了明确的规定：“国家制定的环境资源保护规划必须纳入国民经济和社会发展计划，国家采取有利于环境资源保护的经济、技术政策和措施，使环境资源保护工作同经济建设和社会发展相协调。”“计划”和“政策”是实现协调发展的保证。第7条对环境资源保护管理体制的规定，理顺了中央和地方、主管部门和分管部门之间的关系，明确了各自在所辖范围内的监督管理职权和职责，体现了统一监督与分工负责相结合的原则。

（2）第二章《环境监督管理》是新设的专章，共含7条。第9条、第10条规定了环境质量标准和污染物排放标准的制定权限、制定程序和实施要求，这些规定同《中华人民共和国标准化法》的普遍性规定有所不同。这是因为环境资源保护行政主管部门多年来已经形成了一套制定和管理环境标准的办法。《水污染防治法》和《大气污染防治法》都明确规定了环境标准由国务院环境资源保护行政主管部门制定，实际的施行情况也是好的。同时，《标准化法》第6条第3款也规定了“法律对标准的制定另有规定的，依照法律的规定执行"。因此，新通过的《环境资源保护法》再次从法律上确认了环境标准由环境资源保护行政主管部门制定的规定，它连同《水污染防治法》、《大气污染防治法》中有关环境标准的规定一起，都将继续有效。第11条对环境监测的管理作了规定，明确了国务院环境资源保护行政主管部门的职责是“建立监测制度，制定监测规范，会同有关部门组织监测网络，加强对环境监测的管理”。同时，新规定了:“国务院和省、自治区、直辖市人民政府的环境资源保护行政主管部门，应当定期发布环境状况公报。”第12条对环境资源保护规划的拟定、审批权限和实施职责作了规定。明确该规划由环保部门牵头拟定、计划部门综合平衡、同级人民政府批准实施，这就提高了规划的权威性和可操作性。

这一章的第13条、第14条、第15条分别对环境影响评价制度、现场检查制度、跨地区环境问题的解决程序作了规定，都是明确而可行的。

（3）第三章《保护和改善环境》，这一章比“试行法”的《保护自然环境》

专章有明显的发展，它分别对环境资源保护责任制、自然保护区和其他对象的保护，开发利用自然资源、农业环境资源保护、海洋环境资源保护、城市规划和城乡建设等方面作了规定。

(4) 第四章《防治环境污染和其他公害》，本章包括 11 条。不但比“试行法”同名专章多 1 条，而且更有针对性地在法律上确认了一系列行之有效的保护环境的制度，主要有企业环境资源保护责任制度、三同时制度、排污申报登记制度、排污收费制度、限期治理制度、强制应急措施制度、禁止污染转嫁制度等。

(5) 第五章《法律责任》，这也是新设的专章，共有 11 条。它比“试行法”中仅有的第 32 条关于惩罚的一条原则规定，有了极大的改进，这一章规定了违反环境资源法的行政责任、民事责任、刑事责任，同时还对环境污染损害赔偿的无过失责任、公平责任、环境资源民事诉讼和行政诉讼的特殊规则等作了规定。

五、环境资源保护基本法的完善

现行《环境保护法》实行十几年来，起到了积极的作用，它提高了各级人民政府、各行各业及广大公众保护环境资源的意识，增强了保护环境资源的法制观念，使我国的环境资源保护工作迈上了一个新台阶。

第一，推动了环境法制的建设与完善。《环境保护法》的颁布实施，一方面标志着我国环境法制发展到一个新阶段，将环境资源保护纳入了法制的轨道；另一方面也推动了环境资源单行法律、法规的制定，初步形成了我国的环境资源法体系，使环境资源法独立的法律部门地位得以确立。

第二，进一步加强了环境资源管理，对保护和改善环境起到了积极作用。《环境保护法》将我国环境资源管理实践中行之有效的各项管理措施法律化、制度化，形成了新老八项制度的完整体系，为强化环境资源管理提供了有力的法律手段；各级人民政府增强了保护本辖区环境质量的责任感和自觉性，强化了环境资源综合整治，使环境资源恶化的趋势得到一定程度的缓解。各级政府在加强对新老污染源治理的同时，逐步重视了自然资源和生态环境的保护，环保投入逐步增加。环境资源保护的观念已经形成，环境资源计划管理已经形成制度。

虽然现行的《环境保护法》较之于“试行法”有了很大的进步，但是，随着社会主义市场经济体制的建立和可持续发展战略的提出，在实行市场经济体制和可持续发展的大背景下，《环境保护法》在很多方面已经不能适应经济发展和环境保护的客观需要，逐渐暴露出自身存在的问题和不足。表现在：

(1) 市场经济体制的确立和发展，政府的职能和企业形式发生了明显变化，《环境保护法》中一些带有计划经济特征的法律规定已明显地与发展市场经济的要求不相适应；同时，在强化各级人民政府保护公共环境利益的职责方面，在对公民及企事业单位环保权利与义务的规定方面，与实际需要相差太远。

（2）在可持续发展的战略目标下，必须强化环境资源保护在政府综合决策中的分量，增加环保投入，为环境资源计划管理提供现实办法。现行法律确立的行政区划管理为主的管理体制，已造成了污染范围的扩大，跨区域及跨流域的污染情况严重而得不到有效遏止，由城市为主的污染逐渐向农村蔓延的恶果；生态环境的破坏也随着经济高速发展对资源的需求增加而不断升级。现行《环境保护法》在调整新的防治对象、控制新污染源方面显得不适应，在防治污染与保护自然生态环境方面的比例不协调，表现为对生态保护方面的规定不足。

（3）《环境保护法》的某些规定过于原则，缺乏可操作性，虽然是基本法，但也需要有一些可操作性规范，为单行法的制定提供依据并作为处理环境资源问题的原则，因此，环境资源保护基本法既需要有可操作性，还需要有一定的预见性，目前的《环境保护法》在这两方面都明显不足。

（4）《环境保护法》施行后，国内外环境法制有了新的发展，产生了一些新的法律需求，一些应有的环境资源法权利需要确立，一些新的社会关系需要法律加以规范，基本法不可能对现行国内外法律发展的新精神作出反应。

从国际法上来看，1989 年以后，我国相继参加了《控制危险废物越境转移及其处置巴塞尔公约》、《联合国气候变化框架公约》、《联合国生物多样性公约》、《关于环境与发展的里约宣言》等，这些都需要在国内立法中作出相应规定，以保证我国所承担的国际义务的有效履行。从国内立法来看，1989 年以后，相继颁布实施了《中华人民共和国固体废物污染环境防治法》、《中华人民共和国环境噪声污染防治法》、《中华人民共和国水土保持法》，《防治陆源污染物污染损害海洋环境管理条例》、《淮河流域水污染防治暂行条例》、《自然保护区条例》等法律法规，修正了《中华人民共和国大气污染防治法》、《中华人民共和国水污染防治法》、《中华人民共和国矿产资源法》等法律法规。这些新颁布和修改后的环境法律法规，又产生了不少新的法律规范法律手段及措施，需要在环境保护基本法中有所体现，才能使基本法名副其实。同时，对一些中国在市场经济建设和发展过程中可能出现的问题和需要进行规范的行为，《环境保护法》也应该作一些超前性规定，为实施《环境保护法》和制定环境资源保护单行法律法规提供立法依据及基本原则。

上 篇

第三章 环境资源法的价值定位

第一节 环境资源法的价值观

一、不同的环境资源法价值观

（一）环境资源法价值观的含义

环境资源法的价值观属于法律理念的范畴。理念是一个哲学名词，它被引入法学领域是人类对于法现象进行哲学思考的结果。

理念的哲学含义“是指一种理想的、永恒的、精神性的普遍范型”。[①] 最早使用理念概念的哲学家是柏拉图，他在十分宽泛的意义上使用了理念一词，柏拉图所使用的理念包括如下含义[②]：①理念是一种客观独立存在的精神实体。这种观念不是人或神的思想，而是无主的思想；②理念是同类事物的本质，它使相同的事物成为一类，又区别于另一类；③理念是万物的本原，是绝对终极的东西，万物则是对理念的“模仿”；④在众多的理念世界里，善的理念是最高理念。随后，康德对柏拉图的理念论作了进一步阐发，他认为理念是“关于完整性的，即关于全部可能经验之集合的统一性”[③]。而且，康德认为，“理念所表现的‘自在之物’，是经验永远也不能达到的，是不可知的。因此，他要求我们放弃对理念本身（自在之物）的认识，把它当作‘一个合理的信仰’”[④]。

从哲学家们对理念的表述可以看出，理念是关于对象的本质认识或信仰，是一种关于对象的根本观念。如果将这一概念引入到法律领域，就是指对法律的本质属性的认知或信仰，是对法律现象的根本性认识。

环境资源法的价值观就是环境资源法关于理想中价值追求的系统理论和表述，这一理想中的价值追求需要通过具体的环境法律制度予以释放、体现和实

① 《中国大百科全书·哲学》(I)，中国大百科全书出版社 1987 年版，第 465 页。

② 严昌璞：《论理念——兼析全心全意为人民服务》，《法商研究》1999 年增刊。

③ 康德：《任何一种能够作为科学出现的未来形而上学导论》，庞景仁译，商务印书馆 1978 年版，第 104 页，转引自严昌璞：《论理念——兼析全心全意为人民服务》，《法商研究》1999 年增刊。

④ 严昌璞：《论理念——兼析全心全意为人民服务》，《法商研究》1999 年增刊。

现。价值观是统领整个环境资源法的根本观念，体现了环境资源法的终极关怀，在一定程度上，我们甚至可以说，它就是环境资源法的宗教和道德之维。环境资源法的价值观，不仅显示了人类对于自身、自然和人与自然关系的理解，也代表着人类对至善至美的体验程度和能力。不同的价值观会直接导致对环境资源法目的的不同定位，也会对具体制度的设计和执行产生根本性影响。因此，我们认为，价值观是环境资源法的根本出发点，也是环境资源法追求的终极目的。当然，它是理想中的，属于应然价值而非实然价值。价值观是环境资源法学的核心理论问题。

（二）不同的环境资源法价值观

环境资源法是在一定的价值观引导下产生和发展的，在世界范围内，人类的环境资源法价值观正在发展变化的过程之中。目前，现实的环境资源法制度体系基本上还处于人类中心主义的价值观之下，但不可否认的是，一些较为先进的价值观，如动物权利论、生态中心主义的价值观在当代环境资源法的理论与实践中也不同程度地得到了体现。

1. 人类中心主义

人类中心主义作为一种价值观，认为人类是世界存在的最高目的，人类的价值是最崇高的，也是唯一的，其他物种的价值只有在人类使用它们时才表现出来，也就是说它们自身并没有属于自己的价值。维护人的价值和权利是人类活动的最根本的出发点和最终价值目标，法律的目的就在于此。只有人类才是法律上的主体，除此之外都是客体。由于客体没有独立于人类的内在价值，因此，不能成为法律上要求公平的主体。“公平问题只发生在人与人、人与社会的关系之中”①。因为公平的深层本质是利益背后的规则性原因。公平是利益分化的结果，因为存在利益的冲突，才产生了划分利益中的公平问题。正如罗尔斯所说，由于人们“对他们协力产生的较大利益怎样分配并不是无动于衷的（因为为了追求他们的目的，他们每个人都要喜欢较大的份额而非较小的份额），这样就产生了一种利益的冲动，就需要一系列原则来指导在各种不同的决定利益分配的社会的基本制度中分配权利和义务，确定社会合作的利益和负担的适当分配”②。

人类中心主义的价值观一般来说是以个人主义、现世人类为基础的，但在当代环境问题十分严重的情况下，人类中心主义也有所回应。目前有学者将人道主义扩大至全体人类，提出了泛道德的主张。这种观点认为全体人类，也唯有人类，才有资格获得道德地位。泛人道主义的代表人物是 J. 法因伯格

① 万光侠：《效率与公平——法律价值的人学分析》，人民出版社 2000 年 10 月版，第 114 页。
② 罗尔斯：《正义论》，中国社会科学出版社 1988 年版，第 2～3 页。

(J. Feinberg)。他在《动物与未出生的后代的各种权利》(1974)一文中，反对把权利概念扩展到动物，但肯定了把权利概念扩展到后代。既然未来人类也和我们一样具有享受优良环境的权利，那么，我们就有为后代保全环境的义务。法因伯格说：后代“在住宅、肥沃土壤、新鲜空气等各个方面，都具有相同利益”①。人类同其他动物、自然关系中表现出来的美德是为了人类自己的利益。自然界的多样性作为一种资源对我们是有价值的，物种因为对农业和医药有遗传资源的价值，因而应当受到保护。地球上的资源都是人类的资源，如果威胁到经济增长，那么污染应当减少，但保护环境的目的也是为了发展经济，因为没有经济的发展，人类的生活标准就会下降，这不是我们要追求的幸福。在这种观念下，保护环境与资源的本质就是为了人类更好地生存，不过是一种实现人类幸福的手段而已。与之相适应，环境资源法的目的就是为了控制污染和适当规范人类利用自然资源的行为，以保证资源可以被更长久地利用。

人类中心主义的价值观根植于我们的文化传统中，这种主张在哲学上奉行的是人与自然分离的二元论，它通过概念上的主体与客体、主观性与客观性、描述与评价把人与自然对立起来。人被视为不同于自然中其他的理性存在，并高于其他存在，其他存在只是服务于人的对象。人与自然的关系被理解为形象与底色的关系，衬托人的底色只有把人的形象美化成重要的形象才具有重要意义。

人类中心主义是人类不断追求自我存在的一种方式。早在古希腊时期，著名思想家普罗泰戈拉就指出：“人是万物的尺度，”我国的荀子也曾经说过：“人有气有生有知亦且有义，故最为天下贵也。”在基督教中，因为《圣经》的经文 30 已经告诉人类，人是绝对不同于并超越于万物的，因为只有人是按上帝的形象创造的，上帝把统治万物的权柄交给了人，因此人就是万物的主人，可以随心所欲地处置地球。这些观念经由文艺复兴和启蒙运动，一直延续到近现代法律，成为法律中的核心价值观。法律不过是实现人的价值的制度工具而已，这种制度工具可以使人类能够更好地统治地球，控制自然。

考虑到环境危机的现实以及所面对的种种批评，“人类中心主义”者进行了检讨和反思，“人类中心主义”开始向所谓的“弱的人类中心主义”转变，产生了若干种被称为“弱的人类中心主义”的理论观点。

其中之一被称作“管家理论”，即是说“人类是自然的管家并仔细照料着各种自然资源，在牟取自身利益动机的驱动下也保护了其他造物的利益”②。亦即认为上帝才是人和自然的主人，人替上帝管理自然，人仅仅应该是上帝的财产管

① 岩佐茂：《环境的思想》，韩立新等译，中央编译出版社 1997 年版，第 97 页。

② 《圣经·创始记》中，上帝说：“我们要照着我们的形象，按着我们的样式造人，使他们管理海里的鱼、空中的鸟、地上的牲畜和土地，并地上所爬行的一切昆虫。”

理者、代理人或仆人。

其二是诺顿（Bryan G. Norton）的“弱的人类中心主义”和默迪（W. H. Murdy）的“现代人类中心主义。”① 诺顿认为，面对环境破坏、资源滥用及其给人类带来的痛苦，人们需要一种新的价值观，它将要求人们在对自然和资源进行利用时，三思而后行，有长远、周全的考虑。在审慎的思考过程中，有一种包含了与自然和谐的原则的科学世界观将发生重要的作用。弱人类中心主义不同于一般的人类中心主义之处在于，它强调非个人主义的人类中心，诺顿认为只有被理性思考肯定了的人类偏好，才应该给予满足，而某些过于直接、纯粹感性的偏好需要受到约束或节制。这样，环境才可能得到保护，人类种系的延续与幸福才能与生态系统的平衡及能源供应的稳定相辅相成。而一个理性的世界观“包括了得到充分证明的科学理论、对这些理论进行解释的形而上学框架，以及一整套经过理性证明的审美与道德的观念”②。

默迪与诺顿不同之处在于承认自然界的所有物种都有其自身的内在价值，“但这种价值在人类进化过程中服从人的恰当目的的实现，有赖于它被人工系统所替换。”③ 而所谓人类中心主义“是与这样一种哲学相吻合的，即确认事物之间具有普遍的联系，并且确信自然中所有事物都具有价值，因为没有任何事件不会对我们置身其间的整体产生影响”④。

人类中心主义发展的历史与环境资源法的产生和发展是直接相对应的，或者说，迄今为止，环境资源法发展的历史不过是人类中心主义发展的历史。与强烈的人类中心主义到弱的人类中心主义的价值观相联系，环境资源法也历经了从分散淹没于其他法律部门之中发展到单独立法甚至对传统法律进行改革的阶段。

2. 动物权利论

动物权利论的代表人物是P. 辛格（P. Singer）和T. 里根（T. Regan)，这种理论认为，伦理的共同体范围应扩充到动物。辛格和里根为此提供了两种理论根据。这些理论主张的影响力，已经超出了伦理学的范围，成为法律上重新界定动物地位的重要根据。这两种理论是功利主义和道义论。

P. 辛格是从功利主义的立场展开的。功利主义观点认为，感知和感觉对拥有道德地位来说已经足够了。他论证说，功利主义的大家边沁曾有过这样的论

---

① D. Pearce and T. Turner, The Economics of Natural Resource and The Environment, pp. 232, Earthscan, 1990. 转引自徐嵩龄：《环境伦理学进展：评论与阐释》社会科学出版社，1999年版第127页。

② Bryan G. Norton, Environmental Ethics and Weak Anthropocentrism, Environmental Ethics, Vol. 6, No. 2, pp. 131－148, 1984. 转引自徐嵩龄：《环境伦理学进展：评论与阐释》社会科学出版社，1999年版，第127页。

③ 徐嵩龄：《环境伦理学进展：评论与阐释》，社会科学出版社1999年版，第132页。

④ 徐嵩龄：《环境伦理学进展：评论与阐释》，社会科学出版社1999年版，第131页。

述："或许有一天，动物可以取得原本属于它们、但只因为人的残暴之力而遭剥夺的权利。法国人已经发现，皮肤的黑并不构成理由，听任一个人陷身在施虐者的恣意之下而无救济之途。有一天大家也许会了解，腿的数目、皮肤是否长毛，或者脊椎骨的终结方式，也是同样不充分的理由，听任一个有感知的生物陷身同样的命运。其他还有什么原因可以划下这条不可逾越的界线？是理性？还是语言能力吗？可是与一个刚生下一天、一周，甚至一个月的婴儿比起来，一只成年的马或者狗都是这么更为理性、更可以沟通的动物。"①

权利主张的代表人物是 T. 里根。权利观点以人都具有内在道德价值为基石。据此，这种价值也应平等地延伸到罪犯、老人、智力缺陷者等任何人的范围内，而不因才能、智力、性格或贫富的差异而有别。多数一岁以上的哺乳动物都有这些能力也是合理的。因此，一致性原则要求我们承认动物的固有价值（inherent value）。是否是生命的主体（subject of a life），是判断有无固有价值的基准，因此应给予所有这样算得上一种生命主体的动物以同等的道德地位。

动物权利论者认为：权利是以获得道德上的存在价值为基础而产生的。在环境问题发展的今天，环境伦理已成为新的道德体系中不可缺少的部分。动物在自然界长期演化的过程中获得了生存的合理性，因而具有了环境伦理或生态伦理的价值，所以，动物在获得道德价值的前提下进而获得生存的权利。这种权利不仅应该是道德上的，而且应该进一步发展为法律权利。

这种理论体现在环境资源法上，就是要求法律承认动物的主体地位，保护动物的法律权利。在环境资源法，不仅有学者在动物权利论的价值观指导下进行了环境资源法的制度设计，而且在一些国家的立法实践中这一观念得到了体现，动物的法律主体地位实际在一定程度上得到了承认②。

3. 生态中心主义

生态中心主义的代表人物是阿伦·奈斯（Arne Naess）、德韦尔（Bill Devall）、塞申斯（George Sessions）、福克斯（Warwick Fox）等。他们认为，生态危机的根源在于现有的社会机制、人的行为模式和价值观念。因此必须对人的价值观念和现行的社会体制进行根本改造，把人和社会融入自然，使之成为一个

---

① 彼德·辛格：《动物解放》，孟祥森，钱永祥译，光明日报出版社，第 234 页。

② 如在许多的环境资源法论著中，学者们都表达了这样的观点；在立法实践中，德国民法典最近一次修改则将动物从原有的"物"的概念中独立出来，并将"动物"与"物"并列。此外，还专门增加了"动物不是物"的规定。虽然学者们对于德国民法典的这一修改还存在不同看法，但可以肯定的是，"动物不是物"的法律规定对于传统的主客二分法的法律观、对于动物的法律地位问题提出了新的挑战。参见高利红：《动物不是物，是什么?》，民商法论丛第 20 卷；Steven M. Wise：legal right for nonhuman animala：the case for chimpanzees and bonobos，Animal Law 1996；Thomas G. Kelch：Toward a non-property ststus for animal，New York University Environmental Law.

整体，才可能解决生态危机和生存危机。

生态中心主义有两项最高准则和八项行动纲领。两项最高准则是自我实现和生态中心平等主义。自我实现（self-realization）是生态中心主义理论的出发点和最高境界，位于底层的多样性、自我决定和无等级社会则构成了自我实现的基础。多样性增加了自我实现的潜能，但多样性又要受到复杂性和共生状况的制约，只有最大的复杂性和共生性才能使多样性最大化；自我决定有利于自我实现潜能的发挥；无等级社会赋予所有人自我实现的平等权利，这种平等为所有存在的自我实现提供了保障；相反，等级社会否认这种平等的权利，因此不能避免征服和掠夺。这种自我实现也可以用“普遍的共生”来替代，其更加通俗的表述为“活着，让他人也活着”，这里的他人，指的是地球上所有的生命形式和自然过程。因为，“一个人达到自我实现的层次越高，就越是增加了对其他生命自我实现的依赖。自我认同的增加即是与他人自我认同的扩大。利他主义是这种认同的自然结果……由此我们得出‘一切存在的自我实现’这一原则。从‘最大化的多样性’原则和最大化多样性包含着最大的共生这一假定，我们能得到‘最大化的共生’原则，进而，我们为其他生命受到最小的压制创造条件。”① 生态中心主义的另一个最高准则是生态平等主义，生态平等主义指的是生态系统中所有存在物，包括大地、河流、山川都是平等的，它们构成了生态系统这一有生命的整体。一切存在物对于生态系统的稳定性和健康发展都是有益的，因此都是有价值的；一切生命体都具有内在目的性，它们在生态系统中具有平等的地位。人类不过是众多物种中的一种，在自然的整体生态关系中，既不比其他物种高贵，也不比其他物种更坏。生态中心主义的八项行动纲领②是：

（1）地球上人类和非人类生命的健康和繁荣有其自身的价值（内在价值、固有价值）。就人类目的而言，这些价值与非人类世界对人类的有用性无关。

（2）生命形式的丰富性和多样性有助于这些价值的实现，并且它们自身也是有价值的。

（3）除非满足基本需要，人类无权减少生命形态的丰富性和多样性。

（4）人类生命与文化的繁荣与人口的不断减少不矛盾，而非人类生命的繁荣要求人口减少。

（5）当代人过分干涉非人类世界，这种情况正在迅速恶化。

（6）因此我们必须改变政策，这些政策影响着经济、技术和意识形态的基本

---

① Arne Neass，Self Realization：An Ecological Approach to Bing in the World，in John Seed，et al.，ed. Thinking Like a Mountain：Towards a Council of All Bings Philadelphia：New Society Publishers，1988，pp. 19～30.

② Bill Devall and George Sessions，Deep Ecology：Living as if Nature Mattered，Salt Lake City：Peregine Smith Books，1985，pp. 56，66～70，98，100～108，200.

结构，其结果将会与目前大不相同。

（7）意识形态的改变主要是在评价生命平等（即生命的固有价值）方面，而不是在坚持日益提高的生活标准方面。对数量上的大（big）与质量上的大（great）之间的差别应当有一种深刻的意识。

（8）赞同上述观点的人都有直接或间接的义务来实现上述必要改变。

这种理论体现在环境资源法上，就是要求法律承认自然的权利，确立自然的法律主体地位①，这一主张最早是美国学者斯通（Christopher D. Stone）提出来的，1972年，斯通在《南加利福尼亚法律评论》上撰文指出，自然物应该成为法律上的适格原告，并于1985年重申了这一观点②，这一理论在日本也得到了发展，日本学者山村恒年认为，自然的权利问题包括③：①应当怎样理解自然乃至自然环境与人类之间的关系（环境伦理、环境哲学的动向）；②有关环境问题的法的机能（对话与适当程序）；③自然在近代法的结构里被赋予了怎样的法的地位（人权与自然的价值，自然物的权利论系谱）；④在法的世界里，怎样理解法的价值（作为法益的自然存在构造，自然的价值衡量）；⑤为保护自然的价值，法可以提供哪些理论的框架（法原则论，义务论，判断标准，立证责任论）；⑥法为了保护自然的价值和调整人类的活动，应当准备怎样的社会的意思形成过程（为了自然的双重程序）；⑦赋予“自然的权利”正当性的根据所应有的作用（自然物之技术的法主体性、原告适格等）；⑧为防卫自然的人的权利（自然防卫权与环境权、自然享有权的关系）。

二、环境资源法的价值目标

法律的价值目标是法律价值观的直接体现，是社会价值系统中的子系统，一般包括公平、自由、平等、安全、效益和秩序等内容。然而，由于各个部门法固有的调整对象、调整方法、自身功能的差异，使得各部门法在具体体现各自主要的价值取向时有所侧重。作为新兴法律部门的环境资源法必然具有不同于传统法律部门的价值目标内容与体系。对环境资源法的价值目标的理性认识，可以了解环境资源法律制度、规范所追求的应然状态，从本质上认识环境资源法的属性。

---

① 这种价值观反应在环境资源法的理论研究中，体现为对环境资源法性质的认识，如环境资源法是调整人与人之间的社会关系的法律规范系统还是调整人与自然之间的关系、进而调整自然环境各要素相互之间的关系的法律规范系统？这样的争论在我国的环境资源法学者中一直存在，实际上两种不同的观点反映了不同的价值观。

② Christopher D. Stone, Should Trees Have Standing? Revisited: How Far Will Law And Morals Reach? A Pluralist Persective. Southern California Law Review November, 1985.

③ 汪劲：《环境法律的理念与价值追求——环境立法目的论》，法律出版社2000年版，第249页。

价值一般可理解为客体满足主体需要的作用或积极意义。在法理学中，“法的价值”这一概念主要在3种含义上使用①。依据现有理论我们大体可以把环境资源法的价值目标分为两类：“目的性价值”与“工具性价值”②。其中，目的性价值居于主导地位，反映环境资源法所追求的社会目的与理想；工具性价值，是环境资源法为实现其目的性价值（法的理想）应具备的基本属性或共性价值。可见，环境资源法所蕴含并实现的法律价值是一个由多层次价值构成的有机系统，体现着目的与工具的统一：目的性价值统率、整合着环境资源法的动态运作，反映出环境资源法的本质特征，它只能有一个，不能将其他的一些工具性价值归入其中；反之，环境资源法要使其目的性价值得以实现，必须依靠工具性价值的支持与具体实施，处于第一位阶的工具性价值无疑是目的性价值的手段与实现方式。通常，我们将环境资源法的目的性价值称为“环境资源法的目的”，而将环境资源法的工具性价值称为“环境资源法的基本原则”。

第二节 环境资源法的目的

一、环境资源法目的的概念

环境法的目的是指国家在制定或认可环境法时希望达到的目的或实现的结果，即环境法的立法目的。环境立法的目的决定着整个环境法的指导思想、法律的调整对象，也决定着环境法的适用效能。目的乃是立法者对环境法所要追求的价值目标的最直接、最明确的表达。当然它也反映了环境法的发展程度和人类对自然的态度。各国的环境立法都对此予以了较高的重视，并且多数国家在立法中用法规的形式予以表示。而且，不仅仅在基本法中表达，也在单项的立法中予以规定。

二、环境法目的的立法实践

分析不同国家的环境法，可以发现立法目的是有所区别的。美国《国家环境政策法》（National Environmental Policy Act of 1969）宣布它的立法目的是：“宣布一项鼓励人同他的环境之间建设性的和愉快和谐关系的国家环境政策；推动为预防或消除对环境和生物圈的损害所做的努力并促进人类健康和福利；深化

---

① 谢鹏程：《基本法律价值》，山东人民出版社2000年版，第1～23页。

② 之所以说是大体上分类，原因在于，目的性价值和工具性价值的分类并不是绝对的，在很大程度上是在两种以上的法律价值间进行比较的结果。

对国家至关重要的生态系统和自然资源的认识和设立国家环境质量委员会，”并宣布了六项国家环境目标。它们是：①国家能够“履行作为后代的环境受托管理人的责任”；②国家能够“为全体美国人确保安全的、有益于健康的、多产的和具有美学的和文化美的环境”；③国家能够“实现对环境的最大限度的有益利用并避免退化、健康和安全的威胁，或其他不受欢迎的或并非所求的后果”；④国家能够“保存国家的历史、文化和自然遗产，并在一切可能的情况下保持一个支持个人选择的差异和多样化的环境”；⑤国家能够“实现允许高生活标准和广泛共享生活舒适的人口和资源利用之间的平衡”；⑥国家能够“提高可更新资源的质量并尽可能做到最大限度地循环利用可枯竭资源”[①]。《清洁空气法》（Clean Air Act）的立法宗旨是：“①为促进公众健康、福利和人口的生产力保护和发展国家空气资源的质量；②为实现预防和控制空气污染而发起和加速国家的研究和开发计划；③对州政府的空气污染预防和控制计划的发展和实施提供技术和财政的援助；④鼓励并帮助区域空气污染控制计划的发展和运转”[②]。在这四条宗旨中，不难看出，第一个宗旨是核心，其他的均围绕第一个宗旨而展开。《联邦水污染控制法》（Federal Water Pollution Control Act），又称《清洁水法》（Clean Water Act）将立法目的规定为：“恢复并保持国家水体的化学的、物理学的和生物学的完善性质”[③]。

日本的环境立法目的的表述有一个变化的历史。1967 年制定的《公害对策基本法》第 1 条第 1 款规定：“本法是为了明确企业、国家和地方公共团体对防治公害的职责，确定基本的防治措施，以全面推行防治公害的对策，达到保护国民健康和维护其生活环境的目的。”同时，该条第 2 款又规定：“关于前款所规定的保护国民健康和维护生活环境，是与经济健全发展相协调的。”[④] 换言之，该法规定的“保护国民的健康和维护生活环境的目的”是以与“经济健全发展相协调”为条件的，表明了立法者经济发展优先的价值选择。所以在该法颁布后，企业界以经济发展优先作为污染行为的挡箭牌，严重的环境问题并未因公害对策基本法的颁布而得到遏制，因此，日本法学界人士和环境保护专家纷纷提出了尖锐的批评，强烈要求删除反映经济优先的条款，认为，以牺牲国民生存环境来炫耀经济发展和国民生产总值，并引以为荣，是一种本末倒置的做法，建立在置国民安危于不顾基础上的繁荣是虚假的繁荣。有鉴于此，1970 年日本国会在修改《公害对策基本法》时，删除了第 2 款，将“保护国民健康和维护其生活环境”

---

① 王曦：《美国环境法》武汉大学出版社 1992 年版，第 215～216 页。

② 王曦：《美国环境法》武汉大学出版社 1992 年版，第 247 页。

③ 王曦：《美国环境法》武汉大学出版社 1992 年版，第 308 页。

④ 汪劲：《日本环境法概论》，武汉大学出版社 1994 年版，第 14～15 页。

作为该法的唯一目的，明确了环境优先的立法目的。可持续发展战略在 1992 年得到联合国环境与发展大会确认以后，日本于 1993 年颁布的《环境基本法》将立法目的作了进一步提升，该法第 4 条将立法目的规定为："必须以健全经济发展的同时实现可持续发展的社会构筑为宗旨，实现将社会经济活动以及其他活动造成对环境的负荷减少到最低限度，其他有关环境保全的行动由每个人在公平的分配负担下自主且积极地实行，既维持健全丰惠的环境，又减少对环境的负荷。"显然，该法的目的是实现环境的可持续性。

三、中国环境资源法的目的缺陷

从各国关于环境资源法立法目的的表述中可以看出，不管其运用多少条款或者应用何种方式进行规定，从根本上讲，可以归结为对于环境保护与经济发展关系的不同认识，即是以保护环境或保护人体健康为唯一目的，还是以环境保护经济发展的协调为目的。这就是学者们归纳的所谓的一元论与二元论学说。一元论通常认为，环境法仅仅应该以保障人体健康为唯一的目的，反映在国家的立法上，有代表性的国家包括匈牙利《环境法》和 1970 年的日本《环境法》；二元论则认为，环境法的目的应该是二元的，即经济、社会和环境保护的协调是值得追求的。环境法不仅应该保护环境，维护人体的健康，亦应促进经济的发展。

我国目前采用的是二元论。《中华人民共和国环境保护法》第 1 条规定："为保护和改善生活环境与生态环境，防治污染和其他公害，保障人体健康，促进社会主义现代化建设的发展，制定本法。"显然，我国环境资源法的目的可以细分为 4 项：①保护和改善生活环境和生态环境；②防治污染和其他公害；③保护人体健康；④促进社会主义现代化建设的发展。体现了明显的二元论色彩。

二元论是人类对经济发展的矛盾心态在环境法中的表现。经济发展一方面带来了物质财富的极大增长，另一方面又带来了生态危机，为应付已经迫在眉睫的生态危机，人类用了最为有力的社会控制手段——法律，试图以法律的权威性和强制性矫正不恰当的经济发展行为。但提出限制经济的发展显然是不得人心的，而且几乎也是难以执行下去的。最为明智做法的，莫过于将经济发展与环境保护结合起来。这种鱼与熊掌兼得的愿望写进环境法的目的条款中，得到了更为普遍的认可。其选择之艰难、用心之良苦不禁令人感动。可是，当我们进一步去追问它的实际效果时则不能不感到沮丧。

在我国，情况更是不容乐观。《大气污染防治法》规定其目的是"为了防治大气污染，保护和改善生活环境和生态环境，保障人体健康，促进社会主义现代化的发展"；《固体废弃物污染环境防治法》规定其目的是"为了防治固体废弃物污染环境，保障人体健康，促进社会主义现代化建设的发展"；《水污染防治法》

的目的是“为防治水污染，保护和改善环境，以保障人体健康，保证水资源的有效利用，促进社会主义现代化建设的发展”所有这些表述都显示出了立法者对多项目标的追求，希望环境法能够具有多种功能。

从我国的环境资源法实践不难发现，由于环境法的立法目的中都表达了对经济发展的追求，我国环境执法人员一旦遇到环境利益与经济利益相矛盾的情况，一般都会选择经济发展优先，这种选择无疑是符合我国环境立法目的的要求的，对经济发展实行限制，不仅会遇到现实的种种障碍，而且也缺乏充分的法律依据。

种种情况表明：环境资源法立法目的的缺陷已经直接影响到中国环境资源法的实施，对于中国的环境保护事业产生了一定程度的负面影响，这种情况必须得到改变。我们认为，环境资源法的立法目的应该是实现可持续发展。

四、可持续发展的价值目标

（一）可持续发展作为环境资源法目的的必要性

事实上，环境问题的产生和急剧恶化本身不仅是现有的经济发展模式和消费模式与生态环境相背离的产物，更是经济价值的追求超越对生态价值维护的结果，是物质利益超越精神利益的结果。由于环境伦理要求维护生态的长远价值、维护人与自然关系的和谐平衡、尊重生态环境价值和发展规律，可以说，要解决环境问题就必然要求改变原有的状况，在尊重环境价值的基础上重新调整人类的行为。因此，环境法的真正目的应该是保持生态系统整体的价值，而不是保护这一整体中某一部分的价值，即使这一部分是人类，也不能例外，因为人类也是自然的一部分。更不应该只限于保护人类的某一种或某几种价值。

基于整体价值的环境法，在一定时期内必然首先表现为对现有的不符合生态环境的经济发展部分进行限制。

认识不到环境与发展的现有内部矛盾，采取回避的态度是无助于解决问题的，而且会使得问题继续发展下去，错过解决问题的良好时机。因此，在修改环境法时，应该明确地指出，环境法的唯一目的是保护环境的整体价值，将生态的可持续发展价值作为环境法追求的目标，去掉促进经济发展的表述。从经济发展与环境的长远观点来看，环境的可持续是经济发展的可持续乃至人类生存和发展的可持续的基础，因而经济与环境并不矛盾，但这不足以成为在近期内不存在矛盾的理由。环境法不应该害怕暴露这种矛盾，而对现有的经济发展的愿望进行不适当的妥协。在承认矛盾的前提下的法律机制的制衡才是解决环境问题和发展问题的良好战略。

法律作为一种社会现象和解决各种问题的一种战略，其内部就充满了矛盾，不仅不同的法律所体现的人类的利益追求存在分歧和矛盾，而且，即便各法律部门的原则也有矛盾，这是人类的利益多元化和利益冲突以及不同观念的必然反映。对此，法律的批评者们已经进行了富有启发性的分析。如加拿大法学家哈钦森（Allan Hutchinson）指出，在侵权法律制度中，人们时常可以发现这样两种相互对立的具体原则：一是对自己造成的可以合理预见的损害结果负责；二是无论结果是否可以合理预见，都应对自己疏忽行为造成的直接损害负责。前者是主导原则，后者是辅助原则。当然，在某些法律制度中，后者是主导原则。他对此的解释是："法律原则均来自两个完全不同但同样恰当的民主秩序的观念，并由其赋予力量。一个依据个人主义。个人主义认为，世界是由独立自足的个人构成的，个人信心十足地设计并不屈不挠地实现自己的社会计划……另一个依据是集体主义。集体主义认为，世界是有相互独立且合作的个人构成的。"① 其实法律文本相互矛盾的根源在于其深层的基础上的矛盾。法律原则的"矛盾关系"或"竞争关系"存在的现象在法律制度中已经受到了多种的解释或批判并导致了对法律确定性的怀疑。其实这种矛盾却并不妨碍法律发挥其规范和提供预期的效能。这正是民主社会的必然。民主本身就暗示了个体的差异并应该对这种差异保持尊重，暗示了各种利益和追求的不同，作为对民主提供保护机制的法律来说，体现并保护这种基于不同利益和追求的不同个体或群体的要求是法律得以产生和实施的基础。法律原则的矛盾是人类追求的不同价值之间的矛盾，是民主在法律中的反映和延伸。取消这种矛盾就意味着对不同追求的否定，从而也就必然伤害到民主本身；反过来说，正是由于不同法律的矛盾才保障了一个生机勃勃的社会能够发展下去，并为创造性留下了足够的空间。基于此，环境法的追求目的与产业促进法等其他法律的目的产生矛盾就不值得奇怪，环境法的目的应该是对不利于环境的可持续性的行为进行限制，即使这种不利于环境的行为在短期内是为了发展经济。事实上，保持环境法目的的独立性就是保持环境可持续性的利益的相对独立性。在环境利益与其他利益之间保持适度的张力，通过对其他法律追求的目的所表现出来的过分扩张的限制，来保护环境利益。从这个意义上说，环境法也许一开始就是以对现有法律予以怀疑的身份而出现的，是对现有法律的一种补充，甚至是一定程度上的否定和限制。

环境法不应该采取积极的促进经济发展的目的，还有一个原因是：环境法不该以自己的权威性的智慧代替经济界人士的全部智慧。如果有这种倾向，则是立法者的精英意识在作怪。这种精英意识认为自己的设计就是最优的，是有理由代替所有可能备选方案的。这实则是一种霸权思想，上升为法律则沦为专制。对精

① Huchinson, Allan and Monahan, Patrick 1984 "Law Politics and Critical Legal Scholars: The unfolding drama of American legal thought," 36 Stanford Law Review.

英主义的鼓吹背后是抽象性对完善框架设计的狂热并希望把设计付诸实现的理想主义的乌托邦，是积极民主有可能导致的极权统治。这种高调民主、新型的乌托邦表现在环境资源法里，就是鼓吹环境资源法应该采取措施，甚至是详尽的措施，促进经济发展的观点。因为告诉人们应该怎样做，那只是一种选择，而告诉人们不能做什么，则把除此之外的无数可能的选择留给了人们。具体的法律首先是应该在不能走的地点划上“×”，表示“此路不通”，人们则自然会找到出路，也许这条出路不是捷径，但至少不会误入歧途而不能自拔。环境法的目的应该是这样的，它的目标就是在于它的限制以及在与经济的互渗、互涉、互动中，寻找一个不是最差的结果，但不一定是最好的结果。因为我们几乎无法在走每一步时论断该选择是否是最好的，而只能在时间的走廊里蓦然回首时始知自己的选择优劣。那么，在这个结构性的动态过程中，环境法的目的绝不该是主动促进经济怎么走，或走得更快，而是告诉经济发展哪里不能走。至于该怎么走，怎么才能走得更快，则是“摸着石头过河”。鉴于经济已经取得的巨大成就，应该相信经济建设者的智慧。

因此，我们认为，环境资源法的立法目的应该是保护整个生态系统，实现生态的可持续发展，因为，生态的可持续发展是人类、社会、经济可持续发展的根本前提。当然，这种主张在立法上得以体现还需要假以时日，还有待于人类的价值观念的进一步转变。

（二）可持续发展的概念

可持续发展有几种定义，从历史的角度考察，可以将可持续发展的定义分为如下几种。

1. 从发展的自然属性定义

可持续性的概念是由生态学家首先提出来的，即所谓生态持续性（Ecological Sustainability）。这一概念旨在说明自然资源及其开发利用程度间的平衡。1991年，国际生态学联合会（INTECOL）和国际生物科学联合会（IUBS）联合举行关于可持续发展问题的专题研讨会。该研讨会的成果发展并深化了可持续发展概念的自然属性，将可持续发展定义为“保护和加强环境系统的生产和更新能力”，即可持续发展是不超越环境系统再生能力的发展。从生物圈概念出发定义可持续发展是从自然属性方面表述可持续发展的另一代表，即寻求一种最佳的生态系统以支持生态的完整性和人类愿望的实现，使人类的生存环境得以实现。

2. 从发展的社会属性定义

1991年，由世界自然保护同盟（IUCN）、联合国环境规划署（UNEP）和世界野生生物基金会（WWF）共同发表《保护地球：可持续生存战略》，将可持续发展定义为：“在生存于不超出维持生态系统承载能力的情况下，改善人类的生活质量”（IUCN-UNEP-WWF，1991），并提出人类可持续生存的9条基本原则。在这9条基本原则中，强调了人类的生产方式和生活方式要与地球承载能力保持平衡，保护地球的生命力和生物多样性，同时，提出了人类可持续发展的价值观和130个行动方案，着重论述了可持续发展的最终落脚点是人类社会，即改善人类的生活质量，创造美好的生活环境，这份颇为世人所关注的报告认为各国可以根据自己的国情制定各不相同的发展目标。但是，只有在“发展”的内涵中包括有提高人类健康水平、改善人类生活质量和获得必要资源的途径，并创建一个保障人类平等、自由、人权的环境，即“发展”只有使我们的生活在所有这些方面都得到改善，才是真正的发展。

3. 从发展的经济属性定义

这类定义也有不少表达方式。不管哪一种表达，都认为可持续发展的核心是经济发展，巴伯在其著作（Barbier，1989）中，把可持续发展定义为“在保护自然资源的质量和其所提供服务的前提下，使经济发展的净利益增加到最大限度”。还有的学者提出，可持续发展是“今天的资源使用不应减少未来的实际收入”（Pearce，1990）。当然，定义中的经济发展已不是传统的以牺牲资源与环境为代价的经济发展，而是“不降低环境质量和不破坏世界自然资源基础的经济发展”（WRI，1993）。经济学家皮尔斯还提出了以经济学语言表达的可持续发展定义：“当发展能够保证当代人的福利增加时，也不会使后代人的福利减少”（Pearce，1990）。而经济学家科斯但萨则认为：“可持续发展是动态的人类经济系统与更大程度上动态的，但正常条件下变动更缓慢的生态系统之间的一种关系”。这种关系意味着：人类的生存能够无限期地持续；人类个体能够处于全盛状态，人类文化能够发展。

4. 从发展的科技属性定义

实施可持续发展，除了政策和管理因素之外，科技进步起着重大作用。没有科学技术的支持，人类的可持续发展便无从谈起，因此，有的学者从技术选择的角度扩展了可持续发展的定义，认为“可持续发展就是转向更清洁、更有效的技术，尽可能接近‘零排放’或‘密闭式’工艺方法，以此减少能源和其他自然资源的消耗”。还有学者提出：“可持续发展就是建立极少产生废料和污染物的工艺或技术系统。”他们认为，污染并不是工艺活动不可避免的结果，而是技术差、效益低的表现。

5. 布伦特兰的可持续发展定义

1987年，挪威前首相布伦特兰夫人主持的世界环境与发展委员会，在对世界重大的经济、社会、资源和环境问题进行系统调查和研究的基础上，提交了长篇专题报告——《我们共同的未来》，并提出了可持续发展概念。这一概念在最一般的意义上得到了广泛的接受和认可，并在1992年联合国环境与发展大会上得到共识。布伦特兰提出的可持续发展定义是："既满足当代人的需要，又不对后代人满足其自身需要的能力构成危害的发展"（WCED，1987）。它包括两个关键性的概念：一是人类需要，特别是世界上穷人的需要，即"各种需要"的概念，这些基本需要应被置于压倒一切的优先地位；二是环境限度，如果它被突破，必将影响自然界支持当代和后代人生存的能力。关于环境能力的有限性思想、技术的状况以及社会组织的状况，决定了环境满足现在和未来的各种需要的能力是有限的。衡量可持续发展有三个方面的主要指标：经济的、环境的和社会的，这三个方面缺一不可。

以上几个定义，都从不同的角度揭示了可持续发展的含义，而法律是伦理观念的最权威、最有力的表达，是经济发展模式、目标最直接的反映，是推动社会变迁的制度重要手段，因此，法律关于可持续发展的理解也必然与伦理、经济、社会的可持续观念紧密相关。我们认为，法律上的可持续发展原则，就是要实行清洁生产、合理利用资源、适当控制人口，以最终实现生态的可持续性和当代人与后代人、人与环境之间的公平。

（三）可持续发展的本质内涵

由于可以从不同角度对可持续发展进行阐述，关于"可持续发展"的本质内涵，现阶段国内外学者的分歧很大。总的来看，主要有以下几种观点。

第一，环境保护论。认为可持续发展本质上是资源的可持续利用，即生态系统的永久发展，可持续发展问题的核心是环境保护。

第二，经济核心论。认为可持续发展的核心是经济发展，即追求经济发展的净利益最大化，产品最大化，福利最大化。

第三，三位一体论。认为可持续发展是自然-经济-社会复合系统的整体发展，涉及生态可持续发展、经济可持续发展和社会可持续发展的协调统一。

第四，全面发展的人本论。认为可持续发展归根到底是人的全面发展，可持续发展的最终目的是为了增进全人类的利益，既为了当代人的利益，也为了后代人的利益。

我们认为，可持续发展原则要求尊重、实现和维护自然价值，实现人与自然和谐共进。在传统的经济活动中，人类往往只看到自然资源满足人类物质需要的外在价值和工具价值，而以人的利益作为唯一价值尺度，忽视自然界本身的价值，对自然持一种纯粹功利主义的态度。可持续发展原则揭示了自然的内在价值，要求人们尊重自然，重新规范对自然的态度和行为，建立一种人与自然互利共生、和谐发展的新型关系，并且通过完善社会经济活动，如寻求科学的资源评估和定位方法，把资源核算纳入国民经济核算体系的方法，以及制定自然资源价格改革的经济手段，实现经济、社会，生态效益的统一。

由此看来，可持续发展包括如下特性：

一是公平性。强调人类的需求和欲望的满足是发展的主要目标，然而，在人类需求方面存在很多不公平因素。所谓的公平是指机会选择的平等性，可持续发展所追求的公平性原则，包括两层意思：第一是本代人的公平，即同代人之间的横向公平性，要求满足全体人民的基本需求和均等的发展机会。因此，在国际环境资源法领域，要给世界各国以公平的分配权和公平的发展权，要把消除贫困作为可持续发展进程特别优先的问题来考虑。第二是代际间的公平，即世代人之间的纵向公平性，要求世世代代公平地利用自然资源。

二是可持续性。可持续性指生态系统受到某种干扰时能保持其生产率的能力。资源与环境是人类生存与发展的基础和条件，离开了资源与环境就无从谈起人类的生存与发展。资源的永续利用和生态系统的可持续性的保持是人类持续发展的首要条件。可持续发展要求人们根据可持续性的条件调整自己的生活方式，在生态可能的范围内确定自己的消耗标准。这一原则从某一侧面也反映了可持续发展的公平性原则。如布氏在论述可持续发展“需求”内涵的同时，还论述了可持续发展的“限制”因素，因为，没有限制也就不可能持续。人类对自然资源的耗竭速率应考虑资源的临界性，可持续发展不应损害支持地球生命的自然系统。“发展”一旦破坏了人类生存的物质基础，也就不能被称其为发展，而应称为衰退。可持续性原则的核心指的是人类的经济和社会发展不能超越资源与环境的承载能力。

三是共同性。鉴于世界各国历史、文化和发展水平的差异，可持续发展的具体目标、政策和实施步骤不可能是唯一的，但是，可持续发展作为全球发展的总目标，所体现的公平性和可持续性原则，则是共同的，并且，实现这一总目标，必须采取全球共同的联合行动。从法律上讲，可持续发展原则就是要促进人类之间及人类与自然之间的和谐。只有通过法律规范使每个人在考虑和安排自己的行动时，都能考虑到这一行动对其他人（包括后代人）及生态环境的影响，按照“共同性”原则行为，那么人类内部及人类与自然之间就能保持一种互惠共生的关系，也只有这样，可持续发展原则才能够实现。

四是需求性。传统发展模式以传统经济学为支柱，所追求的目标是经济的增长（主要通过国民生产总值 GNP 来反映）。它忽视了资源的代际配置，根据市场信息来刺激当代人的生产活动。这种发展模式不仅使世界环境资源承受着前所未有的压力而不断恶化，而且使人类的一些基本物质需要仍然不能得到满足。而可持续发展则坚持公平性和长期的可持续性，要满足所有人的基本需求，向所有的人提供实现美好生活愿望的机会。

第三节　环境资源法的基本原则

一、源头控制及全程控制原则

（一）源头控制及全程控制原则的概念

源头控制是指采用技术、工艺、原材料替代、管理、教育等各种方法，在污染没有产生或形成之前减少污染物的数量和危害；全程控制是指对有可能产生环境危害的行为，从行为的计划、实施直到行为的后果实行全过程的管理。

20 世纪中叶以来，各国解决环境问题的战略主要为末端控制，在这一控制模式下，强调污染物达标排放或废物无害化处理、处置，这种末端控制方法虽然减轻或减少了现有的污染，但暴露出一系列局限性，致使污染源单位将治理努力仅局限在达标上，导致了先排污后治理的局面，难以促使污染源单位最大限度地减少废物或减轻污染，也不利于减少总的控制费用。为此，提出了源头控制的治理模式。美国早在 1976 年颁布的《资源保护和回收法》中，就确立了源头控制的模式。1984 年国会通过的《危险及固体废物休整案》要求制造商对其产生之废物要减量，即要求采用可行的技术，将危险废物尽可能削减或清除。1990 年，美国国会通过了《污染预防法》，1994 年，克林顿政府还发布了一项行政命令，要求建立自愿的政府采购工作的源削减目标，并要求联邦机构遵守对有毒化学废物公众了解权法的公开报告要求。

美国国会在阐述采用源头控制模式的原因时指出：美国每年产生数百万吨污染物，花费数百亿美元用于控制这些污染。对于工业界，存在许多机会，可以经济有效地通过改变生产、操作和原材料的使用，从源头处削减或预防污染。这些措施降低了用于原料、污染控制和赔偿的费用，可使工业赢得可观的节约效果，同时还有助于保护环境和减少工人健康和劳动安全方面的风险。现行法规没有强调多介质的污染管理，企业也需要得到信息和技术支持，克服制度上的障碍，以采取污染源头削减措施。这一说明十分准确地解释了采取源头控制的根本原因。而对于不能防止的污染物，则应尽可能地以对环境安全的方式进行再循环；未能通过预防和再循环消除的污染物，则应尽可能地以对环境安全的方式进行处理；处置或排入环境只能作为最后的手段。这已经成为美国的一项国策。

源头控制和全程控制可以使政府对污染的控制由被动反应变为主动行动，这代表着 90 年代以来，环境保护的重大发展，这一原则业已引起许多国家的重视。我国现行的环境法依然侧重于污染物的末端处理，与源头削减和全程控制原则还有较大的距离。应该尽快制定或修改相关的法律，以真正贯彻源头削减控制和全程控制原则。

实施源头控制和全程控制原则具有重大的意义。源头控制和全程控制根本不同于传统的污染控制和废物管理，它使环境管理从废物、末端扩大到了源头和全程。其根本特点是要通过法律手段，防止污染，减少污染和废物。该原则也是可持续发展原则的延伸和要求，源头控制和全程控制将企业内部经济性与外部经济性结合起来，从源头就开始实施控制，是不同于传统的不可持续的发展模式的清洁生产模式，也是可持续发展的模式。应该说，我国对这一控制模式并不陌生，它同我国提出的综合利用有一定的共通之处。但我们没有明确提出源头控制和全程控制模式这一概念。目前我国正在制定《清洁生产法》，应该说，这部法律会充分地体现这一原则。

（二）源头控制、全程控制原则的贯彻

1. 把源头控制、全程控制纳入环境保护目标责任制之中

将源头控制、全程控制纳入环境保护目标责任制之中强调政府首长和企业领导的源头控制和全程控制责任，各级政府领导和企业领导在任职期间，必须采取合理的、切实可行的措施，将环境管理与生产管理结合起来，以实现源头控制和全程控制。

2. 制定专门的源头控制和全程控制的法律

唯有如此，这样才能保证源头控制和全程控制有强制力的法律规范。已经颁布实施的《清洁生产法》使源头控制原则得以在法律上充分体现，但鉴于该法的操作性不够强，制定更为具体的实施细则是非常必要的。

3. 采用经济手段，贯彻该原则

可以设立源头控制和全程控制基金，也可以由中央政府和地方政府提供实施源头控制和全程控制计划、规划所必要的财政支持；制定税收优惠或减免政策，对实施源头控制和全程控制的企业予以优惠或减免。

二、污染者付费、受益者补偿原则

（一）受益者负担原则的概念

污染者付费、受益者补偿原则是指在生产和其他活动中造成环境资源污染和破坏的单位和个人，应承担治理污染、恢复生态环境的责任。

现代环境问题主要是由各种不适当的人为活动造成的，环境资源污染和破坏问题的严重存在，必然会对人类的生命健康和经济建设造成不利的影响。单位和个人在其生产经营活动中利用环境资源取得了一定的经济利益，这些经济利益的一部分是以污染和破坏环境资源为代价的。这些单位和个人是污染和破坏环境资源的受益者。因此，必须明确受益者即污染和破坏环境资源者的环境责任，要求

他们承担治理污染、恢复生态环境的义务。

对于造成环境资源污染和破坏的受益者是否应当承担责任以及承担什么责任，国内外都存在一个认识的过程。从国际范围来看，在相当长的一段时期内，造成环境资源污染和破坏的人只要没有对具体的人和财产造成直接损害，就不承担任何责任。这种认识导致了环境资源污染和破坏的进一步加剧。为解决这个问题，20 世纪 70 年代初联合国经济合作与发展组织提出了“污染者负担”原则，要求明确环境责任，这一原则迅速为各国所接受并加以引申和发展。我国在过去相当长的一段时期内，人们只享有污染和破坏环境资源的权利，而无治理和恢复的义务，将污染和破坏环境资源的治理和恢复责任推给政府，导致环境资源污染和破坏越来越严重，政府的“包袱”越来越重，治不胜治。总结环境资源保护的经验和教训，在环境资源保护法中确立“污染者付费”原则，可以通过法律的强制性和规范性，明确污染和破坏环境资源的受益者的责任，使其在生产经营活动中将追求经济利益和其他利益与保护环境资源结合起来。

污染者付费、受益者补偿原则的核心内容是“谁污染谁治理，谁开发谁养护"，具体体现为：结合技术改造防治工业污染，对工业污染实行限期治理；实行征收排污费制度和资源有偿使用制度；明确开发利用环境者的义务和责任等。

实行谁污染谁治理，谁开发谁养护，目的在于强化人们的环境保护责任感并解决环境保护的资金渠道问题，它并不排斥污染和破坏环境者及其上级主管部门或者有关部门在保护和改善环境、防治污染和其他公害方面的责任，也不与各级人民政府承担的对全面环境质量负责的职责相悖。治理、保护仅仅是法律所规定的污染和破坏环境者所应承担的一项义务，并不能因此免除其参加区域环境综合整治等义务以及应当承担的其他法律责任。其他有关部门也并不因为污染破坏环境者承担了治理保护责任就可以不履行自己在环境保护方面的职责，任何部门和机关都必须依法履行保护和改善环境的职责，搞好本地区、本部门的环境保护工作。

在环境资源保护实践中，这一原则具有非常重要的现实意义：

1. 有利于单位和个人积极防治环境资源的污染和破坏，依靠自己的力量解决有关问题

过去，由于法律没有明确规定由污染者或受益者承担治理与恢复被污染和破坏了的环境资源的责任，结果，污染者或受益者为了追求更大的经济利益，更加肆无忌惮地污染和破坏环境资源，使得环境资源受到污染和破坏的情况越来越严重，并已危及到人们的生存和经济与社会的可持续发展。政府为了预防和治理日益严重的污染和破坏，不得不从本已十分紧张的财政中拨出资金用于环境资源保护，成为政府很大的负担。并且形成了越治理、污染越严重，治不胜治的恶性循环。实行“污染者付费、受益者补偿”原则，就可以强化人们的环境资源保护的

责任，使单位和个人在从事生产和其他经营活动时，为了取得更大的经济利益，要重视保护环境资源。此原则有利于实现社会公平和保护环境资源。

2. 有利于环境资源的节约和合理利用，实现资源的永续利用，促进和保证经济与社会的可持续发展

自然资源的数量是有限的。虽然我国的自然资源比较丰富，品种也比较齐全，但由于我国的人口基数大，所以人均占有量就显得很少。并且随着经济的发展和人口数量的进一步增加，这个矛盾会更突出。因此，实行受益者负担原则，可以在法律上明确规定经济个体负有的保护环境资源的责任，使其正确处理生产经营和保护环境资源的关系，促使其合理开发利用环境资源。另一方面，建设有中国特色的社会主义，实现经济与社会的可持续发展，需要有良好的环境和充足的自然资源，明确经济个体的责任，对于合理开发和利用环境资源，提高资源的利用率和经济效益，保证资源的永续利用和经济与社会的可持续发展是至关重要的。

（二）污染者付费、受益者补偿原则的贯彻

贯彻污染者付费、受益者补偿原则，主要采用以下几种途径：

(1) 实行环境资源保护目标责任制。地方各级人民政府必须加强对环境资源保护工作的统一领导，有计划地解决环境问题，切实地对环境资源质量负起责任，将环境资源保护目标的完成情况作为评定政府工作成绩和领导政绩的依据之一。同时加强企事业单位的环境资源管理，建立和健全单位环境资源保护责任制和考核制度。

(2) 加强对承包经营活动的环境资源管理。承包经营土地、企业及其他经营活动，应同时承包保护环境资源的任务，承包经营合同应有保护环境资源的内容，承包者必须对其承包经营活动承担环境资源保护责任。

(3) 制定并实施环境资源质量标准、污染物排放标准、生态标准和开发活动规程，建立健全环境资源评估和监测管理制度。

(4) 建立和健全排污申报登记许可制度、排污收费制度、破坏环境资源补偿制度、限期治理制度、现场检查制度、三同时制度等有关制度，加强对排污制度和开发利用环境资源活动的监督管理。

三、风险预防原则

（一）风险预防原则的概念

风险预防原则是指在环境资源保护工作中，采取可能的各种预防措施，防止环境问题的产生；在遇到严重或不可逆转损害的威胁时，不能以缺乏充分确定的

科学证据为理由，延迟采取预防措施防止环境恶化。

环境问题的产生都是与经济和社会发展相伴随的，西方发达国家在走过了一段“先污染后治理”的弯路以后才逐步认识到：环境问题的产生是在经济发展过程中忽视自然规律的结果。如果在发展过程中注意统筹兼顾、采取预防措施，许多环境问题是可以防止的，即使出现一些环境问题，也可以控制在一定限度以内。风险预防原则强调在科学上存在不确定性的前提下，也必须采取预防措施，这是对预防为主原则的更进一步深化。这一原则符合环境问题所具有的高度科技不确定性的特征。一般情况下，只有在有科学证据证明存在严重的环境问题时，法律才要求采取适当措施，这使法律在解决环境问题上显得较为被动。为此，我们认为，应该在环境资源法中贯彻风险预防原则，以较小的经济代价取得较高的环境效益。环境资源法在调整人们的行为时，才能真正实现可持续发展。因此，它是环境资源法必不可少的一个基本原则。

需要指出的是，风险预防原则并不意味着削弱或忽视对已经形成的环境问题的治理，而是要求在切实做到“防”的前提下，控制新的污染和破坏的发生，以便集中力量治理老的污染。因此，环境问题的产生和发展，具有污染容易治理难、破坏容易恢复难的特点。从环境资源法的功能来看，它也必须是立足于“防”，在“防”的基础上，根据环境问题的特点和自然规律，综合整治，改变过去那种单纯治理、单项治理的办法，强化环境资源管理手段和措施，真正地解决环境问题，实现协调发展。

有一种观点认为，我国当前的首要任务是发展经济，只有经济发展了，才会有财力对环境进行治理，所以，对环境问题大可不必紧张，倒是应该为经济建设“开绿灯”，预防的手段则只要对经济的增长造成障碍，就不必采用，我们可以边污染边治理。这种观点显然是不了解环境问题本身的性质，对未来的发展抱有过分乐观的态度。人类的理性告诉我们，在短期利益与长远利益之间，我们应尽可能选择长远利益，在各种利益衡量之下，应该选择较大的利益，结合环境问题的特点，我们只能采取风险预防原则，这是因为：

（1）环境污染影响的范围广，接触污染的对象也比较普遍，甚至从国内扩展到国际。

（2）环境污染影响的时间长，环境在受到污染之后，接触者不间断地暴露在受污染的环境之中，持续受到污染的危害。同时要消除因污染受到的影响，一般也需要较长的时间，有些污染和破坏甚至是难以逆转的。

（3）环境污染的影响程度强，可以产生多种危害。同时，其产生和发展又有一定的缓发性和潜在性，再加之科技发展的局限性，人类对污染和破坏环境资源的活动所可能造成的长远影响和后果常常难以及时发现，一旦后果出现，则为时已晚。

(4) 环境资源很容易受到污染和破坏，但一旦被污染和破坏后再进行治理，治理的费用要大大高于预防的费用，从经济学的角度来讲是不经济的。

(5) 预测影响环境的科学技术的有限性和滞后性。科学技术并不总是能够为有效保护环境提供充分的基础，在科技可以提供足够的证据时，不利的后果还经常发生，何况由于技术的复杂性和监测的高成本，科学技术对环境破坏的反映往往极为有限。

(6) 替换手段的可行性。随着环境保护实践的深入，减少或防止环境污染的生产技术和产品已经广泛出现，新的环境决策机制和举证机制也在形成之中，风险预防完全能够成为可能。

可持续发展战略的一个内涵就是要引入时间概念，不仅要顾及眼前，更要关注未来；不仅要等待问题出现以后再设法补救，而且要在政策的选择、法律的规范上，用动态的、发展的预期观念进行设计和引导。唯有如此，环境问题才有希望得到遏制，环境与经济的可持续发展才能够成为可能。风险预防在 1987 年的《关于消耗臭氧层物质的蒙特利尔议定书》、1992 年的《生物多样性保护公约》和《气候变化框架公约》中均已确立，我国作为这些公约的缔约国，也应该在国内环境立法中贯彻该原则。目前我国的《环境保护法》、《海洋环境保护法》、《大气污染防治法》、《水污染防治法》等法律中都体现了预防的原则，但并未明确提出风险预防原则，我们认为，在今后的立法中，应将这一原则确定下来。

我国是一个发展中国家，就我国的情况来看，处理环境问题、保护环境资源应该注意发达国家的前车之鉴。因此，风险预防原则在环境资源保护中具有十分重要的意义。

(1) 风险预防原则，有利于以有限的资金来有效防止对环境资源的污染和破坏。我国是一个发展中国家，在经济建设过程中，由于资金、技术方面的限制，使得我们难以筹集足够的资金用于污染治理，保护环境资源。而我国目前的环境资源受到污染和破坏的情况相当严重，亟须进行治理。如果在实践中实行风险预防原则，就可以防患于未然，防止对环境资源的新污染和破坏。

(2) 实行风险预防原则，有利于实现经济效益、社会效益和环境效益的统一。长期以来，造成我国环境资源污染和破坏的主要原因是对自然资源不合理的开发利用和工业污染，而这些又造成了资源的浪费。如果我们在经济建设过程中实行风险预防原则，充分注意保护环境资源，提高资源的利用率，减少对环境资源的污染和破坏，就可以在取得良好的经济效益和社会效益的同时，收到较好的环境效益，实现三种效益的统一。

(3) 实行风险预防原则，有利于使在环境资源保护中由消极、被动转为积极主动，对环境资源的污染和破坏进行积极的防治。西方发达国家在经济发展和环境污染的关系问题上走了一段“先污染后治理”的弯路，导致经济建设活动对环境资源造成污染和破坏后再去治理，使得保护环境资源的工作陷于被动。如果我们在经济建设中实行风险预防原则，就可以使我们的环境资源保护工作由消极、被动、事后、单一方式治理向积极、主动、事前事后及多种方式的转变。

（二）风险预防原则的贯彻

贯彻风险预防原则，可以采取以下措施。

1. 全面规划

全面规划就是对工业和农业、城市和乡村、生产和生活、经济发展和环境资源保护各方面的关系进行统筹安排和全面部署，通过计划的综合平衡，使得各项事业得以协调发展。要把环境资源保护作为计划工作的一个指导思想，切实纳入国民经济和社会发展计划中去，并加强计划的管理。要制定科学的环境资源保护规划和综合治理环境资源污染和破坏的方案。

2. 合理布局

环境资源的污染和破坏同生产的不合理的布局有重大的联系。因此，我们在经济建设过程中，要建立合理的城乡结构、生产结构、产业结构、生态结构以及城镇的布局结构。在每一个区域内，要搞好功能分区，合理安排各种产业和事业。

3. 权救治理

制定和实施具有预防性的环境资源管理制度，强化环境资源的监督管理，加强环境监测，严格控制出现新的环境资源污染和破坏的情况，对于已经造成的环境资源的污染和破坏，要积极进行治理。有害物质的排放，必须要遵守国家和地方规定的标准，严禁超标排放。

4. 加强制度改革和制度创新

推广清洁生产工艺、最佳可行技术、最佳环境工程；广泛运用环境经济评估以改善环境质量；促进为降低风险提供被选政策方案的科学研究，尤其是要加强环境影响评价制度的执行。

四、环境民主原则

（一）环境民主原则的概念

环境民主原则是指在环境资源保护中任何单位和个人都享有保护环境资源的权利，同时也负有保护环境资源的义务，都有平等地参与环境资源保护事业、参与环境决策的权利。如果说受益者负担原则着重于公民和社会组织的环境资源义务，那么环境民主原则主要是强调公民和社会组织的环境资源权利。

环境质量的好坏，直接关系到每个人生活的质量，关系到一个民族的生存和发展。保持清洁、舒适、优美的环境，既是人们的愿望，也符合人民的利益。人们既应享有在良好的环境中生活的权利、依法参与环境资源管理的权利、对污染和破坏环境的行为进行监督的权利，同时，也有保护和改善环境资源的义务。这种权利和义务，是公民基本权利和义务的一部分，人人都要为保护和改善环境资源作出应有的贡献。

环境民主原则的理论基础在于环境权，环境资源乃是公众共同拥有的，因此公众对环境资源的管理也最有发言权。1972 年斯德哥尔摩人类环境会议通过的《人类环境宣言》指出："人类有权在一种能够过尊严的和福利的生活环境中，享有自由、平等和充足的生活条件的基本权利，并负有保护和改善当代和未来世世代代的环境的责任。"既然享有一个适于人类生存的环境是人类的基本权利，相应的对于任何污染环境、破坏环境资源的行为，人们都有权依法进行监督和给予干预。亦即人类有权参与与环境资源保护有关的决策。公众参与原则由此而来。该原则在我国的《宪法》和《环境保护法》的有关规定中都有明确的体现。

环境资源保护事业是千千万万人的事业，环境资源法制建设需要每一位社会成员的自觉努力。为此，必须动员全社会的力量，充分发挥人民群众的主动性、积极性和创造性，在环境资源法上将公众参与作为一项基本原则就是要在环境资源法制建设过程中充分注意环境资源保护的广泛性特征，在各项法律制度的制定、执行及实施过程中注重发挥人民群众的作用，赋予公民参与环境资源保护的各项权利，形成公众参与的机制，将环境资源保护事业建立在公众广泛参与、支持、监督的基础之上，将公众参与作为我国民主建设的一个重要组成部分。

在环境保护取得成功经验的国家，为改善环境质量，调节因环境问题而引起的各种社会矛盾，巧妙地整合了公众在环境保护方面特有的积极性，在法律上不仅规定了公民在环境保护方面广泛的权利和义务，而且为公民参与环境保护提供了各种途径和方式。我们应从这些经验中借鉴适合我国国情的手段和方式，在公众参与方面加大力度。没有公众参与的环境保护事业不可能是成功的事业。

我国的社会主义制度无论在政策上还是在实践上，都为公众参与国家管理提供了很多的机会。因此，我们应该珍惜这项权利，积极地参与环境资源保护事业，为我们自己，也为后代保持一个美好的生存环境而奋斗。

在我国的环境资源保护实践中，实行环境民主原则具有非常重要的现实意义，体现在以下方面。

1. 实行环境民主制度，有利于动员全社会的力量，充分发挥公众的积极性、主动性和创造性参与环境资源保护工作

环境质量的好坏，关系到每个人的生活质量，关系到一个民族的生存和发展，拥有清洁、舒适、优美的生活环境，符合每个人的利益和愿望。是每个人的

权利，同时也是每个人的义务。环境资源保护事业是全社会的事业，在环境资源法中将环境民主作为一项基本原则，就是要根据环境资源保护的广泛性特征，在各项环境资源保护法律、法规的制定、执行以及实施过程中，充分发挥群众的作用，赋予公众参与环境资源保护的各项权利，形成公众参与的机制，将环境资源保护事业建立在公众广泛参与、支持、监督的基础之上，使每个人都负有一种保护环境资源的历史责任感和使命感，在环境资源保护工作中充分发挥其积极性、主动性和创造性。

2. 环境民主可以加强对政府的环境资源决策进行监督

环境资源属于共有资源，对该资源的配置，仍然以行政配置为主，市场配置为辅，这是由环境资源的生态价值和经济价值的双重属性所决定的。但环境资源的公有性又会导致行政配置中的低效率，甚至造成资源的大量流失。公众进行参与，则可以减少这种可能性，提高资源配制的效率。

3. 公众往往拥有对环境资源的一些独特的经验和知识

在环境资源保护实践中，由于环境问题的复杂性，政府的管理人员往往很难对各方面考虑周全，对一些民间积累下来的经验和知识缺乏了解，有了公众的参与，则利于保存一些并不为管理者所知道的环境资源，而且，还可能找到最为有效的保护方法。

我国为了保护环境资源，改善环境资源质量，调节因环境问题而引起的各种社会矛盾，根据我国的实际情况，借鉴在环境资源保护方面取得成功的国家的经验，利用公众在环境资源保护方面特有的积极性，在法律上不仅规定了公民在环境资源保护方面的广泛的权利和义务，而且为公民参与环境资源保护提供了多种途径和方式。

（二）环境民主原则的贯彻

贯彻环境民主的原则，主要可以采取以下措施。

1. 尊重和维护公民的环境权，参与环境管理权，扩大和保障环境资源诉权，依法处理各种侵犯环境资源权利的行为

提高全民族的环境资源意识。环境科学是一门新兴科学，环境资源保护事业在我国起步也较晚，公众对有关问题还缺乏比较深入的了解，因此，在我国目前的情况下，实施公众参与的原则，提高全民族的环境资源意识就显得非常的重要。所以，有必要利用各种手段和途径，加强环境资源保护法制宣传教育，提高人们的环境资源法制观念，开展环境资源保护宣传和教育，使广大公众认识到破坏环境资源所可能导致的严重后果，增强危机感，树立保护和改善环境资源的良好社会风气，形成对破坏环境资源行为人人谴责的社会氛围，引导全社会的人都来关心和参与环境资源保护工作，使环境资源意识深入人心。

2. 增加环境资源管理和执法的透明度，决策公开化，充分发挥公众的监督作用

公众的日常生活与环境密切相关，因此，公众对有关问题也应该最有发言权。这就要求环境资源管理部门和执法部门应该增加其管理和执法的透明度，让公众对有关问题有所了解，发挥公众的监督作用，避免在环境资源管理和执法中可能出现违法行为。政府有关环境资源问题的决策，应该程序化、规范化、法制化，使公众了解决策的过程，为社会主义民主的建立和发展提供可能性。政府也应该定期向社会发布环境资源状况公报，以使公众了解有关问题，并为公众监督政府实施环境资源保护目标提供可比依据。

3. 成立民间环境资源保护社会团体

把公众组织起来，成立民间环境资源保护团体，开展环境资源保护宣传、学术交流、环境资源保护科技成果推广等活动，将会避免公民个人能力和学识的局限性，有效地提高全民族的环境资源意识，并为政府在决策方面提供参考意见。国外的实践已经证明，民间环境资源保护团体可以在保护环境资源、促使环境问题的解决、监督政府依法行政等方面发挥积极的作用。

4. 召开多种形式的论证会

对环境资源或公众生活有重大影响的建设项目，在立项和开工之前，应当召集公众召开意见听证会，广泛接受公众的质询，以求建设项目达到经济效益、社会效益和环境效益的统一。

第四章　环境权的理论与实践

第一节　国际人权法的发展

一、环境权的提出

20世纪60年代以来，各种环境法理论、法律制度和法律学说竞相登场，在环境危机的严重威胁面前，人们迅速接受了环境保护的观念，“只有一个地球”、“人类共同继承遗产”等理念以其全新思维突破了传统法学理论，社会对运用法律手段管理环境寄予厚望。在新的环境道德和生态伦理基础上，人们开始思考许多新的问题，其中最为重要也是最为基本的问题就是公民对于环境有无权利，如果有，法律应该如何对其加以保护。这是一个令人迷惘的时期，“生态的觉醒……是科学研究的结果。这种科学研究证明了我们的环境状态或多或少（在某些情况下令人吃惊地）受到了损害。这一发现的影响首先为学术界所感觉到，后来也渐渐为其他人所感觉到。渐渐地，实际上所有的科学家、大多数政治家以及其他决策者和公众接受了这种思想，即我们的环境正处于危险之中，必须为此做些什么。一般法律原则（至少其中一些）至少在形式上得到了相当大的发展并为人们所公认。然而，在国内和国际上采取措施保护和改善环境，是个相当不同的任务。经济、政治、军事及其他利益往往与环境问题相冲突。此外，甚至连科学家自己对非常复杂的环境保护问题和人权以及其他同样性质的领域都有不同的看法。①”

20世纪60年代中期，联合国大会首次辩论环境问题，并以联大决议的形式决定在1972年召开“人类环境会议”。在联大的倡议下，世界各国展开了关于环境问题的大讨论。

1960年，原西德的一位医生向欧洲人权委员会提出控告，认为向北海倾倒放射性废物的行为违反了《欧洲人权条约》中关于保障清洁卫生的环境的规定，从而引发了是否要将环境权追加进欧洲人权清单的争论。70年代初，诺贝尔奖获得者、著名的国际法学者雷诺·卡辛向海牙研究院提交了一份报告，提出要将现有的人权原则加以扩展，以包括健康和优雅的环境权在内，人类有免受污染和

---

① C.G. 威拉曼特里：《人权与科学技术发展》，张新宝等译，知识出版社1997年版，第228～229页。

在清洁的空气和水中生存的相应权利。卡辛认为，环境权具体应包括保证有足够的软水、纯净的空气等，最终保证人类得以在这个星球上继续生存。

1970 年 3 月，国际社会科学评议会在东京召开了“公害问题国际座谈会",会后发表的《东京宣言》明确提出：“我们请求，把每个人享有其健康和福利等要素不受侵害的环境的权利和当代传给后代的遗产应是一种富有自然美的自然资源的权利，作为一种基本人权，在法律体系中确定下来。" 从而更为明确地提出了环境权的要求。

环境权为基本人权的观点，为欧洲人权会议所接受。从 20 世纪 70 年代初，欧洲人权会议便组织了 80 人的专家委员会，致力于将“人类免受环境危害的在这个星球上继续生存下去的权利”作为新的人权原则进行国际法编纂。1971 年，欧洲人权会议将个人在洁净的空气中生存的权利作为一项主题进行了讨论，继而在 1973 年维也纳欧洲环境部长会议上制定了《欧洲自然资源人权草案》，肯定地将环境权作为新的人权并认为应将其作为《世界人权宣言》的补充。欧洲人权会议还为环境权的确立进行了广泛的工作，旨在引起全世界对环境权的重视，使其成为世界性的而不是为欧洲所特有的概念。

二、环境权在国际法上的承认

环境权为国际上所接受充分地表现在一系列的国际性宣言及有约束力的文件中。这些权利有的情况下作为集体人权出现，另外一些情况下则作为个体人权出现。如《非洲宪章》宣称：“各民族有权享有有利于其发展的普遍良好的环境。”而 1972 年的《人类环境宣言》中这项权利是作为个体权利出现的。《宣言》第 1 条原则称：“人类有权在一种具有尊严和健康的环境中，享有自由、平等和充足的生活条件的基本权利，并且负有保护和改善这一代和将来的世世代代的环境的庄严责任。”① 以后在各种有关国际环境保护的宣言中都反复重申了这一宣言的原则。如为纪念斯德哥尔摩人类环境会议十周年发表的《内罗毕宣言》、《关于环境与发展的里约宣言》等。此外，它也出现在世界环境和发展委员会的报告中，1987 年发表的世界环境与发展委员会报告——《我们的共同未来》建议，作为环境保护和可持续发展之一项法律原则，“全人类对能满足其健康和福利的环境拥有基本的权利。”②

---

① 城乡建设环境保护部等《外国环境法资料选编》，1982 年。

② 世界环境与发展委员会著：《我们共同的未来》王之佳、柯金良等译，附录一：《世界环境与发展委员会环境法专家组通过的关于环境保护和可持续发展法律原则建议摘要》，吉林人民出版社 1997 年版，第 454 页。

第二节　环境权的基本理论

一、环境权的基本属性

目前，关于环境权的各种学说和实践，都处于发展过程中，在这种情况下，既有赞同也有批评。我们认为，环境权作为环境资源法存在的权利基础，是必须从理论上阐述清楚的。理解环境权理论的关键在于有一个全面而客观的认识，并且这种认识必须建立在现代法制的观念之上。

国际人权法上关于人权的基本意义，可以概括为几个方面[①]：首先，人权是人人都享有的权利，即人权的主体不只是这个或那个社会的成员，还是人类社会的成员；其次，人权的客体也像那些一般权利一样具有重要意义，它作为一种绝对权利，其客体一般也具有最重要的意义，在发生利益冲突时，人权优于其他权利；其三，人权的实施范围可能比公民权利更受限制，它必须是法律所明文规定的权利；其四，与人权相关联的义务具有强势与弱势两种，强势人权要求制约的是所有其他人，弱势人权要求制约的是人类的某个具体的组成部分。最后，人权的正当性表现为国内法以及区域性国际法和全球性国际法，从根本上看，人权来自于通过理性分析认为应该坚持的原则，即“天赋人权”。

根据人权的一般属性，可以认为，环境权是既合乎理性分析又为立法实践所承认的一项人权。

1. 环境权作为一项人权已为一系列国内和国际法文件所肯定

环境权“是一项所谓的第三代权利或相关权利。它既可以在许多国家的包括宪法在内的国内立法和其他法令中找到，也可以在宣言性及有约束力的国际文件中找到”。[②] 例如，《非洲宪章》宣称：“各民族有权享有有利于其发展的普遍良好的环境。”[③] 而在《斯德哥尔摩人类环境宣言》中，第1条原则即为：“人类有权在一种具有尊严和健康的环境中，享有自由、平等和充足的生活条件的基本权利，并且负有保护和改善这一代和将来世世代代的环境的庄严责任。”[④] 同时，它还出现在世界环境和发展委员会的报告中[⑤]，该报告建议，作为环境保护和可持续发展之一项法律原则，所有人有权享有适于其健康和幸福的环境[⑥]。还值得

① R. J. 文森特：《人权与国际关系》，凌迪等译，知识出版社1998年版，第13页。

② C. G 威拉曼特里：《人权与科学技术发展》，张新宝等译，知识出版社1997年版，第230页。

③ 《非洲宪章》第24条。

④ 《人类环境宣言》第1条原则。

⑤ 此报告即《我们的共同未来》。

⑥ 《我们的共同未来》附录1。

注意的是，尽管目前环境权在国际人权法上还未准确提出，但作为一项正在形成中的权利，在关于人权的两个国际公约和《世界人权宣言中》可以找到此项权利的要素①。

2. 环境权作为一项基本人权，是由生存权发展而来的一项新型权利

环境是公民作为生物个体生存的基本物质条件和空间场所的提供者，是人类生存的必要条件，保护环境的目的在于保证人类的生存繁衍，因此，环境权的最低限度不是单纯的医学上划分疾病与健康的标准。环境权不是公民个人对其居住环境的占有、使用、处分权，因而不是财产权；环境权也不是要求他人不直接侵害公民生命健康的权利，因而它也不是人格权。环境权始终以环境作为权利媒体，要求实现人类价值观的彻底转换，是建立在人与自然和谐共处、相互尊重的基础上的新型权利 。

3. 公民环境权具有人权的本质属性

这些属性可归纳为：

第一，整体性与个体性的统一。确立和实现环境权是为了达到保护人类生存环境的目的，正因为环境是每个人生存必不可少的物质条件，而环境污染和破坏则正威胁着这种物质条件，才产生了当代人和后代人对环境权的要求；环境污染和破坏的后果将影响这一代人和后代人的生存质量，环境权保护的结果表现为环境质量的改善和人与自然关系的协调，即通常所称的产生环境效益，环境效益也是这一代人和后代人可以共享的。任何人在当今社会都不可能脱离环境条件独善其身，也不可能以任何方式独占环境利益。因此，环境权具有强烈的整体性，是通过个人权利形式体现的真正公共权利或“人类权利”。但环境权的整体性中又包含着个体性，其核心是人的生存与发展，是人成其为人或继续作为人生存与发展的权利，这是人的首要权利，是每个人都应平等享有的权利，这一权利不能受到限制或剥夺，剥夺了公民的环境权，就等于剥夺了人的生存条件。虽然其他权利可能因种种原因而丧失，如财产权可能因处分而转移，公民的政治权利可能因受刑事处罚而被剥夺，但公民的环境权则是与生俱来，不可剥夺的。正是由于这种整体性与个体性的统一，使得环境权的行使，既可以是集体行为，也可以是个人行为；而对这一权利的救济，既需要采取公法手段，也需要采取私法手段。

第二，长远利益和眼前利益的统一。环境权所包含的利益是多重的，其实现的目的是为了当代人和后代人的持续生存和发展，同时也是为了每个人更好地生存，因而环境权所体现的是整体利益、长远利益和个人利益、眼前利益的结合，环境权的这种属性，要求现代社会中的人作为人必须与自然建立和谐、尊重的关

---

① 例如，《世界人权宣言》第3条（生命权）；第22条（经济、社会及文化权利）；第22条（适于健康及幸福的生活标准）等等。该权利的其他要素，《经济、社会和文化权利国际公约》第12条提及。

系，必须克服利己主义倾向，改变功利主义的环境观，“我们在决定在世界各地的行动的时候，必须更加审慎地考虑它们对环境产生的后果。由于无知或不关心，我们可能给我们的生活和幸福所依靠的地球环境造成巨大的无法挽回的损害。反之，有了比较充分的知识，采取比较明智的行动，我们就可能使我们自己和我们的后代在一个比较符合需要和希望的环境中过着较好的生活。”① 正是因为环境权的这种利益多重性使它具有比其他法律权利更高的价值取向和人性标准，才产生了环境保护立法中的环境权保护的法律手段多样性、法律责任多元性的特征，前者如综合运用行政法、民法、刑法、诉讼法手段保护环境；后者如法律责任的加重、归责原则的客观化和责任追究的程序简化，等等。

第三，权利与义务的对应性。任何权利都是或应当是与义务相互依存的，而且权利的实现往往是以义务的履行为条件的。环境权也不例外，在环境保护中，任何人都是权利主体，同时也是义务主体，不容许存在无义务的权利，也不容许存在无权利的义务。因此，每个公民的环境权是平等的，每个人在享受环境权的时候，都必须尊重和维护别人的权利。环境保护又是与科学技术发展紧密联系的，公民环境权利与义务的确定，都必须具有环境科学依据和符合生态规律，因此，环境权的权利与义务统一性使得环境法整体具有强烈的科学技术性。这种科学技术性表现为环境法律规范中的技术规范占有很大比重，环境保护制度的建立莫不与技术规范直接联系。

第四，权利实现方式的多元性。环境问题的特点是污染和破坏容易，治理与恢复困难，有些环境污染与破坏如矿藏资源枯竭、物种灭绝都是不可逆转的，因此环境保护重在预防，防止危害环境的后果产生。与之相适应，环境权的保护也是如此，应将重点放在事前的预防上，仅此而言，环境权的实现方式必须体现“预防为主”的指导思想，这就要求环境立法除了通过加重法律责任、扩大环境诉讼的范围等消极措施保护环境权外，还要以广泛赋予公民参与环境管理的权利的积极方式，调动广大公民的环境保护积极性、主动性和创造性，积极促进环境权的实现。

通过对环境权性质的分析，不难发现，环境权的人权属性是环境保护立法特殊性的根源。环境权的整体性与个体性的统一决定了环境法调整对象的广泛性和环境法立法宗旨的公益性。环境权的长远利益与眼前利益的统一决定了环境法律手段的综合性和法律责任的多元性；环境权的权利与义务决定了环境法律规范的科学性和生态性；环境权实现方式的多元性则决定了环境法制系统的开放性。

---

① 《人类环境宣言》序言6。

二、环境权的独立性

关于环境权是否是独立的人权的争论，来源于一个不争的事实：人类“以各种各样的方式及在前所未有的规模上已经获得了改变其环境的力量。人的环境的两方面，自然的和人为的，对其幸福和基本人权——乃至它本身的生命权是必不可少的”①。从某种程度上说，有良好的生存环境是人类享有一切人权的基础，环境权与一切人权都有关系，但环境权与国家主权、发展权、自然资源的永久主权、生存权、生命健康权等相关权利具有更为密切的联系②，因此环境权可以包含在其他人权之中，似乎没有必要成为一项专门的人权。

我们以为，以此作为否认环境权成为一项独立的权利的理由是不能成立的。

1. 环境权是以环境危机为背景而产生和发展起来的一项权利，它源于人类对自己与环境关系的重新认识

“人作为动物已经过分成功了，……人类以其数量上和技能上的加速增长，威胁着它的环境并因此（如人口生态学的法则所要求的）威胁着它自己作为生物物种的将来。”③ 环境权所产生的时代和所要解决的问题都是特定的，它不同于一般的公民权利产生于人类对于自由的愿望，也不同于社会与经济权利产生于人类对物质生活目标的追求，而是产生于人类在环境危机面前对于自身及未来的生存发展的忧虑。

2. 环境权既是其他人权的基础，更是对其他人权的控制

这一特性表明环境权不可能也不应该纳入其他人权的范畴。环境问题涉及人类生存和发展的基本条件，作为生物的人离不开自然的环境条件，没有健康的环境就谈不上人类的生存，更谈不上享有人权；因而，环境权应该成为其他人权的基础。但是，要使人类在健康良好的环境下生存，就必须遵循生态规律，控制人类一切不利于环境的活动和行为，包括人权行为。有学者深刻地指出：环境权“本质上是一种与其他权利相冲突的权利，在一定意义上，它实际上起着控制其他权利的途径之作用。在某种程度上，它确定了对所有其他人权的功能上的限制，特别是当对环境作广义的定义时，情况更如上所述”④。因为根据环境权的观念，如果人的任何活动损害环境超过一定限度，都被视为一项产生消极后果的

---

① W. J. M. 麦肯兹：《政治学中的生物思想》第16～17页，企鹅丛书，伦敦1978年版。转引自C.G威拉曼特里：《人权与科学技术发展》，张新宝等译，知识出版社1997年版，第230页。

② 蔡守秋：《环境政策法律问题研究》，武汉大学出版社1997年版，第116～117页。

③ W. J. M. 麦肯兹：《政治学中的生物思想》第30～31页，企鹅丛书，伦敦1978年版。转引自C.G威拉曼特里：《人权与科学技术发展》，张新宝等译，知识出版社1997年版，第228页。

④ C.G. 威拉曼特里：《人权与科学技术发展》，张新宝等译，知识出版社1997年版，第233页。

活动，并应被禁止或改变，直到它停止产生该损害结果。简言之，环境权要求以环境的不受损害为基本标准，这一标准不仅是其他权利所没有的，而且是对其他权利的限制，就此而言，环境权也是不可能被包含在其他权利之内的。

3. 已有的某些人权不能成为阻碍新的人权产生的理由

从世界人权法的发展与实践来看，人权原则和具体权利都经历了一个由理论到实践的发展过程，在 19 世纪的个人主义、自由主义和消极法治主义的观念下，为保护个人的自由、平等而建立的以个人为本位的法律理论强调公民的政治权利高于一切，资产阶级革命无不高举自由、平等的旗帜，强调它们是“天赋人权”，因而，公民的政治权利成为了最早写进人权宪章的内容。随着社会的进步和发展，市民社会与政治国家对立的日益尖锐和市场万能神话的破灭，20 世纪兴起了法团主义、国家干预主义和积极法治的观念，在这种观念下，为保护社会公共利益、社会公平而建立了以社会利益为本位的法律理论，强调社会进步是个人利益的保障、国家责任在于维护社会的发展，西方国家对市场机制的变革又莫不以发展和建立广泛的社会福利为目标；而在发展中国家，贫穷、饥饿、疾病始终伴随左右，生存与发展更是它们的第一需要，在它们的市场机制并不完善、自然资源的潜在比较优势无法发挥的情况下，国家或政府也担当着重要的责任，此时，才产生了关于社会、经济、文化的人权理论和人权文件。今天，人类面临的是一个生态主义、可持续发展和以环境资源为基础的发展时代，保护环境成为 21 世纪人类文化和法制系统发展和变化的主流，产生新的人权理论和规则的各种条件已经具备，如果以现有权利来限制环境权的产生更是与历史规律相悖的。在此，有必要强调《联合国发展权宣言》中的声明：“对于公民的政治、经济、社会和文化等权利的实施、促进和保护，应一视同仁地重视和紧急考虑。因而，增进、尊重和享受某些人权和基本自由不能成为剥夺其他人权和基本自由的理由。”①

环境权正是这样地为环境保护所需要，而传统法学理论与制度又未加规定的一项应有权利。我们将这一权利定义为：公民享有的在不被污染和破坏的环境中生存及利用环境资源的权利。

当然，在肯定环境权的确定性的同时，我们丝毫也不想隐瞒它的不足与缺陷，这些问题的确值得重视并且期望尽快得到解决。这些问题应包括：①有关环境权的权利定位，即它既是个人权利又是集体权利，作为个人权利它如何能够具体化，表明“个人怎样对国家坚持该权利，并且因此怎样能满意地将其作为一项人权而进行归类”②。作为集体权利应该如何使得当代人与后代人的主体地位得到明确。②在环境权与其他人权相冲突的情况下，应如何建立一个联系和平衡的

---

① 《联合国发展权宣言》序言，联合国大会决议 41/128 号（附件）。

② 保罗·西罗哈特：《人类的合法权利》，牛津大学出版社 1985 年版，第 167 页。

机制，使其与“第一代”、“第二代”权利之间形成系统效应。③如何设计环境权的表达方式，由此可以清楚地看到权利的各项子权利或对个人和集体的赋予方式，以便于实践中的解释、适用并因此而强制实施。④环境权定义的基础在于对环境的定义，如何将环境科学的定义法律化，并在现行的以生态规则作为传统法律定义和规则的补充的情况下，寻求最佳的定义方法等等。

三、环境权的含义的分解组合

环境保护是需要政府与市场共同作用的领域。市场失灵是产生政府管制的原因，政府失灵则是市场作用的范围，它们各自都具有一定的优势与劣势。政府管制的优势在宏观领域，具体有：提供环境产权交易的规则和秩序，如环境立法和制定环境标准；对公共性和总体性质的环境事务予以直接管理和监督，如大型建设项目管理；提供准确的信息和科研报告，如环境状况公报；普及环境保护知识和提高环境保护意识等。政府的劣势领域主要是大量分散的环境权益冲突，而这些冲突正是当今最主要的环境问题。市场正是对分散的、个别的、大量发生的活动进行有效调节的机制，将政府的宏观管理与市场方法有效结合起来配置环境资源，需要相应的法律制度，这一制度正是将国家环境管理权力与公民环境权利相结合的环境权制度。

环境权的出现，不仅突破了传统的环境管理模式，也打破了传统法律部门对立与分割的僵局，实现了权力——权利的重构①。

（一）重构公民与国家的关系

政府的环境管理权来自于全体公民的委托，应该服务于人民主权，但在事实上，这种政府代理制度有可能发生异化。其一，政府异化为非责任政府，公民除了向政府进行申诉以外，不能采取其他有效的监督措施，政府也不负任何赔偿责任；其二，政府代理有可能异化为强制代理，公民由权利人转向义务人。一方

---

① 关于环境权的公权与私权交错的特性，我国学者也有认识。王明远先生认为：“环境权作为现代社会的一种新型权利，在实体意义上具有公权和私权的双重性格。其中的通风权、采光权，加害人和受害人容易确定，‘私权性’最强，同时受私法和公法（如建筑法、城市规划法）的保护；清洁空气权，加害人和受害人往往均难以确定，‘公权性’最强，仅受环境法等公法的保护；至于环境权中的其他‘亚权利’，如清洁水权、安宁权（包括宁静权、安稳权）等，则介于以上两种类型之间，兼有公权和私权的性质。而在一些国家，安宁权已经成为新型人格权之一而受到私法保护。由于环境权既是个体权利，同时也是集体权利，对个人环境权造成损害的同时，也往往损害其他多数人的共同环境权益，因此，在某种意义上，也可以说实体性的环境权属于一种‘社会’权利，明显不同于人格权、财产权等典型的‘私人’权利。”见王明远《环境侵权的概念与特征辨析》，载于《民商法论丛》第 13 卷，法律出版社 1999 年版，第 110 页。

面，公民大量纳税以维持环境管理制度，另一方面却不能处理与自己有关的环境事务。环境权是克服制度异化的有力武器，它要求整个环境管理以公民的环境权为中心，以公民的权利制约政府权力。当政府不履行其环境管理的职责和履行职责不当时，公民有权向法院起诉，促使政府改正错误并负担赔偿责任。当公民之间的环境权益发生冲突时，则可以通过政府以外的仲裁、司法或其他程序予以解决，使公民获得一定程度的意思自治权。

（二）重构私法与公法的关系

近代关于公法、私法的划分，贯穿的一个基本思想就是公法不能干预私法关系。此外，在它们各自的内部，还有各种部门法的划分，在民商分立的国家还有民法和商法的划分。在这些部门之间，从立法体系、审判制度到学科设置，都有严格的界限。这种公、私法对立和部门法分割的局面，不符合法制的科学性、系统性要求，也不能满足社会问题综合调整的需要。因此，现代立法的趋势，是在承认公、私法划分的相对合理性和各部门法相对独立性的同时，承认并强调公、私法之间和各部门法之间的相互渗透和相互配合的必要性。在这种渗透和配合的过程中，产生一些介乎公、私法之间和跨部门的综合性法律制度。它们不仅填补了由于公、私法对立和部门法分割造成的空白，也加强了公、私法之间和部门法之间的联系。环境权的确立，一方面使公民参与环境管理的权利空间增大，另一方面也促使公民认真看待自己的权利，形成强烈的权利意识和独立个体意识，尊重他人的权利，不滥用自己的权利，以权利作为维系人与人之间关系的纽带，以“平等”的身份参加法律活动。

（三）重构权利与权力的关系

近代法律是在罗马法复兴的基础上发展而来的。它有两个基本信念：第一，法律现象是守恒的，它使人相信，可以通过一套逻辑严密的概念体系，一劳永逸地将各种法律现象有条不紊地纳入法律制度的调整范围；第二，法律的价值的单一性使人相信，现行法律秩序所维持的价值体系是唯一的和至高无上的，因而不允许承认该体系外其他价值的合法性。现代社会生活的发展变迁，一方面打破了法律现象守恒的神话，把大量前所未有的生活现象和社会问题提到了法律面前。另一方面冲破了法律价值单一的桎梏，要求多元价值并存沟通，以求得不同利益诉求和不同价值取向之间的调和与兼容。环境权的提出，就是这样一种要求立法者和法官以重实际、讲实效的务实作风，针对严重的环境问题，根据有关的法律政策，制定适宜的规则或解决方案。在这些规则和方案中，权力与权利不是相互对立和分割的，而是相互沟通和统一的，它们共存于可持续发展的目标和任务之下。

四、环境权的内容

根据环境权理论及有关国家的环境立法实践，公民在环境法上的权利义务是环境权的主要内容，这些内容既是环境权的各项子权利或派生权，又是环境权得以实施的保障①。实际上，环境权与其他人权一样，是一个由多项子权利组成的内容丰富的权利系统。从理论上讲，环境权至少应包括如下内容。

（一）环境开发利用权

环境权的核心在于保障人类现在和将来世世代代对环境的开发利用，以获得满足人类生存需要和经济社会发展的必要条件。因此，环境权首先要肯定其主体对环境的开发利用权，事实上，各国环境立法的实践也都立足于对环境开发利用权的规定展开。将环境开发利用权确定为一项权利，才可以使义务主体承担义务，也才可以使权利主体的权利滥用受到限制，因为，在法律上没有无限制的权利。一方面，对环境开发利用权的确立意味着为人类开发利用环境的合法性提供依据，有对环境的开发利用就有污染物的排放和对自然环境的改变，只有在环境开发利用权的基础上才能成立环境标准、环境许可、环境开发的各种制度，也才有以环境容量为核心的“排污权交易”制度的形成；另一方面，对环境开发利用权的确立意味着国家及其与权利主体相对应的个人和团体所必须承担的义务的确定，国民的环境开发利用权在受到不法侵害时，法律将为其提供强制性保障，从而为国民向国家、向他人主张环境权奠定了基础。

现有的各国环境立法中关于日照权、眺望权、景观权、静稳权、嫌烟权、亲水权、达浜权、清洁水权、清洁空气权、公园利用权、历史性环境权、享有自然权等等都是关于环境开发利用权的规定。在美国、日本、印度、菲律宾、哥斯达尼加等国也都有保护环境开发利用权的司法实践。学者们也对这些使用权进行了分类，日本的中山教授提出用“环境的共同使用权”来概括这一权利，并将它定义为“是一种具有其他多数人可以进行同一种使用和可以共存的内容，因共存的方式不同，各个人可以使用特定环境的权利”。并将它又具体区分为：“生活环境使用权”、“自然公物使用权”、“特定自然环境使用权”三类。另有学者从环境利益的保护角度出发，将日照权、眺望权、嫌烟权等生活环境中与我们的生活密切相关的、私权性质较强的权利称为环境私权；而将清洁水权、清洁空气权、享有

① 由于环境权正处于发展过程中，各种有关立法形式多样且不完备，各项子权利及其相互之间的关系也有待于进一步研究，在此仅仅是根据理论与实践对环境权作一般性概括。关于环境权立法的多样性参见蔡守秋：《环境政策法律问题研究》，武汉大学出版社 1999 年版，第 108～111 页。

自然权、历史性环境权等“公共性”，“公益性”较高，支配“公共的空间意识”，公权性质较强的权利，称之为环境公权①。

各种分类的目的，都在于解决环境权的实施问题。事实上，环境开发利用权由于环境的公共性特征而使得它们往往具有多重结构，不管水质环境、大气环境等的公共性，公益性多么强，用它作为全盘否定其私益性、私权性也是不正确的。因为公益性是由无数个人或私人利益的集合、累加而成的，离开了它们，公共性，公益性就成为了无内容、无意义的东西。因而，对于环境开发利用权始终存在是否提供私法救济的问题，也就是学者们讨论得最多的环境权能否私权化的问题。

（二）知情权

知情权又称信息权，是国民获得本国乃至世界的环境状况、国家的环境管理状况以及自身的环境状况等有关信息的权利。这一权利既是国民参与国家环境管理的前提，又是环境保护的必要民主程序。“人们有权知道环境的真实状态”，②这一权利在立法中也得到了明确的承认，如乌克兰共和国《自然环境保护法》第9条规定：“公民有权依法定程序获得关于自然环境状况及其对居民健康的影响等方面的确实可靠的全部信息。”③ 泰国的《环境质量法》也作了大致相同的规定。知情权在环境法的一些基本制度如环境影响评价、环境使用权交易、环境标准等多项制度中也有所反映④。

知情权主要是由法定程序来加以保障的一项权利。有关获得环境信息的程序性立法在此就尤为重要，国民如何获得信息？获得何种信息？对于获得的信息有无反馈的途径？等等。从另一方面看，知情权是对政府环境行政机关权力的限制，它要求环境行政机关负有披露信息的义务，对于不履行职责者，将产生法律后果，在此意义上，知情权又是监督权的一种表现。

现行立法除了少数国家对知情权有比较明确的程序性规定以外，专门对其程序的规定较为少见。我想这可能与知情权中所包含的应该知道的必须是具体的信息有关。从国家权力设置的角度，也有对环境管理行政机关发布信息的规定，但

---

① 富井利安等：《环境法的新展开》，法律出版社1995年版，第54～66页。

② 世界环境与发展委员会：《我们共同的未来》，王之佳、柯金良等译，吉林人民出版社1997年版，第330页。

③ 蔡守秋：《环境政策法律问题研究》，武汉大学出版社1999年版，第110页。

④ 或者可以说在国家环境管理的所有制度中都有关于知情权的内容，因为国家管理的制度与程序都必须依照法治原则予以公开，必须保证相对人获得必要的环境信息。

在本质上与规定国民的知情权还是有立法思想上的差别的[①]。从国家权力角度的立法与从国民权利角度的立法所反应的是法律本位的不同，也反映出国家对于国民在环境保护中的地位认识的不同。

（三）参与权

参与权至关重要，“人们通过参加决策、制定政策即控制各种活动包括本文讨论过的领域中的那些活动在内，自觉和民主地投入致力于发展的努力[②]”，是保护人权免受一切政策制定之偏向之消极影响的方法之一。不同形式的参与、自我管理体系、公民投票、特别议会委员会、公众意见、大众传播、专业联合会、生态的和平主义者及其他运动、消费者联合会以及其他非正式的团体和个人是仅有的一些使决策过程尽可能公开和民主，以及为个人或团体自我认识以及国家和社会之间的健康联系创造有益框架的可能途径[③]。各国在立法上对国民的参与权规定得较为充分。

1. 参与国家环境管理的预测和决策过程

参与国家环境管理的预测和决策过程即参与国家国民经济和社会发展计划以及各种环境规划的制定，参与环境管理机关的管理活动。在国家环境管理中，公民有参与管理的权利，但从国家环境管理的意义上，公民的参与仅仅是通过选举、讨论和批评等方式进行。而这里，公民作为环境权的享有者，则是自始至终参与到国家环境管理的预测和决策过程中去，享有比行政法上更广泛的权利。如《罗马尼亚环境保护法》规定，罗马尼亚环境保护全国理事会作为全面的协调机构，其组成为：“学者、研究工作者、实施技术计划的工程师、专业干部、医生、从事与环境保护问题有关工作的专家和各种工程师、某些部及其他中央机构的代表、罗马尼亚社会主义共和国科学院的代表、研究单位的代表以及某些环境保护地区组织的成员。”《苏俄自然保护法》规定：“保护自然是全民的事业，各种社会组织（工会的、青年的、学术的等等）和自愿协会应当参加，并要吸收工厂、集体农庄社员和知识分子及广大群众参加。”德国《联邦污染控制法》规定：制定法令和一般行政法规，“每次都应选出一个由科学组织、受影响的各方、有关的工业、有关的运输系统和州的负责污染控制的最高机关的代表们所组成的小组，并向其听取意见"。英国《城镇规划法》规定了各郡在制定发展规划时，应

---

① 即使这些规定也多集中于具体环境管理制度之中，如普遍的规定较多的环境影响评价制度。在中国，则是从国家环境管理权的角度来对环境信息的统计和公布制度加以规定的，并未在法律上明确规定国民的知情权。这种以环境管理机构或国家权力为出发点的立法模式仍反映出长期以来中国的国家本位立法思想，这种思想不符合环境法这种社会立法的性质，应该坚决予以改正。

② 联合国《联合国与人权》，纽约1984年版，第232页。

③ C.G. 威拉曼特里：《人权与科学技术发展》，张新宝等译，知识出版社1997年版，第242页。

将此规划公布周知，对此有异议的公民可向环境部大臣提出自己的意见，大臣在收到这种意见后，应派人召开"公众审查规划会"，一切感兴趣的人均可参加。

2. 参与开发利用的环境管理过程以及环境保护制度实施过程

英国《城镇规划法》规定了在为每一个"发展"颁发许可证以前，应进行公听会登记的申请，在环境部大臣作出批准决定时，需召开"公开的地方调查会"，有不同意见的人可以参加并发表意见，然后由环境部大臣决定是否予以批准。1973年，有21%的许可证申请因此而决定不予批准。美国《清洁水法》规定，公民有权参加提出修改、实施局长或任何州根据本法制定的标准、计划与规划，局长及该州应为其创造条件并予以鼓励。公民参加这种管理的方式主要是通过各种"听证会"。同时，还规定局长在公布某一种建议的排放标准时，应有60天时间，让公众对此写出书面评论。该法也规定了所有请求颁发许可证的申请和所签发的许可证的副本应向公众提供，公众可复制部分或全部内容。英国、德国也有类似的规定。

3. 参与环境科学技术的研究、示范和推广等

美国《国家环境政策法》第2条规定："最充分地利用公共和私人机构和组织以及个人提供的服务、设施和资料（包括统计资料）……"。还规定："向各州、县、市、机关团体和个人提供关于恢复、保持和改善环境质量有用的建议和情报。"《日本公害对策法》规定："居民应努力以一切适当方式协助国家和地方政府实行公害防治措施。"公民可以参与环境保护科学技术的开发研究、环境保护产品的开发研究示范和推广等。

4. 组成环境保护的团体，参与环境保护的宣传教育和实施公益性环境保护行为

各种环境保护的团体和组织是公民参与的重要形式，各国法律都给予了这些团体和组织以一定的法律地位，赋予其特殊的法律主体资格，积极鼓励它们广泛参与环境保护的各项活动，这一权利是与公民的自由权紧密结合的。

5. 参与环境纠纷的调解

在设有调解程序的国家中，公民参与污染纠纷的调解工作。《南朝鲜环境保护法》第54条规定，为调解环境污染引起的纠纷，在中央和地方设立环境纠纷调解委员会，其组成人员由保健社会部长官从下列各项所列代表公益的和具有工业或公共保健知识的专家中等额任命或聘请；"①代表公益的法律界人士、舆论界人士和有关官员；②具有工业或公共保健知识的环境专家、医务界人士、商业界和工业界人士以及农业和水产业人士"①。

1990年，美国通过了《行政纠纷处理法》和《协商立法法》，对有关的非诉

① 《南朝鲜环境保护施行令》第43条。

讼方式解决争议的程序进行了规定。他们认为调解具有极大的优势：①在环境民事争议方面，运用非诉讼方式比诉诸法院更省时省钱。②在环境行政执法争议方面，环保局固然享有执法过程中的自由裁量权，但同时受到相对人起诉权和法院司法审查权的制约。环保局为了既能达到执法目的，又能避免诉讼，也就乐于选择谈判、调解等方式处理行政违法案件和执法争议。③在行政立法争议方面，由于公众及各利益集团享有立法的知情权、参与权，环保局则既要保障立法的民主性，更要确信立法后的可实施性。因此，法律要求行政机关在公布立法建议和公众及各利益集团反馈意见后，可以谈判和调解等方式来协调矛盾和冲突，以提高立法通过之后的公众接受程度和可操作性，并减少可能产生的执法争议。

参与权是联系集体环境权与个人环境权的纽带，实际上是通过国家立法建立一种沟通和协调不同利益集团的利益的谈判机制和协调机制。国民参与权的确立，一方面使各种利益集团能够充分表达其不同的利益诉求，建立各种利益平衡、寻求利益共存或利益妥协的方式和途径，以减少因环境保护的巨大利益冲突引发的社会矛盾，使环境法律制度得到顺利实施；另一方面则是作为行政管理民主化的一项重要内容，建立了公众监督机制，防止因行政机关的违法或不当行为引起的环境污染和破坏，防止因行政主体的权力竞争而导致的公共利益受到损害的悲剧[①]。它是国际社会的所有环境保护文件都十分重视的一项权利。

（四）请求权

环境权中所包含的请求权，是指公民的环境权益受到侵害以后向有关部门请求保护的权利。它既包括对国家环境行政机关主张权利，又包括向司法机关要求

---

① 这种情形是经常可能发生的，公共权力设置过程中每一个公共权力机构的权力都同样与利益有关，而在将同一类权力分散于多个公共权力机构时，极易造成机构之间的竞争，竞争的负面效应则会鼓励各部门利用一切可能的机会去追求短期效益，各机构因沉溺于权力的病态竞争，无法实现其权力的真正目的，从而导致效率低下或不计效率，使公共权力变成否定性的负值游戏，造成公众的悲剧。（参见李启家《部分国家水环境管理体制考察》）由于环境资源的价值多元性，开发利用环境资源的目标也是多元的，因而针对环境资源这一对象设置多个公共权力机构是经常的，任何国家都还没有可以将环境资源管理的所有方面囊括至一个公共权力机构的做法，正因如此，防止公共权力机构为自身利益而忽视公共利益的制约机制就更为重要。我以为规定公民的参与权是建立真正的制约机制的良好方式。在中国，恰恰是从国家本位、部门本位的角度立法，忽视对公民参与权的规定，忽视对环境行政管理机关的监督，才致使环境法中的许多法律实施的结果与立法目的背道而驰，如《土地管理法》明确规定以“节约和十分珍惜土地”为目的，并为此专门设置了土地管理局，土地管理局本应以节约使用土地为目标，但因为各种原因最终结果是土地管理局为保证地方经济发展，以转让和出让土地所获得的目前经济效益为目标；我国的许多法律实施的结果莫不如此：《水污染防治法》颁布实施十年，是淮河污染最为严重的十年，“九龙治水”的结果是谁也没有真正治水。对此我们应该从立法指导思想和机制设计等根本方面解决问题，而不是淮河污染了便可以制定一个专门的污染防治条例，通过特别立法程序建立临时机构来解决问题，这仍然是“头痛医头，脚痛医脚”的思维方式。

保护权利，具体为对行政行为的司法审查、行政复议和国家赔偿的请求权，对他人侵犯环境权的损害赔偿请求权和停止不法侵害的请求权等。

英国在很多法律中规定了对行政行为的请求权，如《污染控制法》（1974）规定，如水管理局无理拒发许可证或在许可证中加上无理的限制条件，或水管理局无理终止、中止已颁发的许可证，有关人员可向环境部大臣提出申诉。

除申诉权外，美国还规定了公民有权在法院对行政机关提出诉讼，从而建立了对环境行政行为的司法审查制度。美国《清洁水法》规定：任何公民可代表自己对美国政府、政府其他机构或环保局提起诉讼，指控他们违反了本法规定的排放标准，或局长、州长有关这些标准的命令，或环保局长未能履行本法规定的职责。

在一些开始了环境权司法实践的国家，则通过赋予公民的民事请求权，使其获得提起环境权民事诉讼的主体资格，以使环境权得到切实的保护。但目前各国对于直接在环境权意义上赋予公民以请求权多持谨慎态度，环境权理论也因此遭到了很多批评①。

请求权的意义在于使环境权成为一项可以通过司法程序或准司法程序进行救济的权利，它将环境权的实施落到了实处，也是环境利益而不是反射性利益可以成为法律权利的实证。但在各国的法律中，对此权利的承认还有一定的程度差别。

第三节　公民环境权

一、环境使用权

（一）环境资源物质形态的双重性

环境作为人类生存和发展的物质条件的总和，其物质性不容置疑。人们通常将对人类有一定利用价值的物质称之为资源。环境因其对人类的有用性而成为资源也是没有异议的②。但是，在不同的条件下，环境的资源属性与人们传统观念所认识的资源属性的差异性或物质形态的双重性却很少为人们所认识。我们认为，从对环境的资源属性全面把握的角度，深入剖析环境资源物质形态的不同表现形式，是确认环境权的物权内容的关键所在。

---

① 关于民事请求权的一些具体问题，我将在以后章节中专门讨论。

② 一般认为，资源是指对人有用或有使用价值的某种东西。同样一种东西，在不同的时期、场合、条件和不同的人看来，可以成为有用的资源，也有可能是毫无用处或有害的东西。资源的概念有广义和狭义之分，广义的资源包括自然资源、经济资源、人力资源等各种资源，狭义的资源仅指自然资源。

1. 经济形态的环境资源

通常，我们将对人类经济发展有用的环境要素称为自然资源。自然资源是人类的劳动对象，是生产力的组成部分，这是人们所熟知的理论。在此，自然资源是经济资源，我们对自然资源的理解具有经济学上的意义，森林可以提供木材、水流可以航行、矿藏可以开采加工……并且这种意义上的资源还存在着稀缺性和多用性。正是由于资源在数量和品种上是有限的，资源在用途上是多方面的，才存在将有限资源如何在不同用途上进行最优分配的问题。如果资源不是有限的，人类在任何时候都可以向大自然任意索取，那么就不必研究配置资源问题，任何一种生产过程的投入需求都可以随意获得和得到完全满足。如果资源不具有多用性，每一种资源只能作为某一种生产过程的投入而不能同时作为其他生产过程的投入，那么也不会存在配置问题，因为这时由于资源用途上的单一性已经固定了资源的投入方向，配置的前提已不存在了。因此，由于资源的有限性和多用性产生了多种利益的冲突，需要通过一定的规则定分止争，这种“以使互不相侵而保障物质之安全利用”① 的规则就是物权法。

2. 生态形态的环境资源

从生态学的角度，环境资源是人类生存和发展必不可少的条件，它与人类通过能量流动、物质循环和信息传递构成共生共荣的生态系统。在此，环境资源是生态资源，我们对其理解具有生态学上的意义，森林、水流、矿藏都是生物圈必不可少的组成部分，森林可以净化空气、涵养水源、改善局部气候；水流则为水生生物提供生境、参与生态系统的水循环；矿藏是生态系统中岩石圈的组成部分，也是物质和能量的储存库，它的存在对于生态平衡极为重要。作为生态资源的自然环境，具有整体性和自我调节性。首先它的各个组成部分构成一个完整的系统，任何人不能独占，也不能进行排他性消费；其次，环境资源系统是一个具有自我更新、自我恢复功能的结构系统，在一定的范围和程度内，这一系统具有一定的调节能力，对来自外界比较小的冲击能够进行补偿和缓冲，从而维持其稳定性。环境资源对于人类生存的重要意义使得人们必须考虑它的生态属性，通过建立一定的规则使其得到保护，否则，人类的生存将受到直接威胁。这种以保护环境资源的整体性、自我调节性为目的的行为规则系统就是环境法。

通过以上分析可以看出，环境资源的双重形态导致了其对于人类的双重价值，民法上的物权与环境法上的环境权分别对环境资源的不同价值予以承认并提供了保护，民法保护的是其经济属性，环境法保护的是其生态属性。过去由于没有认识到环境资源的生态属性以及保护的重要意义，物权法没有涉及保护环境资源的生态属性的问题，而是由后来建立的环境法弥补了这一不足。但是，环境资

① 史尚宽：《物权法论》，中国政法大学出版社 2000 年版，第 1 页。

源的双重属性在理论上的分类可能成立，而在现实社会经济发展过程中却是密不可分的，传统民法注重环境资源的经济形态而忽视其生态形态是造成环境问题的直接原因之一，现在虽有专门的环境立法解决对环境资源的生态价值的保护问题，但它的目的实现，却必须有赖于两个前提：一是法律对环境资源双重形态的承认，二是对两种相互冲突的利益的协调机制。因此，仅有环境法的实施是不够的，还必须有环境法与民法的协调与沟通；也还必须有物权法对环境资源的生态价值承认。目前，物权法社会化表明它已承认了环境资源的生态价值，但目前在立法上表现为限制所有权行使的消极承认。除此之外，还应该可以建立对环境资源的生态属性承认的积极方式。

（二）环境容量的物权性

如前所述，环境资源的生态属性包括了两个方面的内容，即整体性和自我调节性。在这两个特性中，整体性已为人们所认识，所以通常人们将环境资源称为公共资源或将环境保护作为公共利益，这一认识是正确的。也是基于此种认识，我们认为环境资源是当代人和后代人的共有财产，我们有为世世代代保护好地球环境的义务。但是，我们同样也认识到，保护环境并非是消极的保存环境，而是建立在对环境基本生态规律认识基础上的合理开发和利用。那么，我们对环境资源的开发利用包括哪些内容呢？对此，可以认为有两个方面：一是对环境资源的经济价值的开发利用，如人们通常所说的开发森林草原、开采矿藏；二是对环境资源的生态价值的开发利用，如人们所知道的向环境排放污染物以及采取防污措施等。前者已由现代物权法加以规范，并且在这方面注意到了通过采取科以特别义务的方法保护环境资源的生态属性问题①。而后者则未引起足够的重视，事实上，环境资源的自我调节性或环境容量本身就是一种资源，它应该能够为物权法所承认，我们在这里用“环境容量使用权”（也可简称为“环境使用权”）来表述这一权利②。

环境使用权是环境利用人依法对环境容量资源占有、使用和收益的权利。这一权利包含如下特性。

---

① 如德国《民法典》第903条就规定，所有权人在行使权力时必须注意动物保护的特别规定。

② 对此，不是凭空臆造，在德国民法中，已有“不可量物”的概念。此外，我国学者早就注意到美国环境法中的“泡泡政策”或“排污权交易”制度，国际上有“环境服务贸易”。目前，有许多学者在研究中国的“污染权交易制度”。但是，令人不无疑问的是：它们所交易的是“污染权”吗？污染权是一种什么性质的权利？如果在法律上承认“污染权”，岂不是要对这种权利提供保护，如果这种权利受到了侵害，还要进行救济。但以防治环境污染为目的的环境法要保护“污染权”？难免使人产生怀疑。每当就此与学者们讨论时，大家要么避而不答，要么干脆说，污染权不是法律上的权利。这一回答更是令人莫名其妙，法律上规定的交易制度不是法律上的权利是什么权利？经过多年的思索，我们才认识到，法律所确认的并非污染环境的“污染权”，而是使用环境容量的“环境容量权”。

1. 环境使用权是一种用益物权

即是以物的收益为标的的他物权，也就是“就物之实体，利用其物，以其使用价值之取得为目的之权利。”① 它包括对环境容量的占有、使用和收益权能。

2. 环境使用权的主体是一般民事主体

自然人必须在一定的自然环境条件中生存，人类既是自然界的组成部分，通过其生理作用参与生物圈的物质循环、能量流动和信息交流；同时也为自身生存和发展使用一定的环境容量。企业在生产经营过程中，在开发利用环境资源的同时也要排放一定的废弃物，使用一定的环境容量。

3. 环境使用权的客体是环境资源整体

环境容量是环境资源的整体调节能力，如我们熟知的水体对一定污染物质的降解能力、大气对一定污染物质的稀释能力、树木的再生能力等等，都是整体调节能力的一部分。有时候，我们也将这种能力称为环境的“自净能力”或“自适应能力”。按照生态学的最小限制律②，环境容量资源不仅是有限的，而且是相互关联的整体。

4. 环境使用权的取得方式有两种，即无偿取得和有偿取得③

至于采取何种方式取得环境容量使用权，一般由环境法加以规定。同时，依法取得的环境容量可以进入市场进行交易。

5. 环境使用权保护的目的是保持环境资源的再生或更新能力

环境资源的再生或更新能力与环境容量两者互为因果，密不可分。一定的环境容量是环境资源具有自我更新或再生能力的表现，而一定的更新或再生能力则是环境容量得以产生的基础，也是环境容量具有持续性的保证。人类对于环境资源的生态性使用是以永续利用为目标的，环境的自适应性和自我调节功能是资源得以永续存在的源泉。所以，只有保护了环境资源的更新或再生能力才能保护环境容量，对环境容量的破坏，就是对环境资源的更新或再生能力的破坏。正是在此意义上，我们说环境使用权必须以环境容量为客体，以保持环境资源的再生或更新能力为目的，否则，环境容量是不可能得到持续利用的。

当然，环境使用权存在的前提是环境容量的有限性，而这种限度或初始的分

---

① 史尚宽：《物权法论》，中国政法大学出版社 2000 年版，第 15 页。

② 1840 年德国化学家 J. V. 李比西提出的生态学基本规律。它是指整个环境质量，不能由环境要素的平均状况去决定，而是受环境诸要素中那个与最优状态差距最大的要素所控制。也就是说，环境质量的高低，取决于诸要素中处于“最低状态”那个要素，不能用其余的处于优良状态的环境要素去代替，去弥补。参见《中国大百科全书·环境科学》，中国大百科全书出版社 1983 年版，第 216 页。

③ 一般认为，支付排污税（费）是有偿取得环境容量的方式。如在我国，目前并未对自然人的生活排污征收排污费，而对企业排污行为也并未完全收费。

配，则是由环境法来确定的①。

通过设置环境使用权制度，既可以解决长期存在的环境资源的经济性价值与生态性价值的冲突，也可以建立民法与环境法的协调机制，在此所提出的亦属初步设想，尚有深入研究的必要。

二、环境保护相邻权

（一）新型相邻权

民法上的相邻关系，是指两个或两个以上相毗邻的不动产所有人或使用人因对各自所有或占有的不动产行使权利而发生的权利义务关系。相邻关系从权利角度而言，即为相邻权，是相邻不动产所有人之间因一方所有人的自由支配力与他方所有人的自由排他力相互冲突时，为谋求共同利益，调和冲突而依法直接确认的权利的总称②。相邻权的实质是所有权的限制或扩大。

相邻权的规定最早可上溯到《汉穆拉比法典》和《十二铜表法》，现代各国民法典对相邻关系均作了具体规定③。相邻方在行使权利时影响他方利益并造成财产或人身损害的，他方有权要求损害赔偿。

现代各国民法中，相邻权制度也在向着有利于环境保护的方向发展，在大陆法系国家的“不可量物侵害"，英美法系的“法定妨扰”制度④。我们将与环境保护（包括民法上的和环境保护法上）有关的相邻关系的规定综合起来称之为环境保护相邻权。

---

① 关于环境容量的限度以及初始分配，我将在下一章论述。

② 关于相邻权的利益调和观点，参见王明远：《相邻关系制度的调整与环境侵权的救济》，《法学研究》1999 年第 3 期。

③ 一般而言，相邻关系作为不同于地役权的一项制度，是以谋求相邻关系双方的利益调和方式而对所有权权能的限制，主要包括邻地损害的防免、取排水以及地下水、邻地使用、越界建筑等内容。（参见史尚宽：《物权法论》），我国《民法通则》第 83 条规定：不动产的相邻各方，应当按照有利生产、方便生活、团结互助、公平合理的精神，正确处理截水、排水、通行、通风、采光等方面的相邻关系。给相邻方造成妨碍或者损失的，应当停止侵害，排除妨碍，赔偿损失。

④ 除了各国环境法的规定以外，许多国家的民法典以不可量物及其类似物的侵害、液体和固体物的侵害等问题对环境保护相邻关系作出了明确的基础性规定，如瑞士民法典第 774 条、第 793 条，德国民法典第 906 条，奥地利民法典第 364 条，我国台湾地区民法典第 774 条、第 793 条等。瑞士民法典第 684 条“经营的工业方式”规定：“一、任何人，在行使其所有权时，特别是在其土地上经营工业时，对邻人的所有权有不造成过度侵害的注意义务。二、因煤、烟、不洁气体、音响或振动而造成的侵害，依土地的位置或性质，或依当地习惯属于为邻人所不能容忍的情况者，应严禁之。”另外，还对第 684 条第 2 款所列举的蒸汽、煤烟、臭气、喧嚣、振动等不可量物侵害外，对于液体或固体的侵入，在第 679 条规定：“其因土地所有人逾越所有权限而受有损害或有受害之虞者，得请求损害之除去或为预防之措施，并得请求损害赔偿。”在英美法系国家，相邻土地使用权中具有“妨害实质性”和“妨害不合理性”的行为，无论其主观要件如何，均构成“法定妨害行为。”

环境保护相邻权是指基于环境保护的客观要求而发生的一定范围内的相邻关系，是环境法律关系主体具体享受的权利和承担的相应义务。具体而言，是“就环境污染和破坏而言，权利人因行使企业的营业权，利用自己或他人的土地经营或从事开发建设活动而产生废水、废气、废渣、粉尘、辐射、噪音、热量、振动、地面下陷等侵害，危害邻人身体健康和财产的，如果超过社会容许限度，则构成权利滥用、环境侵权”①。环境保护相邻权是一种邻地损害防免权。相对于一般相邻权，环境保护相邻权有如下特点。

1. 相邻范围扩大

传统的相邻权是以不动产的相互毗邻为前提而存在的。环境保护相邻权则不一定是严格的土地的连接，而主要是环境法律关系主体基于环境的生物性、地理上的整体性、生态的连锁性和环境影响的广泛性而发生的更大范围的“相邻”②。这种“相邻”意味着只要他人不动产的使用对自己不动产的使用产生影响，或者说对本人不动产的使用影响到他人不动产使用的整个辐射面积和空间，都可称之为“相邻”③。

2. 内容的广泛性

较之于传统的相邻权，环境保护相邻权的内容更为广泛。传统民法上的相邻防污、防险关系，指的是直接污染（一次污染）或直接危险；而环境保护相邻防污、防险关系还包括有间接污染（二次污染或复合污染）及间接危险。

3. 客体的生态性

法律关系的客体与自然客体不同的是，不因为是人们作用的对象而成为客体，而因为对人们有用、能定分止争才有成为法律客体的必要，因而判断法律客体的条件即是否对主体有益。阳光不是因为它是物而受法律保护，而只有它对特定的主体有用时法律才作为一种利益（客体）予以考虑，并赋予主体特定权利（如阳光权）加以保护。法律所保护的是和主体不能相分离的享用阳光的利益，而不是阳光本身。所以我们说，法律上的客体本身就是一种利益，而物、知识产权等不过是这种利益的载体④。就环境保护相邻关系而言，其客体当然也不能例外，即相邻主体为充分利用其不动产所享有的利益。只不过这种利益具有生态属

---

① 参见王明远：《相邻关系制度的调整与环境侵权的救济》，载于《法学研究》1999 年第 3 期。

② 根据史尚宽先生的观点，现代民法相邻权中的相邻也不仅止于地域的邻接，他认为：“依气、热、音、响等之放散所生之侵害，不独就不动产，就动产亦得发生。近代民法关于此项问题，不仅限于所有权而扩及一般私权，以之为权利滥用之问题。”参见史尚宽《物权法论》中国政法大学出版社 2000 年版，第 89 页。王泽鉴先生也认为：“所谓邻地，凡因土地所有人使用权利可遭受损害之土地，均包括在内。”参见王泽鉴：《民法物权》（第一册），三民书局，1992 年版，第 173 页。

③ 彭诚信：《现代意义相邻权的理解》，载于《法制与社会发展》1999 年第 1 期。

④ 彭诚信：《现代意义相邻权的理解》，载于《法制与社会发展》1999 年第 1 期。

性，是因为各种环境要素对于主体的一种特定利益。也是因为环境保护相邻权客体的这种属性，才产生了“相邻”范围扩大的特性。

4. 利益的多元性

传统相邻关系是一种利益衡平关系，但它所调节的主要是相邻不动产所有权人或使用权人之间的经济利益，建立该制度的目标在于追求效率的最大化。但是，经济因素只是界定相邻权的一项内容而非全部内容。在环境保护相邻权中，主要考虑的不是怎样利用环境要素才更具有经济效益，而是怎样才能满足人类生存的基本需求。如在房屋相邻关系中，如果从经济角度出发，可以考虑怎样利用房屋才更具有经济效益，也可以考虑怎样使用房屋才能让居住者舒适、安宁。对于舒适、安宁的考虑不仅是一种比人的物质生活需求更深层次的精神生活需求，而且还包括有深刻的道德价值①。因此，可以说环境保护相邻权是财产性因素与人格性因素的复合，是法律价值与道德价值的双重体现。

5. 权利的复合性

环境保护相邻权与一般相邻权一样，是相邻不动产所有权人或使用权人之间的积极权利与消极权利的复合。同时，它还具有基于环境保护的要求而出现的特殊权利的复合。其复合性可以归纳为：①物权调整规范与行为禁止规范的复合；②私法权利形态与公法权利形态的复合；③财产性权利与人格性权利的复合；④法定性与约定性权利的复合②。

民法上规定环境保护相邻权的作用是多方面的，它可以通过处于环境保护相邻关系的主体间的互相制约来防治环境污染和破坏，减少环境纠纷，和睦相处；同时也有利于充分合理地利用自然环境。更为重要的是，它在环境致害人与被害人之间建立了一种民法上的联系，使他们之间的事实关系能够形成为相邻关系，受到民法的调整和保护。

（二）对主体的限制

相邻权的实质是对所有权人或占有人的行为提供便利或接受限制。从义务的角度而言，环境保护相邻关系对主体的限制主要体现在两个方面。

1. 应有的注意义务

所谓应有的注意义务，是指环境保护相邻关系的主体有义务采取一切应有的措施，以防止域外环境污染而侵害其他相邻权的主体，以及在发生污染时采取必

---

① 彭诚信：《现代意义相邻权的理解》，载于《法制与社会发展》1999年第1期。

② 如苏永钦先生认为：“民法相邻关系所作的物权调整虽皆为强制性规定，但除少数具有行为禁止性规范性质者，尚非不得由当事人在其调整基础上为私法再调整，包括地役权的设定，或单纯债权的约定。”（参见苏永钦：《相邻关系在民法上的几个主要问题》，载于台湾《法学丛刊》，1996年第3期）

要的规避措施，清除、治理污染，以减小损害。这是法律规定的相邻关系的主体基于相邻权的要求而存在的一种严格义务①。这一概念起源于1872年著名的阿拿巴马案件，是国际习惯法中关于国家责任原则的基本组成部分②。日本最早将这一概念引入了国内环境司法实践，首先是将“应有的注意义务”用于解决致污者的主观过错状态难以确定的问题，以便于适用过错推定原则。后来，日本的公害法理论和实践向着无过错责任原则发展，应有的注意义务成为了追究责任的前提③。日本的民法和公害立法也体现了这一理论，如日本《民法》第717条规定的设备责任，日本《国家赔偿法》第2条所规定的建筑物责任以及环境影响评价责任等。

在法律上严格规定应有的注意义务，为无过错责任原则的确立提供了理论依据。客观上有利于污染的预防、控制和治理。但是，应有的注意义务在法律上必须是明确的和有具体限制的。从目前有关环境保护的立法来看，这些义务大多为《环境法》所规定，如法律规定的环境影响评价义务、选址义务、环境管理义务、环境污染事故的应急义务等等。否则，空洞的漫无边际的注意义务是无法履行的。

2. 权利滥用的禁止

所谓权利滥用的是指处于环境保护相邻关系中的一方主体行使自己的权利，超出应有的注意义务所要求的范围，从而侵害另一主体的环境权益的行为。权利滥用作为一种侵权行为，是为法律所禁止的，它与应有的注意义务是一个问题的两个方面。

权利滥用理论滥觞于所有权的界限问题即相邻关系，亦即在蒸汽、臭气、煤烟、热气、音响、振动等不可量物发散及于邻地发生损害时是否构成侵权行为问题④。1900年德国《民法》最先规定权利滥用禁止原则⑤。该法第226条规定：“权利的行使不得专以加损害于他人为目的”，其后，各国民法典都沿用了这一原则，1907年瑞士《民法典》第2条第2款更为明确地规定：“明显的权利滥用，不受法律保护。”权利滥用禁止原则的实施具体体现在认定的标准方面，对此，学说和判例不尽一致，有主观和客观两种学说，但从发展趋势上看，权利滥用标

---

① 如我国台湾《民法典》第774条“邻地损害之防免”规定：“土地所有人经营工业及行使其他之权利，应注意防免邻地之损害。”

② 欧阳鑫、吕忠梅：《国际环境法》，陕西科技出版社1994年版，第130页。

③ 野村好弘：《公害对策法概论》。

④ 李宜琛：《民法总论》，台湾正中书局1977年第6版，第339页。

⑤ 有学者认为，法国《民法典》中虽无权利滥用的规定，但学说和判例均承认这一原则，如Colmar法院判定以遮蔽、损害邻人采光为目的而建设烟囱的行为构成权利滥用，确认命令加害人撤除该烟囱的第一审判决正当。参见［日］淡路刚久：《近邻妨害的私法处理》，载加藤一郎编：《外国的公害法》，岩波书店1978年版，第6页。

准的客观化将成为通说，当权利行使超过正当的界限时，即为权利滥用，而为法律所不许[①]。

但是，通常所指的“滥用权利"都局限于引起法律责任的滥用权利，即狭义的滥用权利。而环境法上处理环境保护相邻关系的滥用权利概念应该而且必须是广义的，即只要违背了应有的注意义务而侵犯处于环境相邻关系的另一方主体的环境权益，就可认为是滥用权利。

（三）主体权利的扩大

环境保护相邻权的设定，从权利角度来看，是对相邻关系主体权利的扩大，这种扩大的权利以法律规定为范围，一般来说，环境保护相邻权在法律上体现为请求环境污染损害赔偿权、停止请求权和环境保护自卫权。

1. 请求环境污染损害赔偿权

环境保护相邻关系构成权利滥用的行为，是违背应有的注意义务的不法行为。这一行为一旦超出一定限度，就会导致环境污染损害行为的产生，对此，相邻关系的另一方主体有权请求环境污染损害赔偿。

2. 停止请求权

环境保护相邻关系中的停止请求权，是指处于环境保护相邻关系中一方主体的行为或影响，超过或极有可能超过了社会观念所承认的其他主体的忍受程度，其他主体有权请求行为者停止污染侵害的权利。我们将其简称为停止请求权。

停止请求权源于传统民法上的请求权，即请求他人为一定行为或不为一定行为的法律可能性。但二者又有一定的区别。

首先，传统民法上的请求权以保护民事权益为目的，包括物权和债权；环境保护相邻关系中的停止请求权则以保护相邻关系中的环境权益为目的。

其次，民法上的请求权以民事权利为依据而发生；环境保护相邻关系中的停止请求权利则以环境权益为依据。

再次，民法上的请求权以侵犯民事权利的违法行为发生为前提；环境保护相邻关系中的停止权以超过或可能超过忍受限度为前提，无论其行为是否合法。

---

① 如从立法上看，德国《民法典》采用的是主观标准，以权利人行使权利是否以损害他人为专门目的或主要目的作为权利滥用的条件，禁止恶意的权利行使；瑞士《民法典》则采用客观标准，禁止明显的权利滥用或违反社会经济目的的权利行使。后来，在德国《民法典》的修改中，将 226 条关于禁止恶意的权利行使的规定吸收于第 816 条关于禁止违反善良风俗的侵权行为的规定，使第 226 条的权利滥用规定丧失了独立性，从而由加害目的、加害意思的主观标准演变为破坏相对人之间相对立的利益均衡 、欠缺合法利益、违反社会的经济目的、违背公序良俗、违反诚实信用原则等客观标准，使权利滥用要件更加客观化。学说的发展也大体如此。参见王明远：《相邻关系制度的调整与环境侵权的救济》，载于《法学研究》1999 年第 3 期。

民法上请求权的行使，不以持续的违法行为为构成要素；环境保护相邻关系中的停止请求权则以持续的超过或可能超过忍受限度的行为为构成要件。此外，两者的主体也不完全相同。

运用停止请求权必须正确处理发展经济与环境保护的关系，综合考虑某一行为的经济效益、环境效益和社会效益，防止顾此失彼。

从理论上讲，停止请求权作为一种预防性措施，行使得当对于保护环境是极为有利的。我国的《环境保护法》也规定了停止污染、停产治理、清除污染和消除危害等责任形式。但在我国环境法的实践中，却比较看重赔偿损失这种事后补救措施，法院甚至认为它没有权利要求排污者停止污染，这样的观念是不利于保护和改善环境的。

3. 环境保护自卫权

环境保护自卫权，是法律允许公民采取的一种自力救济方式。它是指在环境保护相邻关系中，污染者的污染行为超过被污染者的忍受限度，受污者行使了公力救济方式未能解决问题或来不及行使公力救济方式时，为了保护受法律保护的环境权益、受污者有权对污染者的人身和致污设备给予适度强制力以迫使其停止污染的行为。法律规定环境保护自卫权的目的在于完善保护环境权益，是防止污染、排除侵害的法律途径①。

三、环境人格权

目前的人格权制度中与环境保护有关的是生命权、健康权以及身体权②。我国《民法通则》规定了生命健康权。但是这些权利对于公民在健康优美的环境中生存的权利而言要么是不完整的，要么是力所不及的。人格权理论及制度关于生命健康权的保护对于环境保护也是不足的，首先，生命健康权的保护以对人身权的直接侵害为构成要件，而环境污染和破坏行为在大多情况下不具备这一特征；其次衡量是否造成生命健康权侵害的标准是医学标准，尤其是对健康权的侵害是以产生疾病为承担责任的标准。此外，生命健康权的保护将环境资源的美学价值等其他价值完全排除在人格利益之外，不承认环境资源对于人类生存质量的意义③。因此，从保护人类可持续发展的角度，有必要建立新的人格权制度。

---

① 关于公民能否享有环境保护自卫权的问题，学术界是存在对立的观点的，我认为，从法律救济的完整性角度以及从环境问题发展的不确定性出发，规定自卫权是有必要的。参见吕忠梅：《论环境法上的正当防卫》，载于《环境法》1986 年第 4 期。

② 我国《民法通则》规定了生命健康权，此规定表明在我国法律保护生命权、健康权，没有疑义。但是，我国法律是否保护身体权则有很大分歧。我在此采用通说。

③ 王利明：《人格权法》，法律出版社 1998 年版，第 48～85 页。

（一）新型人格权

构建在环境资源保护理念上的环境人格权是一项以传统的民法人格权为基础，但又有其特殊内容的新权利。

1. 环境人格权是以环境资源为媒介的人的身心健康权

环境资源是人类（包括每一个个体的人）作为生物体存在所必不可少的基本物质条件，迄今为止，尚未有以其他东西代替自然环境条件满足人类生存需要的任何消息。水、空气、森林、土壤等环境要素是人类生存须臾不能离开的，也是人类身心健康必不可少的。但是，它不同于传统民法所定义的身心健康，这种权利来自于人对整个环境资源要素的本能需要，来自于人类是自然界的一个组成部分，必须参与自然界的能量流动与物质循环这样一个事实。即这种身心健康权的利益基础是人的自然属性或生物属性，它是将人作为自然的一部分来定位的，而传统的身心健康权是以人的生理属性或人与自然的相互分离性来定位的。

2. 环境人格权是以环境资源的生态价值为基础的身心健康权

既然环境资源是人类的基本生存条件，人类身心健康的状况与环境资源的质量也就息息相关，有良好的环境资源状况就有良好的身心健康状况，各种环境污染和破坏最终造成的都是人的身体健康的损害，并且这种损害后果较之于一般疾病更为严重，如各种终身性残废、致畸作用、致癌作用、致基因突变作用以及到目前为止人类尚未认识到的一些危害后果，许多都关乎人类的生存和发展，关乎后代人的健康[①]。环境污染和破坏对于人体健康的侵害是一个渐进的、长期累积的过程，更是一个环境污染物质通过生态系统迁移转化的过程，如果将人类的生命健康界定为“疾病的临床状态”或传统医学标准，那么对于人类的生存和发展的保护将是没有意义的。因此，从环境保护和人类可持续发展的角度出发，必须本着“预防为主”的原则和“保障环境安全”的原则对生命健康重新界定，我以为这种界定应以环境资源的生态价值为基础、以环境质量标准为具体形式。即采取预先确定能够满足人类生命健康所需要的各种环境质量数值的方式，以某种污染物质进入环境后能否通过生态系统的物质循环和能量流动到达人体，并是否可

① 可以从各种公害事件和大多数环境疾病所造成的影响得出此结论，公害所造成的损害后果通常是成千上万人的身体健康受到严重摧残，轻者出现中毒症状，重者危及生命，并且大量的公害疾病具有使人终身致残的破坏力。实验室研究也已经证明人类目前所患癌症有很多是由环境污染物质所引起，各种环境污染物质中除一部分有致癌性以外还有相当一部分具有致突变性和致畸性。

能对人体健康造成影响为标准来判断，并为此建立新的“环境医学”[①] 标准。

3. 环境人格权是以环境资源的美学价值为基础的身心健康权

环境资源所具有的美学价值是不可否认的，当自然科学以技术手段把自然加以对象化时，文学、美学、艺术也面对着同一个自然，审美意识是受自然之力支配的，并不单纯是一种自我封闭的主观性表现，而是自然彰显自己美丽本性的一种形式。过去很长时间内，法律上并不关心人的心理健康以及由此引起的精神性损害，后来所确立的人格权制度的内容也仅限于名誉、精神损害等等，也不涉及环境资源或人类生存的基本条件对人类心理健康的影响[②]。随着环境问题的严重，环境破坏所引起的人类身体健康和心理健康的问题日益显露，许多环境污染和破坏导致环境的舒适性丧失，造成人的精神性紧张和长期心理压力，最后引发身体疾患；还有一些环境污染和破坏是直接损害环境的审美价值，使人类失去精神家园。无论是医学还是心理学都在反复强调，人类正常的精神需求是人得以健康生存并且正常繁衍的必要条件。为了保护人类正常的精神需求[③]，环境人格权就必须保护环境资源的美学价值。

4. 环境人格权是一项社会性私权

人格权理论及实践发展的过程，是人格权由抽象的人权到具体私权的过程，或者说经历了从公法权利到私法权利的演变和发展，环境人格权也不例外。由于环境的公共资源性质，对环境资源保护的利益及于当代人和后代人，是典型的公共利益或社会利益。但是，从公共利益是私人利益的集合的立场出发，保护个人利益实际上就是对公共利益的保护，反之亦然，“破坏环境就等于毁灭人类自己”，因此，通过对个人利益的保护可以实现保护社会利益的目的。另一方面，“公地的悲剧”[④] 之所以产生，是因为在资源公有的情况下，“每个人都是万物之主，那么，实际上人们将陷于一无所有的境地。”[⑤] 所以也必须通过法律解决权

---

① 其实早在20世纪70年代，国外环境医学就有人开始研究，世界卫生组织在这方面也做出了积极的贡献，它所颁布的许多“环境卫生标准”中就包含有不少预防性环境标准，只是这些标准在《环境法》尤其是在环境权的保护的运用中还存在一些问题。如日本的“忍受限度”理论一直存在争议也是因为如何确定“限度”问题，不少学者也提出运用环境卫生标准。台湾学者邱聪智也提出要通过建立科学标准的方法解决环境权的不确定性问题，却未明确何为“科学标准”。

② 如在美国《侵权法》中，认为精神损害的“标准的情形是目睹了事故发生或事故受害人的某些人（通常为亲属）受到伤害”，并将精神损害确定为“是那些使人智力减退、心理失常的伤害”，并且，这种伤害“应是可以确认的精神错乱，而不仅仅是精神痛苦”。参见迈克尔 D. 贝勒斯：《法律的原则——一个规范的分析》，张文显等译，中国大百科全书出版社1996年版，第276页。

③ 这种需求也是人类作为生物所必不可少的生存条件，我们不可能设想，人类能够在一种没有植物、没有动物、充满了噪声和污浊的空气的环境中能够长期健康地生存。

④ 迈克尔 D. 贝勒斯著：《法律的原则——一个规范的分析》，张文显等译，中国大百科全书出版社1996年版，第90页。

⑤ 王利明：《人格权法》，法律出版社1998年版，第48～85页。

利主体真空问题，在社会公共利益的整体需要的范围内以权利法定的形式确立个人权利，使对社会利益的保护落到实处。

5. 环境人格权的保护主要是通过确定环境侵权行为及其设立相应的救济措施

环境人格权的特殊性产生了环境法不同于传统民事侵权行为所规定的“侵权行为”的特点，所以在所有国家的环境法和民法中，环境侵害都是以特别法的形式出现的，它所设立的规则也明显不同于一般的侵权行为法规则。

（二）环境人格权的性质

作为环境人格权客体的利益，是环境资源对于人的生存和发展所必需的利益，即它是维持人作为人的存在，并且为人从事一切活动的前提条件。从这个意义上讲，环境利益是人的最高利益。但是，这种利益既有物质性要素，如生命、健康、身体；又有精神性要素，如自由、舒适；既有生存功能，又有尊严功能；既是环境要素的单独作用，更是环境资源的生态系统作用。所以，它体现为一种集合性权利，是一种一般人格权①。

1. 环境人格权具有普遍性

环境人格权是人真正作为社会的一员存在所必需的权利，它所体现的是个人的本质属性和生态文明社会对个人作为人的承认。不同阶级、种族、民族和文化传统的人对于环境有着共同的生存需要，这使得在不同背景下的人及其所享有的人格权有相同或相似的内容。从总体上看，环境人格权作为人所享有的具体的环境人格利益的高度抽象，是一定的社会生态意识对人的行为自由和人格利益的确认。因此，在一个国家的范围内，不分民族、种族、性别、年龄、职业、家庭出身、政治态度、宗教信仰、教育程度、职务高低、财产状况、居住年限等，都普遍地享有环境人格权。

2. 环境人格权具有概括性

环境人格权集中体现了法律保护人的环境利益的目的，即尊重民事主体享有的在有尊严和福利的环境中生存的权利，从而使得人在此基础上获得全面发展，使人真正成为人。虽然权利本身是一种工具和手段，但它却是主体的一种价值目标，或主体行为的一种目的，因此，在决定是否对具体的环境人格权予以保护时，首先应充分考虑为一般人格权所确立并涵盖的基本价值。环境人格权不仅决定人的具体的环境权利，而且在构成上体现为一种集合性权利，它涵盖了各种具体的环境人格权。值得注意的是，作为一般人格权的环境人格权是哲学中的抽象和具体范畴的应用。作为一般人格权的环境人格权确定了一般的环境人格利益，

① “公地的悲剧”一词来源于美国环保主义者加雷特·哈丁的一篇同名论文。

而具体的环境人格权则确定了具体特殊的环境人格利益。当然，作为一般人格权的环境人格权是高度抽象的概念，它并不是具体环境人格权的简单相加。作为抽象人格权的环境人格权与具体的环境人格权是类与分子的关系，而不是整体与部分的关系。在作为一般人格权的环境人格权中，可以有许多具体环境人格权的子项，如阳光权、安静权、通风权、眺望权、优美景观权等等。在这种关系中，每一项具体的环境人格权都反映类的本质特征和目的，并且在范围上具有不确定性。所以，作为一般人格权的环境人格权有助于进一步扩大人格权的范围。

3. 环境人格权具有专属性

环境人格权与个人的自然属性终身相伴。人类到目前为止，还没有听到可以离开自然环境而独立生存的福音。环境人格权的客体是环境作为人所须臾不能离开的基本生存条件，它存在于权利主体的生物属性之中，是权利主体作为生物体生存所不可缺少的内容。正是在这个意义上，环境人格权与主体不可分离。由此也决定了环境人格权也只能由权利人本人才能享有和行使，不可转让或抛弃。

4. 环境人格权具有法定性

环境人格权是民事主体依法享有的人格利益。作为具有法律性质、特征和效能的权利和义务，应该是由法律规范明确规定或从法律规范中推导出来的。首先，环境人格权的存在形式应该表现为一种法律规定；其次，环境人格权作为权利而言，意味着一种可能性和现实性，这种可能性表示主体能够从法律规范中获得一种自己行为或不行为，要求他人行为或不行为的能力；最后，一般人格权的法定性，还标志着主体自由范围的法定程度。作为一项集合性权利，环境人格权的内容是很难具体列举的，此项概念不仅包括现行法律规定的各种具体的环境人格权，还包含了尚未为法律所确定的各种应受法律保护的具体的环境人格利益，所以，环境人格权的范围是十分广泛的。但是，范围广泛并不等于它是不可限定的。既然环境人格权为法定权利，那么，法律对环境人格利益保护到什么程度，还必须受到社会的实际条件的制约。

将环境利益确定为人格利益，是各国的通行做法。但是，环境利益虽然与人的生存直接相关，但它又的确具有不同于其他人格利益的特点——环境利益并非存在于权利主体的人身，不是组成人身不可缺少的内容。但它对于其他人格利益的形成和实现又有着重要的意义和作用。过去的人格权制度着重于对人本身的利益的保护，并未涉及人所生存的环境问题。现在，要将人类的生存环境纳入人格权保护的范畴，还有许多值得研究的问题。

第四节　国家环境权

一、国家环境权的概念

国家环境权实际上是国家的环境资源管理权或国家的环境资源管理职能。无论是以公共信托理论为基础，还是从纠正市场失灵的角度看，国家担当其保护和管理环境的职能都是必须并且必要的。因此，环境权在以国家为主体时更主要的表现为职责或义务，也就是人们通常所说的国家环境资源管理权。

环境资源管理权是指国家环境资源管理职能部门依法行使的对环境保护工作的预测、决策、组织、指挥、监督等诸权力的总称。它是国家行政权力在环境资源保护领域的运用和实施。

值得指出的是，虽然环境资源管理权是国家行政权力在环境保护领域的运用，但它是适应现代社会国家职能的变化需要而产生的，其具体职权与职责是由环境资源法而非行政法规定的。因而，它与行政法的规定是有明显区别的。环境管理权与传统的行政权的区别为：

（1）环境资源管理权产生于国家的社会经济管理职能，是现代市场经济条件下对市场失灵的必要补充。其目标是保护公民的环境权，保护人们在健康和良好的环境中生存的权利，促进经济、社会与环境的良性协调发展，环境资源管理权产生的基础是社会公共利益或全人类共同利益的需要。而行政权产生于国家的警察职能，是维护社会生活秩序和公共安全的必要手段，其目标是在不干预经济个体自由意志的前提下，维护自由竞争的市场秩序，维持公共安全。传统行政权产生的基础是国家利益。

（2）国家环境资源管理权是一种积极的主动的干预权，它具体地表现为国家采取各种手段和措施，积极主动地对经济个体的自由意志施加影响，通过禁止、促进、激励、诱导、扶助等各种方式对经济个体与环境资源有关的行为进行干预，以保证环境资源保护目标的实现。尤其是在预防为主的思想指导下，事前的预防措施在国家环境资源管理权的行使过程中有更为重要的作用。而传统行政权则是一种消极的限制权，它是在市场主体的行为严重侵害社会或他人利益以至造成后果时才发挥作用，并且仅将其范围限制在恢复原有秩序的范围之内，行政主体不得干预市场主体之间的经济关系，更不得直接参与到他们的关系之中去。

（3）环境资源管理权的行使不仅包括传统的权力手段，即通过国家环境资源管理机关的行政行为直接地对相对人进行管理，以命令方式单方面为相对人设定权利义务；还包括非权力手段，如行政计划、行政合同、行政指导、行政扶助等各种非权力手段。并且从某种意义上说，非权力手段运用得更为广泛和普遍。传统的行政权的行使主要是依靠权力手段，行政机关在有限的裁量权范围内行使行政权力。

（4）环境资源管理权行使的主体广泛，它尤其重视环境保护的区域性特点，尊重区域性管理权的自治，并且保障居民参与，广泛地吸收公民和社会团体参加环境资源管理的预测与决策。传统行政权的行使主体比较单一，仅限于行政机关及其法律授权的组织，强调行政的统一性，与相对人之间不存在协商或妥协的关系。

诚然，随着现代社会的发展、传统的行政权也显现出各种变化，其行政范围、行政手段、行政措施也适应现代社会的发展作出了相应的变动。但是，我们看到：这些变动恰恰是国家职能变化和扩展的结果，正是这些变化引起了新的权利理论的产生和新的权利的确立。因此，传统行政权的变化既是国家环境资源管理权产生的基础，又是国家环境资源管理权产生的结果。从理论上认识国家环境资源管理权的性质和特征是正确把握环境资源法的性质和特征的又一角度。

二、环境资源管理权的行使

（一）环境资源行政立法

环境资源行政立法是指有立法权的环境资源行政主体依法制定、修改和废止环境资源管理行政法规和规章的行为。它不包括国家权力机关制定环境资源法律的行为，仅指有立法权的国家和地方各级行政机关依照法定权限和程序制定环境资源管理规范性文件的行为。

依据行政立法权的来源不同，可以将环境资源立法分为职权性立法和授权性立法，环境资源行政主体直接依据宪法和组织法规定的职权制定环境资源行政法规和规章的行为是职权性立法行为。一般而言，环境资源行政主体只能在宪法和组织法规定的职权范围内立法，职权性立法的内容不能超越其管理的环境资源行政事务的范围，如环境资源行政机关不能就环境刑事法律规范制定行政法规，下级机关不能就上级机关管辖的事务制定行政规章。授权性立法是职权性立法的例外和补充，指环境资源行政机关依据特定法律的授权，或依国家权力机关或上级国家行政机关通过专门决议的委托，制定环境资源管理规范性文件的行为。授权性立法在内容上可以依据授权或委托，就上级环境资源行政机关管辖的事务或国家权力机关管辖的事务立法。我国各单行环境资源保护法律一般都在附则中规定，由国务院环境保护部门制定该法的实施细则，报国务院批准后施行。国务院环保部门据此制定实施细则的行为，即是基于法律的授权性立法行为，基于委托的授权性立法行为较为少见。

依据行使行政立法权的主体不同，可以将环境资源立法分为中央立法和地方立法。国务院制定环境资源行政法规和国务院各部门制定环境资源行政规章的行为为中央立法，各省、自治区、直辖市人民政府，省、自治区人民政府所在地的市的人民政府以及国务院批准的较大的市的人民政府制定地方性环境资源行政规章的行为为地方立法。中央立法调整全国范围内普遍、重大的环境问题，其效力及于全国。地方立法依据环境资源法律和中央环境资源行政法规，结合当地实际情况，将中央立法具体化，确定具体的实施办法，同时也对本地方特有的环境问题或根据地方性法规制定相应地方政府规章，调整本地区特殊的环境问题，其效力适用于特定区域。可以估计，随着环境资源行政管理的日益强化和深入，地方性立法活动将得到加强和完善。

依据行政立法内容的不同可将环境资源行政立法分为执行性立法和创制性立法。依据特定的环境保护法律、行政法规和规章而进行的立法为执行性立法。没有具体的特定规范性文件作根据，环境资源行政机关不能任意进行执行性立法。执行性立法包括：行政机关就全国人大或人大常委会制定的环境资源保护法律制定环境资源保护法规和规章；下级行政机关就上级行政机关的行政规章制定地方性规章等。执行性立法在内容上只是将其据以制定的规范性文件具体化，使其便于执行，不能创制新的权利义务规范。基于特定法律法规或决议授权进行的，创制新的权利义务规范的环境资源行政立法为创制性立法。在制定较高效力法律或制定行政法规的条件还不具备时，往往采取授权性立法的形式，由行政机关制定较低效力的行政法规或规章，在实施中进一步总结经验教训，便于较为灵活地修订。

在我国，环境资源行政立法是根据环境资源立法体制进行的。环境资源行政立法体制是指国家环境资源行政立法机关的关系及其立法权限的划分。根据我国有关法律的规定，可将环境资源行政立法体制划分为以下四个层次。

1. 国务院

国务院的环境资源行政立法，以实施全国性的环境资源行政管理为原则，将宪法、法律的规定具体化，又是进一步制定部门性环境资源行政规章、地方性环境资源行政规章的依据，具有承上启下的功能。

2. 国务院各部门

国务院有环境资源管理职能的各部门，可依据法律和行政法规，在本部门权限内，制定环境资源管理行政规章，称为部门性规章。

3. 各省、自治区、直辖市人民政府

省级人民政府可依据法律、行政法规，制定环境资源管理行政规章，也可以根据同级人民代表大会或其常委会制定的地方性环境资源保护法规制定规章，称为地方性规章。

4. 省、自治区人民政府所在地的市和经国务院批准的较大的市的人民政府市级人民政府的环境资源行政立法权限与省级相似，效力上低一个层次。

在环境资源行政立法的上述四个层次中，其制定的规范性文件的效力自上而下递减，所有的环境资源行政立法活动都不得违反宪法和法律。

在环境资源行政立法中，部门规章和地方性规章的内容和效力是值得研究的问题。首先，从内容上看，这两种环境资源行政规章主要是将法律、行政法规和地方性法规的内容具体化，以便于实施；另一方面，为了加快环境资源行政立法的步伐，使环境资源行政立法更好地适应当地的社会经济发展水平，行政规章往往是制定行政法规和法律的前奏，经常先授权行政机关制定规章，待其通过实施取得经验后，再上升为行政法规和法律。从效力上看，由于我国环境资源行政立法体制的不完善，宪法和组织法或其他法律都没有明文规定地方性环境资源行政规章与部门性规章的效力的先后。根据行政统一原则，国务院各部门的规章效力应高于省级人民政府制定的规章，两者高于市级人民政府制定的规章，但并无明确的法律规定。在实践中，地方性规章如与部门性规章发生冲突，其争议应由国务院解决。

（二）环境资源行政执法

环境资源行政执法是指环境资源行政主体依法对环境资源行政管理相对人采取的直接影响其具体权利义务的行为，或对相对人是否正当行使权利和履行义务的情况进行监督检查的行为。环境资源行政执法具有以下的特征：

（1）环境资源行政执法的主体是中央和地方各级人民政府及其环境资源管理部门，环境资源行政执法是其具体执行环境法律、法规和行政规章，行使环境资源行政管理权的行为，是产生法律效力的行为。

（2）环境资源行政执法是针对具体的人和事的行为，直接涉及到管理相对人的权利义务。环境资源行政处理决定直接对相对人设定具体的权利义务，环境监督检查也可能产生影响相对人的具体权利义务的后果。

（3）环境资源行政执法是环境资源行政主体与相对人发生的双方法律关系，一般以环境资源行政主体单方意思表示为特征。在特殊情况下（如环境资源行政合同），以双方意思表示一致为前提。

以上特征使得环境资源行政执法可以与环境资源行政立法和环境资源行政司法区别开来。在环境资源行政管理的全过程中，环境资源行政立法是前提和基础；环境资源行政司法是解决环境资源行政争议和环境民事纠纷的手段；而环境资源行政执法处于中间环节，是环境资源行政管理中最经常、最大量的工作，是环境资源立法的实现和环境资源司法的前提，在环境资源行政管理中起着重要的作用。为适应管理的需要，环境资源行政执法内容广泛，形式多样。

环境资源行政执法行为是具有法律效力的行为。环境资源行政执法行为的生效要件，包括以下几个方面的内容：第一，主体合格。环境资源行政执法主体必须是享有环境资源管理权的行政机关，而且该主体所采取的具体环境资源行政执法行为是其法定职权之内的行为。否则，该执法行为将因主体不合格而无效。第二，环境资源执法行为是环境资源行政管理机关的真实意思表示。环境资源执法人员受胁迫、受欺诈或精神不正常时的行为将因其意思表示不真实而无效。第三，环境资源行政执法的内容必须合法。环境资源行政执法机关必须按照行政合法性原则，在法律允许的范围内合理地确定相对人的权利义务。任何与环境法律规范相违背的行为都是无效的行政行为。第四，相对人必须有法定的权利能力和行为能力，能够成为执法行为的对象。执法机关无权将相对人的范围任意扩大或缩小，从而增加或减少相对人的权利义务。第五，当行政执法行为须一定的标的物作为客体时，该标的物必须是依法能够成为执法对象的物品。第六，程序和形式合法。环境资源行政执法行为必须依法定程序进行，同时执法行为还必须符合法定形式，否则执法行为将成为无效行为。

符合上述生效要件的环境资源行政执法行为，即为有效行为，具有以下效力：第一，确定力。包括对环境资源行政机关的确定力和对公民的确定力两方面。对行政机关而言，环境资源行政执法行为生效后，非依法定事由和经法定程序不得变更。只有在环境资源行政机关或其上级机关或专门监督机关发现该行为确属违法或不当，才能依法定程序撤销或变更。同样，对已生效的环境资源行政执法行为，公民无权自行更改，公民只有经过环境资源行政复议或环境资源行政诉讼，才可能改变环境资源行政执法行为的效力。第二，约束力。有效的环境资源行政执法行为，对环境资源行政管理主体和相对人都有约束力，行政机关对此必须予以维护和执行，相对人必须按照执法内容全面履行其义务，在法定范围内正当行使其权利。第三，执行力。执行力是指环境资源行政执法机关依法采取一定措施，使环境执法行为的内容得到实现的权力。当相对人不履行义务时，环境资源行政执法机关有依法申请强制执行的权力。当相对人对环境资源行政执法行为不服，提出申诉、复议或诉讼时，原则上不停止原决定的执行，法律另有规定的除外。

确定力、约束力和执行力是环境资源行政执法行为效力的三个不同表现形式，相互关联，缺一不可。

根据我国有关法律规定，环境资源行政执法行为的形式主要包括如下方面。

1. 监督检查

监督检查是指环境资源行政管理机关为了实现监督管理职能，对相对人是否遵守环境资源法律、法规和环境资源行政决定所进行的监督检查。其目的是检查监督相对人遵守环境资源行政管理法律、法规所设定的一般义务或环境资源行政决定所设定的特定义务的情况。

监督检查一般分为书面监督检查和实地监督检查两种方法；也可以分为亲自监督检查和授权监督检查。它是业务性的监督检查，既可以由环保机关依职权进行，也可以由特定机关依法律的授权进行。

环境资源行政主体有依法对相对人进行监督检查的权利，但监督检查必须依法定程序和方式进行，且有为相对人保守技术和业务秘密的义务。相对人有提供必要的技术资料、如实反映情况的义务。但相对人可以拒绝与环境管理无关的不合理检查。

2. 行政许可

行政许可是指环境资源行政主体根据管理相对人的申请，经审查依法赋予其从事某种环境法律所禁止的事项的权利和资格的具体行政行为。行政许可的书面形式是环境资源行政许可证。

行政许可具有如下特点：第一，它是环境资源行政机关依据申请所为的具体行政行为。行政许可的主持人是环境资源行政机关，是否颁发行政许可的决定权由环境资源行政机关掌握，而不管行政相对人是否同意。行政相对人有权就环境资源行政机关不颁发环境许可证的决定提起行政诉讼。第二，它是对一般禁止的解除。它要求相对人必须符合法律规定的条件。取得许可证的行政相对人解除了一般的不作为的义务，但承担了相应的保护环境的义务。第三，行政许可是环境资源行政机关对行政相对人的一种管理手段。许可是环境资源行政机关的职权，必须根据环境法律的规定和依法定程序行使。

3. 行政处罚

行政处罚是指环境资源行政主体依法对违反环境法律、法规，但尚未构成犯罪的相对人所实施的一种惩戒。环境资源行政管理机关通过使不履行法定义务或不正当行使权利的相对人承担新的义务，使其权利受到损害，以达到使其不再违法的目的。行政处罚一般损害的是相对人的实体权利，因此必须依法进行。行政处罚权的行使必须依据两个原则：一是处罚法定原则。它要求环境资源行政机关实施行政处罚必须有法定依据，主体、职权必须是法定的，并必须依照法定程序实施处罚。法定依据是指法无明文规定的不得处罚。只有在法律、法规明确规定应予处罚、给予何种处罚时，才能受处罚；没有规定的，不受处罚。环境资源行政主体行使处罚权时，必须遵守法定的职权范围和遵守法定程序，不得越权和滥用权力。二是一事不再罚原则。它要求相对人违反环境资源行政法律、法规的行为，只能受到一次处罚。

4. 行政强制执行

行政强制执行指环境资源行政相对人不履行环境资源法律、法规规定的义务，环境资源行政主管机关强制其履行义务的行政行为。

由于行政强制执行对环境资源行政相对人的权利义务会产生很大的影响，因此行政强制执行的作出必须具备以下条件：第一，相对人不履行环境资源法律、法规和行政决定设定的义务，造成或可能造成环境污染。第二，环境资源行政相对人不履行义务时，行政强制执行措施的采取必须有明确的法律依据。第三，行政强制执行措施的采取必须依法定的方式。

环境资源行政管理机关全面负责环境资源行政管理工作，其作出的环境资源行政决定具有执行力，出于环境资源行政管理的需要，环境资源行政管理机关应该具有采取行政强制措施的权力，否则，就无法进行环境资源行政管理。环境资源行政强制执行的对象可以是人，也可以是行为。

环境资源行政强制执行具有如下性质，这些性质也构成了环境资源行政强制执行的特征：第一，行政强制执行是环境资源行政机关在环境资源行政管理过程中所实施的，具有行政行为的属性。第二，行政强制执行是对逾期不履行环境资源义务的相对人所采取的强制手段。因此，具有强制性。这种强制性不仅是主观上的威慑力量，更是客观上可以实施的行政手段。第三，行政强制执行的前提条件，必须是相对人有尚未履行的具体环境资源义务。行政强制执行的目的在于促使义务人履行义务或直接实现完成义务的状态，因此具有执行性。

在环境资源行政执法中，行政强制执行最常见的种类有间接强制执行和直接强制执行两类。间接强制执行是指义务人逾期不履行法定义务时，由执法行政机关采取某种间接的强制手段迫使其履行义务。间接强制执行包括代履行和执行罚两种方式。代履行又称代执行，是指义务人逾期不履行义务时，如该义务由他人代为履行能达到同样的目的，则由他人代为履行，但由义务人承担后果并支付必要履行费用的一种强制执行方式。执行罚又称强制金，是指义务人逾期拒不履行义务时，执法行政机关按义务人拖延履行的期限，论日反复加重义务人新的金钱给付义务。执行罚的目的是促使义务人履行法定义务，且可以反复适用，一直到被强制人履行义务时停止，具有不同于“一事不再罚”的行政处罚的特点。执行罚一般使用于不可替代的义务，执行罚的数额必须由法律、法规规定，执行行政机关不得自行其是。直接强制执行是指义务人逾期拒不履行义务时，行政机关对其人身、财产，直接采取强制手段迫使义务人履行义务，或达到与履行义务相同状态的一种执行方式。直接强制执行对被强制人的利益会产生重要影响，被称为行政执法中的最后的行政手段。直接强制执行的适用范围较广，但实施条件较严，法律一般对直接强制执行的实施条件和强制手段有严格的限制。

直接强制执行的方式，根据我国现行法律、法规的规定可以分为对财产、人身和行为的强制执行三类。对财产的强制执行方式包括：强制划拨、强制扣缴、强制抵缴、滞纳金等。对人身的强制执行方式包括：强制拘留、强制传唤等。

（三）环境资源行政司法

环境资源行政司法是指享有环境资源行政司法权的环境资源行政主体依法处理和裁决环境资源行政争议和环境民事纠纷的行为。需要注意的是，并非所有的环境资源行政管理部门都享有环境资源行政司法权，环境资源行政司法的主体只能是享有环境资源行政司法权的环境资源行政主体。环境资源行政司法包括环境资源行政复议和环境资源行政调解两种方式。它是带有司法性质的环境资源行政行为。

环境资源行政管理主体具有丰富的环境专业知识和技能，允许其运用环境资源行政司法手段解决环境争议，不仅有利于维护当事人的合法权益和环境资源行政主体有法律效力的执法行为，而且可减轻人民法院和当事人的负担，迅速解决纠纷。

在我国，环境资源行政司法的主要形式有行政复议和行政调解两种。

1. 行政复议

行政复议是指环境资源行政管理机关在行使环境资源行政管理权时，与作为被管理对象的相对人就已生效的具体环境资源行政行为发生争议，依相对人的申请，由该行政主体或其上级机关对引起争议的具体行政行为进行复查并作出决定的制度。

行政复议是解决环境资源行政争议的一种活动，它是针对引起争议的具体环境资源行政行为进行的，进行复议的机关原则上是作出具体环境资源行政行为的行政机关的上一级行政机关。行政复议具有如下特点：第一，行政复议是环境资源行政执法活动中的一个环节，是其行政执法性的体现。它并非独立、完整的行政执法活动，亦非所有环境资源行政执法活动的必经程序。第二，行政复议是解决环境资源行政纠纷的一种具体环境资源行政行为，具有准司法性。行政复议是一种环境资源行政司法行为，但环境资源行政司法行为并非司法行为，而是具体行政行为，是进行复议的环境资源行政机关单方面的行政行为，是针对特定的人和事的具有一次性效力的具体行政行为。第三，由上级行政机关进行的环境资源行政复议是进行环境资源行政监督的一种方式，体现了行政监督性。但是，行政复议并非提起行政诉讼的必经程序或前置程序。

建立行政复议制度，其目的在于：一方面，维护和监督环境资源行政管理机关依法行使职权，纠正和防止违法或不当的具体环境资源行政行为。首先，通过上级环境资源行政机关对下级机关的具体环境资源行政行为的审查，可以及时发现违法或不当之处，并作出相应的纠正决定，可以使违法或不当的具体环境资源行政行为在行政机关内部得到纠正；其次，通过复议，能够查明违法或不当的具体环境资源行政行为产生的原因，发现环境资源行政立法和执法中存在的问题，进而解决这些问题。最后，行政复议能维护和促进环境资源行政机关行使职权的行为，使具体环境资源行政行为的合法性、合理性得到及时确认，从而有效地保障环境资源行政管理工作的高效率。另一方面，保护环境资源行政相对人和相关人的合法权益。由于行政机关熟悉本部门、本系统的行政管理业务，拥有专门的知识、行政复议组织结构和人员，其活动原则和复议程序比较简便易行；在解决环境资源行政纠纷方面行政复议较行政诉讼更及时、经济和方便，因此，行政相对人和相关人的合法权益能及时得到保护。

2. 行政调解

行政调解是指由环境资源行政机关出面主持的以环境资源法律、法规为依据，以自愿为原则，通过说服教育的方法促使双方当事人友好协商，相互谅解，达成协议解决纠纷的行政司法活动。

行政调解是一种依申请而为的具体的行政行为。它具有下列特点：①行政调解是由国家环境资源行政机关主持的，以第三人的身份进行的调解。②行政调解是依纠纷当事人的申请而进行的调解。环境资源行政机关必须依纠纷一方或双方当事人的申请，自愿要求调解，环境资源行政机关才进行调解，不能强迫。这样，经调解达成的协议才易于双方当事人自觉履行或依法监督履行。③行政调解是依法进行的调解。行政机关调解各类纠纷，有法律规定的，必须依照法律规定进行。④行政调解是诉讼外的调解。这种调解不是诉讼的必经程序，任何人不得以纠纷正在调解为由剥夺当事人的诉权。

环境资源行政调解应当贯彻如下原则：①自愿原则。自愿是指出于当事人双方的意愿。行政调解必须建立在尊重当事人双方自愿的基础上，反对任何形式的强迫和压制。②合法原则。这要求环境资源行政机关对污染纠纷的调解必须依法进行。环境资源行政调解不仅要在法律、法规授权或规定下进行，在调解过程中也必须以相应的具体法律、法规来判明是非和责任。调解并非是无原则地和稀泥。③合理原则。环境资源行政机关在调解过程中，出现没有明确法律依据，污染事实难以查清，损害责任难以明辨的情况时，要依据公平原则，对污染纠纷进行合理调解。④充分尊重当事人诉讼权利的原则。根据法律、法规的规定，行政调解并非解决污染纠纷的必经程序，当事人始终有寻求司法救济的权利，环境资源行政机关必须予以尊重。

环境资源行政机关所调解的是污染纠纷双方当事人之间的民事纠纷，调解过程和调解达成的协议，是双方当事人意志妥协的产物，并不体现环境资源行政机关的意志。故调解协议并不具有一般具体行政行为的法定执行力。对调解达成的协议，环境资源行政机关不能强制执行，亦不能申请法院强制执行，只能靠当事人自觉履行。当事人不服调解时，有权向法院起诉，请求司法救济。环境资源行政机关不应限制其诉权。环境污染纠纷经环境资源行政机关调解后，如当事人一方或双方不服的，只能以原纠纷为标的，提起民事诉讼。

三、国家环境资源管理权的特殊实现方式

（一）环境资源行政合同

环境资源行政合同是环境资源行政管理机关之间、环境资源行政管理机关与行政相对人之间为保护和改善环境，而依法签订的协议。环境资源行政合同既有国家行政的特点，又有合同的一般特点。行政特点和合同特点的结合，构成了环境资源行政合同的特征。

1. 环境资源行政合同的双方当事人中，必须有一方是环境资源行政管理机关

环境资源行政合同既可以在环境资源行政管理机关之间签订，也可以在管理人与相对人之间签订。但不能在相对人之间签订。环境资源行政合同必须有一方是环境资源行政机关的特点和其他行政行为相同，但和民事合同则是最明显的区别之一。

2. 环境资源行政合同双方当事人的地位不平等

在民事合同中，双方当事人在确立、变更和终止民事关系时，地位始终是平等的。而环境资源行政合同则不同，它在成立之前双方处于领导与被领导的地位，合同的成立一般基于管理与被管理的关系。

3. 环境资源行政合同的目的在于实施国家环境资源管理的目标

民事合同的目的是为了实现公民和法人的某种民事权益，是当事人自身的利益。而环境资源行政合同则是为了实施环境管理，实现社会公共利益。因此，环境资源行政合同往往给予环境资源行政管理机关某些特权，并受法律的特别保护。

4. 环境资源行政合同以双方当事人的意思表示一致为成立要件

与民事合同一样，没有双方意思表示一致，合同关系不能成立。但由于环境和环境问题的广泛性和复杂性，环境资源行政管理机关有权根据环境问题和环境资源管理目标的变化，及时指挥合同的履行，在环境状况发生重大变化时，有权变更甚至解除合同。但这种特权不同于单方的环境资源行政行为；一方面，环境资源行政管理机关的这种特权是以合同为基础的，是经环境资源行政相对人的认可的；单方的环境资源行政行为以当事人双方的不平等地位为基础，无须经环境资源行政相对人的同意即可发生效力。另一方面，这种特权的行使须为保护环境之目的，且以当事人的行为违反环境保护的公共利益为前提，并以给予适当的补偿为代价，而单方环境资源行政行为不具备这一特征。

环境资源行政合同作为保证实现国家环境资源管理目标的一种新型措施，是

环境资源行政机关的一种弹性行政行为。在环境资源行政管理中起着重要的作用。具体可归纳为如下两个方面：一方面，对环境资源行政管理机关而言，订立环境资源行政合同既可以更好地保证环境资源保护目标的实现，又可以因合同双方权利义务关系的明确而避免推诿塞责，杜绝不负责任的官僚主义。环境资源行政合同不同于一般的民事合同，环境资源行政主体在环境资源行政合同的订立或执行过程中起主导作用，他们可以将要达到的环境资源管理目标经过与相对人协商变为合同的内容，以法律形式将其具体化、固定化，以保证其得到实现。同时，在执行合同过程中，环境资源行政主体可根据实际情况的变化而随时提出修改、中止或撤销合同，以便于实现环境资源管理目标。通过订立环境资源行政合同，可以避免和消除在环境保护的某些领域环境资源行政管理机关管理不善的情况。订立环境资源行政合同能使合同双方当事人的权利义务明确化。对于双方当事人而言，环境资源行政合同所定内容既是保障，又是限制。虽然环境资源行政主体在合同的签订和执行中有优先权并处于主导位置，但不能任意处置。需要变更或终止合同时，须给相对方一定的补偿。同时，当相对人不能完成环境资源行政合同中规定的目标时，环境资源行政主体可以对其予以惩罚。

另一方面，环境资源行政合同有利于更好地发挥相对人的积极性，对保护环境资源具有重要意义。环境资源行政合同作为环境资源行政机关的一种弹性行政行为，它既不像行政命令那样僵硬，易压制相对人的积极性，又不像民事合同那样自由、随便。在环境资源行政命令中，相对人处于消极被动的地位，只负责执行而无须负责执行的结果；在环境资源行政合同中，事先确定了双方当事人的权利义务，相对人必须对执行的结果负责，因此，有利于发挥他们的积极性和创造性。在环境资源行政管理中正确运用环境资源行政合同这一法律形式，可以将环境资源行政机关正确行使职能与发挥相对人的积极性和创造性统一起来，一方面有利于减少人们的依赖感，发挥其积极性，同时又可以保证国家的监督作用不致削弱。由于环境资源的开发利用具有创造性，作为开发者的企业往往要承担较大的风险，而在开发利用环境资源的过程中合理地利用、保护环境资源是企业的义务，为调动其合理开发利用环境资源、保护改善环境资源的积极性，用合同的形式较其他方式更为有效。

环境资源行政合同的订立属于行政行为，它是国家行政权运用的体现，并直接产生法律后果。与一般行政行为不同的是，它是一种双方合意的行为，它的成立须以双方当事人协商一致为前提。

环境资源行政合同的缔结同一般的民事合同缔结的规则没什么区别，须经要约和承诺过程。但环境资源行政合同大多由环境资源行政机关提出要约。环境资源行政机关订立环境资源行政合同须遵循三个规则：第一，出于环境资源行政需要。环境资源行政机关订立环境资源行政合同不能随心所欲，必须出于行政需要，这种需要不一定要有法律的明文规定，因为环境资源行政合同是一种非权力手段，和行政命令不同，它必须基于双方当事人的意思表示一致，因此只要是确属行政需要，即使没有法律的明文规定也应允许订立环境资源行政合同。第二，不能超越行政权限。环境资源行政管理机关只能在自己管辖的事务的权限范围内有订立合同的权力。在涉及有重大影响或有权限争议时，应报告上级人民政府，以取得明确的授权。第三，环境资源行政合同的内容与范围必须为国家法律和政策所允许。亦即凡国家法律、政策所明确禁止的内容和范围，环境资源行政机关均不得与任何相对人缔结环境资源行政合同。

环境资源行政合同订立的方式主要有以下几种：第一，招标。环境资源行政主体通过一定方式，公布一定的条件，向公众发出以订立合同为目的的意思表示。环境资源行政主体发出招标通知后，投标人各自提出自己的条件，最后招标人从中选择提出最优条件的招标人与之订立合同。环境资源行政管理机关不能在中标人以外自由选择合同的当事人。第二，邀请发价。环境资源行政机关为实现一定的目的，在签订合同前，发出要约，提出一定的条件，邀请相对人发价，然后由环境资源行政机关综合各种因素，选择最恰当的相对人与之签订合同。第三，直接磋商。在某些特殊情况下，环境资源行政机关可以直接与任何相对人进行磋商，签订合同。这种方式在一般的民事合同中较常见。采用这种方式缔结环境资源行政合同，环境资源行政机关选择合同当事人的自由权最大，但在签订过程中则必须受到法律严格限制。

环境资源行政合同一般都采用书面的形式。在直接磋商这种形式中，有时也采用口头的形式。

在环境资源行政合同的履行过程中，环境资源行政管理机关始终处于主导位置，它对环境资源行政合同的履行负有监督和某种指挥责任：它可以根据情况的变化提出变更、修改合同，对合同的履行提供优惠和照顾条件，可以对相对人不履行合同的行为直接进行制裁等。一般来讲，相对人一方的责任及奖罚都比较明确具体，但环境资源行政管理机关的责任则很难明确，难以依法追究其责任。

环境资源行政合同是实现国家环境资源行政管理目标的一种法律手段，环境资源行政合同一经订立，除非发生不可抗力或其他法律、法规或政策允许的情况，当事人必须严格按合同所定的权利义务认真执行。

环境资源行政合同订立以后，与民事合同一样，可依法变更或解除。不同的是环境资源行政管理机关在这方面享有一定的特权，它有权单方作出变更或解除，如须对相对人由此所造成的损失作补救。如相对人要求变更或解除合同，须经环境资源行政管理机关同意，否则不能成立。

（二）环境资源行政指导

环境资源行政指导是指环境资源行政管理机关在其职责或管辖事务范围内，为谋求环境保护目标的实现，基于国家法律、法规或政策的精神，适时灵活地采取非国家强制性手段，以取得相对人同意或协力等行为的总称。

环境资源行政管理机关实施环境资源行政指导的范围较宽且有主次，首先是根据其职责和承担的具体任务的要求进行指导，其次，只要是属于其管辖事务范围，均可实施指导。尽管环境资源行政指导行为有具体的法律依据，但多数环境资源行政指导行为则是基于法的精神和原则以及环境资源行政管理机关的职能作出的，有的则是直接依据国家或执政党的政策而适时灵活地作出的，适时灵活和有一定的风险是环境资源行政指导的一个重要特点。与其他环境资源行政行为（如环境资源行政立法、环境资源行政命令、环境资源行政合同等）不同的是，环境资源行政指导行为不具有国家强制力，而是由相对人自主地决定是否听从和配合该环境资源行政指导，亦不直接产生行政法律后果。环境资源行政指导的直接目的是谋求国家环境保护目标的实现，它是国家环境资源行政管理机关主动采取的一种积极行为，且是一种事实行为，该行为应符合成本效益原则。

环境资源行政指导虽然不具有国家强制力，但由于环境资源行政指导是环境资源行政管理机关的行为，而环境资源行政管理机关在法律上或事实上所享有的主导地位使得环境资源行政指导可以在环境资源保护方面发挥重要的作用。

1. 补充和替代作用

由于环境立法方面存在的滞后现象，导致在某些环境保护领域出现法律真空，因此，及时灵活地采取环境资源行政指导措施予以调整，以补充单纯法律手段之不足，就显得非常重要了。且在实践中，有些方面虽有具体的法律规定，但采用法律手段尚不必要或效果较差时，可通过先采取环境资源行政指导措施来替代法律强制手段进行调整，以期更为及时有效地实现环境资源管理目标。

2. 引导和促进作用

由于环境资源行政管理机关在掌握知识、信息和政策上的优越性和宏观性，因此其实施的环境资源行政指导对相对人的行为具有一种特殊的启发、引导和促进作用。它可以引导、影响环境资源行政相对人的行为选择，促进环境资源保护目标的实现。

3. 协调作用

在社会生活中，企业之间、企业与居民之间发生环境纠纷是难以避免的，当这种纠纷有可能影响到经济和社会秩序时，就需要通过各种途径和手段予以协调。而环境资源行政指导正是一种灵活有效的协调手段。由于环境资源行政指导的非强制性和自主抉择性，使其在缓解和平衡相对人之间的矛盾和冲突中起着特殊而有效的协调作用。

4. 抑制作用

在利益的驱动下，相对人之间往往存在一种为增加自身利益而不惜损害社会公共利益的倾向，对此需要进行适当的抑制。而在损害社会利益的行为处于酝酿或初始状态时，环境资源行政指导这种非强制性的积极行政方式是最适宜采用的一种调整手段。

中 篇

第五章 环境资源综合法律制度

第一节 源头控制制度

一、环境统计制度

（一）环境统计制度的概念

环境统计制度是指关于对环境状况和环境保护工作情况进行统计调查、统计分析，提供统计信息和咨询，实行统计监督的一系列法律规定。环境统计的内容包括环境污染及其防治、自然资源开发及其保护、环境管理和环境保护系统自身建设以及其他有关环境保护的事项。

环境统计制度是一项基础性的制度，具有重要的意义。环境统计所获得的资料和分析结果，不仅是制定环境政策、进行环境决策的科学依据，也是公众知悉环境状况，对环境管理进行监督的前提。

（二）环境统计制度的内容

1. 环境统计的管理

根据规定，国家和地方的环境统计调查方案，分别由国务院和地方环境保护行政主管部门制定实施，地方环境统计调查方案的指标解释、计算方法、完成期间及其有关内容，不得与国家环境统计调查方案相抵触。各级环境保护行政主管部门内非统计职能机构需要开展环境统计调查的，必须拟订专业统计调查方案，报本部门统计机构审批后组织实施。凡可以从已有资料或利用现有资料整理加工得到所需资料的，不得重复调查。

环境统计调查方案的内容应包括调查对象填报用的统计调查表及说明书、供整理上报的综合表及说明书、统计调查所需人员及经费来源，制定统计调查方案应明确规定调查目的、调查方法、统计范围、分类目录、编码等法律规定的内容。

各级环境保护行政主管部门制发的环境统计调查表，由本部门统计机构统一编号，并按法定程序报同级人民政府统计部门批准或备案。统计资料实行分级管理：全国环境统计资料，由国务院环境保护行政主管部门统计机构统一管理；地方环境统计资料，由地方环境保护行政主管部门统计机构统一管理。

2. 统计机构和人员

国务院环境保护行政主管部门内设立统计机构，负责全国环境统计工作。县级以上地方各级环境保护行政主管部门根据统计工作的需要，确定承担综合统计职能的机构，并设置专职或固定的兼职统计人员，指定统计负责人。企事业单位应根据需要，在有关机构中设置专职或固定的兼职环境统计人员。

统计机构或负责人的职责是：①组织、协调本部门内非统计职能机构的专业统计工作，组织、指导本辖区企事业单位的环境统计工作，指导同级有关部门和下级环境保护行政主管部门的环境统计工作；②贯彻执行统计法律、法规，实施国家统计标准和补充性的国家环境统计标准；③根据宏观环境管理和科学决策的需要，建立健全环境统计指标体系，制发综合的环境统计调查方案，审核本部门内非统计职能机构拟订的专业统计调查方案，并组织、管理、实施统计调查；④对本辖区的环境状况和环境保护情况，进行统计分析和统计预测，实行统计监督，提供咨询服务；⑤编制环境统计公报和环境状况公报，管理和提供基本的环境统计资料，保守国家机密和被调查者的秘密；⑥组织环境统计信息网络和自动化系统建设；⑦组织对辖区内环境统计人员的业务培训；⑧积极参与环境统计的国际交流与合作。

环境统计机构和人员的职权包括：①统计调查权：调查、搜集有关资料，召开有关调查会议，要求有关部门和人员提供统计资料，检查与统计资料有关的各种原始记录，要求更正不实的统计数据。被调查的单位和人员必须如实提供有关资料和情况，不得拒报、虚报或瞒报。②统计报告权：将统计调查所得的资料的情况进行整理、分析，及时、如实向上级机关和统计部门提供统计资料。任何部门和个人不得无故阻挠、扣押统计资料，不得篡改统计数据。③统计监督权：根据统计调查和统计分析，对环境保护工作进行统计监督，指出存在的问题，提出改进的建议。有关部门对统计机构、统计人员指出的问题和建议应当及时予以研究处理。

二、规划、计划制度

（一）规划、计划制度的概念

环境计划或者环境规划是指对一定时期内环境目标和措施所作出的规定，是对环境资源工作的总体部署和行动方案，是国民经济和社会发展计划的组成部分。广义的环境计划，包括国土规划、城市规划、乡（镇）村规划、自然资源规划和环境资源保护规划等计划。以下介绍的是狭义的环境计划即环境资源保护计划。

按计划的长短，环境计划可分为：长期环境计划，又称远景环境规划，是一种战略计划，期限在10年和10年以上，如《全国2000年环境保护规划纲要》、《中国环境保护行动计划（1991～2000年）》；中期环境计划，主要指5年计划，是长期计划的实施性计划，如“六五”、“七五”、“八五”环境保护计划；短期环境计划，主要指年度计划，是具体落实长期计划、中期计划的行动计划。

在实行市场经济的工业发达国家，环境计划（规划）已经成为防治环境问题的重要手段。在长期实行计划经济的中国，环境计划一直是保护环境的传统工具。环境计划是环境政策、目标和措施的具体体现，是对环境保护工作的总部署，是环境管理的核心和龙头，是协调环境与发展、人与环境关系的基本工具。制定和实施环境保护计划的目的，是为了保证环境资源保护参与综合平衡，发挥计划的宏观调控作用，强化环境资源管理，推动污染防治和自然保护，改善环境质量，促进环境与经济、社会的协调发展。

环境资源计划制度是环境资源计划工作的法定化、制度化，是通过立法形成的关于环境计划工作的一套规则。目前，我国环境资源保护方面的法律、行政法规和部门规章大都有关于环境计划的规定。如《环境保护法》规定：“国家制定的环境保护规划必须纳入国民经济和社会发展计划。县级以上人民政府环境保护行政主管部门，应当会同有关部门对管辖范围内的环境状况进行检查和评价，拟订环境保护规划，经计划部门综合平衡后，报同级人民政府批准实施。”国家计划委员会和国家环境保护总局于1994年8月制定的《环境保护计划管理办法》对环境计划的管理、编制、实施等事项作了具体的规定。

（二）环境资源计划的内容和管理

环境资源保护计划的内容一般包括城市环境质量控制、污染排放控制、污染治理、自然生态保护和其他有关方面。对每个方面应提出目标、任务、指标和措施。计划内容、指标体系和编报格式由国家计划委员会会同国家环境保护总局统一制定。各有关部门和地方环境资源保护计划，可根据具体情况适当增加必要的内容和指标。

我国对环境资源保护计划实行国家、省（自治区、直辖市）、市（地）、县四级管理。各级计划行政主管部门负责组织环境资源保护计划的编制、参与国民经济综合平衡、下达和检查等工作。各级环境资源保护行政主管部门负责编制环境资源保护计划建议，并监督、检查环境资源保护计划的落实和具体执行；各有关部门根据计划和环境资源保护行政主管部门的要求，编制并组织实施环境资源保护计划。各级环境资源监测和环境资源统计机构要为环境资源保护计划的编制、检查和考核提供所需的信息。各级计划和环境资源保护行政主管部门，对在计划的编制、实施、检查和考核过程中取得显著成绩的单位和个人，应予以表彰和奖励；对在编报、执行、调整计划中弄虚作假，不按规定报送有关数据、资料和情况，或因工作不力而未完成计划的，可根据情节轻重对直接责任人员和主管领导给予批评或处罚。

（三）环境资源计划的编制和实施

编制和实施环境资源保护计划应符合以下政策和原则：坚持环境资源保护与国民经济和社会协调发展，坚持经济建设、城乡建设和环境建设同步规划、同步实施、同步发展；贯彻执行国家的法规、环境经济政策、技术政策和产业政策；做好长、中、短期环境计划以及城市、区域、流域等各种环境资源规划之间的衔接；与各项环境资源保护管理制度和措施紧密结合，并以各项环境资源保护制度和措施作为实施计划的重要手段。编制环境资源保护计划必须严肃、认真、科学，并应依照以下程序：

（1）国家环境保护计划按照国家计划委员会统一部署，各省、自治区、直辖市的计划行政主管部门会同环境资源保护行政主管部门，编制本地区环境资源保护计划草案，报送国家计划委员会，并抄送国家环境保护总局。

（2）国家环境保护总局在对各省、自治区、直辖市环境资源保护计划进行审核的基础上，编制国家环境资源保护计划建议，报送国家计划委员会，国家计划委员会根据环境资源保护计划建议编制环境资源保护计划草案。

（3）地方环境资源保护计划的编制可参照国家环境保护计划编制程序进行。根据《环境保护法》第 4 条和第 12 条的规定，国务院可以制定国家环境资源保护规划，县级以上人民政府可以批准实施本辖区的环境资源保护规划。但是，要将国家和地方的环境资源保护规划分别纳入国家和地方的经济建设和社会发展计划，必须按照宪法的规定，由国务院和地方人民政府将已纳入环境资源保护计划内容的国民经济和社会发展计划草案，提交给全国或地方的人民代表大会或人民代表大会常务委员会审查、批准。各级环境资源保护计划作为国民经济和社会发展计划的组成部分，按相应程序分解下达。环境资源保护计划的实施，一般指实施作为已经批准的国民经济和社会发展计划的组成部分的环境资源保护计划，以及已经国务院和县级以上地方人民政府批准的环境资源计划。各级人民政府要认真组织环境资源计划的实施，与城市环境综合治理定量考核以及环境资源执法检查相结合层层建立环境资源目标责任制；要把环境资源保护投资纳入预算，把环境资源保护项目列入基本建设、技术改造计划之中；要加强对重大污染源的管理和治理，严格实施“三同时”制度和“限期治理”制度，保证环境资源保护计划和任务的实现。另外，环境资源保护年度计划的检查应与环境资源保护目标责任制、城市环境综合整治定量考核以及环境执法检查相结合。

三、环境监测制度

（一）环境监测的概念

环境监测是指根据保护环境资源的需要，运用物理、化学、生物等方法，对反映环境资源质量的某些代表值进行长时间的监视和测定，跟踪其变化及其对环境产生影响的过程。

环境监测工作是指围绕环境监测展开的一切活动，包括监测计划、组织、具体操作、编制、管理等活动。环境监测制度是指环境监测工作的制度化、法定化，是通过立法形式形成的有关环境监测工作的一套规则。目前，确定我国环境监测制度的法律规范主要是环境资源法律、法规中有关环境监测的条款和专门性的环境监测法规、行政规章。

环境监测的任务，《全国环境监测管理条例》作出了明确的规定，概括起来可归纳为三个方面的内容：一是进行环境质量方面的监测，对组成环境的各项要素进行经常性监测，及时掌握、评价并提供环境质量状况及发展趋势；二是进行环境污染监督方面的监测，即对各个有关单位排放污染物的情况进行监视性监测，为执行各种环境法规、标准，实施环境管理提供准确、可靠的监测数据；三是进行环境科研和服务方面的监测，发展环境监测技术，为环境科技的发展积累背景数值和分析依据。

（二）环境监测机构

我国环境监测机构主要有以下类型：

（1）国务院和地方各级人民政府的环境保护行政管理部门设置的环境监测管理机构。

（2）全国环境保护系统设置的四级环境监测站，即国家级、省级、省辖市级以及县级的环境监测站。

（3）各部门的专业环境监测机构，包括环境卫生监测机构、劳动环境监测机构、农业环境监测机构、水利环境监测机构、海洋环境监测机构等。

（4）大、中型企事业单位的监测站。

上述这些环境监测机构，依照法律、法规和行政规章各司其职，为环境管理提供有效的技术支持、监督与服务，共同形成全国环境监测网。全国环境监测网分为国家级网、省级网和市级网三级。

环境监测网的任务是联合协作和汇总资料。为了全面地反映环境质量的状况，需要进行环境监测的种类比较多，同时，随着环境保护的需要和科学技术的发展，需要监测的种类也不断地发生变化。目前的环境监测主要有城市大气监测、地面水监测、地下水监测、生活饮用水监测，以及工业污染源监测等。这些种类繁多的检测任务，不可能由一个环境监测站来完成，而必须由环境监测网内的成员单位分工负责，联合协作，共同完成监测任务。而汇总资料，综合整理，是为各级政府全面报告环境质量状况提供基础数据和资料。监测网内各成员单位的分工及其工作细则，由环境监测网章程规定。

（三）环境监测机构的管理

对环境监测机构的管理主要包括对监测质量的管理、监测报告的管理和对检测对象的管理。

1. 对监测质量的保证管理

环境监测乃是为了记录环境质量的细微变化，所以监测质量就非常重要，而保证监测质量也是各级环境监测站的重要技术基础和管理工作。为了保证监测数据的准确可靠，我国对此专门有《环境监测质量保证管理规定（暂行）》等行政规章予以规定。

2. 环境监测报告的管理

定期发布环境状况公报，是一项重要措施。为了确保数据信息的高效传递，及时提出各种环境监测报告，为环境管理提供有效、及时的服务，有关行政法规规定了环境监测简报制度、环境监测季报制度、环境质量报告书制度、环境监测年鉴制度和数据资料管理制度。环境质量报告书是环境监测的综合成果，是环境管理的重要依据。该报告书由各级环境保护行政主管部门组织，以监测站为主要力量，协调各有关部门共同编写，由各级环境保护行政主管部门定期报送同级人民政府及上级环境保护行政主管部门。该报告书按内容和管理的需要，分年度环境质量报告书和5年环境质量报告书两种。所有监测数据、资料、成果均为国家所有。

3. 监测对象的管理

为了保证检测工作得以顺利进行，环境资源法律法规规定，排污单位应对污染物排放口、处理设施的污染排放定期检测，并纳入生产管理体系；应按规定使排污口符合规定的监测条件。不具备检测能力的排污单位可委托环境保护行政主管部门对环境监测站或委托经其考核合格并经环境保护部门认可的有关单位进行监测。新建项目在正式投产或使用前，老污染源治理设施建成后，建设单位必须向项目审批的环境保护行政主管部门环境监测站申请“三同时”竣工验收监测或处理设施的验收监测，其结果作为正式验收的依据。监测人员依法到有关排污单位进行现场检查或监督性监测时，被检查、监测单位必须密切配合，如实反映情况，提供必要的资料和监测工作条件。经环境保护行政主管部门授权，排污单位每月 10 日前向当地环境保护行政主管部门环境监测站报告上月排污和处理设施的监测结果。

四、环境标准制度

（一）环境标准的概念

环境标准是国家根据人体健康、生态平衡和社会经济发展对环境结构、状况的要求，在综合考虑本国自然环境特征、科学技术水平和经济条件的基础上，对环境要素间的配比、布局和各环境要素的组成以及进行环境保护工作的某些技术要求加以限定的规范。其主要内容为技术要求和各种量值规定，为实施环境资源法的其他规范提供准确、严格的范围界限，为认定行为的合法与否提供法定的技术依据。环境标准是环境管理的技术手段，是环境评价的技术基础和环境科学的重要组成部分，又是环境资源立法的科学基础和环境资源法规的重要组成部分。环境标准是环境资源保护的技术规范和法律规范有机结合的综合体，是环境管理的依据。

环境标准制度是随着环境资源法制的建立而逐步发展起来的。国际标准化组织在 1972 年开始指定环境基础标准和方法标准，以统一各国环境资源保护工作中的名词、术语、单位以及取样、监测、分析方法等。我国在 1973 年颁布了《工业“三废”排放试行标准》这个综合性的污染物排放标准。1979 年颁布的《环境保护法（试行）》授权国务院环境保护机构会同有关部门拟定环境保护标准，并要求排放单位遵守国家制定的环境标准，从而使环境标准的制定和实施有了法律依据。此后的许多有关环境资源的法律、法规都对环境标准制度作出了相应的规定。

（二）环境标准的分类

我国的环境标准，按其性质、内容和作用，可以分为环境质量标准、污染物排放标准、方法标准、基础标准和样品标准等五大类。其中前两类是强制性标准，分国家标准和地方标准，后三种标准都是国家标准。

环境质量标准，是为保护人体健康、社会物质财富安全和维护生态平衡，对环境中有害物质或因素含量的最高限额和有利环境要素的最低要求所作的规定。它是一个国家环境资源政策和环境质量目标的具体体现，是衡量一个国家、一个地区环境是否受到污染的尺度，是制定污染物排放标准的依据。按照环境要素的不同，可分为大气环境质量标准、水环境质量标准、土壤环境质量标准、噪声环境质量标准等。

污染物排放标准，是为了实现环境质量目标，结合技术经济条件和环境特点，对排入环境的污染物或者有害因素所作的控制规定。它包括污染物排放浓度标准和污染物排放总量标准。浓度标准，又称浓度控制标准，是以经济上的可行性为根据而为污染源规定排放标准，一般以某种污染物在载体中的百分比表示。总量标准，又称总量控制标准，是以环境容量为根据而为污染源规定的排放污染物的数量限额。一般以一定时间内排放污染物的总量表示。

环境基础标准，是在环境资源保护工作范围内，对有指导意义的符号、指南、导则等所作的规定。它是指定其他环境标准的技术基础。其目的是为制定和执行各类环境保护标准提供一个统一遵循的准则，避免各标准间的相互矛盾。

环境方法标准，是在环境资源保护工作范围内，以抽样、分析、试验等方法为对象而制定的标准。它是制定、执行环境质量标准、污染物排放标准的主要技术依据。其目的是为了使各种环境监测和统计数据准确、可靠并具有可比性。

环境样品标准，是为了在环境资源保护工作和环境标准实施过程中标定仪器、检验测试方法、进行量值传递而由国家法定机关制定的能够确定一个或多个特性值的物质和材料。它是一种实物标准。

（三）环境标准的制定和实施

根据《环境资源法》的有关规定，国务院环境资源保护行政主管部门制定国家环境质量标准、污染物排放标准和其他国家级环境标准。省、自治区、直辖市人民政府，可以对国家环境质量标准中未作规定的项目，制定地方环境质量标准；对国家污染物排放标准中未作规定的项目，制定地方污染物排放标准，对其已经作出规定的项目，制定严于国家标准的地方污染物排放标准。与两个或两个以上省、自治区、直辖市行政区域相关的地方环境标准，由相关的省、自治区、直辖市人民政府共同商定、审批、颁布和废止。

国家级环境标准由国家环境保护总局提出环境标准项目编制计划，报国家技术监督局并经其协调后纳入全国各类标准编制计划；国家环境保护总局下达编制计划，由编制单位编制标准，经过调查研究后，提出环境标准的征求意见稿，经过征求意见，将征求意见稿修改成送审稿报国家环境保护总局，国家环境保护总局对标准送审稿组织审议，由编制单位根据审议意见进行修改，形成报批稿报国家环境保护总局审查批准，国家环境保护总局将审批后的环境标准送国家技术监督局，经统一编号后，以国家标准的形式发布。地方环境质量标准和污染物排放标准参照国家环境标准的制定程序来制定，但应在地方环境标准发布之日起 30 日内报国家环境保护行政主管部门备案。

在制定环境质量标准和污染物排放标准时，要处理好环境污染物的容许浓度和人体健康、生态平衡之间的关系，处理好实现环境质量标准的代价和效益之间的关系，还要处理好环境质量标准与污染物排放标准之间的关系以及处理好实现污染物排放标准与技术经济条件之间的关系。

环境标准一经颁布，即具有法律效力，必须严格执行，任何单位和个人不得擅自更改或降标；否则，要承担法律责任。国家权力机关和行政机关依法对环境标准的制定和实施进行监督检查，以保证环境标准切实得到贯彻实施。

环境标准的制定和实施的目的，是要控制污染物的排放，以免危害人类环境，从而实现环境效益、经济效益和社会效益的有效统一，实现经济与社会的可持续发展。

五、环境资源保护目标责任制度

（一）环境资源保护目标责任制的概念

环境资源保护目标责任制是指以现行法律为依据，以责任制为核心，以行政制约为机制，把责任、权利、义务有机地结合在一起，明确地方行政负责人在改善环境资源质量上的权利、责任和义务的一系列法律、措施的总称。

环境资源保护目标责任制是以我国的国情为基础的，为有计划地控制和改善环境资源的质量，实现政府的环境资源保护目标提供了新的保障措施。从环境资源现状来看，我国人口众多，人均资源相对短缺，科技水平较低，环境污染和生态破坏都相当严重，广大群众对改善环境和保护自然资源的要求日益迫切，使得我们推行环境资源保护目标责任制有一个良好的群众基础。我国的污染在很大程度上是由于管理不善引起的，而强化管理必须依靠行政力量。环境资源保护目标责任制则是一项重要的行政管理制度。环境资源保护目标责任制是以现行法律为依据的。《环境保护法》第 18 条规定：“地方各级人民政府，应当对本辖区的环境质量负责，采取措施改善环境质量。”第 24 条规定：“产生环境污染和公害的单位，必须把环境保护工作纳入计划，建立环境保护责任制度；采取有效措施，防止在生产建设或者其他活动中产生的废气、废水、废渣、粉尘、恶臭气体、放射性物质以及噪声、震动、电磁波辐射等对环境的污染和危害。”这就是推行环境资源保护目标责任制的法律依据。环境资源保护目标责任制以行政制约为机制，其责任者主要是政府的行政首长和企业的法人代表，通过层层签订责任书，层层分解责任，逐级负责，对每个层次的领导都有责任压力。这有利于激发他们的责任感，有利于调动他们完成任期内环境资源保护目标的积极性。

我国各地推行的环境资源保护目标责任制大体上可以分为四种类型：一是确定政府目标和环境资源管理指标，通过行政机构逐层签订责任书，对指标进行层层分解，逐级下达直至企业；二是各个系统都签订责任书；三是政府直接与企业签订责任书或实行环境资源保护指标承包；四是把环境资源效益与城市经济效益挂钩签订责任书。

尽管各地实行环境资源保护目标责任制的类型有所不同，但操作程序和实施步骤基本相似。大致可分为前期准备、签约实施和检查考核三个阶段。

（二）环境保护目标责任制的特征

环境保护目标责任制自产生至今，经过不断充实和发展，逐步形成了下列特点：

(1) 有明确的时间和空间界限，一般以一届政府的任期为时间界限，以行政单位所辖地域或行业、企业为空间界限；

(2) 有明确的环境质量目标，定量要求和可分解的质量指标；

(3) 有明确的年度工作指标；

(4) 有配套的措施、支持保证系统和考核奖惩办法；

(5) 有定量化的监测和控制手段。

环境保护目标责任制可以将其他五项新制度的实施情况包容进来。许多地方把排污费收缴率、环境影响评价和“三同时”执行率以及综合整治、限期治理、定量考核、集中控制都纳入了责任制。这样一来，地方行政首长就必须下功夫抓住这个“龙头”，带动全局，促进其他制度和措施的全面实行，因此说，重点抓好环境保护目标责任制的落实，可以收到提纲挈领的效果。这里说明一下，环境保护目标责任制虽然容量很大，但它毕竟代替不了其他各项制度。它只是为其他各项制度的实施提供了有效的形式，而这就足以说明了它的重要作用。

六、环境影响评价制度

（一）环境影响评价制度的概念

环境影响评价，是指对规划和建设项目实施后可能造成的环境影响进行分析、预测和评估，提出预防或者减轻不良环境影响的对策和措施，进行跟踪监测的方法与制度。环境影响评价制度，是环境影响评价活动的制度化和法定化，是通过立法形成的一套有关环境影响评价活动的规则，是环境影响评价在法律上的体现。

环境影响评价具有预测性和综合性的特点。预测性是指环境影响评价对拟进行的开发工作可能给环境造成的影响作出评价，是一种预测性的工作；而环境影响评价之所以有综合性的特点，是因为环境影响评价是一项综合性的工作，涉及多种学科，包括生态学、环境科学、化学、物理学、数学以及经济学等。在评价工作中，不仅要分析开发活动对单个环境要素的影响，还要研究对区域环境产生的总体影响。对开发项目进行环境影响评价，是“预防为主”原则的具体体现，是对传统发展模式和决策模式的改变，是实现经济社会发展与环境保护相协调的重要手段，是防止和控制新的环境问题的基本法律制度。

环境影响评价的概念是1964年在加拿大召开的一次国际环境质量评价的学术会议上提出的，它首先在美国被作为一项法律制度被确立。此后，许多国家相继采用了这一制度。我国是最早实施建设项目环境影响评价制度的发展中国家之一。1979年，第五届全国人大常委会第十一次会议通过了《中华人民共和国环境保护法（试行)》，首次把对建设项目进行环境影响评价作为法律制度确立下来。以后陆续制定的各项环境保护法律，均含有建设项目环境影响评价的原则规定。2002年，我国颁布了《环境影响评价法》，对此作出了专门规定。

（二）环境影响评价的原则

1. 客观、公开、公平

《环境影响评价法》规定进行环境影响评价必须遵循客观、公开、公正的原则。严格按照评价的规范对客观的各种环境因素进行评价，除了国家规定需要保密的以外，环境影响评价活动的有关情况和文件的摘要应当依法向社会公开，征求有关单位、专家和公众的意见。任何单位和个人应当独立地进行环境影响评价活动，不得在环境影响评价中掺杂任何个人利益、部门利益、地方利益或者其他可能影响公正评价的因素。

2. 综合考虑各种环境因素及其所构成的生态系统的影响

在进行环境影响评价的过程中，必须将环境作为一个生态整体予以综合考虑，而不是单纯评价规划和项目对某一个生态要素的影响。以前一些评价工作，由于只考虑某一种环境要素，导致污染在环境要素之间转换，这实际上并没有真正起到环境影响评价的作用。因此，必须遵循综合考虑的原则。

3. 结论要为决策提供依据

环境影响评价的目的就是为决策提供依据，因此，评价的结论要明确，并且要能够为决策者直接应用，从而达到综合决策的目的。

（三）环境影响评价的范围

1. 规划的评价

（1）综合规划。并不是所有的综合规划都要进行环境影响评价，按照法律规定，只有土地利用规划、区域、流域、海域的建设、开发利用规划，才应当组织进行环境影响评价。国民经济和社会发展计划则不进行环境影响评价，这并不是说这样的规划和计划就不会对环境造成影响；恰恰相反，诸如国民经济和社会发展这类的计划对环境的影响是非常巨大的，之所以不进行评价，是因为在立法中争议比较大，最后没有被通过。

具体而言，需要进行环境影响评价的综合规划范围也不是非常确定，有待于国务院环境保护行政主管部门将其进一步细化，并明确相互之间的关系。

（2）专项规划。《环境影响评价法》第 8 条规定了专项规划的环境影响评价。所谓专项规划，是与综合规划相对应的，一般是指规划的范围或者领域相对狭窄，内容比较专门的规划。专项规划分为指导性规划和非指导性规划。所谓指导性的专项规划，是指在专项规划中，主要是提出预测性、参考性指标的一类规划；所谓非指导性专项规划，是指在专项规划中指标和要求比较具体的一类规划。指导性专项规划和非指导性专项规划适用的评价方法不同。

2. 建设项目

根据《建设项目环境保护管理办法》的规定，凡是从事对环境有影响的建设项目都必须执行环境影响报告书的审批制度，包括工业、交通、水利、农林、商业卫生、文教、科研、旅游、市政等对环境有影响的一切基本建设项目、技术改造项目、区域开发建设项目、引进的建设项目（三资企业的建设项目）。

（四）环境影响评价的形式和内容

1. 综合规划和非指导性专项规划

（1）环境影响评价的形式是：编制规划实施后的环境影响的篇章或者说明。篇章和说明是不同的两种形式，对于一些比较重要、实施后对环境影响比较大的规划，用“篇章”形式；对于一些重要性较弱、实施后对环境影响相对比较小的规划，可以用“说明”或者“专项说明”的形式。

（2）环境影响评价的内容。根据法律规定，有关环境影响评价的篇章和说明的内容是：①实施该规划对环境可能造成影响的分析、预测和评估；②预防或减轻不良环境影响的对策和措施。

2. 非指导性专项规划

（1）环境影响评价形式是：环境影响评价报告书。

（2）环境影响评价报告书的内容。①实施该规划对环境可能造成影响的分析、预测和评估；②预防或者减轻不良环境影响的对策和措施；③环境影响评价的结论。

3. 项目的环境影响评价

（1）环境影响评价的形式：①可能造成重大环境影响的，应当编制环境影响报告书，对产生的环境影响进行全面评价；②可能造成轻度环境影响的，应当编制环境影响报告表，对产生的环境影响进行分析或专项评价；③对环境影响很小、不需要进行环境影响评价的，应当填报环境影响登记表。

（2）环境影响报告书的内容：①建设项目概况；②建设项目周围的环境现

状；③建设项目对环境可能造成影响的分析、预测和评估；④建设项目环境保护措施及其技术、经济论证；⑤建设项目对环境影响的经济损益分析；⑥对建设项目实施环境监测的建议；⑦环境影响评价的结论。

（五）环境影响评价的程序

环境影响评价的程序是进行环境影响评价所应遵循的步骤和履行的手续的总称。

规划的环境影响评价文件在规划的草案编制阶段完成，并报送到规划的审批部门进行审批。

项目的环境影响评价根据环境影响评价不同阶段的内容，可以分为以下几个步骤：

（1）环境影响初步分析。在项目建议书阶段或可行性研究阶段，首先由建设单位或主管部门通过签订合同委托评价单位结合选址情况，对项目建成投产后可能造成的环境影响，进行简要的分析说明。

（2）编制环境影响报告书或报告表。这项工作应在可行性研究阶段完成。

（3）在项目任务书下达前提交环境影响评价报告书或报告表。

（4）建设项目的主管部门负责对本部门建设项目的环境影响评价报告书或报告表进行预审，并签署意见。

（5）报送当地环境资源行政主管部门审批。

对环境影响评价报告书或报告表的审批权限是：小型项目按照各地区规定的审批权限办理，大中型项目由所在地的省级环境保护部门审批，同时，报国家环境保护总局备案。大中型项目有下列情况之一的报国家环境保护总局审批：跨省、自治区、直辖市界区的建设项目；特殊性质的建设项目（如核设施、绝密工程）；特大型的项目要报国务院审批。对环境问题有争议的项目，其报告书或报告表要提交上一级环境保护部门审批。

对未经履行批准环境影响报告书或报告表的建设项目，计划部门不办理设计任务书的审批手续，土地部门不办理征地手续，银行不予贷款。

环境影响报告书或报告表经审查批准后，必须严格执行。如果建设项目的性质、规模、建设地点等发生较大变化，应适时地修改环境影响报告书或报告表，并按规定的程序重新报批。未经环境保护部门的审批而擅自施工的，除责令其停止施工，补办审批手续外，对建设单位及单位负责人处以罚款。

第二节　过程控制制度

一、“三同时”制度

（一）“三同时”制度的概念

“三同时”制度是指一切新建、改建和扩建的基本建设项目（包括小型建设项目）、技术改造项目以及自然开发项目和可能对环境造成损害的工程建设，其中防治污染和其他公害的设施及其他环境保护设施，必须与主体工程同时设计、同时施工、同时投产的法律规定。

“三同时”制度是我国环境保护工作的一个创举。这项制度始于 20 世纪 70 年代，以后不断得到完善。“三同时”制度的实行应该和环境影响评价制度结合起来，成为贯彻预防为主方针的完整的环境资源管理制度。因为，如果只有“三同时”制度而没有环境影响评价，会造成选址不当，只能减轻或减缓环境污染危害，而不能防止环境污染的隐患，而且耗资巨大。只有把“三同时”制度和环境影响评价制度结合起来才能做到合理布局，最大限度地消除和减轻污染，真正做到防患于未然。规定“三同时”的实质在于把好设计、施工和投产使用关。只有要求同时设计和同时施工，才能为同时投产使用创造条件，从而保证项目建成后企业排放的污染物符合国家或地方规定的标准。

（二）“三同时”制度的法律规定

1986 年颁布的《建设项目环境保护管理办法》对“三同时”制度作了如下具体规定：

（1）凡是从事对环境有影响的建设项目，都必须执行“三同时”制度。

（2）各级人民政府环境保护部门对建设项目的环境保护实施统一监督管理，包括对设计任务书中有关环境保护内容的审查、环境影响报告书或报告表的审批、建设施工的检查、环境保护设施的竣工验收以及环境保护设施运转和使用情况的监督检查。

（3）建设项目的初步设计，必须有环境保护的内容。其内容包括：环境保护设施的设计依据；环境影响报告书或报告表及审批规定的各项要求和措施；防治污染的处理工艺流程、预期效果；对资源开发引起的生态变化所采取的防范措施；绿化设计、监测手段、环境保护投资的概算、预算等。建设单位负责落实初步设计中的环境保护措施；建设项目的主管部门负责初步设计中环境保护内容的预审和监督建设项目设计中环境保护措施的落实；各级人民政府的环境保护行政主管部门，负责初步设计中环境保护内容的审查。

（4）建设项目正式投产使用前，建设单位要向环境保护部门提交环境保护设施竣工验收报告，说明设施运行情况、治理效果和达到的标准。经验收合格并发给环境保护设施验收合格证后，才可以正式投产使用。

（5）凡建设项目的环境保护设计内容未经环境保护行政主管部门审批、审查的不办理施工执照，擅自施工的责令其停工，补办审批手续；建设项目的防治污染设施没有建成或没有达到国家规定的标准而投入生产或使用的，由有关的环境保护行政主管部门责令停止生产或使用，并可处以罚款。

二、许可证制度

（一）许可证制度的概念

许可证制度是指凡是对环境资源有不利影响的各种开发、建设项目的排污设施及其经营活动，需要事前经过申请，经主管部门审查批准，颁发许可证后，才能按照规定的要求或条件进行建设和排污活动。

许可证制度是国家为加强环境资源管理而采用的一种卓有成效的管理制度，在国外运用得较为广泛。关于许可证，我国通常也称为执照、批准书或特别许可证等。许可证在环境资源管理方面应用得比较广泛，如对土地、矿山、森林的开发有开发许可证；对环境有影响的工程建设的建设许可证；危险、有毒物品或严重危害环境资源的产品的生产、销售许可证以及适用于各种排污活动的排污许可证。

（二）许可证的管理程序

颁发环境资源保护许可证是国家有关的环境资源管理行政机关经常进行的一种具体的行政行为，是一个复杂的行政管理过程。许可证的管理程序大致分为以下步骤。

1. 许可证的申请

由申请人向环境资源管理机关提出书面申请，并附有为审查所必需的各种材料，如图表、说明或其他材料。

2. 申请的审查

有权颁发环境资源保护许可证的国家行政机关在收到申请人的申请后，应对申请进行全面的审查。审查包括程序上的审查和实质性的审查两个方面的内容。程序上的审查包括审查申请的事项是否符合法律规定的程序，申请手续是否齐全完备等；实质性的审查是指审查有关的申请事项是否符合有关法律、法规及规章的规定，对某些重要事项，发证机关还要进行抽查或进行实地调查。此外，主管机关一般是在报刊上公布该项申请，在规定的时间内征求公众及各方面的意见。有的国家还规定，如有反对意见，应进行讨论或召开公众意见听证会，还应该征求受该项目影响的有关机关或当事人的意见，主管机关只有在征求各方面意见后，综合考虑该项目对环境资源的影响，才能做到对申请全面细致的审查。

3. 决定

发证机关对环境资源保护许可证的申请进行审查后，如果认为符合要求，就应当及时向申请人颁发环境资源保护许可证。经过审查，如果认为不符合要求，应当允许申请人进行调整，待满足法定要求后，重新提出申请。拒发许可证的，应说明拒发的理由。

4. 监督管理

许可证颁发后，主管机关必须对持证人执行许可证的情况进行经常性的监督管理，包括索取有关资料、检查现场设备、实地监测排污情况，发出必要的行政命令等。如发现有问题，应及时纠正或作出处理。在情况发生变化或持证人的活动影响周围公众利益时，可以修改许可证中原来规定的条件。

5. 处理

如果持证人违反规定的义务或限制条件而导致环境资源的损害或其他后果时，主管机关可以中止、吊销许可证，责令停止排污或停产停业、没收、罚款以及其他法律责任。当事人如果对行政机关的处罚不服，可以在限定的时间内依法向人民法院起诉。

（三）许可证制度的法律规定

环境资源保护许可证的种类很多，我国在下列的法律、法规中规定了许可证制度。《城市规划法》中规定，在城市规划区域内进行各项建设征用国家或集体所有的土地，需向城市规划主管部门提出建设用地申请，经审查批准，发给建设规划许可证后，方可使用土地；在城市规划区域内，需新建、改建或扩建任何建筑物、构筑物、铺设道路和管线者，也须申请建设许可证。《中华人民共和国海洋环境保护法》和《海洋倾废管理条例》中，关于向海洋倾废，须向主管部门提出申请，经批准发给许可证后，方可按许可证规定的期限、条件和指定的区域进行倾倒。《农药登记规定》中，关于农药的生产、销售和在大田进行药效示范或在特殊情况下使用，以及外国厂商向我国进口销售农药，都须经过登记申请和许可。《放射性同位素与射线装置放射防护条例》及《民用核设施安全监督管理条例》中关于放射性同位素设施的建造、运行及放射性物质的使用、运输和保管，《猎枪、弹药管理办法》中关于猎枪、弹药的创造、销售和持有，《渔业法》、《渔政管理工作暂行条例》和《渔业许可证若干问题的暂行规定》中关于从事渔业活动等，都要经过申请、登记和批准。《中华人民共和国文物保护法》中，关于文物出口或个人携带文物出境，必须向海关申请并经有关部门鉴定，签发许可证后才能出境。《水污染防治法实施细则》规定的排污许可证，《固体废弃物污染环境防治法》规定的收集、储存、处置许可证等。1996 年修改的《水污染防治法》增加了对重点污染物排放量的核定制度，这实际上也是一种许可。此外，《森林法》中规定了林木采伐许可证、木材运输许可证，《矿产资源法》中，关于矿产资源的勘探、开发实行了采矿许可证制度。

三、环境标志制度

（一）环境标志制度的概念

环境标志也称绿色标志或生态标志，是指认证机构依据一定的环境保护标准、指标或规定，向有关自愿的申请者颁发以表明其产品或服务符合要求的一种特定标志。标志获得者可将此标志印在所申请的产品及其包装上。它向消费者表明该产品或服务与其他同类产品或服务相比，从开发、生产、使用、回收、利用到处置的整个过程符合环境保护的要求，不危害人体健康，对环境无害或危害极小，有利于资源的再生和回收利用。

实施环境标志制度的基本目的是引导消费者在作出购买决策时更多地考虑获得标志的产品，从而有利于提高消费者的环境保护意识，也可促使制造商生产出更多的有益于环境的产品。这是调动公众参与环境保护的一种很好的方式，最终有利于保护环境。

德国是第一个制定绿色标志制度的国家，早在 1971 年联邦德国的国家环境计划就提出对消费者使用的产品实行环境标志制度的概念。1977 年由联邦德国内务部和环境部实施了这一计划，被称为“蓝天使计划（blue angel scheme）”，将“蓝天使”标志授给那些与同类产品相比较更符合保护环境要求的产品。1985 年，德国又将“蓝天使”标志下的文字“适应环境”改为“环境标志”。此后，许多国家纷纷效仿，1985 年加拿大环保署实施了环境选择方案（environmental choice program），其环境标志为 3 只鸽子互相盘绕而成的一片枫叶。1989 年日本实施生态标志制度（eco-mark scheme），到 1995 年底，全球已有 30 多个国家和地区制定并实施了环境标志制度。我国于 1994 年 5 月正式实行环境标志制度，低氟家用制冷器具等八大类产品成为第一批开展环境标志认证的产品。同时，绿色食品标志作为第一例产品质量注册商标已经向国家工商局注册。

（二）环境标志制度的内容

1. 环境标志制度的程序

环境标志制度的程序很复杂，但各国一般都经过下列过程。

第一阶段，产品类别的初选。在确定适合于环境标志的产品类别的过程中，首要的原则是选择那些能大大降低环境损害的产品，根据通常做法，一般不考虑那些本身就危及人类健康、易燃易爆的产品，也不考虑食品和药品，因为它们已有各自的另一种标志。原则上，任何人都可提供产品以供选择，但迄今为止，大多数的建议来自产业界。

第二阶段，环境影响评价。一旦初步的产品类别已选出，则需要对产品的特性及由该产品所引起的环境危害程度进行评估，一般采用产品生命周期环境影响评价法，即评价产品设计和开发（营销和市场研究、生产过程规划、产品设计、研究和开发）、生产所需原材料及设备的采购、原材料和产品的生产、产品检验、包装、储存、分销、产品消费、维修、重新加工、最后废物处理等各个阶段对环境的影响，一般分为生产前、生产过程、分销、使用和后处置五个阶段。所涉及的环境因素有相关废物、土壤污染和退化、水质污染、大气污染、噪声、能源消耗、自然资源消耗和对生态系统的影响等。

评价时要根据一定的标准，一般说来标准制定得比较高，这是为了使公众对环境标准满意，同时为了刺激厂商间的竞争，促使他们为了达到标准而进行环保方面的技术改造革新。这些标准最后由标志发放机构和公众审查并通过。

第三阶段，产品目录和标准的最后通过。对初选的产品进行精选，然后确定最终的产品目录和评价标准，由环境标志管理部门颁发可以申请的产品目录及审查标准。

第四阶段，企业向标志管理部门提出申请。

第五阶段，标志管理部门对申请产品进行审查和检测。

第六阶段，标志管理部门决定是否同意企业使用环境标志，如果审查合格，该企业与之签约后即可使用环境标志。

2. 环境标志的管理

（1）环境标志的参与者与组织机构。一般而言，环境标志的参与者主要有三方：政府、民间团体和公众。政府是主要环境管理部门，政府的行为涉及面很广，从简单的提供金融资助到行政管理，国家在环境标志中参与程度也可以以其在决策中的地位来衡量，这可分为两类：一类是政府为最终决策机构，另一类是评审委员会为最终决策机构。

（2）标志费用的管理。一个产品的环境标志所需的投入包括管理机构、服务人员、产品研究及宣传费用。经费主要来自政府拨款、合同费用或二者兼而有之。

标志的使用费一般由证书费和年度使用费构成。为了使中小企业也有能力获得环境标志，环境标志的使用费一般比较低。各国证书费用差别较大，如日本是免费，但北欧国家则高达一千多美元。产品的监测实验费用则均由申请标志的企业承担。

至于政府费用，目前，没有一个国家的环境标志计划是财政独立的，一般都有一笔政府资助的启动资金。日本的标志计划完全由政府资助，德国的标志证书和合同费用主要用来支付标志管理机构的开支，申请产品的初步筛选和产品检测都由政府资助，瑞典是唯一通过贷款来资助计划的国家。

四、综合开发利用制度

（一）综合开发利用的概念

综合开发利用是指国家促使物质生产过程和消费过程中排放的各种“废弃物”最大限度地被利用起来，以便使整个社会生产和消费的排泄物，减到最低的限度，从而达到最好的经济效益和环境效益的一系列措施。

当今世界各国，由于工业和城市的发展，生产和生活废弃物的排放量以惊人的速度增加。这种情况一方面造成了资源的极大浪费，另一方面又造成了严重的环境污染，甚至危及人类的生存。因此，对于废弃物的回收、利用和处理，引起了各国的普遍重视。不少国家制定了废物回收利用的法律。对资源和能源在生产过程中的最充分利用，成为当今世界和未来社会在资源日益匮乏、环境污染日益严重的情况下，为保存资源、发展生产、保护环境资源而大力提倡的最优的生产方式。

在我国，随着人口的增加和经济的发展，我国资源相对不足的矛盾日益突出，必须坚持资源开发与节约并举，把节约放在首位。生产、建设、流通、消费等各个领域。都必须节约和合理利用各种资源，千方百计地减少资源的占用与消耗。

开展资源综合利用，是我国一项重大的技术经济政策，也是国民经济和社会发展中的一项长远的战略方针，对于节约资源，改善环境，保护环境资源，提高经济效益，促进经济增长方式由粗放型向集约型的转变，实现资源优化配置和可持续发展都具有重要的意义。这要求各地区、各部门必须高度重视，坚持“因地制宜、鼓励利用、多种途径、讲求实效、重点突破、逐步推广”的方针，遵循资源综合利用与企业发展相结合，与污染防治相结合，经济效益与环境效益、社会效益相统一的原则，积极推动资源节约和综合利用工作，努力提高资源的综合利用水平，促进国民经济和社会事业健康发展。

（二）资源综合利用的范围

目前，我国尚无完备的综合利用立法，有关规定散见于各种法律、法规之中，资源综合利用的范围也不十分明确，根据现行规定，可将综合利用的范围概括为：

（1）在矿产资源开采过程中对共生、伴生矿的综合开发与合理利用；

（2）对生产过程中产生的废渣、废水（液）、废气、余热、余压等的回收和合理利用；

（3）对社会生产和消费过程中产生的各种废弃物资进行回收和再生利用。

《资源综合利用目录》由国家经贸部会同国家计委、财政部、国家税务总局联合发布，并可根据实际情况进行修订。

（三）综合利用制度的内容

1. 制定优惠政策，鼓励和扶持企业积极开展资源综合利用

我国有关资源综合利用税收优惠政策的规范性文件已经有一些，如《关于企业所得税若干优惠政策的通知》、《关于继续对部分资源综合利用产品等实行增值税优惠政策的通知》、《关于继续对废旧物资回收经营企业等实行增值税优惠政策的通知》、《关于印发固定资产投资方向调节税"资源综合利用、仓储设施"税目税率注释的通知》等。国家将进一步研究、制定有关资源综合利用的价格、投资、财政及信贷等其他优惠政策。企业从有关优惠政策中获得的减免税（费）款，要专项用于资源综合利用。享受优惠政策的范围，按照《资源综合利用目录》执行。

2. 加强资源的综合开发和合理利用，防止资源浪费和环境污染

（1）在矿产资源勘查和开采中，对具有开发利用价值的共生、伴生矿必须统一规划，综合勘探、评价、开采、利用。地质勘查部门在地质勘探报告中应有资源综合利用章（节）；矿山设计部门在确定主采矿种开采方案的同时，应提出可行的共生、伴生矿回收利用方案。

（2）建设项目中的资源综合利用工程应与主体工程同时设计、同时施工、同时投产。凡具备综合利用条件的项目，其项目建设书、可行性研究报告和初步设计均应有资源综合利用内容，无资源综合利用内容的，有关部门不予审批。

（3）企业对其生产过程中产生的废物应积极开展综合利用，不具备利用条件的，应支持其他单位开展综合利用，并对利用废物的企业给予适当的装运补助费。提供可利用废物的企业与利用废物的企业之间应当签订长期的供需合同，并严格履行合同。对未经加工或废弃堆存的工业固体废物，提供利用废物的企业不得向利用废物的企业收取费用；对经过加工的工业固体废物，提供可利用废物的企业可根据加工成本和质量，按照利用废物的企业利益大于提供可利用废物的企业利益的原则，向利用废物的企业收取一定费用。

（4）建设行政主管部门应从建筑设计标准、施工规范和要求等方面积极支持企业利用废物生产新型建筑材料的推广工作。在距粉煤灰、煤矸石堆存场地 20 公里范围内不准新建实心黏土砖厂；凡有条件的，已建的实心黏土砖厂等建材企业，必须掺用一定比例的粉煤灰、煤矸石；筑路、筑坝、筑港工程，必须掺用一定比例的粉煤灰。

(5) 各工业主管部门应制定本行业的用水标准定额和节水规划，采取循环用水和一水多用，提高水的重复利用率。水资源短缺地区，要严格限制高耗水工业的发展，对新建高耗水项目，在可行性研究报告中必须有用水专项论证。

3. 采取措施，支持综合利用电厂生产电力、热力

凡利用余热、余压、城市垃圾和煤矸石、煤泥等低热值燃料及煤层气生产电力、热力的企业（以下简称综合利用电厂），其单机容量在500千瓦以上，符合并网调度条件的，电力部门都应允许并网，签订并网协议，对并网的机组免交小火电上网配套费，并在核定的上网电量内优先购买。

综合利用电厂的上网电价，原则上按同网同质同价的原则确定，有条件的可实行峰谷电价；因成本过高等特殊情况不能执行同网同质同价原则的，可以实行个别定价，由综合利用电厂商同电网经营企业提出方案，按国家有关规定报省级以上物价行政主管部门核准。电网购入综合利用电厂电量所发生的购电费用可计入成本，作为电网销售电价调整的基础。综合利用电厂与电网互供电量在同一计量点的、可以实行电量按月互抵结算。综合利用电厂所发电力，不纳入国家分配计划，可以在内部调剂使用，电力部门不得扣减电网供应给该企业的电力电量计划指标。

装机容量在1.2万千瓦以下（含1.2万千瓦）的综合利用电厂，不参加电网调峰；装机容量在1.2万千瓦以上的综合利用电厂，可安排一定的调峰容量，允许高峰满发，但低谷时发电负荷不得低于发电设备额定功率的85%。

4. 严格管理，搞好废旧物资的回收和再生利用

企业应建立废旧物资回收利用的修旧利废制度，对本企业不能利用的废旧物资，应积极向废旧物资回收企业交售。废旧物资回收企业要改进收购办法，积极组织收购，有条件的，应实行分类加工。

凡经营回收和加工生产性废旧金属的企业，必须经所在地人民政府指定的业务主管部门审批并发给统一印制的审核证明后，向公安部门申报核发特种行业许可证，再由工商行政管理部门核发营业执照，方可从事指定经营品种范围内的生产性废旧金属回收和加工业务。在铁路、矿区、油田、港口、机场、施工工地、军事禁区和金属冶炼加工企业附近，均不得设点收购废旧金属。禁止个体经营者从事生产性废旧金属回收和加工业务，各地人民政府要立即取缔现有个体经营者从事生产性废旧金属的回收和加工业务。公安机关要对经营回收废旧物资的企业依法加强监督。

严禁将报废汽车和明令淘汰的机电设备转移到农村和乡镇企业使用。凡国家规定不允许经营回收报废汽车的单位和个人，均不得回收报废汽车。车辆运行监督管理部门要对机动车辆的轮胎使用情况进行检查，并督促车辆使用单位适时翻新旧轮胎。

第六章　自然保护法律制度

第一节　自然资源权属制度

一、自然资源权属制度的概念

自然资源权属制度是指环境资源法规定的，关于自然资源的所有权、使用权和其他权益的法律制度。自然资源权属制度是我国环境资源法的主要法律制度。其内容涉及环境资源的所有权、使用权和其他权益的归属。传统的环境法通常把环境污染控制与自然资源的管理、利用分开，认为自然资源的属性首先是其经济性，在开发利益重于保护其生态价值的观念指导下，自然资源的权属问题被看成是财产法律制度，属于资源法的范畴，并应受民法物权制度基本原理的指导，有的甚至就直接将其归为财产权范畴。但环境资源是整体统一、全面相关的，随着人类对环境问题认识的深入，自然资源的生态价值就日益凸现出来，其所具有的环境价值、审美价值及其他精神价值也逐渐受到法律的关注。这样，传统民法关于财产权的理论却不能涵盖自然资源权属问题。自然资源法也与环境污染控制法融合、渗透，并逐渐成为一个完整的、开放的环境资源法体系。污染控制与资源管理相辅相成、互涉互动，经济价值与生态价值不可分，一损俱损。为此，自然资源的权属制度呈现出进一步的生态性。

随着我国市场经济体制全面深入和展开，经济发展模式的内涵型发展越加深入，环境资源对经济发展的制约作用也日益明显。为实现环境与经济的可持续发展，促进自然资源的持续开发，在自然资源的权属确定上，必须作出必要的调整。我国新近修改的《森林法》、《土地管理法》等都对此有所反映。

二、自然资源的所有权

自然资源所有权，是指对自然资源占有、使用、收益、处分的权利。按照自然资源种类不同，可以将自然资源的所有权分为土地所有权、森林所有权、草原所有权、矿藏所有权等；按自然资源权属主体不同，又可以将自然资源的所有权分为：国家所有权、集体所有权、个体所有权等。不同的自然资源所有权的取得、变更、消灭等方面的法律规定是有差异的。

（一）自然资源所有权的取得

自然资源所有权的取得，是指资源权属主体按一定方式取得一定种类的自然资源的所有权。自然资源的国家所有权取得，主要有法定取得和征用取得两种方式。自然资源的国家所有权，大部分是法律直接规定的，由法律明确规定自然资源属国家所有。法定所有是自然资源国家所有权的主要取得方式。征用取得，是指国家依据法律，将原来不属于国家所有的自然资源，通过强制性的征收方式归属国家所有，征用取得是一种继受取得，但这种继受方式具有国家强制性，国家一旦征用，被征用的自然资源的原所有者必须将该资源转让给国家，但国家应按照法律规定对原所有者予以相应的补偿。需要指出的是，国家的自然资源所有权客体不受限制，一切种类的自然资源，都可以成为国家所有权的客体。

集体所有权的取得有法定取得和开发利用取得两种方式。法定取得是指除国家所有的自然资源之外，法律规定属于集体所有的自然资源，集体依法律规定取得所有权。集体所有权的法定取得与国家所有权的法定所有不同：它必须经过一定程序，由一定的政府机关登记注册，核发证书，以确认其所有权。这也是自然资源的集体所有权与其他财产的集体所有权的不同之处。开发利用取得是为了鼓励集体经济组织开发利用自然资源，保护集体组织利用自然资源的合法利益，法律规定，集体组织可以通过开发利用自然资源的行为取得一定自然资源的所有权，如因开发荒山、荒岭，植树造林，取得林木的所有权；因建设水库、蓄积水流，取得水库中水体的所有权等。开发利用取得所有权，并非基于他人转让所有权的行为，因此也是一种原始取得。与法定所有不同的是，它必须通过开发利用的行为才能取得，而不是直接基于法律规定。

集体组织可以享有所有权的资源客体范围不是无限的，矿藏、水流、城市土地不能成为集体所有权的客体。可以通过开发利用方式取得所有权的资源，一般由法律明文规定，非经法律明文规定，虽开发利用，也不能取得所有权，只能取得使用权或其他权益，如开发利用荒山、荒岭、滩涂，并不能取得该资源的所有权，植树造林，并不能取得林地的所有权，只能取得林木的所有权。

个别的自然资源，可以归个人所有，个人所有权的取得方式，主要限于开发利用取得。个人可以享有所有权的资源客体方面，受到更严格的限制。

（二）自然资源所有权的变更

自然资源所有权的变更，是指资源所有权从一主体移转于另一主体。资源所有权的变更，主要有以下原因：

（1）因征用而变更。国家因社会公益的需要，征用集体所有的资源时，集体所有权因征用而变更为国家所有权。

(2) 因原权属主体变更而变更。集体经济组织自我变更名称，或集体组织的合并与分立，原集体组织享有的资源所有权或转移，或合并，或分割为新的集体组织的所有权。

(3) 因行政调整而变更。出于社会公益的需要，国家不采用征用方式，而以一定的资源与集体所有的一定资源相对换或调换，资源的所有权因此而变更。

自然资源的所有权在我国严禁转让，所以各种商品性流转不能成为自然资源所有权变更的原因。

（三）自然资源所有权的灭失

自然资源所有权的灭失，是指资源所有权因法律规定的法律事实的出现而归于灭失，不再存在。在一般的情况下，资源所有权的灭失是与资源本身的灭失联系在一起的，但也有直接依法律规定灭失一定的所有权的情形。自然资源所有权的消灭，主要有两种原因。

1. 因自然原因而灭失

因自然的原因使某种资源消灭或改变资源种类时，原资源所有权因客体消灭而灭失，如水流改变水道，淹没了原有的土地，原土地的所有权即为消灭。实践中，因自然原因消灭资源所有权，往往是改变资源种类，产生另一种资源的所有权，如水流淹没了土地，土地所有权消灭，水资源所有权产生；大火烧毁了森林，森林所有权消灭，变为林地所有权或土地所有权。

2. 因人工利用而灭失

因人工利用使某种资源消灭或资源改变，变为另一种资源时，原资源的所有权因客体消灭或用途改变而消灭。例如，在荒山、荒岭植树造林，变为林地或森林时，原荒山、荒岭的所有权即消灭，但产生了森林所有权或林地所有权。

自然资源所有权的灭失，因其灭失之后的法律情形不同，可以分为绝对灭失和相对灭失。若资源的所有权灭失，不再产生另一种资源所有权，为资源所有权的绝对灭失；若灭失资源的所有权消灭，产生或改变为另一种资源的所有权，为资源所有权的相对灭失。资源所有权相对灭失时，会产生两种法律情形：一是资源所有权自身的变更，如山岭所有权变更为林地或森林所有权，原有的权属主体未改变，只是由山岭所有权的主体变为林地、森林所有权的主体，这种情形可以称之为资源所有权相对灭失之后的变更所有权；二是资源所有权不仅自身变更，而且伴随权属主体的变更，如水流淹没了土地，因水流不能被原集体组织再加以利用，水流也不能成为集体所有权的客体，水流所有权变更为国家所有，虽然国家可以授权方式或行政调换方式给原集体组织以另一块土地的所有权，使其继续生产、经营，但毕竟原来的土地所有权变更为水流所有权，水流所有权又归属国家所有了，这种情形可以称之为资源所有权相对灭失后的所有权变更。

三、自然资源的使用权

自然资源的使用权是指依法对自然资源的控制并开发、利用的权利。应当注意的是，我国自然资源法设立的自然资源使用权，与民法规定的使用权有一定差异，它往往是含有一定的占有权和收益权，并在法律的规定下可以处分的使用权。

（一）自然资源使用权的取得

自然资源使用权的取得，是指一定主体以一定的方式取得资源使用权。资源使用权主要有以下的取得方式。

1. 授予或确定取得

国家所有的自然资源，可以由法律规定或法律规定的国家机构授予或确定给全民所有制企业和事业单位、集体经济组织使用，由此方式取得资源使用权，即为授予或确定取得。

2. 开发利用取得

开发利用取得指一定主体在法律规定的条件下通过开发利用行为取得一定资源的使用权。如为了鼓励经济组织和个人开发利用荒山、荒地、滩涂等，由法律规定，开发利用这些资源，并将其改造为耕地、林地、草场、养殖水面的行为可以取得该资源的使用权。

3. 转让取得

转让取得指按照法律所规定的形式或不禁止的形式，由原使用权主体将资源使用权转让于其他主体，如通过资源使用权的买卖、出租、承包等取得使用权。使用权的转让有两种内容：一种为绝对转让，指使用权的转让与使用权完全脱离原权属主体是一起发生的，使用权转让后，原权属主体不再享有资源使用权；一种为相对转让，指使用权的转让不意味着原权属主体完全丧失该使用权，原权属主体的使用权在使用权转让期限终了或一定条件下可自动恢复，原权属主体仍享有资源使用权。

资源使用权的取得，一般均须经过一定程序，进行登记注册，通过办理法律规定的手续而确认。

（二）自然资源使用权的变更

自然资源使用权的变更，是指资源使用权从一权属主体移转于另一权属主体，或者资源使用权内容的变更。资源使用权变更主要有以下原因。

1. 因主体变更而变更

享有资源使用权的主体（包括全民所有制组织和集体所有制组织）自我变更为一个新主体，或合并或分立时，资源使用权由原主体享有变更为新主体享有。

2. 因破产而变更

资源使用权的主体因经营不善而破产时，资源使用权因破产分配变更为破产债权人享有。

3. 因转让而变更

根据当事人的意愿，按照法律规定的形式或不禁止的形式将资源使用权转让于其他主体。资源使用权因转让而变更。

4. 因合同内容变更而变更

以合同形式取得的资源使用权，使用权的内容可因双方自愿改变合同内容而变更。

（三）自然资源使用权的消灭和终止

自然资源使用权的消灭，是指资源使用权因法律规定的法律事实的出现而归于消灭，不再存在。自然资源使用权的终止，是指因法律规定的原因或合同原因而使原来享有的使用权不再享有。资源使用权消灭和终止主要有以下原因。

1. 因自然原因而消灭

资源客体因自然原因而消灭，附着于资源客体的资源使用权也因此而消灭。

2. 因利用完毕而消灭或终止

资源客体可因人工利用原因而消灭，附着于资源客体的资源使用权也因此而消灭。次数性使用权和期限性使用权，可以因利用完毕而终止。

3. 因不利用而终止

取得资源使用权的目的在于使用资源，仅仅享有使用权而实际上不加以利用，则必然造成资源的闲置和浪费，为防止和纠正这种行为，法律常规定在取得资源使用权的一定时期内，如不对资源加以有效利用，便丧失资源使用权，资源使用权因丧失而终止。

4. 因合同原因而终止

根据资源使用合同而取得的资源使用权，可因违反合同而终止，可因符合合同规定的终止条件的事实出现而终止，可因合同期限已满而终止。

5. 因主体消灭而终止

资源使用权主体因某种原因消灭，其所享有的资源使用权因此而终止。

（四）自然资源使用权转让的限制

随着社会主义市场经济体制的全面展开，自然资源的使用权转让的限制正在逐渐放宽。使用权的转让可以提高自然资源使用的效益，优化资源分配，使有限的自然资源发挥最大的价值。但是目前对使用权的转让还有多种限制。常见的限制包括对转让客体、方式、期限、内容、价格、用途以及受让主体的限制。在许多条件下，还规定了转让的受让优先权限制。

四、自然资源的其他权益

（一）自然资源的专项权益

自然资源种类的繁多和用途的广泛性，使自然资源的许多专项权益不能被一般性地包括在自然资源所有权和使用权的范围之内，常常需要自然资源法作出专门性的规定，这些在自然资源所有权、使用权以外的其他权益，主要有：自然资源的专项权益、相邻权益等。

自然资源的专项权益，指自然资源法以专门名称的各种利用权益，如采伐权、捕捞权、采矿权、取水权等。自然资源的各种专项权益的取得方式，权益内容，变更、消灭与终止，权益转让，权属主体等方面一般是由特别法给以专门规定的。

（二）自然资源的相邻权益

相邻权益，是指同一种自然资源或不同种类的自然资源在空间上相联接时，各自权属主体之间的权利义务关系。如地上相邻关系等。

第二节　自然资源有偿使用制度

一、自然资源有偿使用制度的概念

自然资源有偿使用制度是指自然资源的利用者必须缴纳一定的费用才能得以利用的法律措施。

自然资源的经济价值属性决定了使用者可以获得一定的收益。在自然资源的所有权与使用权分离的情况下，使用人向所有人缴纳必要的费用，支付相应的对价，乃是民法的财产法原则在环境资源法中的体现。

在计划经济体制下，我国的自然资源是由国家确定给开发单位进行开发的，开发者不需要向国家缴纳任何费用。但随着市场经济体制的建立，自然资源各项权能的分离和流转成为必然。静态的所有权制度与动态的权能流通制度相结合，行政的分配与市场的调节相结合，是我国自然资源管理状况的特征。通过经济手段的使用，自然资源在市场机制的调配下，呈现出较高的效益，其使用率也大大提高。我国新近制定和修改的资源管理法都不同程度地采用了该项制度。可以预见，在今后的发展过程中，自然资源的有偿利用制度将会进一步在范围上和程度上有所扩展。

二、自然资源有偿使用制度的法律依据

我国的自然资源有偿使用制度已有较充分的法律依据。1998 年修订的《土地管理法》第 2 条第 4 款规定了国家依法实行国有土地有偿使用制度。但是，国家在法律规定的范围内划拨国有土地使有权的除外。该法第 54 条规定了建设单位使用国有土地，应当以出让等有偿使用方式取得。1998 年修订的《森林法》第 8 条第 2 款规定了国家设立森林生态效益补偿基金，用于提供生态效益的防护林和特种用途林的森林资源，林木的营造、抚育、保护和管理。该条第 1 款的第 5 项还规定了煤炭、造纸等部门，按照煤炭和木浆纸张等产品的产量缴纳一定数额的资金，专门用于营造坑木、造纸等林木。《矿产资源法》第 5 条规定了国家对矿产资源实行有偿开采。开采矿产资源，必须按照国家有关规定缴纳资源税和资源补偿费。《水法》第 7 条就明确规定了国家对水资源依法实行取水许可制度和有偿使用制度。同时，《水法》第 48 条还规定，直接从江河、湖泊或者地下取用水资源的单位和个人，应当按照国家取水许可制度和水资源有偿使用制度的规定，向水行政主管部门或者流域管理机构申请领取取水许可证，并缴纳水资源费，取得取水权。

由上述规定可以看出，自然资源的有偿使用，已经形成法律制度，有明确的法律依据。

三、自然资源有偿使用制度的内容

1. 自然资源有偿使用的方式

我国目前对自然资源的有偿使用主要是通过缴纳费用或征税来实现的，其中采用缴纳费用的方式比较普遍。费用的特点在于专款专用，一般不参与体制分成，随着资金运转制度的改革，可以用所缴纳的费用建立专项基金，对基金采用有偿利用提高了资金的使用率。我国已经开征的自然资源利用费包括：土地使用费、水费、水资源费等。税收是国家强制性的参与国民经济收入再分配的一种方式。它与费用的区别在于税收所形成的财政经费，可由政府决定其用途，不仅限于自然资源的维护或修复、补偿。两种方式到底哪一种更有利于自然资源的保护，尚需进一步的探讨和研究。

2. 自然资源有偿使用的限制

尽管相当一部分的自然资源已开始采用有偿使用的方式进行配置，但由于我

国自然资源权属的特殊性和自然资源本身还存在诸多限制。一般可以有偿利用的自然资源多属于经济性质占主导地位，生态价值较低的，或者对开发利用主体限制较小的自然资源。对于那些自然生态价值高，或具有一定战略地位的重要的稀缺的自然资源，不宜采用有偿使用制度。

另外，对于通过缴纳一定费用或税金而获得自然利用权的开发利用者，其途径、方式、期限等，法律亦作出了相应的限制。

我国的自然资源有偿使用制度，制度化程度不够高，法律、法规尚不能配套进行。需要立法的进一步加强。对于征收费用和税率的高低，也应进一步规范。现在亟待解决的是所征费用和税率较低，起不到应有的限制作用，仅仅象征性地收费和征税，使利用者没有感觉到自然资源的价值和稀缺性，实践中浪费十分严重。

第三节 自然资源开发禁限制度

一、自然资源开发禁限制度的概念

禁限是禁止和限制的简称。对自然资源的某些特殊区域或种类，法律明确规定禁止或限制开发，以保存其生态价值或留待将来开发，这是环境资源保护的重要措施。也是十分严厉和有效的保护手段。自然资源开发禁限制度是指环境资源法规定的，对特殊自然资源或自然资源的特殊区域禁止或限制开发的一系列法律措施的总称。要理解这一概念，应注意以下几点：

（1）禁止是指一段时间内绝对的不准开发利用，而限制则往往是对开发利用的数量、开发利用的区域、地段、开发利用的方法、措施、程度等的限制。

（2）自然资源开发的禁限制度是一种强制性的保护措施，须有法律、法规的明确规定。一旦规定下来，则违反者必得承担不利的法律后果。

（3）自然资源开发禁限制度是一种较为特殊的制度。这是因为环境资源的经济属性决定了其作为资源，就应当为人类所利用，人类也认为自己有权利开发、利用环境资源。对开发利用作出禁止或限制，必定基于特殊的利益需要，在环境资源法上，这种需要是为了保护某些濒危的自然资源，或为了保护其生态价值和未来的价值。

（4）自然资源开发禁限制度是广泛采用的制度。我国的多项环境资源单项立法都采用了这一制度。如《土地管理法》、《水法》、《森林法》、《渔业法》、《野生动物保护法》等均有规定。

二、自然资源开发禁限制度的法律依据

《环境保护法》第 18 条规定：在国务院、国务院有关主管部门和省、自治区、直辖市人民政府划定的风景名胜区、自然保护区和其他需要特别保护的区域内，不得建设污染环境的工业生产设施；建设其他设施，其污染物排放不得超过规定的排放标准。《海洋环境保护法》第 9 条第 2 款规定：禁止毁坏海岸防护林、风景林、风景石的红树林、珊瑚礁。《自然保护区条例》第 27 条规定：禁止任何人进入自然保护区的核心区。因科学研究的需要，必须进入核心区从事科学研究观测、调查活动的，应当事先向自然保护区管理机构提交申请和活动计划，并经省级以上人民政府有关自然保护区行政主管部门批准；其中进入国家级自然保护区核心区的，必须经国务院有关自然保护区行政主管部门批准。此外，第 28 条、29 条、32 条等都有规定。《矿产资源法》第 17 条规定不得开采的矿产资源包括：港口、机场、国防工程设施圈定地区以内的矿产资源；重要工业区、大型水利工程设施、城镇市政工程设施附近一定距离内的矿产资源；铁路、重要公路两侧一定距离以内的矿产资源；重要河流、堤坝两侧一定距离以内的矿产资源；国家划定的自然保护区、重要风景名胜区，国家重点保护的不能移动的历史文物和名胜古迹所在地以内的矿产资源以及国家规定不得开采的其他区域内的矿产资源。《森林法》第 31 条规定采伐森林和林木必须遵守以下规定：成熟的用材林应当根据不同情况，分别采取择伐、皆伐和渐伐方式。皆伐应当严格控制，并在采伐的当年或者次年完成更新造林；防护林和特种用途林中的国防林、母树林、环境保护林、风景林，只准进行抚育和更新性质的采伐；特种用途林中的名胜古迹和革命纪念地的林木、自然保护区的森林，严禁采伐。《野生动物保护法》第 16 条规定：禁止猎捕、杀害国家重点保护野生动物。第 18 条规定：猎捕非国家重点保护野生动物的，必须取得狩猎证，并且服从猎捕量限额管理。第 20 条规定：在自然保护区，禁猎区和禁猎期内，禁止猎捕和其他妨碍野生动物生息繁衍的活动。其他还有 21 条、22 条、26 条等均有规定。除上述法律外，《渔业法》、《草原法》、《水法》等自然资源保护法和行政规章及地方立法都采用了这一制度。总之，自然资源开发的禁限制度在立法中已被广泛采纳，有明确的法律依据。

三、自然资源开发利用禁限制度的主要内容

（一）自然资源开发禁限的范围

自然资源开发利用禁限，乃是一种行政管制措施，有其明确的适用范围。目前我国对自然资源禁止或限制开发的，主要包括：

（1）濒危的自然资源。这类自然资源的数量已经十分稀少，有的甚至濒临灭绝，因此必须采取措施，禁止或限制对它们的开发和利用。

（2）处于环境敏感区的自然资源。这类自然资源因其所处的位置对环境的影响较大，具有重大的生态价值或审美价值，因此，为使当地小环境整体不受影响，对它们的开发利用进行禁止或限制。如国防林等。

（3）具有重要科研价值的特种自然资源。这类自然资源一般包括特殊的地质、地貌、特殊的古迹、文物等。人类对它们尚不够了解，一旦遭到开发行为的破坏，则造成信息的永久性损失，因此只采取慎重态度。

（4）具有多种用途的自然资源。在开发利用这类自然资源时，一般要求对开发利用的方法、技术等进行限制，以促使其综合利用，合理利用，而不至于造成浪费。

除以上列举的几种外，国家基于特殊利益的考虑还可以规定必要的对自然资源开发和利用的禁止和限制。

（二）自然资源开发利用禁限的方法

对于禁止开发利用的自然资源，一般由法律明确规定；限制则多采用以下几种方法：

（1）对开发利用数量的限制。立法中表现为限量开发。如对森林的开发利用即是如此。

（2）对开发利用时间的限制。如《渔业法》中规定了禁猎期等。

（3）对开发利用程度的限制。法律要求必须达到一定程度的开发利用水平才能从事开发利用或只能开发利用到何种程度。

（4）对开发利用地域的限制。

（5）对开发利用主体的限制。

（6）对开发利用方式的限制。

第四节　进出口管制制度

一、进出口管制制度的概念

进出口管制制度是指按照自然资源法及其有关规定，对法律规定的自然资源的进出口进行限制的法律制度。

自然资源是一个国家发展经济的基础，它本身就是国家间经济实力比较的一个重要因素，因此，各国普遍对属于自己独有或较为珍稀的或是具有重要安全价值等的自然资源的出口进行管制。对于国外的某些有可能引发本国生物、生态甚至是军事隐患的自然资源的进口也进行限制。

长期以来，我国的野生动植物一直是禁止或限制出口的，一些非法分子为了谋取利益，将我国的珍稀动植物或与其有关的产品非法走私出境，这已构成十分严重的犯罪，不仅违反了自然资源法，也违反了《刑法》和《海关法》，我国对此进行了严厉的打击。

二、自然资源进出口管制制度的法律依据

《野生动物保护法》第 24 条规定了出口国家重点保护野生动物或者其产品的，进出口中国参加的国际公约所限制进出口的野生动物或者其产品的，必须经国务院野生动物行政主管部门或者国务院批准，并取得国家濒危物种进出口管理机构核发的《允许进出口证明书》。海关凭《允许进出口证明书》查验放行。涉及科学技术保密的野生动物物种的出口，按照国务院有关规定办理。第 36 条规定了非法进出口野生动物或其产品的，由海关依照《海关法》处罚；情节严重、构成犯罪的，依照《刑法》关于走私罪的规定追究刑事责任。1991 年《国务院关于加强野生动物保护严厉打击违法犯罪活动的紧急通知》第 5 条规定，加强野生动物及其产品的进出口管理。国家重点保护和我国参加的国际公约限制进出口的野生动物及其产品、制成品、衍生物不得随意出口。如需出口的，须经所在省、自治区、直辖市野生动物行政主管部门同意，报国务院野生动物行政主管部门或授权单位批准，由中华人民共和国濒危物种进出口管理办公室或其授权办事处核发《允许出口证明书》，经口岸检疫、检验和查验放行。凡从事贸易性质的出口单，必须是具有上述商品出口权的外贸公司；否则，野生动物行政主管部门，濒危物种进出口管理机构、口岸检疫、商品检验机关和海关不得受理。《野生动物保护实施条例》第 30 条规定：出口国家重点保护野生动物或者其产品的，以及进出口中国参加的国际公约所限制进出口的野生动物或者其产品的，必须经进出口单位或者个人所在地的省、自治区、直辖市人民政府林业行政主管部门审核，报国务院林业行政主管部门或者国务院批准；属于贸易性进出口活动的，必须由具有有关商品进出口权的单位承担。动物园因交换动物需要进出口野生动物的，在国务院林业行政主管部门批准前或者国务院林业行政主管部门报国务院批准前，应当经国务院建设行政主管部门审核同意。《水生野生动物保护实施条例》第 22 条规定：从国外引进水生野生动物的，应当向省、自治区、直辖市人民政府渔业行政主管部门提出申请，经省级以上人民政府渔业行政主管部门指定的科研机构进行科学论证后，报国务院渔业行政主管部门批准。

三、进出口管制制度的内容

1. 进出口管制的主管机关

自然资源进出口管制的主管机关是国务院有关部门或其授权的办事机构。在报国务院批准之前，必须经该项自然资源的省级保护主管机关同意。比如，陆生野生动物的主管机关为林业部门，则其进出口管制的主管机关就是省级林业部门。

2. 许可证书

进出口国家规定的自然资源，必须向政府主管部门申请许可，并获得进出口许可证书，才能通过海关。必要的话，还必须根据法律规定，由有关的科学技术部门进行论证，出具论证结果。

3. 进出口单位的主体限制

这主要是对贸易性质的自然资源进出口所作的限制，贸易性质的自然资源的进出口单位，必须是有进出口权利的单位。

第五节　自然资源补救制度

一、自然资源补救制度的概念

自然资源补救制度，是指按照自然资源管理法的规定，对因开发利用自然资源而造成的自然资源的损害和破坏，要求开发利用者必须以补救自然资源的损害为实际内容的一项环境资源法律制度，在相当大的程度上，它还是一项责任制度。

理论和实践中，应严格注意补偿和补救之间的区别：第一，二者设立的依据不同。设立补救义务的依据是基于资源损害或公共利益损害，设立补偿义务的依据是基于个体（包括单位和个人）利益的损害。第二，二者的义务内容不同。补救义务所针对的法律事实是由于资源受到了影响从而导致的公共利益损害，因此补救义务的内容是补救资源，补救了资源也就补偿了因资源损害而遭受损失的公共利益和个体利益；补偿义务针对的法律事实是由于个体利益的损害，因此补偿义务的内容是补偿个体损失。第三，履行原则不同。资源损害若不给予补救，其损害影响将是永久的或长期的，所以补救义务必须实际履行，不能以金钱内容来代替；个体利益损害是一时的或一定的，所以补偿义务可以以金钱体现或以金钱代为履行。第四，请求权的行使方法不同。资源损害影响的是公共利益，其请求补救义务履行的主体应是代表公共利益的一定行政机关，即使因资源损害而遭受影响的其他社会主体，一般应请求行政机关履行职责而不应直接请求补救义务人履行义务；补偿义务针对的是个体损失，所以受到损失的个体可以直接请求补偿义务人履行义务，在补偿义务人不履行义务时，可请求有权限的有关行政机关予以行政处理或请求人民法院予以司法解决。

补偿和补救的关系有两种，一是可以替代的相互关系，如影响用水或水量的补救和补偿，即采取了补救措施可以不再承担补偿的义务，反之亦然；二是不可以替代的相互关系，如影响地下水的补救和补偿，即便采取了补救措施，仍需再对个体利益的损失予以补偿。

这里介绍的补救制度，主要指不得由赔偿替代的补救。

自然资源不是一般财产，由于自然资源的整体性、有限性和多用性，自然资源遭受的损害不是以简单的货币补偿即能弥补其实际损失的，例如，一定林木的滥砍乱伐，如果仅以货币赔偿为内容，所补偿的，仅是林木作为木材的价值，而森林再生能力的减弱，森林作为动物栖息地，绿化环境、涵养水土、调节气候等维护生态环境功能的丧失则是货币无法补偿的，因此，以货币赔偿的方式并不能补偿资源消灭、解体、功能改变的实际损失。由于自然资源对人类社会的重大意义，自然资源所遭受的损害不仅仅是资源权属主体的利益损害，而且是社会公益的重大损害，仅仅对权属主体的一定损失给以货币赔偿，也弥补不了社会公益的损害。设立资源补救制度，作用在于强制责任主体在资源遭受到损害时，以实际行为来回复、更新、补救资源的实际损害，资源得到了补救，其再生能力才能得到保障，其各种功能及其对其他资源的影响才能得到恢复，资源才得到了真正的保护；恢复、更新补救了资源本身，资源之上的社会利益才能得到补偿，社会与资源之间的关系才不会恶化下去，资源权属主体的个体利益也被包括在其中而得到了实际的补救。资源补救责任的设立，不仅仅是为了资源权属主体的利益，更是为了切实保护自然资源，为了维护人类社会与自然的关系，为了社会公益的目的而设立的。

二、自然资源补救制度的内容

（一）补救的内容

补救的核心内容是以实际行为补救资源损害，而不仅仅是补偿，尤其是在补偿不能恢复资源损害时更是如此。具体的补救内容，因资源的种类而有所不同。例如：森林遭受破坏的，补种林木；草原遭受破坏的，恢复植被；渔业资源洄游受损害的，建造洄游设施或另辟洄游水道；土地遭受损害的，恢复土地用途或功能等。

（二）补救的程度

补救的程度以能否有效补救资源所受损害及实际履行的可能性为界限，一般有两种情况：①大于损害的责任范围，指数量上的大于或质量上的高于，例如补种盗伐树木数量几倍的补种责任，回复遭受破坏的土地质量高于原来质量的回复责任，更新遭受毁坏的草原植被质量高于原来质量的更新责任等。由于人类的长期利用和滥用，自然资源已经减少了数量和降低了质量，为了改变自然资源恶化的现状，规定大于损害的责任范围，有利于自然资源的保护、恢复和发展。②保证资源有效利用和有利影响的责任范围，在资源补救责任的履行结果不可能大于所受损害的情况下，应规定能保证资源有效利用和有利影响的责任范围，如在渔业资源洄游的通道上筑坝，不可能完全恢复原通道供渔业资源洄游的功能，其补救的过鱼设施，应以该设施能被渔业资源有效利用为最低限度。资源种类不同，资源损害可以补救的方法不同，资源补救责任的范围也不同。

（三）自然资源补救的主体及责任代位

按照我国现行自然资源法的规定，产生资源补救责任，出于两种原因：①由于非资源权属主体的资源侵害行为而产生的资源补救责任，如《森林法》规定的盗伐森林的行为产生的补种树木的责任；②基于资源权属主体的资源补救义务而产生的资源补救责任，如《草原法》规定的过量放牧造成草原沙化、退化、水土流失的，草原使用者应履行补种牧草、恢复植被的资源义务，当草原使用者不履行该资源补救义务时，即转化为相应的资源补救责任。

产生资源补救责任后，可以因一定的原因发生责任代位，我国《森林法实施细则》第 26 条规定：被责令补种树木者因故不能补种的，可以缴纳造林费，由林业主管部门收取后代为补种。这种收取一定费用后产生的代位，可以称之为因缴纳补救费用或因赔偿而产生的责任代位。在实践中，一定的资源利用有着相应的时间性，如水不利用会白白地损失，造成浪费，林木、草原植被不及时补种，会因季节的缘故而受到影响，因此，为了及时地补救资源损害，在原责任主体因故不能及时履行资源补救责任时，一定的主体可以主动代替原责任主体进行先行补救，这种代位可以称之为因时间关系而产生的责任代位。因时间关系而产生的代位，由于代位而受到的损失，可以向原责任主体进行追偿。

除了因违法行为的原因可以产生资源侵害之外，因一定的自然原因和技术原因等法律事实，也可以产生资源侵害。如因一定的技术原因，某单位发生了火灾，该火灾延续烧毁了附近的林木，造成了森林资源的侵害。因此，在可能和合理的情况下，法律应规定因当事人行为以外的一定法律事实的出现使资源遭受损害时，承担相应的资源补救责任，这是发展资源补救责任的重要途径。即使这样，仍然可能产生应该给以补救的资源损害而实际不能给以补救的情形，如一定的资源损害可能找不出行为人或法律事实相关人，或行为人和法律事实相关人无力承担资源补救责任的情形。为了切实地保护自然资源，基于资源权属主体在享有资源权益的同时，应负有资源保护义务或使资源能被持续利用、永续利用的义务，法律可以规定在一定的情形下，将资源补救责任移位于受损害资源的一定权属主体；如果资源权属主体也因故不能承担或无力承担资源补救责任时，则法律可以规定将资源补救责任再移位于资源管理的专门行政主体来承担。

（四）自然资源补救制度执行的原则

设立和发展资源补救制度的目的，在于切实保护自然资源和自然资源所承载的社会公益，资源补救制度目的能否实现，与执行制度有直接的联系，因此，法律对资源补救的执行确定一定的原则，有着重要的意义。主要执行原则有不得落空原则，实际履行原则，完整履行原则。

1. 不得落空原则

资源一旦遭受损害，如不给以补救，造成资源的退化、恶化，不仅危害现实中的社会公益和权属主体的利益，而且将秧及后世。因此，对于资源补救制度的执行，应确立不得落空原则，即在设定资源补救责任时，应使责任的承担最终必有一定的主体。责任主体包括行为主体或法律事实相关主体、权属主体、资源专门行政主体，责任主体的完整及其责任序位的明确规定，是不得落空原则的体现和保障。

2. 实际履行原则

资源补救责任在制度内容上强调进行资源补救的实际结果，不得以其他方式代替补救内容的实际履行，即为实际履行原则。如果允许以其他方式代替实际履行，资源所受损害不能得到实际补救，资源补救制度就没有意义。但是，实际履行原则并非意味着绝对不能以其他方式履行，如果责任主体因法律规定的特殊原因或允许的方式给以赔偿，因此赔偿行为可将责任内容的实际履行移位于其他主体，从而将发生代位履行。例如法律允许资源补救责任的原主体付出一定的费用给资源权属主体或资源专门行政主体，由后二者用此费用补救资源所受损害。这种情况下，行政主体或权属主体即代位于原责任主体继续履行资源补救责任，代位履行仍必须实际履行，所以代位履行与实际履行是不相违背的。如果代位主体不将原责任主体的赔偿费用用于补救资源损害，则法律应规定强制履行或代位履行而未实际履行的加重责任，以保证实际履行原则的最终实现。

3. 完整履行原则

资源补救责任在责任范围上应确立完整履行原则，即资源补救责任的范围应符合法律规定的数量和质量。

第七章　污染控制制度

第一节　城市环境综合整治定量考核制度

一、城市环境综合整治定量考核制度的概念

所谓城市环境综合整治，一般是指在城市政府的统一领导下，以城市生态学理论为指导，以发挥城市综合功能和整体最佳效益为前提，为保护和改善城市总体环境，对制约和影响城市生态系统发展的综合因素，采取综合性的对策进行整治、调控。所谓城市环境综合整治定量考核制，是指通过定量考核对城市政府在推行城市环境综合整治中的活动予以管理和调整的一项环境监督管理制度。

城市环境综合整治是环境保护发展到一定阶段产生的环境保护思想和技术手段。我国的城市环境综合整治一般认为始于 1984 年，是年 10 月中共中央在《关于经济体制改革的决定》中明确指出："城市政府应当集中力量做好城市的规划、建设和管理，加强各种公用设施的建设，进行环境的综合整治。"

为推动城市环境综合整治工作，1985 年国务院召开了"全国城市环境保护工作会议"，并原则通过了《关于加强城市环境综合整治的决定》。

作为一种新的环境管理思想和环境技术措施，城市环境综合整治在城市环境保护中起到了很好的推动作用。为了巩固成果并推广这一做法，必须把城市环境综合整治纳入法制管理轨道，由此产生了我国环境管理中新推行的"城市环境综合整治定量考核制"。目前我国的这一制度已初步走上法制轨道。1988 年 9 月，国务院环境保护委员会发布了《关于城市环境综合整治定量考核的决定》，要求自 1989 年 1 月起实施城市环境综合整治定量考核工作。同年，该委员会又发布了《关于下达〈关于城市环境综合整治定量考核实施办法、暂行〉的通知》，1989 年第三次全国环境保护会议提出把"城市环境综合整治定量考核制"作为五项新的环境管理制度之一在全国推行。

二、城市环境综合整治定量考核制的内容

（一）考核的对象和分级

根据有关规定，市长应对城市的环境质量负责，城市环境综合整治是城市政府的一项重要职责，应把它列入市长的任期目标，并作为考核政绩的重要内容。

城市环境综合整治定量考核的主要对象是城市政府，考核的目的是对城市政府的工作进行考查、评定。考核分为两级：

(1) 国家级考核，由国家有关主管部门对部分重点城市的环境综合整治工作进行考核。目前，国家直接考核的城市共 40 多个，包括 3 个直辖市、26 个省会城市（拉萨市除外）和桂林、苏州、大连等重点城市。

(2) 省级考核，各省、自治区考核的城市由省、自治区人民政府自行确定。

定量考核的基本要求是定量化，结果具有可比性。目前，定量考核采用评分制，共有 5 个方面的内容、20 项指标，总计 100 分。内容是：大气环境保护 (35 分)、水环境保护（30 分)、噪声控制（15 分)、固体废弃物处置（15 分)、绿化（5 分)。

考核具体分解为环境质量等，其中：①环境质量指标 6 项 537 分，②污染控制能力指标 8 项 37 分；③环境基础设施指标 6 项 26 分，每项指标分 10 个等级，按所得分数评比排序。

（二）定量考核制度的施行

定量考核工作由城市政府负责。城市政府制定定量考核的规划和目标，一并制订切实可行的具体实施方案，把考核指标层层分解，落实到基层。

定量考核每年两次。对国家直接考核的城市，由国务院环境保护委员会对上报的考核结果进行审核并公布。

城市环境综合整治定量考核制是一项综合性的环境监督管理制度，其有效实施依赖于其他制度的完善，尤其是必须以环境保护目标责任制的全面推行为前提。

第二节　排污申报登记制度

一、排污申报登记制度的概念

排污申报登记制度，是指由排污者依法向环境保护行政主管部门申报登记其污染物的排放和防治情况，并接受环境保护行政主管部门监督管理的一系列法律规范构成的规则系统，是排污申报登记的法律化。

排污申报登记，是及时准确地掌握有关排污和污染信息的有效途径，也是环境保护行政主管部门进行其他相应管理的基础。排污申报登记制度最先规定于 1982 年 2 月 5 日国务院发布的《征收排污费暂行办法》，当时申报登记的事项仅限于排放污染物的种类、数量和浓度，以作为征收排污费的依据。1984 年 5 月 11 日颁布的《水污染防治法》，使这一制度正式确立。该法第 14 条规定："直接或者间接向水体排放污染物的企业事业单位，应当按照国务院环境保护部门的规定，向所在地的环境保护部门申报登记拥有的污染物排放设施、处理设施和在正常作业情况下排放污染物的种类、数量和浓度，并提供水污染防治方面的有关技术资料。”“排放污染物的种类、数量和浓度有重大改变的，应当及时申报。”此后，许多环境法律、法规，包括《环境保护法》，都规定了这一制度。具体规定这一制度的是 1992 年 8 月 14 日国家环境保护局发布的《排放污染物申报登记规定》。

二、申报登记的适用对象

排污申报登记适用于中华人民共和国领域内以及中华人民共和国管辖的其他海域内直接或者间接向环境排放污染物、工业和建筑施工噪声、产生工业固体废物的单位。污染物的种类包括废水、废气和其他有害环境的物质。但是，排放生活废水、废气和生活垃圾以及生活噪声的，不需要申报登记。排放放射性废物的，有特殊的申报登记要求。

三、排污申报登记制度的内容和程序

排污申报登记是一项全面的环境管理法律制度，法律原则上要求所有的排污单位均应申报登记。申报登记的内容，因排放污染物的不同而异。但通常要包括排污单位的基本情况，使用的主要原料，排放污染物的种类、数量、浓度，排放的地点、去向、方式，噪声源的种类、数量和噪声强度，污染防治的设施等。

排污单位必须在指定范围内，向所在地的环境保护行政主管部门办理排污申报登记手续。首先要填报《排污申报登记表》，并提供必要的资料；新建、改建、扩建项目的排污申报登记，应当在项目的污染防治设施竣工并经验收合格后 1 个月内办理。

排污单位填写《排污申报登记表》以后，有行业主管部门的，应先送行业主管部门审核，然后向所在地的环境保护行政主管部门登记注册，领取《排污申报登记注册证》。申报登记以后，如果排放污染物的种类、数量、浓度、排放去向、排放的地点、排放方式、噪声源的种类、数量以及强度、噪声污染防治设施、固体废物的储存场所或处置场所等需作重大变更的，应当在变更前 15 天，向所在地的环境保护行政主管部门履行变更申报手续，在征得负责登记的环境保护行政主管部门同意后，填报《排污变更申报登记表》。如果上述申报登记事项发生重大紧急变更的，必须在改变后的 3 天内向所在地的环境保护行政主管部门提交《排污变更申报登记表》。

如果有关排污单位需要拆除或者闲置污染物处理设施的，必须提前向所在地的环境保护行政主管部门进行申报，并说明理由。环境保护行政主管部门在收到有关申报后，应在1个月内予以批复；逾期未批复的视为同意。

排污单位拒报或谎报排污申报登记事项的，环境保护行政主管部门可给予罚款，并限期补办排污申报登记手续。应当办理变更申报登记手续而未办的，视为拒报，并按拒报给予处罚。

第三节　污染物排放税费制度

一、污染物排放税费制度的概念

排污收费制度，是指国家环境资源保护机关或税务机关对向环境排放污染物或者超过国家污染物排放标准排放污染物的单位和个人，按照所排放的污染物的种类、数量和浓度，征收一定的费或税的一套管理措施。

税与费的性质是不同的。通常，征税的目的是获得必要的收入，以满足政府的财政开支，而收费则被看成是一种管理手段，尤其是排污收费，从初始目标来看，其作用主要是限制那些不利于环境的社会经济活动数量，而不是极力创造政府收入。税与费的立法基础不同，在我国，任何税收（包括税种和税率）都必须由最高权力机关，即全国人民代表大会立法通过，任何地方（包括省、自治区和直辖市）人代会和政府无权设立任何税收政策，或对国家制定的税收进行修改。而在美国，根据《联邦宪法》规定，国会和州的立法机构都有税收的立法权。当然，它们的税收立法管辖的范围是互不相同的。而费的立法权力则来自于《宪法》的授权。

如果我们把收费的立法基础与税收的立法基础等同看待，那么，即使这种“污染税”或“环境税”也同样能起到限制不利于环境的行为的作用，我们也同样会面临着许多税收法律方面的障碍。首先，这种收费明显地违背了税收的收入目标或功能，除非把收费标准确定得很低。排污收费标准越高，一般来说其筹集资金功能的发挥就越弱。第二，税收要求统一和公平，即国家规定的各种税法在各地方必须统一执行，不存在特殊地方和行业的特种税率，地方也无需根据中央政府颁布的税法制定适合本地区的税种和税率。而排污收费正好相反，为了实现最佳的经济刺激效率，要求根据特定区域的社会经济发展水平和环境容量资源条件，区别征收排污费。换言之，如果国家颁布一个统一的排污收费标准，则地方可以对收费标准进行调整，就排污收费来说，不同行业或位于不同环境功能区的两个排污者，在污染物排放相同时，如果缴纳的排污费不相同，这应该是允许的，但作为税收则是不允许的。第三，税收的收入通常都要划入政府的公共财政预算中统一分配使用，而排污收费除了刺激削减污染的同时，一般作为一种专项收入用于建立专项基金，在政府预算之外进行独立管理。在我国，这种收费表现为政府部门的一种行政事业性收费收入。第四，税收的征收一般相对比较独立，由税务部门独立征收或由其委托的机构征收，而排污收费则由环境管理部门（如我国的环境监理所）征收，其他政府部门的行政事业性收费也由相应的政府部门或代理的事业单位实施征收，而且，后者的收费收入往往部分用于弥补征收机构的支出。最后，在一些国家（如美国）中，由于存在“免税权”的问题，即法律规定在那些从未征收过联邦税或中央税的地区，当州和市政府接管征税的权力时，可以免征联邦或中央税。换言之，如果在这些地区，以联邦税的形式实施污染税，则这种税收将不存在法律的基础，或者说这种污染税得不到法律的支持。在这种情况下，如果中央或联邦政府要征收某项污染税，那么只能采用一种收费的形式，或授权给地方政府征收。在我国，虽然不存在这种“免税权”问题，但同样存在实际征收权的配置问题。如果可能的话，当我们在设计污染税时，则应尽可能把这种税收设计成地方税。

从上面的比较中可以看出，收费的立法基础相对于征税来说则更具有可操作性和简便性。这一事实导致了在经济得到政府控制的国家中，出现了大量的部门行政性收费，而且这些收费都游离于政府的公共预算之外。一方面，政府的预算内财政收入逐渐萎缩；而另一方面政府部门的预算外资金收入却逐年膨胀，最后出现比例“倒挂”现象。直到目前为止，我国并没有开征排污税，因此，我们认为，排污费改税应该尽快实行。这里主要介绍排污收费制度。

世界上最早实行排污收费制度的是德国的鲁尔工业区，它在1904年就实行了排污收费制度。1976年，德国更是在其《废水收费法》中，专门规定了排污收费制度。这项制度是运用经济手段有效地促进污染治理和新技术的发展，又能使污染者承担一定的污染防治费的法律制度。其目的是为了促进排污者加强经营管理，节约和综合利用资源，防治污染的发生，保护和改善环境资源。

我国在1978年的中央批转的《环境保护工作汇报要点》中明确提出实行排污收费制度，1979年颁布的《环境保护法（施行）》正式规定了该制度。到1982年在总结我国对22个省、自治区、直辖市试点经验的基础上，国务院颁布了《征收排污费暂行办法》，对征收排污费的目的、范围、标准、加收和减收的条件，费用的管理与使用等作出了规定。1984年颁布的《水污染防治法》规定凡是向水体排放污染物的超标或不超标都要收费。此后颁布的《国营企业成本管理条例》、《污染源治理专项基金有偿使用暂行办法》、《排污费征收使用管理条例》以及财政部颁布的《征收超标排污费财务管理和会计核算办法》等法规、规章中，又对排污费摊入成本问题、排污费的有偿使用和管理问题作了补充规定，使征收排污费制度不断得到充实和完善。

二、排污费的征收

1. 征收排污费的对象和范围

按照《排污费征收使用管理条例》的规定，征收排污费的对象是直接向环境排放污染物的单位和个体工商户。排污者向城市污水集中处理设施排放污水、缴纳污水处理费用的，不再缴纳排污费。排污者建成工业固体废物储存或者处置设施、场所并符合环境保护标准，或者其原有工业固体废物储存或者处置设施、场所经改造符合环境保护标准的，自建成或者改造完成之日起，不再缴纳排污费。另外，《水污染防治法》规定："企业事业单位向水体排放污染物的，按照国家规定缴纳排污费；超过国家或地方规定的污染物排放标准的，按照国家规定缴纳超标准排污费。"据此规定，向水体排污的单位，即使未超过污染物排放标准，也要缴纳排污费。

征收排污费的范围，根据《排污费征收使用管理条例》、《关于调整超标污水和统一超标噪声排污费征收标准的通知》和《放射环境管理办法》的规定，征收排污费的污染物包括污水、废气、固体废物、噪声和放射性等几大种类。但对于蒸汽机车和其他流动污染源排放的废气，在符合环境保护标准的储存或处置的设施、场所内储存、处置的工业固体废物，进入城市污水集中处理设施的污水，不征收排污费。

2. 排污费的征收标准

(1) 依照《大气污染防治法》、《海洋环境保护法》的规定，向大气、海洋排放污染物的，按照排放污染物的种类、数量缴纳排污费。

(2) 依照《水污染防治法》的规定，向水体排放污染物的，按照排放污染物的种类、数量缴纳排污费；向水体排放污染物超过国家或者地方规定的排放标准的，按照排放污染物的种类、数量加倍缴纳排污费。

(3) 依照《固体废物污染环境防治法》的规定，没有建设工业固体废物储存或者处置的设施、场所，或者工业固体废物储存或者处置的设施、场所不符合环境保护标准的，按照排放污染物的种类、数量缴纳排污费；以填埋方式处置危险废物不符合国家有关规定的，按照排放污染物的种类、数量缴纳危险废物排污费。

(4) 依照《环境噪声污染防治法》的规定，产生环境噪声污染超过国家环境噪声标准的，按照排放噪声的超标声级缴纳排污费。

3. 排污费的减征和免征

排污者因不可抗力遭受重大经济损失的，可以申请减半缴纳排污费或者免缴排污费。排污者因未及时采取有效措施，造成环境污染的，不得申请减半缴纳排污费或者免缴排污费。排污费减缴、免缴的具体办法由国务院财政部门、国务院价格主管部门会同国务院环境保护行政主管部门制定。

排污者因有特殊困难不能按期缴纳排污费的，自接到排污费缴纳通知单之日起 7 日内，可以向发出缴费通知单的环境保护行政主管部门申请缓缴排污费；环境保护行政主管部门应当自接到申请之日起 7 日内，作出书面决定；期满未作出决定的，视为同意。排污费的缓缴期限最长不超过 3 个月。

批准减缴、免缴、缓缴排污费的排污者名单由受理申请的环境保护行政主管部门会同同级财政部门、价格主管部门予以公告，公告应当注明批准减缴、免缴、缓缴排污费的主要理由。

4. 征收排污费的程序

征收排污费，首先要确定排污量。通常是由排污单位向环境资源保护行政管理部门申报登记排放污染物的种类、数量和浓度，经过环境资源保护部门或其指定的监测单位核定后，作为收费的依据。其次是环境资源保护行政管理部门按月或季度向排污单位发出缴费通知单；排污单位应在收到通知后 7 天内向指定的商业银行缴付。商业银行应当按照规定的比例将收到的排污费分别解缴中央国库和地方国库。

5. 排污费的管理和使用

根据《排污费征收使用管理条例》的规定，征收的排污费，必须纳入财政预算，列入环境保护专项资金进行管理，主要用于下列项目的拨款补助或者贷款贴息：

（1）重点污染源防治；

（2）区域性污染防治；

（3）污染防治新技术、新工艺的开发、示范和应用；

（4）国务院规定的其他污染防治项目。

第四节　现场检查制度

一、现场检查制度的概念

现场检查制度是指环境资源保护部门和其他监督管理部门，依法对管辖范围内的单位和个人遵守环境法律法规，执行其命令、决定的情况以及其他与环境资源保护有关的情况，直接进入现场检查的一种环境资源法律制度。现场检查制度是环境资源管理机关行使监督检查职能的一种重要手段。现场检查的目的在于检查、督促排污单位执行各项管理制度，严格遵守法律制度，及时发现违法者，以便适时采取防范措施和补救方法。现场检查制度是其他环境资源管理制度的保障，是对其他制度执行情况的监督和检查，因此，也是环境资源管理的一项基本制度。

现场检查是环境资源行政监督的一项措施。在法律上是授予检查主体以进入权，直接进入企事业单位生产经营现场进行检查的权力。这样一种进入权的赋予，将对被检查人的实体权利义务产生影响，因此，必须由法律严格加以规范。

现场检查的主体是享有现场检查权的环境资源行政监督管理部门。现场检查作为一项重要的职权必须要由法律授权的部门或机关行使，这是现场检查主体合法性的要求。由于现场检查会对被检查者造成一定的影响并可能涉及其权利和义务，加之现场检查对检察机关的重要性，检查部门一般不宜将其现场检查权委托其他组织或个人行使，以正确行使该权力，保证现场检查的质量和效果，避免违法和不正当行为的产生。

现场检查的对象是检查部门管辖范围内的企事业单位和个人。即检查部门首先必须在其管辖范围内行使现场检查权，否则构成了行政越权而使检查行为无效；其次是现场检查是针对企事业单位和个人进行的。现场检查制度具有如下特点：

（1）从过程上看，其具有直接现实性。现场检查部门深入现场，通过面对面的接触，直接获得实际情况，具有高度的真实性、可靠性，因此，现场检查制度成为了进行环境监督最为经常使用的一种手段。

（2）从主观上看，其具有灵活多样性。现场检查的方式多种多样，主要有综合检查、单项检查、普查、抽查、定期检查、临时检查、事前、事中和事后检查以及事项性检查、事故性检查等。根据需要，在实践中还可创造出更多的有效实用的方式。现场检查采用何种方式进行，法律并无规定，也无固定的要求，检查部门可根据需要灵活采用。现场检查方式的灵活多样性，不仅可以满足环境资源行政监督检查的需要，而且也可以最大限度地发挥该制度的效用。

（3）从范围上看，其具有广泛性。它表现在检查对象的广泛和检查内容的广泛两个方面。检查的对象涵盖一切污染单位或可能破坏、污染环境的单位和个人；检查的内容则包括一切与防治环境污染和破坏有关的情况。

二、现场检查制度的法律规定

（一）现场检查的内容

现场检查的内容主要是检查对象遵守环境资源法律、法规、执行环境资源行政监督管理部门有关命令、决定情况，以及与环境资源保护有关的情况。我国环境资源法对现场检查的内容并未统一规定，但在大气、水污染防治法的实施细则中已有所反映。检查部门可以根据需要，针对不同的检查对象和环境影响因素，结合有关规定确定现场检查的内容。

（二）现场检查的程序

现场检查的程序是指现场检查必需的过程或步骤。现场检查作为检查部门的一项重要权利，使用不当不仅会对被检查人造成不好的影响，而且不能完成检查的任务、达到检查的目的。为维护现场检查的严肃性和权威性，要求现场检查必须遵守一定的程序。目前我国环境资源法并未对现场检查的程序作出明确统一的规定，我们认为，现场检查应该遵循以下程序：

（1）检查前的准备。包括明确检查的目的和任务，确定检查的对象和内容，选择适当的检查方式，列出要检查的项目以及有关要求等。做好准备工作，可以使检查更具目的性和针对性，减少检查的随意性和盲目性。

（2）明示身份，进入现场。准备工作做好以后，检查人员就可以进入现场行使职权。检查人员进入现场必须佩带标志，身着制服，向被检查人明示身份，并出示有法定部门签发的检查证件和标志。我国《水污染防治法实施细则》第（17）条明确规定：“环境保护部门和海事、渔政管理机构对管辖范围内向水体排放污染物的单位进行现场检查时，应当出示行政执法证件或者佩戴行政执法标志。

（3）检查。这是现场检查的实质性程序。检查人员进入现场后，就开始进入实质性的检查阶段。检查人员应本着高度的责任感和负责精神，对有关项目逐一检查并提出要求。在检查中，检查人员应当为两人或两人以上。被检查方也应当派出相当级别的负责人员提供情况，不得敷衍塞责。检查人员还应当做好检查笔录，将检查情况形成文字，便于总结。

（4）总结归档。检查人员在检查结束以后，应当及时整理好检查笔录和有关环境资料，作好检查情况的总结，提出必要的意见和建议，然后分类存档。

（三）违反现场检查制度的法律责任

违反现场检查制度的法律责任分为检查机关的责任和被检查机关的责任两个方面。

检查机关的责任包括：①检查机关如果因故意或过失泄露被检查单位的技术秘密和业务秘密的，应依照有关保密法规，追究责任人员的行政责任甚至刑事责任。如果因此给被检查单位造成了经济损失，或使该单位丧失了这方面的竞争力，检查机关则要依法承担相应的行政赔偿责任。②检查人员在现场检查中滥用职权、徇私舞弊、严重妨碍被检查单位的正常生产或工作，甚至造成损失的，应当依据《环境保护法》第 45 条的规定，由检查人员所在单位或上级主管机关给予行政处分，构成犯罪的，依法追究其刑事责任。造成损害的，由检查机关承担行政赔偿责任。

被检查方的责任为：被检查方不得拒绝检查，并应当如实反映情况，提供必要的资料，不得弄虚作假，否则环境资源行政主管部门可以根据情况，给予警告或者处以罚款。

第五节 限期治理制度

一、限期治理制度的概念

限期治理制度是指对现已存在的危害环境的污染源和污染严重的区域环境，依法限定其在一定期限内治理并达到规定要求的一系列措施。在我国，最先实行的是污染点源的限期治理，近年来发展到对行业的限期治理和区域环境的限期治理。它是减轻或消除现有污染源的污染和污染严重的区域环境，改善环境资源质量状况的一项环境法律制度，也是我国环境资源管理中所普遍采用的一项管理制度。它实际上是用行政强制的形式，加强对污染源和污染严重的区域环境进行治理，使经济效益、社会效益和环境效益紧密结合起来。

“限期治理”的概念，在 1973 年第一次全国环境保护会议上首次提出，至 1978 年基本形成了限期治理的环境资源管理政策，1979 年颁布的《环境保护法(试行)》将其作为一项环境资源管理制度确定下来。我国目前各主要的环境法律、法规中基本都规定了这一制度。

二、限期治理制度的内容

限期治理制度的内容主要包括限期治理项目、目标和期限。

限期治理项目是指需要进行限期治理的具体项目。确定项目主要是依据污染源和区域环境调查资料，选择重大污染源、污染严重的区域环境以及公众反映强烈的项目，同时也要考虑技术上的可行性、经济上的合理性以及资金上的可能性。

限期治理的目标即限期治理所要达到的结果。一般情况下是浓度目标，即通过限期治理使污染源排放的污染物达到一定的排放标准；对于行业的限期治理，可以规定分期分批逐步使所有的污染源都做到达标排放；对于区域环境的限期治理，则要求达到适用于该地区的环境质量标准。但对于实行总量控制的地区，除浓度目标外，还有总量目标，即要求污染源排放的污染物总量不超过其总量指标。

限期治理的期限由决定限期治理的机关根据污染源的具体情况、治理的难度以及治理能力等因素来合理确定。但最长期限不得超过 3 年。

三、限期治理决定的形式

限期治理决定的形式是指采取限期治理措施的表现方式。在实践中通常为书面的形式，采用限期治理决定通知书下发给有关的单位，有的地方则以召开新闻发布会的形式向社会公布限期治理的决定。另外，也有环境资源保护行政管理部门与企业主管部门签订限期治理承包合同的形式。合同的内容包括限期治理的项目、目标、期限以及决定限期治理的机关将采取的奖励和惩罚措施等。通过这种方式可以充分调动个有关单位的积极性，把完成任务的压力变成动力。

四、限期治理的对象

根据《环境保护法》的规定，限期治理的对象主要有两类。

1. 位于特别保护区域内的超标排污的污染源

在国务院、国务院有关主管部门和省、自治区、直辖市人民政府划定的需要加以特别保护的地域环境，如风景名胜区、自然保护区和其他需要特别保护的区域，在科学文化教育等方面具有重要意义和特别保护价值的区域，按照规定不得建设污染环境的工业生产设施；建设其他设施，其污染物排放不得超过规定的排放标准；已经建成的设施，其污染物的排放超过排放标准的，要限期治理。

2. 造成严重环境污染的污染源

关于限期治理的对象，《环境保护法》规定：“对造成环境严重污染的企、事业单位，限期治理。”此外，《水污染防治法》、《大气污染防治法》及《环境噪声污染防治条例》等也作了相关的规定。由这些规定可以看出，对于这类污染源的限期治理，并非超标排污就限期治理，而是造成了严重污染才限期治理。但究竟怎样才算“严重污染”，我国目前的法律、法规中没有具体明确的规定。实践中往往是依据污染物的排放是否对人体健康有严重的影响和危害、是否严重扰民、经济效益是否远远小于环境危害所造成的损失、是否属于有条件治理而不治理等情况，来考虑是否属于严重污染。

另外，也有一些特别法对特殊区域或流域的限期治理作了专门规定，如：《淮河流域水污染防治暂行条例》就规定：向淮河流域水体排污的单位超过排污总量指标排污的，由县级以上人民政府责令限期治理；淮河流域重点排污单位超标排放水污染物的，也要由有关人民政府责令限期治理。这类限期治理要求只要是超标排污，就可以限期治理。

五、限期治理的决定机关

根据《环境保护法》的规定，限期治理的决定机关不是环境保护行政主管部门，而是有关的人民政府。按照规定，中央或省、自治区、直辖市人民政府直接管辖的企、事业单位的限期治理，由省、自治区、直辖市人民政府决定；市、县或市、县以下人民政府管辖的企业事业单位的限期治理，由市、县人民政府决定。

有些环境资源保护法规规定，限期治理可以由县级以上人民政府的环境资源保护管理部门提出意见，报同级人民政府批准。

对于跨行政区划的限期治理，要采取专门措施，如：对于淮河流域重点排污单位的限期治理，除了按照上述的规定确定决定机关外，限期治理的重点排污单位名单，要由国务院环境保护行政管理部门与流域内的四省人民政府拟订，经淮河流域水资源保护领导小组审核同意后公布。

六、违反限期治理制度的后果

对逾期没有完成治理任务的单位，除依照国家规定加收超标排污费外，还可以根据所造成的危害后果处以罚款，或者责令停业、关闭。对于罚款，各级环境资源保护行政管理部门有权决定；责令停业、关闭，由作出限期治理决定的人民政府决定；责令中央直辖的企、事业单位停业、关闭，必须报国务院批准。对于乡镇、街道企业限期治理没有达到要求的，环境资源保护部门有权停止其生产。对向淮河流域水体排污的单位，逾期没有完成限期治理任务的，首先要求其尽快完成治理任务，在完成治理任务前，不得建设扩大生产规模的项目；其次由县级以上环境资源保护行政管理部门责令其限期停止排污，并可以处以 10 万元以下的罚款；情节严重的，由有关县级以上人民政府责令停业或关闭。

第六节　防止污染转嫁、转移制度

一、防止环境污染转嫁制度的概念

污染转嫁、转移是指经济相对发达的地区，将污染严重的设备或技术转移给没有防治污染能力的地区，技术较先进的企业将淘汰落后的污染设备转移给技术落后的企业，使被转移地区的环境严重受到污染的现象。这种现象在全球范围内都普遍存在，尤其是近年来，发达国家和地区的环境标准越来越严格，使得一些国家和地区的企业承受的环境治理责任越来越多，企业为了逃避污染治理的负担，把在发达国家或地区明令禁止使用的技术和设备转移至欠发达国家或地区。有的则在技术和设备更新以后，将淘汰的设备廉价卖给其他没有治理能力的企业。为防止污染转嫁和转移，保护环境，我国制定了有关的规定。所谓防止污染转嫁、转移制度就是指为防止污染转嫁和转移而制定的一系列法律规范的总称。

西方国家将其大量的垃圾和重污染设备转嫁或转移到发展中国家，已是一个十分严重的外交、政治和法律问题。以美国为例，根据有关报道①，每年各地回收厂的塑料袋和瓶子，大量输往像中国、印尼、菲律宾这样的欠发达国家。根据港口资料，单在 1995 年，美国就输出了超过 2 亿吨的塑胶废料。接受这些废料的国家有阿根廷、巴西、智利、中国、印度、尼日利亚、巴基斯坦等，而亚洲是美国输出塑料的最主要目的国。1991 年，超过 1500 万磅塑胶废料运往菲律宾，3500 万磅运往印尼，逾 7500 万磅运往中国香港，其中大部分被转往中国内地。加州“安大略塑胶回收”的职员科亨承认，他把公司所收集到的塑胶全部运往中国，并表示不真正清楚它们怎么被处置。上海市环保局对来自纽约的 6 个装满塑胶垃圾的集装箱进行化验后在报告中指出：“有 55％是家庭垃圾、输血袋及管子。”

除了将垃圾直接运抵我国外，许多外商投资于污染密集型产业，也成为污染转嫁的方式。污染密集型产业是指在生产过程中若不加以治理则会直接或间接产生大量污染物的那些产业，这些污染物对人类、动植物生命或健康有害，促使环境恶化，影响生态质量。另外，在生产过程中，工人的安全和健康受到威胁或明显受到影响。而根据 1995 年第三次工业普查资料②，外商投资于污染密集产业的企业有 16998 家，占三资企业的 30％左右；其中投资于高度污染密集产业的企业有 7487 家，占 13％左右。一些外商投资企业还直接参与将危险废物非法进口。

二、污染转嫁或转移的法律原因

（一）污染转嫁、转移国的法律严格

发达国家环境立法日益严格，环境标准越来越高，对违法者的处罚十分严厉，甚至禁止在国内生产一些高度污染密集产品，是造成污染转嫁的主要原因。

根据 1992 年世界银行提供的投资报告，美国的石油化工业，环境成本占总投资的比重已高达 13％，清除污染费用占行业总产值的 1.52％。危险废物的处

---

① 《西方国家大肆“出口”污染》，《参考消息》1996 年 5 月 19 日。

② 叶汝求等：《环境与贸易》，中国环境科学出版社 2001 年版，第 282 页。

置成本也越来越高，每吨成本高达 2000 美元。1990 年美国环保局鉴定出 3.2 万个危险废物场，花费补救清除费用 1000 亿美元。我国香港地区的环境执法也十分严格，对制造业的影响也比较大，《水污染管制条例》、《废物处理条例》、《空气污染管制条例》、《噪音管制条例》及《危险品条例》等，对违例者的处罚非常严厉，一般对初犯者可处以最高 20 万港元的罚款及 6 个月的监禁，《水污染管制条例》规定，再犯者可最高被判罚 40 万港元，若持续违法，则可每日加罚 1 万港元，将有害或有毒物质排入公共排水管及香港水域者，初犯者可被罚款 40 万港元及监禁 1 年，再犯者可被罚款 100 万港元及监禁 2 年，若持续违法则可每日加罚 4 万港元，上述法规条例对许多生产高污染产品的企业的生存构成了严重的威胁，于是，不少企业通过对外直接投资等形式将污染密集产业尤其是高度污染密集产业转移到内地。我国台湾省曾是美国的危险废物处置场，使得危险废物污染问题十分突出。从 1993 年起，台湾环境署开始逐步停止废旧五金等许多废物的交易，于是很多台商将生意向内地转移。

当然，国际产业结构的变化，发达国家污染密集产业投资条件的变化等均促使其企业将这些产业向发展中国家转移。

（二）现有国际法规及其存在的缺陷

1. 经济合作与发展组织（OECD）的多边投资协议（MAI）草案

OECD 成员国从 1995 年 5 月开始了多边投资协议谈判，现已达成一个草案。多边投资协议总的特点是对投资者尤其是跨国公司的环境责任方面的规定很不明确。多边投资协议特别强调对投资者的国民待遇原则，强烈反对东道国降低或放松国内的环境标准以吸引或鼓励外国投资者，但没有要求投资者为了保护东道国的环境而采纳高于东道国环境标准的母国标准。在跨国公司的环境责任方面也是采取迁就态度，《多国公司指南》只不过是自愿基础上的非约束性观定。尽管 MAI 因种种原因而流产，但其对未来 WTO 主持的国际投资总协定的谈判的影响不容低估。

2. 世界贸易组织

可持续发展对 WTO 基本原则提出了严峻的挑战。主要有：国内外同等产品同等待遇与工艺和生产方法即 PPM 问题；跨国公司在发展中国家投资设厂采用双重环境标准合理性问题；在多边环境协议中成员国与非成员国享受不同的待遇问题；污染避风港及国内淘汰、禁止或严格限制的产业、技术、生产工艺、设备、产品等转移的环境责任问题。WTO 对商品贸易、服务贸易等制定了国际规范，但国际社会在多边投资规则方面还无建树，也缺乏投资与可持续发展条款，这不能不说是一个重大缺陷。

3.《控制危险废物越境转移及其处置的巴塞尔公约》

1989年通过1992年生效的《巴塞尔公约》对控制危险废物越境转移及其处置问题进行了规定，该《公约》是有成效的，但缺陷是没有明确规定非法输出者及输出国的法律责任，特别是没有涉及以直接投资方式将污染密集产业转移到发展中国家问题，也没有涉及由于转移污染密集产业、产品、技术对发展中国家的生态环境造成的负面影响而进行合理补偿问题。

4. 保护臭氧层的国际公约

尽管《蒙特利尔议定书》及其修正案中为发展中国家提供了一个较长期的宽限期，但它在非缔约国通过投资方式向第5条款缔约国转移ODS生产和消费没有采取任何防止措施。其允许向第5条款成员国转移ODS的生产与消费条款本身为发达国家和一些新兴工业化国家向发展中国家转移这些产品的生产和消费“开了绿灯”。一些投资者利用发达国家与发展中国家淘汰时间的差距，以直接投资方式将ODS的生产和消费转移到发展中缔约国。投资母国或地区尤其是非第5条款缔约国没有对自己的企业向第五条款成员国转移ODS的生产和消费采取有效的法律上的限制乃至惩罚措施，这也是保护臭氧层工作的一大漏洞。

（三）国内长期沿袭传统赶超型的非可持续发展模式

我国1978年以前一直实施消耗型的而非效益型的发展模式，即实行非可持续发展模式，表现为注重经济增长的规模与速度而忽视其质量，忽视社会效益、环境效益和经济效益，注重外延增长而忽视内涵发展。改革开放以来，发展模式有了些变化，但仍然没有摆脱非可持续发展模式的框架，一些领导还是过分追求经济快速增长，更多地强调眼前利益而考虑长远利益不够。生态环境质量问题长期以来得不到应有的重视，忽视生态环境保护和损害生态环境的行为时常出现。

（四）吸收外商投资战略尚未有意识地建立在可持续发展原则基础上

目前的对外开放模式也一定程度上体现了非可持续发展模式的特征，更多地追求规模与速度而没有很好地考虑如何为促进国家的整体可持续发展服务，在借鉴比较优势理论时仍带有不少盲目性，往往较多地考虑狭义比较利益，而忽视如何取得更多的广义比较利益。一些地方环境保护的基本国策意识还没有牢固树立起来，在利用外资与环境保护发生矛盾时，往往以牺牲环保以求得经济上短期局部的“增长”。在利用外资的战略上注重规模与速度而不够重视环境质量，结果在利用外资过程中忽视环保与损害环境的现象时有发生。

污染转嫁和转移是经济发展地区不平衡的结果。一般情况下，经济发达地区的环境保护标准比较严，造成发达国家或地区与欠发达国家或地区环境标准的落差，落差本身代表了一定的环境资源的价值，欠发达地区为了寻求经济的增长，往往牺牲环境的质量，制定较低的环境标准，甚至没有有效的环境标准，以生态价值换取经济价值。因此，只要存在经济发展的地区差异，就会有污染转嫁或转移的现象。我国既是发展中国家，又是新兴的市场经济国家，国内的经济发展不平衡，存在东部、中部和西部的差异，城市和乡村的差异，因而，在污染转嫁方面存在着内外两重压力，这也是我国的一个特点。为防止内外两方面的污染转嫁，《环境保护法》的第30条和34条作了专门规定。

三、污染转嫁、转移的构成要件

1. 转移的设备或技术对环境的污染危害严重

这是构成污染转嫁的首要要件。如果转移的技术或设备仅仅不够先进，尚不至于给环境造成严重的危害，则不能轻率地一律认定为污染转嫁。

2. 接受转移的企业或个体生产经营者没有防治环境污染的技术、设备、资金

如果接受转移者有足够先进的技术和设备配套解决环境污染问题，则即使转移的技术和设备比较落后，也不应该视为污染转嫁。

3. 主观上有过错

其中转嫁方多处于故意，受让方多处于过失，但也有处于故意的。转嫁方一般是在明知自己的技术或设备已经淘汰落后的情况下，迫于当地的政策、法律的压力，或为了谋取额外的利益，将其彻底淘汰的技术或设备，转移出去。而受让方则往往是受害者，是在对技术或设备不甚了解或完全不了解的情况下购买的。主观过错形式不同，理论上处理应有区别。

四、转嫁污染的方式

转嫁污染一般有三种方式。

(1) 将在外国（或地区）已禁止生产的污染严重的设备、技术，委托或以联合、合资经营等形式转移给我国（或内地）无污染防治能力的企业加工或生产，也有在我国（或内地）独资经营生产的。

(2) 将我国大中城市因能源、资源浪费严重，工艺落后，污染危害大又不好治理而淘汰下来的设备、技术转让给没有防治能力的企业，或以联合生产、设分厂等形式在郊区农村设厂。

(3) 在技术、设备引进项目中不同时引进国内（或内地）不能配套生产的相应的环境保护设施。

五、防止污染转嫁的法律规定

我国《环境保护法》第30条规定："禁止引进不符合我国环境保护规定要求的技术和设备，"第34条规定："任何单位不得将产生严重污染的生产设备转移给没有污染防治能力的单位使用。"《技术引进合同管理条例》、《对外合作开采海洋石油资源条例》、《中外合资经营企业法实施条例》等，都设有关于防止外商和大、中企业转嫁污染的法律规定。此外还有：1986年3月4日国务院批准颁布的《对外经济开放地区环境管理暂行规定》、1984年9月27日《国务院关于加强乡镇、街道企业环境管理的规定》、1987年12月15日国务院办公厅转发的国家计委《指导吸收外商投资方向暂行规定》、1994年国家环境保护局《关于严格控制台湾有害废物转移到大陆处置的通知》、《关于严格控制从欧共体进口废物的暂行规定》、1995年《国务院办公厅关于坚决控制境外废弃物向我国转移的紧急通知》、1996年国家环境保护局等制定的《废物进口环境保护管理暂行规定》。但国内有关政策法规仍有待于完善。

中国吸收外国投资方面的政策、法律、法规已经开始考虑环境保护问题，一般偏重于投资前和申请投资过程中的环境保护问题，主要是通过产业导向目录规定鼓励、限制和禁止外商投资的项目。环保方面的政策、法律法规也开始考虑外国直接投资中的环境保护问题。这些政策法规的制定与实施，在一定程度上控制了一些外商转移高污染密集产业的企图。但总的来说，法规还很不完善，尚缺乏系统性、严密性和可操作性。对违法者的处罚太轻，不足以达到保护环境的目的。在执法方面，存在有法不依、查处不严、执行不力、职责不清、力度不够、有法难执的现象。一些地方不但不按有关法规执法，反而对外商给予很多照顾，对外商投资企业和内资企业实行两个环境标准。目前部门间有效的协调机制远没有形成，条块分割，部门、地方利益错综复杂。政府部门之间职责不清，对决策者、审批者、管理者和执法者缺乏有效的监督机制。一些地区把吸引外资作为衡量领导业绩乃至开放程度的标准，视为指令性的硬任务，而在一些领导眼里环保责任制是软约束，对环保监督方面的不正常行政干预经常有之，环保审核经常被"简化"掉。有些地方重视外商投资企业建立前的环境审核，但忽视建立后的环境监督。许多地方重视城市的环境综合治理，但忽视农村的生态破坏和环境污染，于是把许多高污染的外商投资项目有目的地安排到农村。

《关于加强外商投资建设项目环境保护管理的通知》主要存在四个问题：一是审批权限根据金额而非污染程度；二是目前外资审批权不断下放但许多县级环保部门没有能力把好环保关；三是缺乏有效的监督机制；四是没有明确而合适的处罚措施。

第七节 污染事故强制应急制度

一、强制应急措施制度的概念

目前,“强制应急措施制度”有不同的名称，比如有人称为“强制应急制度”，也有人称为“应急措施制度”，我们认为仍以“强制应急措施制度”的名称为宜。

所谓强制应急措施制度是指在出现环境污染或环境被破坏的严重事故，威胁公众的健康、安全或财产时，必须立即采取应急措施以解除危害的环境法律制度。强制应急措施制度具有应急的明显特征，通常采用比较有效的紧急措施，这些措施往往是非常规的。应急措施一般也是临时的，一旦危险解除，则所采取的措施也相应解除或由其他措施代替。应急措施是强制采取的，由一组命令组成。

强制应急措施制度在我国有一个发展的过程，最初《海洋环境保护法》第35条规定了因船舶海损事故而采取的强制应急措施。后来，《水污染防治法》规定了对水污染事故采取的强制应急措施。《大气污染防治法》也对大气污染事故的强制应急措施制度作了规定。

鉴于该制度在事故处理中的重要作用，《环境保护法》在吸收以前合理规定基础上作出了新的规定。《环境保护法》第31条规定：“因发生事故或者其他突发性事件，造成或者可能造成污染事故的单位，必须立即采取措施处理，及时通报可能受到污染危害的单位和居民，并向当地环境保护行政主管部门和有关部门报告，接受调查处理。”《环境保护法》第32条创设了新的程序，该条规定：“县级以上地方人民政府环境保护行政主管部门，在环境受到严重污染威胁居民生命财产安全时，必须立即向当地人民政府报告，由人民政府采取有效措施，解除或者减轻危害。”这两条规定构成了我国强制应急措施制度的基本框架。

二、强制应急措施制度的内容

目前，我国对强制应急措施制度的规定还比较原则，有待进一步具体化，但该制度已初具轮廓体系，现分述如下。

1. 强制应急措施的适用条件

强制应急措施应当在一定的条件下才能采用，亦即只有法定“紧急状态”出现时才能施行。对污染责任者来说，只要“因发生事故或者其他突然性事件，造成或可能造成污染事故”，负有责任的企业事业单位就必须采取应急措施。

政府部门采取强制应急措施的条件是“环境受到严重污染危害，威胁居民生命财产安全”，具体指环境受到严重污染，危害人体健康和安全的各种情况出现。

2. 强制应急措施制度的施行程序

按照我国环境法的现行规定，强制应急措施制度的具体施行程序是：①发生污染事故的单位向环保部门和其他有关部门报告；受污染之害的其他单位和居民向有关部门反映情况，举报污染事故；收到检举或报告的其他部门要及时通报环保部门；②环保部门向同级人民政府报告污染事故情况；③人民政府根据实际情况决定需要采取的强制性应急措施，发布命令则一般要由环保部门负责具体组织实施。

3. 强制应急措施的内容

不同的主体采取的应急措施的具体内容不同。一般说来，造成污染事故的单位应采取的措施包括：①立即采取技术上可行、并且可以得到保障的措施，以消除污染危害，或阻止污染危害的扩大；②及时通报可能受到事故危害的单位和居民，使其知道污染事故发生，以便采取防范措施；③迅速报告当地环保部门和有关部门，请求技术指导和帮助；④有效地执行人民政府采取的应急措施的命令，按照命令进行或者协助进行应急处理和救助工作。

政府可以采取的应急措施因为事故性质、规模不同而有所区别。一般可包括：①责令企业事业单位减少或者停止排放污染物；②责令有关单位立即停产；③发布紧急命令，组织抢险救灾；④采取其他非常措施。一般而言，由环保部门具体组织实施或者协助政府实施强制性应急措施。

第八章　环境资源责任制度

第一节　环境资源民事责任

一、环境资源民事责任的概念及构成要件

（一）环境资源法上的民事责任概念

民事责任通常是指民事主体因不履行民事义务或实施侵权行为而应承担的民事法律后果。根据民法理论，民事责任以民事义务的存在为前提，无义务即无责任，虽有义务的存在，若义务人正确地履行了义务，也不发生责任问题，只有在义务人违反义务时，才应承担责任。因此，民事责任实际上是对违反义务行为的制裁，由于责任的存在，才能督促义务人正确地履行其义务，以保证权利人权利的实现。根据传统民法理论，民事责任可大致分为违约的民事责任和侵权民事责任两大类，这两大类责任又是依据民事义务的性质不同来划分的：一种是法定的义务，即由法律的强行性规范、禁止性规范所设定的义务。依据法律规定，任何人不得侵犯他人的物权、人身权、知识产权、环境权等民事权利，这是法律对每个民事主体所应负的一般性义务的要求，是一种普遍性的不作为义务，违反这种义务，即能构成侵权责任；另一种是当事人依法自行约定的义务，主要是指合同义务，它通常是当事人约定的特定的作为义务，此种义务也具有法律拘束力，违反义务将构成违约责任。我国《民法通则》第 106 条规定："公民、法人违反合同或者不履行其他义务的，应当承担民事责任。"《环境保护法》第 6 条规定："一切单位和个人都有保护环境的义务，并有权对污染和破坏环境的单位和个人进行检举和控告。"《环境保护法》第 41 条规定："造成环境污染危害的，有责任排除危害，并对直接受到损害的单位或者个人赔偿损失。"根据这些规定，可以认为保护环境是我国民事主体的法定义务，不得侵犯他人的环境权利是环境法的禁止性规范，违反了这种义务，就构成了侵犯环境权的民事责任。换言之，环境资源法上的民事责任主要是一种侵权责任，是因污染和破坏环境而导致他人环境权益的损害而应承担的法律后果。

环境资源法上的民事责任作为整个民事责任的一部分，其适用要受到民事责任一般规定的制约。同时，又是与其他民事责任相区别的一种独立的责任。其法律特征表现为：

（1）环境资源法上的民事责任是一种侵权的民事责任，是民事主体违反保护环境资源的法定义务而应承担的法律后果。它主要不是违约责任。

（2）环境资源法上的民事责任以侵权行为为前提，而这种侵权行为是一种特殊的侵权行为。在民法上，侵权行为有一般侵权行为与特殊侵权行为之分。一般侵权行为是指行为人因过错实施某种行为致人损害时，适用民法上的一般责任条款，主要是过错责任原则和对自己的行为负责的原则；而在责任构成要件上，一般适用损害事实、过错、因果关系三要件；在举证责任上，通常采用“谁主张、谁举证”的方式。而特殊侵权行为是指当事人基于与自己有关的行为、事件或其他特别原因致人损害，依照民法上的特别规定或特别法的规定而应负民事责任，特殊侵权行为适用民法上特别的责任条款或特别法的规定，主要是无过错责任和公平责任。在举证责任上，采取“举证责任倒置”方式；在免除责任方面，存在严格的限制，环境资源法上的侵权行为就是由《民法通则》特别规定以及由环境资源法专门规定的一种特殊侵权行为，其行为特征、适用的归责原则、举证责任、责任的承担等均不同于一般侵权行为。

（3）环境资源法上的民事责任具有强制性。当不法行为人违反了环境资源法设定的不得侵犯他人环境资源权益的义务，并致他人损害以后，行为人应向受害人赔偿损害。这种损害赔偿是行为人对国家应负的责任，是以国家强制力作保障的，不取决于行为人的个人意志。正因为环境资源法上的民事责任具有强制性，因此责任的存在，才能够督促义务人履行其义务，保障权利人权利的实现。

（4）环境资源法上民事责任的形式主要是财产责任，但也不仅限于财产责任。由于环境资源侵权行为大都给他人的财产造成了一定的损害，行为人需要以自己的财产来对其不法行为所造成的损害后果负责，因此，环境资源法上的民事责任的形式主要是财产责任。但是，由于环境法资源需要保护公民、法人的非财产性环境资源权益，而这些权益的侵害在许多情况下并非仅靠承担财产责任就能消除侵害后果。所以，环境资源法除规定了赔偿损失等财产责任以外，还规定了停止侵害、排除妨碍、消除危险等非财产内容的责任形式。环境资源法还规定了广泛的损害赔偿责任承担者，如两罚乃至多罚制度等，以使受害人的环境资源权益及时得到保护。

（二）环境资源法上的民事责任的构成

环境污染和破坏对人身和财产造成的巨大损害，已为世界所瞩目。环境问题产生之初，也曾运用传统的侵权行为理论及普通民事责任形式来解决问题。但由于环境问题的科学性、技术性以及环境污染因素的多样性、复杂性，使得传统的民法理论显得无能为力，必须注入新的内容。

环境资源侵权行为是一种间接的侵权行为。它是以空气、水、土壤、生物等环境要素为介质而导致的人身和财产损害。由于这些不同性质的中间环节的介入，使得环境资源侵权行为致人损害的过程复杂化，同时也使得这种致害行为本身和致害方式以及致害过程对决定环境资源侵权行为的民事责任具有不可忽视的作用。正因为环境资源侵权行为是一种特殊的侵权行为，环境资源侵权行为的民事责任也与之相适应，有了新的构成要件。

1. 有损害事实存在

损害事实既是侵权行为所产生的危害后果，又是承担民事责任的依据，所以它是构成一般民事责任与环境资源法上的民事责任都必须具备的要件。只不过在环境资源法上的民事责任中，侵权所造成的损害事实不仅包括直接的财产损失，而且更多地包括因造成人体健康损害所引起的财产损失。

2. 有污染和破坏环境的行为存在

传统的民事责任以侵权行为具有“违法性”为必要条件，行为人只对违法行为承担责任。通常情况下，损害他人人身和财产的行为，总是违法行为。但在环境资源侵权行为中，却经常地存在着“合法”行为损害他人人身和财产的情况，如不超标排污引起的污染，由于环境因素的相互作用造成的致人损害等。如果一味强调行为的“违法性”，实际上是忽视了环境资源侵权行为的特殊性，更重要的是不利于切实有效地保护受害者的利益。因此，环境资源法将环境侵权行为作为一类特殊侵权行为加以规定，就是注重强调保护环境资源的法定义务，强调环境资源侵权行为不以违法性为前提，而是以侵权损害的客观性作为承担环境民事责任的要件。

3. 致害行为与损害结果之间的因果关系

在传统民事责任中，要求的是违法行为与损害结果之间的因果关系，由于环境资源法上的民事责任不以违法行为为构成要件，因此我们强调其侵害行为的危害性，将其表述为致害行为与损害结果之间的因果关系。并且这种因果关系不再要求有严格的直接的证明。因为因果关系是一个比较复杂的问题，在环境污染和破坏行为与后果之间又有环境因素的介入，更加大这一问题的难度，所以在环境资源法上的民事责任中不要求有传统民事责任上的那种严密的、直接的、必然的因果关系证明，而是放宽了因果关系方面的证明，采用“因果关系推定”、“盖然性说”、“流行病因学旁证”、“证明优越说”等新的理论。

4. 不要求行为人有主观过错

传统民事责任采用过错责任原则，以行为人主观上的故意和过失作为承担民事责任的最后条件。但在环境资源法上的民事责任中，因为环境资源侵权行为的特殊性而采取了无过错责任原则，所以行为人的主观过错不再是承担环境资源法上的民事责任的必要条件。

通过比较传统民事责任的构成要件与环境资源法上的民事责任的构成要件可

以看出，环境资源法上的民事责任是一种特殊的民事责任，它有其独特的内容和形式。

二、环境资源民事责任的种类及承担方式

民事责任的承担方式是指对环境资源侵权行为人追究民事责任的具体处置形式。根据《民法通则》第134条的规定，一般民事责任的形式有10种：停止侵害；排除妨碍；消除危险；返还财产；恢复原状；修理、重作、更换；赔偿损失；支付违约金；消除影响、恢复名誉以及赔礼道歉。

关于承担环境资源法上的民事责任的具体形式，我国环境资源法并未作统一规定，《环境保护法》第41条规定："造成环境污染危害的，有责任排除危害，并对直接受到危害的单位或者个人赔偿损失"，仅规定了排除危害和损害赔偿两种形式。除此以外，各有关环境保护的法律法规还规定了一些其他责任形式，归纳起来，主要有如下几种。

（一）赔偿损失

赔偿损失是指国家依照环境资源保护法律法规的规定强制侵权人用自己的财产弥补他人的财产损失的一种民事责任形式。如果环境资源侵权行为造成了财产损失而又不能返还原物或恢复原状时，侵权人应负赔偿损失的责任。因此赔偿损失是我国环境资源民事责任中最为普遍的责任形式。

赔偿损失的范围既包括了对财产损害的赔偿，又包括了对人身损害引起的财产损失的赔偿，既包括了赔偿直接损失，也包括了赔偿间接损失。

1. 对财产损害的赔偿

对财产损害的赔偿，应遵循全部赔偿的原则，既要赔偿直接损失，又要赔偿间接损失。所谓直接损失是指受害人因受环境污染或破坏而导致现有财产的减少或灭失，如鱼苗死亡，蔬菜枯死，树木减少等。间接损失是指受害人在正常情况下应当得到但因受环境污染或破坏而未能得到的收入，如鱼苗死亡而未能得到成鱼的收入等。

2. 对造成人身损害而引起的财产损失的赔偿

因环境侵权行为造成的人身损害引起的财产损失，应根据人身损害的程度确定赔偿的范围。如果造成一般人身伤害，即经过治疗可以恢复健康的伤害，对此应赔偿其医疗费，包括医药费、住院费、住院期间的伙食补助费、必要的营养护理费、治疗期间的误工工资和交通费等。医疗费以医院有关单据和诊断证明为凭据，误工工资以医院出具的病休证明所确认的日期，并按受害人实际收入的标准计算，包括受害人应得的奖金、职务津贴等。如果因环境污染危害造成身体残

废，除按上述要求赔偿必要的医疗费用外，还应根据其劳动、工作能力丧失的程度和实际收入减少的情况，赔偿因不能全部或部分从事劳动、工作所减少的收入和残废者必要的生活补助费。如果因环境污染危害造成受害人死亡，除应赔偿死者生前的医疗费用外，还应支付丧葬费，死者生前抚养的人的必要的生活费等。

（二）停止侵害

停止侵害是指强迫环境资源侵权行为人停止已经发生并仍在进行的污染破坏环境资源行为的民事责任形式。如新《水法》第 65 条第 1 款规定："在河道管理范围内建设妨碍行洪的建筑物、构筑物，或者从事影响河事稳定、危害河岸堤防安全和其他妨碍河道行洪的活动的，由县级以上人民政府水行政主管部门或者流域管理机构依据职权，责令停止违法行为，限期拆除，恢复原状。"

（三）排除危害

排除危害是指国家强令造成环境污染危害行为人排除已经发生的危害的民事责任形式。如《环境保护法》第 41 条规定了造成环境污染危害的，有责任排除危害。

（四）恢复原状，返还财产

恢复原状是指要求侵权行为人将被侵害的环境资源恢复到侵害前的状态的民事责任形式。这在我国自然资源法中被广泛采用。如《土地管理法》第 76 条规定："未经批准或者采取欺骗手段骗取批准，非法占用土地的，由县级以上人民政府土地行政主管部门责令退还非法占用的土地，对违反土地利用总体规定，擅自将农用地改为建设用地的，限期拆除在非法占用的土地上新建的建筑物和其他设施，恢复土地原状。"

返还财产，是指强令将非法占有他人的财产返还给原所有人或经营管理人的一种民事责任形式。

以上环境资源民事责任形式，可以单独使用，也可合并使用。

三、无过失责任

（一）无过失责任的概念

无过失责任或称无过错责任是为弥补过错责任不足而建立的一种制度，环境资源法上的无过失责任是指因污染和破坏而给他人造成财产和人身损害的行为人，即使主观上没有过错，也要对其所造成的损害承担赔偿责任。这是环境民事法律责任的基本归责原则，这种归责原则既不考虑加害人的过失，也不考虑受害人的过失，其目的在于补偿受害人所受的损失。

在传统的民事责任中，过错责任原则是自罗马法以来的普遍归责原则，直到近代高度危险工业和交通运输业的迅速发展才逐步发展了无过失责任原则。20世纪50年代以后，环境问题日益突出并直接对人类的生存和发展构成威胁，因污染和破坏环境而引起的损害赔偿案件迅速增加。从环境污染和破坏的赔偿诉讼来看，过错责任原则存在着明显的不足：一方面环境污染和破坏造成了大范围和大量的人受害，已成为威胁人类生存和影响社会安定的重要原因；另一方面，由于人类科技发展水平的限制，还不可能完全避免和防止环境污染和破坏。在生产和经营活动中造成的环境污染和破坏，除少数是由于加害人的过失所造成的事故性排放外，绝大多数都不是出于致害者的故意或过失，并且由于种种原因也难以查清和证明加害人主观上是否存在故意或过失。在这种情况下，更为重要的是保护受害人的合法权益，消除危害，保护环境资源，而不是污染和破坏行为有无过失。环境污染和破坏的行为者大多是企业，在一定意义上，造成污染的企业获利是建立在污染环境和给他人造成一定损害的基础之上的。因此，适用无过失责任，由加害者赔偿受害者的损失也是合乎情理的。适用无过失责任制度，有利于消除在诉讼上难以确定致害人主观过错的状况，有利于诉讼的顺利进行和保护受害者的权益，保护环境资源。

环境资源法上的无过失责任的法律特征为：

（1）不考虑双方当事人的过错。民法上的“过失”包括加害人的过失和受害人的过失。环境资源法上的无过失责任，不考虑这两种过失。《环境保护法》第41条规定：“造成环境污染危害的，有责任排除危害，并对直接受到损害的单位或个人赔偿损失。”在此，显然并未考虑加害人和受害人的过失。

（2）不能推定加害人有过错。有些环境污染和破坏行为本身并不具有非难性，即使是通过过错概念的客观化和举证责任倒置也难以确定加害人有过错，无法用体现了法律对行为人的行为的否定评价的过错概念来衡量。如发展经济或采用高新技术的行为本身是合法的，是社会所应允许乃至鼓励的行为，不能用过错标准来衡量，因此，不能推定行为人有过错。

（3）因果关系是决定责任的基本要件。在过失责任原则下，过错是决定责任的最终要件，而在无过失责任下，决定责任的最终要件不是行为人有无过失，而是取决于损害结果与其行为之间是否有因果关系，并且这种因果关系不要求有严格的、直接的证明，只要推定的因果关系存在，致害人就要承担责任，按照外国一些学者对无过失责任的理解，在受害人故意造成自身损害的情况下，既可以否定致害人过失的存在，也可以否定致害人的行为与致害结果之间的因果关系存在，因此，在无过失责任中，受害人的故意行为通常作为免责事由，致害人并不承担责任。

(4) 有我国民法和环境资源法的特别规定。《民法通则》第 106 条第 3 款规定："没有过错，但法律规定应当承担责任的，应当承担民事责任。"据此，无过失责任仅适用于法律有特别规定的情况。实际上，国外有关无过失责任的立法，也对该责任的范围作了法定限制，以适当限制无过失责任承担者的责任范围。由于无过失责任在性质上根本不同于一般法律责任，在法无明文规定的情况下，给加害人施加此种责任，既苛刻，也不公平，且会有碍于传统侵权法规范职能的发挥。环境资源法正是本着以上精神，对无过失责任及其责任者的范围作了明确规定 。

(5) 无过失责任通常是与保险制度、责任分担制度相联系，并且通过这些制度加以实现的。这是由于环境污染与破坏突发性强，受害范围大，需要赔偿的金额大，由于采取无过失责任一方面将因致害方经济能力的限制而使受害方得不到及时赔偿，另一方面也可能因巨额的赔偿导致致害方的破产，这些都有损于法律的公正、社会的稳定和经济的发展，而通过建立保险制度和责任分担制度则可以分散风险，既保证受害人得到及时赔偿，也减轻了致害方的经济负担。因而，在一些实行环境资源民事侵权无过失责任的国家，先后建立"企业互相基金制度"、"寄存担保基金制度"和"污染责任保险制度"。

（二）无过失责任的免责条件

无过失责任的免责条件，是指环境资源法所规定的在因环境污染和破坏造成他人财产和人身损害时可以不承担法律责任的事由，又称为抗辩事由，这种抗辩是针对承担环境资源民事责任的请求而提出来的。

环境资源法在规定无过失责任的同时，对无过失责任的承担范围作了明确规定，确定了环境资源民事责任的免责条件。根据我国有关法律的规定，免除环境资源民事责任有以下条件。

1. 不可抗力

不可抗力是指独立于人的行为之外，且不以人的主观意志为转移的客观情况。一般说来，不可抗力是人力所不可抗拒的力量，它包括某些自然现象（如地震、台风、洪水等）和某些社会现象（如战争等）。由于不可抗力不受人的意志所支配，要人们承担与其行为无关而无法控制的事故的后果，不仅对责任的承担者不公平，而且也不能发挥法律责任的作用。但是，不可抗力作为免责事由，必须构成损害结果发生的原因，只有损害后果完全是由不可抗力引起 ，才能表明被告的行为与损害结果之间无因果关系，因此被免除责任。我国《民法通则》第 153 条规定，不可抗力是指"不可预见，不能避免，并不能克服的客观情况"。《环境保护法》第 41 条第 3 款规定："完全由于不可抗拒的自然灾害，并经及时采取合理措施，仍然不能避免造成环境污染损害的，免予承担责任。"《水污染防治法》、《大气污染防治法》、《海洋环境保护法》也都作了同样的规定。

2. 受害人自身责任

受害人自身责任，是指受害人明知自己的行为会发生损害自己的后果，而希望或放任此种结果发生的后果由受害人自己承担，致害人免于承担责任的情况。受害人对损害的发生具有故意或重大过失，足以表明受害人的行为是损害发生的唯一原因，因此该损害后果与受害人的行为之间有因果关系，而与致害人之间无因果关系，故应由受害人自己承担责任，从而免除致害人的责任。我国《水污染防治法》第 55 条第 4 款规定:“水污染损失由受害者自身的责任所引起的，排污单位不承担责任。”

3. 第三人过错

第三人过错是指除原告和被告以外的第三人，对于原告的损害发生具有过错，被告应免于承担民事责任。第三人过错在环境法上规定的是第三人的行为是造成环境损害的唯一原因，同时，损害纯粹由第三人的过错所致，被告的行为与损害后果之间完全无关，因此，应使被告免责。如《海洋环境保护法》第 43 条第 2 款规定：“完全是由于第三者的故意或者过失造成污染损害海洋环境的，由第三者承担赔偿责任。"《水污染防治法》第 55 条第 3 款也作出了同样的规定。

无过失责任是与过错责任或过失责任相对应的概念，它是世界各国在环境污染损害赔偿中普遍适用的一条归责原则。所谓无过失责任是指一切污染危害环境的单位和个人，只要对其他单位和个人在客观上造成了损害后果（或财产损失，或人身损害)，即使主观上没有过错，也应承担民事责任。

我国《民法通则》、《环境保护法》以及有关环境保护的单行条例法规都确认了这一原则。如《民法通则》第 123 条规定：“从事高空、高压、易燃、易爆、剧毒、放射性、高速运转工具等对周围环境有高度危险的作业造成他人损害的，应当承担民事责任。如果能够证明损害是由受害人故意造成的，不承担民事责任。”同时《民法通则》第 124 条又规定：“违反国家保护环境、防止污染的规定，污染环境造成他人损害的，应当依法承担民事责任。”另外，我国的环境资源保护基本法和各单行法都作了无过错责任的规定。

（三）实行无过失责任的意义

无过失责任是现代工业的产物。由于科学技术在工业中的普遍应用，企业在生产过程中虽采取了各种防护措施，但不可避免地对周围环境造成了污染危害，并且有的后果十分严重，它妨碍着经济的发展，严重危害着人的健康和生命，威胁着人类的生存和发展。而这种危害后果的发生，致害者主观上是否有过错，有的根本无法查明，因此世界各国开始在环境污染损害案件中放弃了过错责任而代之以无过失责任的归责原则，这一原则的实行有其重要意义。首先，它有利于保护受害者的合法权益。只要排污单位造成了环境污染损害，无论其主观上是否有过错，都应负赔偿责任，这样就弥补了无辜的受害者的损失，保护了其合法权益。其次，它有利于敦促排污者积极治理污染。实行无过失责任的归责原则，迫使排污单位尽可能采取一切可以采取的防治污染的措施，尽量避免或减少污染，控制污染后果的发生。

第二节　环境资源行政责任

一、环境资源法上的行政责任概述

（一）环境资源法上的行政责任的概念

环境资源法上的行政责任是指环境资源行政法律关系的主体在违反环境资源行政法律规范时应依法承担的法律后果。该责任与环境资源行政违法行为之间有一定的因果关系，环境资源行政责任是环境资源行政违法行为所引起的法律后果。

环境资源法上的行政责任具有如下特征：

（1）环境资源法上的行政责任是环境资源行政法律关系主体的责任，它包括环境资源行政管理主体和环境资源行政管理相对人的责任。

（2）环境资源法上的行政责任是一种法律责任，任何环境资源行政法律关系主体不履行法律义务都应依法承担法律责任。

（3）环境资源法上的行政责任是环境资源行政违法行为的必然法律后果。环境资源法上的行政法律责任必须以环境资源违法行为为前提，没有违法行为也就无所谓法律责任。

（二）环境资源法上的行政责任的分类

环境资源法上的行政违法行为必然引起法律上的后果，即产生行政责任。从环境资源行政违法行为后果来看，法律上主要反映为两个方面：一是对环境资源行政违法行为人进行惩罚；二是对环境资源违法行为进行补救。与此相适应，行政责任的形式可分为惩罚性行政责任与补救性行政责任。

惩罚性的行政责任指的是行政违法行为必然导致的在法律上对违法主体进行惩罚的法律后果。具体形式包括通报批评、行政处分和行政处罚。其中通报批评既适用于环境资源行政主体又适用于管理相对人，行政处分适用于环境资源行政主体或环境资源管理相对人内部，行政处罚只适用于环境资源管理相对人。

补救性的行政责任是指环境资源行政违法行为的主体补救履行自己的法定义务或补救自己的违法行为所造成的危害后果的法律责任。这类责任既适用于环境资源行政主体，又适用于环境资源管理相对人，其具体的责任形式包括：承认错误，赔礼道歉，恢复名誉，消除危害，履行职务，撤销违法，纠正不当，返还权益，恢复原状，行政赔偿，支付治理费用，停业治理等。

（三）环境资源法上行政责任的追究

环境资源法律关系主体在违反环境资源法律法规以后，就应当承担相应的法律责任。关于责任的承担，通常表现为两种方式，即当事人主动承担和在法定组织追究下承担。一般而言，环境资源法律关系主体都是在法定组织追究下来承担相应的责任。

在我国，有权追究行政责任的法定组织包括权力机关、人民法院、各级人民政府、各级人民政府的环境资源行政主管机关和分管机关以及上级行政机关。其中，对于环境资源行政主体责任的追究依法由权力机关、人民法院和上级行政主体进行，权力机关可以通过改变和撤销的形式来追究环境资源行政主体的行政责任；人民法院可以在行政诉讼的范围内追究环境资源行政主体的行政责任，撤销或部分撤销具体行政行为，变更显失公正的行政处罚，决定行政赔偿等；只要是下级行政主体所为的违法行为，上级行政主体都可以依法追究相应的行政责任。

环境资源管理相对人的行政责任则由法定行使环境资源行政权的机关追究，在我国主要是各级人民政府、各级人民政府的环境资源行政主管机关以及分管机关。除了行政赔偿以外，几乎所有的行政责任形式，都可适用于环境资源管理相对人。

二、行政制裁

行政制裁也叫制裁性的行政责任或惩罚性的行政责任，它是指对违反环境资源法律法规的行为所设定的惩罚措施。行政制裁是与行政补救（或称补救性的行政责任）相对应的一种行政责任形式。

我国环境资源法律法规都对行政制裁的责任形式作了规定，这主要是因为它的适用具有其实际意义：

（1）预防危害后果的发生。如责令限期治理、吊销许可证或营业执照等形式的适用，能有效地避免环境污染危害结果的发生或防止危害结果的扩大。

（2）特殊预防、惩罚违法行为的目的。行政补救可以弥补环境资源法律行为所造成的财产方面的危害后果，不具有惩罚性，因而不能达到敦促环境资源法律关系主体遵守环境资源法律法规，预防违法行为的目的。而行政制裁却不同，它具有惩罚性。它通过规定严格的惩罚措施，如罚款、吊销许可证、留用察看、开除等，促使环境资源法律关系主体遵守有关法律法规，以有效地防止环境资源污染破坏事件的发生。

行政制裁，按照其制裁方式的不同，分为两大类：行政处罚和行政处分。按照其实施的对象的不同，行政制裁可分为对单位的制裁和对个人的制裁。对单位的制裁如：警告；罚款；停止生产或使用；责令重新安装使用；吊销许可证；责令停业或关闭；责令限期治理，责令缴纳排污费或超标准排污费等。对个人的制裁如：警告、记过、记大过、降级、降职、撤职、留用察看、开除等。按照其制裁的性质和作用的不同，行政制裁可分为精神上的制裁和实体权利的制裁。如警告、记过、记大过、降职、撤职、留用察看等属于精神上的制裁，而降级、开除、罚款、责令停止生产或使用以及其他一切对单位适用的制裁方式都属于实体权利的制裁。

三、行政处罚

（一）行政处罚的概念和特征

行政处罚是指具有行政处罚权的环境资源行政主管机关和其他依法享有环境资源监督管理权的机关对违反环境资源法律法规尚不构成刑事犯罪的单位和个人给予的一种行政制裁。它具有以下特征：

(1) 行使处罚权的主体特定性。行使处罚权的主体只能是环境资源行政机关、国务院和地方各级人民政府以及其他享有环境资源监督管理权的机关。

(2) 处罚对象的广泛性。行政处罚的对象包括所有违反环境资源法律法规造成或可能造成环境资源污染破坏的单位和个人。

(3) 处罚方式的多样性。我国环境资源法律法规规定了以下行政处罚方式：警告、罚款、责令停止生产或者使用、征收排污费滞纳金、责令停业或关闭、责令退还非法占用的土地、限期拆除或没收在非法占用的土地上新建的建筑物和其他设施、责令停止开采、没收违法所得、吊销许可证等。并且多种处罚方式可以并用。

（二）行政处罚的种类

行政处罚，根据不同的标准可以进行不同的分类，如按其性质来划分可分为申诫罚、财产罚、能力罚、人身罚四种。申诫罚是指对违法行为人的名誉、声誉造成一定的影响，使其产生一定的压力，以示警戒，不致重犯的处罚，如警告；财产罚是以财物为内容的处罚，如罚款，没收污染所得等；能力罚是对违法行为人的权利能力、行为能力给予限制、中止或取消的处罚，如吊销许可证、责令停业关闭等；人身罚则是对人身自由给予限制的处罚，如行政拘留。

我国《行政处罚法》以及环境资源的法律法规是按其处罚方式来划分的，主要分为以下几种：

（1）警告。警告是环境资源管理部门对违法者的谴责与警戒，是对其精神上的惩戒。它是行政处罚中最轻微的一种处罚方法。我国环境资源法规定，警告主要适用于情节轻微的环境违法行为。

（2）罚款。罚款是特定的国家行政机关对违反环境资源法规，危害、破坏环境资源的单位和个人依法实施的一种经济行政处罚措施，它是适用最广泛的行政责任形式之一。几乎所有的环境资源法律法规都有罚款的规定。

（3）没收违法所得，没收非法财物。没收违法所得、没收非法财物是特定的行政机关将行为人违法所获得的财物或非法财物强制无偿收归国有的一项行政处罚措施。如《土地管理法》第 73 条规定了买卖或者以其他形式非法转让土地的，由县级以上人民政府土地行政主管部门没收违法所得；对不符合土地利用总体规划将农用地改为建设用地的，没收在非法转让的土地上新建的建筑物和其他设施。

（4）责令停止生产或者使用。建设项目防治污染的设施没有建成或者没有达到国家规定的要求，投入生产或者使用的，责令停止生产或者使用。

（5）责令重新安装使用。未经环境保护行政主管部门同意，擅自拆除或者闲置防治污染设施，污染物排放超过了规定的排放标准的，责令重新安装使用。

（6）责令停业关闭。对经限期治理逾期未完成治理任务的，可责令停业关闭。

（7）责令限期改正或者治理。如《土地管理法》的第 74 条规定，违反土地管理法的规定，占用耕地建窑、建坟或者擅自在耕地上建房、挖砂、采石、采矿、取土等，破坏种植条件的，或者因开发土地造成土地荒漠化、盐渍化的，责令限期改正或者治理。

（8）吊销许可证。吊销许可证是一种较为严厉的行政处罚措施，它是指特定的行政机关吊销其从事某项活动必需的许可证，以剥夺其从事某项生产或经营活动权的处罚。它只对严重违反环境资源法律法规的行为实施。如《矿产资源法》规定了超越批准的矿区范围采矿的，责令退回本矿区范围内开采后，拒不退回本矿区范围内开采，造成矿产资源破坏的，吊销采矿许可证；违反矿产资源法规规定，将探矿权、采矿权倒卖牟利的，吊销勘查许可证、采矿许可证。

（9）行政拘留。行政拘留是指公安机关按照《治安管理处罚条例》的规定，对违反环境资源法规的行为人实施的在短期内剥夺其人身自由的一种行政处罚。如《治安管理处罚条例》第 20 条规定：对违反爆炸、剧毒、易燃放射性危险物品管理规定，生产、销售、储存、运输携带或者使用危险物品，尚未造成严重后果不够刑事处罚的，处 15 日以下拘留、200 元以下罚款或者警告。

（三）行政处罚的原则

行政处罚的原则是指环境资源行政处罚中必须遵守的基本行为准则。根据我国环境资源法律法规及有关行政法规的规定，行政处罚应遵守下列原则。

1. 处罚法定原则

处罚法定包括两个方面的具体内容：一是法无明文规定不得处罚，只有在环境资源法律法规及有关法规有规定的情况下，才能给予行为人以处罚。没有法定依据的行政处罚无效。二是法定的行政处罚机关应按照法定的程序进行处罚。法定的行政处罚机关主要是各级环境资源保护行政主管部门，以及其他享有环境资源行政处罚权的其他有权部门，如各级人民政府、公安机关等。法定的程序主要是国家环境保护总局《关于环境保护行政处罚办法》中规定的程序及其他有关法定程序。

2. 公正性原则

公正性原则要求行使行政处罚权的环境资源管理部门在合法处罚的同时，应公正合理地行使其自由裁量权。一方面要求在程序上做到公正合理，如应在实施处罚时告知被处罚人有陈述权、申辩权、申请复议权等。同时处罚的方式应当做到过罚相当，即处罚要与违法行为的性质、情节、危害后果相当，避免事轻罚重或事重罚轻。

（四）行政处罚的情节

我国环境资源法律法规定的行政处罚的种类很多，但选择哪一种行政处罚形式，必须考虑其污染行为的性质及情节。

行政处罚的情节，就是指对违法者给予行政处罚时，作为决定处罚形式、轻重或者免予处罚的情况，它包括实施违法行为的时间、地点、对象、目的、动机、违法行为的形式、危害后果的严重程度以及实施违法行为前后的表现等。这些情节，我们可以分为两大类：

（1）法定情节。法定情节是法律明文规定的情节，处罚机关在对违法者进行行政处罚时必须严格执行，应根据其情节轻重，确定是否给予行政处罚、给予行政处罚的形式和幅度，不得擅自变更。如《治安管理处罚条例》第 9 条规定："已满 14 岁，不满 18 岁的人违反治安管理的，从轻处罚；不满 14 岁的人违反治安管理的免予处罚。"《环境保护法》的第 38 条规定：对违反该法规定，造成严重污染事故的企事业单位，由环境保护行政主管部门或者其他依照法律规定行使环境监督管理权的部门根据所造成的危害后果处以罚款。从我国有关的法律规定看，法定的从重、从轻和免予处罚的情节除了法定年龄外，主要有：从重情节——损害程度较大的；后果严重的；胁迫、诱骗他人违法的；对检举人、证人打击报复的；屡教不改的。从轻或者免予处罚情节——情节特别轻微的；主动承认错误并及时改正的；由于他人胁迫或者诱骗的。

（2）酌定情节。酌定情节是指法无明文规定，而由有处罚权的机关根据行政处罚的原则，结合案件的具体情况全面酌定行政处罚的情节。一般包括：违法的时间、地点、环境、条件；违法的目的、手段、方式；污染物的种类、数量、浓度，实施违法行为前后的表现等。

（五）行政处罚案件的管辖

1992年7月17日，国家环境保护总局颁布了《关于环境保护行政处罚办法》。该办法对环境保护行政处罚案件的管辖作了详细具体的规定。

1. 级别管辖

①县级环境保护行政主管部门管辖区内的违反环境资源法律、法规和规章的案件以及同级人民政府和上级环境保护行政主管部门交办的案件。②市级环境保护行政主管部门管辖下列案件：涉及重点污染源的案件；跨县级行政区的案件；在本辖区内有重大影响的案件；同级人民政府或上级环境保护行政主管部门交办的案件。③省级环境保护行政主管部门管辖本辖区内有重大影响的案件和跨市级行政区的案件以及同级人民政府或上级环境保护行政主管部门交办的案件，下级或同级环境保护行政主管部门移交或交办的案件。

2. 地域管辖

地域管辖包括以下规定：①运输过程中发生的案件，由结果发生地或行为发生地的环境保护行政主管部门管辖；②两个以上环境保护行政主管部门都有管辖权的案件，由最先发现或者接到举报的环境保护行政主管部门管辖；③将产生严重污染的生产设备转移给没有污染防治能力的单位使用的案件，由转移一方所在地环境保护行政主管部门管辖。

3. 移送管辖

环境保护行政主管部门发现查处的案件不属于自己管辖的范围时，应当移送有管辖权的环境保护行政主管部门。受移送并有管辖权的部门不得拒绝或再行移送。

4. 指定管辖

环境保护行政主管部门对管辖权发生争议，由争议双方协商解决，协商不成的，报上一级环境保护行政主管部门指定管辖。有管辖权的环境保护行政主管部门因特殊原因不能行使管辖时，由上级环境保护行政主管部门指定管辖。

（六）行政处罚的程序

行政处罚的程序是指实施行政处罚的步骤一般分为立案、调查取证、决定、送达、执行五个阶段。

（1）立案。环境保护监督管理部门发现或者接受举报有关环境污染危害的违法行为或事件，经初步审查符合下列条件的，应予立案登记：①有违法行为或危害后果；②依法应当或者可以给予行政处罚；③属于其管辖范围。立案后，成立调查小组，并指定一名负责人。

（2）调查取证。此阶段，调查人员要收集证据，询问证人，进行必要的现场勘查、专业鉴定，听取管理相对人陈述等。

（3）决定。进行行政处罚必须以事实为根据，以法律为准绳，在调查取证的基础上作出行政处罚决定。

（4）送达。作出处罚决定的环境保护行政主管部门应及时将处罚决定正本送达被处罚人，同时将副本送与案件有关的单位。

（5）执行。被处罚人接到处罚通知，在法定期限内既不申请复议，也不提起行政诉讼或主动履行处罚决定规定的义务时，作出处罚决定的机关，可依法申请人民法院强制执行。

四、行政处分

（一）行政处分的概念和特征

行政处分是指国家机关、企业事业单位、社会团体依照行政隶属关系，根据有关法律法规对有违法行为尚不构成刑事惩罚的所属人员的一种行政制裁。所谓行政隶属关系是指这些国家机关、企业事业单位、社会团体之间依法存在行政上的领导和被领导的关系。所谓有关法律法规是指环境资源保护法律法规以及《公务员条例》、《企业职工奖惩条例》等。

国家机关工作人员、企业单位的职工受到行政处分的种类各不相同，根据有关法律规定，对国家机关工作人员的行政处分有以下八种：警告、记过、记大过、降级、降职、撤职、留用察看和开除。而对企业单位的职工的行政处分有7种形式：警告、记过、记大过、降级、撤职、留用察看和开除。

行政处分具有以下特征：

（1）从其性质来看，它是一种违反环境资源法律法规的法律责任，而不是违反本单位内部规章的纪律责任。

（2）从实施处分的主体来看，它不是专门从事环境资源管理的机关，而是受处分人员的所在单位或政府主管机关。

（3）从行政处分的对象来看，它只包括个人而不包括单位，它通常发生在单位违法而被行政处罚或承担民事责任的同时，对其直接责任人员进行行政处分。

（4）违法行为不构成犯罪。如单位违法，造成重大环境污染和破坏事故，导致公私财产重大损失或者人身伤亡的严重后果，负有直接责任的主管人员和直接责任人员构成了犯罪的，则不应给予行政处分，而应依法追究刑事责任。

（二）行政处分与行政处罚的区别

行政处分与行政处罚均为对违法者的行政制裁，它们共同构成环境资源行政责任，但二者有一定的区别，主要表现在以下几个方面：

（1）实施制裁的主体不同。实施行政处分的主体是具有行政隶属关系的国家机关、企业事业单位和社会团体，而实施行政处罚的主体只能是具有行政处罚权的环境资源管理部门。

（2）制裁的对象不同。行政处分的对象是在环境资源保护中违法失职的人员，即本单位或有行政隶属关系的工作人员，不适用于单位；而行政处罚的对象是所有污染和破坏环境资源的单位和个人，并且不需要存在行政隶属关系。

（3）制裁的方式不同。行政处分采用上述警告直至开除等八种方式。而行政处罚则是采用罚款、责令停业或关闭、吊销许可证等多种处罚方式。

（4）补救途径不同。对行政处分不服的，只能向上级机关或决定机关申诉，而对行政处罚不服的，不仅在法定期限内可以申请行政复议，对复议决定不服的，可以向人民法院提起行政诉讼，当事人也可直接向人民法院提起行政诉讼。

第三节　环境资源刑事责任

一、环境资源法上的刑事责任的概念

环境资源法上的刑事责任是指故意或过失实施了严重危害环境的行为，并造成了人身伤亡或公私财产的严重损失，已经构成了犯罪所要受到的刑事制裁。

关于刑事责任在环境资源法中运用的问题，1978 年在布达佩斯举行的第十届国际比较法大会以及 1979 年在汉堡举行的国际刑法学会第十二届大会进行了专门讨论，各国在环境保护中都充分地认识到，刑事责任作为国家对环境资源施加影响的最严厉手段，必须得到运用。但它只能作为“最后手段"，即在其他较缓和的措施特别是行政措施不能奏效时才可采取，从而明确了刑事责任在环境资源法中的地位和作用，也明确了环境刑事法律手段运用的一些特点。

由于环境问题的特殊性以及环境保护的必要性，需要采取比一般刑事责任更为严厉和广泛的制裁手段实现环境资源保护的目的，因而环境刑事责任呈现出较之于一般刑事责任更为鲜明的特征。

1. 刑法在环境资源保护方面的范围扩大

传统刑法的保护范围仅限于对人身权和财产权的保护，适用范围有限。而在环境资源保护中，环境要素、环境权益成为主要的保护对象，要运用刑法手段保护环境资源，就必须扩大刑法的适用范围，将过去对人身及财产的保护扩大到环境要素、环境权益的保护，从生态观点出发，将环境要素视同人的生命、健康和财产一样，具有由刑法加以严格保护的价值，拓展刑法的保护范围。

2. 特别刑法的出现

由于环境资源保护运用刑法手段起步较晚，传统的刑法对此并无规定，而严重危害环境资源的犯罪行为又不断发生，其社会危害性特别严重，所造成的损失甚至无法用经济价值加以估算，必须予以严厉的制裁，才能起到惩戒、威慑和教育作用。因此，在有些国家出现了特别刑法，或专门制定有关危害环境资源罪及其处罚的单行刑事法律（如日本的《公害罪法》），或修订普通刑法，设专章规定危害环境罪（如德国）；或在环境资源法律法规中规定刑事条款（如前苏联）等。

3. 扩大刑罚的范围

一般的刑事责任比较注重犯罪事实与犯罪的后果，而在环境资源刑事责任中，等到人或环境出现损害后果时再适用刑罚已为时过晚，因为环境资源损害往往是一系列污染行为积累的结果。刑罚到污染和破坏已形成时则难以发挥威慑和教育的作用；要证明哪些人参与犯罪也会遇到困难，因此，刑法对环境资源的保护，必须体现预防为主的原则。在先进国家，大多确立孕育着危险的行为的抽象犯罪构成和刑罚的规定。如法国，就列举了具有危险性的各种典型行为，对于这些行为不要求有产生具体的损害或发生损害后果的现实可能性，只要存在具体的危险就应承担刑事责任；如果发现具体的危险或造成了一定的损害，就可能成为相应加重刑罚的依据。同时，扩大刑罚范围还有处罚法人以及并罚制度，加重刑罚。

4. 环境刑事责任形式较为广泛地运用了财产刑

因为追究环境刑事责任的根本目的仍在于保护环境资源，恢复和改善遭受损害的环境质量。所以，环境资源法上的刑事责任一方面因实行并罚制度，在对法人进行处罚时主要只能采取财产刑；另一方面在对自然环境犯罪追究刑事责任时也必须考虑恢复环境质量的需要，因而也在采取人身刑的同时采取了财产刑的形式。从国外有关环境资源刑事立法中可以看出，并处财产刑是环境资源法上刑事责任的一个显著特征。

二、危害环境资源的犯罪及其犯罪构成

构成犯罪是承担环境刑事责任的前提条件，而较之于普通犯罪，危害环境资源的犯罪有其特点，而这种特点又体现在其犯罪构成方面。

（一）危害环境资源的犯罪的特点

危害环境资源的犯罪是指行为人违反环境资源法律法规，污染和破坏环境，造成人身健康或生命财产的严重危害，应受到刑罚处罚的行为。这类行为有如下特点：

（1）危害环境资源的犯罪行为直接针对环境资源进行，一般是污染或破坏环境，从而造成他人人身或财产的损害。因而，危害环境资源罪的犯罪客体是环境要素或环境权益而不是经济利益。

（2）危害环境资源的犯罪行为后果严重，危险性更大。危害环境资源的犯罪可分为污染环境和破坏自然环境两种类型。但无论哪种类型的犯罪后果都是极为严重的，污染和破坏环境所造成的生态影响是难以估计甚至是不可逆转的，更不是用经济价值可以计量的。正因为如此，各国的环境资源刑法才对危险犯加以处罚，并采取严厉的制裁措施，运用刑法的威慑力保护环境资源。

（3）危害环境资源的犯罪的主体大多为法人。现实中，对环境污染和破坏的严重行为大多在生产和开发过程中产生，而最大量最经常的开发和利用环境者是企业法人，法人的工作人员的职务行为应视为法人的行为，尤其是在正常的生产和经营活动中造成环境污染和破坏行为，严重危及他人生命财产安全时，法人更应对其犯罪行为负责。

（4）危害环境资源的犯罪大多为过失犯罪。工业企业、公民个人以及其他组织在开发利用环境资源过程中污染和破坏环境构成犯罪的行为，存在着故意的情况，但大多是盲目追求经济效益，忽视环境效益的结果，因而，在犯罪构成的主观方面表现为以过失犯罪为主。

（5）危害环境资源的犯罪大多附带有民事责任。环境资源犯罪是一种最严重的环境资源违法行为，具有严重的社会危害性，其严重性表现为因污染和破坏环境所导致的直接或间接的经济损失，这些损害的承受者可能是国家，也可能是公民和集体。根据我国《环境资源法》、《民法通则》及《刑法》的规定，对于造成经济损失的，违法行为人应首先进行赔偿，然后依据情节的严重程度承担刑事责任。

（二）危害环境资源犯罪的犯罪构成及其适用的问题

1. 犯罪主体

刑法上的犯罪主体是指实施犯罪行为，依法应负刑事责任的人。在传统的刑法中，只有自然人才能成为犯罪主体，自然人实施犯罪，自然人承担责任，法人是不能成为犯罪主体的。但在环境资源法中，法人犯罪的观点日益为各国立法所接受，追究法人的环境资源刑事责任成为一种趋向。

在20世纪70年代以前，对于法人能否成为犯罪主体的争论进行得十分激烈，其基本观点可以分为两大类。一种观点是“法人拟制说"，认为法人是法律所拟制的人，其自身没有法律所要求的行为意识和行为能力，不可能有主观过错，因而无犯罪和刑事责任可言；另一种观点为“法人实在说"，认为法人是社会的有机体，具有整体的意识，是独立的具体存在，是与自然人一样具有意识能力的实在有机体，法人的意见可以直接通过其代表人的行为表现出来，因而，代表人的行为应视为法人的直接行为，法人可以构成犯罪主体并应承担刑事责任。当然，法人承担刑事责任的方式与自然人是可以不同的，它主要是要求法人接受国家法律对其行为的否定性判决，制裁的形式主要为财产刑和名誉刑等等。20世纪70年代以后，法律界大多接受了法人犯罪的观点并在立法中得到体现，法人犯罪在环境资源法中得到了广泛的运用。

如前所述，环境污染和破坏行为主要伴随着生产经营活动而产生，环境资源法律关系的主体主要为各种形式的法人，法人工作人员的行为接受法人的指示和领导，为实现整个法人的利益而实施，此时，该行为理当视为法人的行为。另外，法人对其工作人员从法律上负有注意的义务，应通过各种形式加强经营管理，防止违法行为尤其是犯罪行为的发生。由于环境污染和破坏的危害性大，影响的范围广，并且大多是针对不特定的多数人而为，也必须从法律上加强法人的注意义务。因此，环境资源法规定法人作为犯罪主体不仅是必要的而且是应该的，一方面，仅对直接责任人员进行处罚或追究刑事责任不足以对法人的经营管理活动产生影响；另一方面仅要求直接责任人员个人承担刑事责任尤其是接受法人指示的责任人员个人承担责任也不公平。总之，从保护环境资源的目的出发，必须对法人犯罪予以认定。

2. 犯罪的主观要件

刑法上犯罪的主观要件是指犯罪主体对他所实施的犯罪行为及其危害后果所持的故意或过失的心理状态。我国《刑法》规定了行为在客观上虽然造成了损害结果，但是不是出于故意或者过失，而是由于不能抗拒或者不能预见的原因所引起的，不认为是犯罪。

环境资源法上的民事责任实行“无过错责任原则"。但是在刑事责任中一般是不能适用这一原则的，必须以行为人主观上具有故意或过失作为构成要件。

所谓故意是指行为人明知自己的行为会发生危害社会的结果并且希望或者放任这种结果的发生而构成的犯罪。所谓过失是指应当预见自己的行为可能发生危害社会的结果，因为疏忽大意没有预见，或者已经预见而轻信能够避免，以致发生这种结果而构成的犯罪。

在我国目前环境资源保护意识不强的情况下，环境问题本身的作用机理也不甚清楚，生产经营活动对环境的不良影响和危害后果尚未被广泛而清醒地认识，环境资源犯罪中虽然不乏故意实施法律明令禁止的行为的人，但大多是因对生产经营活动所造成的环境危害没有预见或预见不足而过于轻信所造成，属于过失犯罪。

在刑法理论中，犯罪构成主观方面的另外两个因素是犯罪目的和动机。但环境资源犯罪中犯罪目的大多不是针对环境资源而为，犯罪动机也不明确。一般认为，犯罪目的和动机直接反映了犯罪人的主观恶性程度，也反映了犯罪行为的社会危害性程度，有的甚至反映了犯罪行为的性质。所以，我国刑法一般都对过失犯罪规定了轻于故意犯罪的刑罚。在环境资源犯罪中，犯罪动机可能与犯罪行为的社会危害性不一致，也难以反映犯罪人的主观恶性程度。但是，从环境资源保护的角度出发，又必须加重对危害环境罪的刑罚。因此，对于环境资源犯罪的主观方面必须引起重视，不能像对其他犯罪那样严格强调犯罪目的和犯罪动机。

3. 犯罪的客体

犯罪的客体是指为刑法保护的，而为犯罪所侵害的社会关系。环境资源犯罪的客体的实质表现可能是物质性的，主要是公民的、集体的、国家的环境资源所有权和使用权；也可能是非物质性的，主要是公民的环境权益、健康权等。

由于犯罪客体是区别罪名和量刑的重要依据，因而每一种犯罪的客体都必须明确。我国刑法分则各章都是根据犯罪客体的不同而建立的，并采取了简单罪状、叙明罪状、引证罪状、空白罪状的立法形式。

我们认为，危害环境的犯罪的一般客体同刑法所规定的一般客体是一致的，即我国的社会主义法律秩序和社会秩序，危害环境资源的犯罪的同类客体为环境社会关系，在此应注意区别环境资源社会关系与一般财产关系和人身关系的不同，从而划清危害环境资源的犯罪与其他罪的界限。危害环境资源的犯罪的直接客体应包括环境权利、环境效益、社会公共安全、社会秩序等。特别值得注意的是，危害环境资源罪的行为一般同时侵害了两种或两种以上的具体社会关系，即包括两种或两个以上的直接客体，存在着“复杂客体"的现象。

4. 犯罪的客观要件

环境犯罪的客观要件，是指环境资源犯罪行为和由这种行为所造成的危害后果。环境资源犯罪行为是犯罪构成的要素之一，它一般也包括作为与不作为两种形式。

犯罪的结果是指由于犯罪对于客体所造成的损害，一般是作为决定某一犯罪行为的社会危害性程度的重要因素之一，环境犯罪的结果，大体包括了四个方面：一是行为已经造成了一定的损害结果，才能构成犯罪；二是以行为可能引起某种损害结果，作为构成某种犯罪的必要条件，环境犯罪中对危险犯的惩罚即是如此；三是以行为造成的严重后果，作为处以重罚的依据；四是不对行为所造成的具体损害结果作出规定。

刑法上的因果关系是指人的危害社会的行为与危害结果之间的一种内在的必然的联系。一般要求在某种危害社会的结果已经发生的情况下，判明这一结果是不是某人的行为所造成的。一个人的行为与危害结果之间是否存在因果关系，通常是不难确定的。但是在环境资源法上，要求直接证明某一因果关系却比较困难。因此，有些国家在环境资源法和刑法中，确定了环境资源犯罪的因果关系推定的原则。如日本《公害罪法》将某一污染行为与污染后果发生的时间、地点的同一性，以及该行为导致该后果的可能性作为认定因果关系的依据，并不要求因果关系之间的内在的、必然的、直接的联系。美国及德国的法律也有类似的规定。

三、环境资源法上的刑事责任的立法类型

危害环境资源的犯罪是一个新的罪名，多数国家立法尚未作出明确的规定，其犯罪构成及其刑罚都值得进行深入系统的研究。从目前已有立法来看，关于以何种法律形式对危害环境资源的犯罪及其处罚作出规定，各国的做法也不尽相同，大体可以分为三种类型：

(1) 制定特别刑法。如日本，专门制定了有关危害环境资源罪及其处罚的单行刑事法律。

(2) 在环境资源法中规定刑事条款。这一类型又可分为几种形式：规定危害环境资源罪的罪名同时规定刑罚种类和幅度；规定危害环境资源罪的罪名同时规定刑罚种类而不规定幅度；不直接规定危害环境资源罪的罪名但在罚则中对刑法典作出修正规定；不规定危害环境资源罪的罪名，在罚则中规定一部分危害环境资源罪的刑罚，同时援引刑法典中的一些刑罚。

(3) 在刑法典中规定专章或专节。如德国刑法典专门有一章规定了危害环境资源的犯罪及其罪名和刑罚。我国修订以后的刑法也对危害环境资源的犯罪作了专章规定。

四、中国的环境资源犯罪立法

环境资源犯罪，是指故意或过失实施了违反国家环境保护污染法规，污染环境或者破坏自然资源情节严重或者后果严重的行为，我国《刑法》规定了环境资源犯罪的 16 个罪名。

(一) 重大环境污染事故罪

重大环境污染事故罪，是指违反国家规定，向土地、水体、大气排放、倾倒

或者处置有放射性的废物、含传染病病体的废物、有毒物质或者其他危险废物，造成重大环境污染事故，致使公私财产遭受重大损失或者人身伤亡的严重后果的行为。

此处“违反国家规定”是指违反环境资源保护基本法和各单行法，造成重大环境污染事故是指导致1人以上死亡或3人以下重伤，或5人以上直接经济损失的，如不具有这三种严重后果之一，则只构成一般违法行为，而不构成犯罪。

构成重大环境污染事故罪的，处3年以下有期徒刑或者拘役，并处或者单处罚金，后果特别严重的，处3年以上7年以下有期徒刑，并处罚金。

（二）非法进口固体废物、液态废物和置于容器中的气态废物危害环境罪

非法进口固体废物危害环境罪是指违反国家规定，非法进口明令禁止进口的固体废物，或者擅自进口限制进口的固体废物，造成重大污染事故，致使公私财产遭受重大损失或者严重危害人体健康的行为。

违反国家规定主要是指违反《固体废物污染环境防治法》的规定，其行为表现形式有两种情况，一种是违反禁止进口的，无须危害结果的发生，即可构成犯罪，即行为人违反国家禁止固体废物进境倾倒、堆放、处置的情况；第二种情况是违反限制进口的，必须造成严重的后果，才构成犯罪，它是指行为人违反国家限制固体废物进境的规定，未经国务院有关主管部门许可，擅自进口可用作原料的固体废物，造成了重大环境污染事故，致使公私财产遭受重大损失或者严重危害人体健康的情况。

根据我国《刑法》第239条的规定，违反国家规定，将境外的固体废物进境倾倒、堆放、处置的，处5年以下有期徒刑或者拘役，并处罚金；造成重大环境污染事故，致使公私财产遭受重大损失或者严重危害人体健康的，处5年以上10年以下有期徒刑，并处罚金，后果特别严重的，处10年以上有期徒刑，并处罚金。未经国务院有关主管部门许可，擅自进口固体废物用作原料，造成重大环境污染事故，致使公私财产遭受重大损失或者严重危害人体健康的，处5年以下有期徒刑或者拘役，并处罚金；后果特别严重的，处5年以上10年以下有期徒刑，并处罚金；以原料利用为名，进口不能用作原料的固体废物的，以走私罪论处。

对于走私液态废物和置于容器中的气态废物，也应适用走私固体废物的规定。2002年12月23日在第九届全国人民代表大会常务委员会第三十一次会议通过的《刑法修正案（四）》，在《刑法》第152条中增加一款，作为第2款：“逃避海关监管将境外固体废物、液态废物和置于容器中的气态废物运输进境，情节严重的，处5年以下有期徒刑，并处或者单处罚金；情节特别严重的，处5

年以上有期徒刑，并处罚金。”相应删去《刑法》第 155 条第 3 项。同时将《刑法》第 339 条第 3 款的规定修改为：“以原料利用为名，进口不能用作原料的固体废物、液态废物和置于容器中的气态废物的，依照本法第 152 条第 2 款、第 3 款的规定定罪处罚。”

（三）非法捕捞水产品罪

非法捕捞水产品罪，是指违反保护水产资源法规，在禁渔区、禁渔期或者使用禁用的工具、方法捕捞水产品，情节严重的行为。

违反保护水产资源法规，主要是指违反《渔业法》，非法捕捞水产品是指本经有关部门批准，随意进入渔区捕捞或虽经批准但不按规定捕捞水产品。其行为的表现形式有：一是在禁渔区捕捞，二是在禁渔期捕捞，三是使用禁用工具捕捞，四是使用禁用方法捕捞，具备这四种情形之一，情节严重的，即可构成犯罪。

根据我国《刑法》第 340 条规定，构成该罪的处 3 年以下有期徒刑、拘役、管制或者罚金。

（四）非法捕杀珍贵、濒危野生动物罪

非法捕杀珍贵、濒危野生动物是指珍贵、濒危的陆生、水生野生动物和有益的或者有重要经济、科学研究价值的陆生野生动物。国家野生动物保护法规主要是指《野生动物保护法》。非法捕杀珍贵、濒危野生动物在客观上表现为行为人违反野生动物保护法规，未经国家或省、自治区、直辖市政府野生动物行政主管部门发给特许捞捕证，而非法捕杀国家重点保护的珍贵、濒危野生动物的行为。无论捕捞多少，也不论在什么时间、地点，使用何种工具和方法捕杀，都构成犯罪。

根据《刑法》第 341 条规定，构成该罪的，处 5 年以下有期徒刑或者拘役，并处罚金；情节严重的，处 5 年以上 10 年以下有期徒刑，并处罚金，情节特别严重的，处 10 年以上有期徒刑，并处罚金或者没收财产。

（五）非法收购、运输、出售珍贵、濒危野生动物及其制品罪

非法收购、运输、出售珍贵、濒危野生动物及其制品罪是指违反野生动物及其制品保护法规，未经有关部门批准，非法收购、运输、出售国家重点保护的珍贵、濒危野生动物及其制品的行为。

该罪在客观上表现为违反野生动物及其制品保护法规，未经国家或省级政府野生动物行政主管部门或其授权的单位批准，非法收购、出售、运输国家重点保护的珍贵、濒危野生动物及其制品的行为。

构成该罪的，承担的刑事责任与非法捕杀珍贵、濒危野生动物罪相同。

（六）非法狩猎罪

非法狩猎罪，是指违反狩猎法规，在禁猎区、禁猎期或者使用禁猎的工具、方法进行狩猎，破坏野生动物资源，情节严重的行为。

非法狩猎罪在客观上表现为违反“四禁”的规定，非法狩猎，情节严重的行为。情节严重主要是指非法狩猎的野生动物数量较大，造成野生动物资源遭受重大损失，多次非法狩猎屡教不改等情况。

构成该罪的，处 3 年以下有期徒刑、拘役、管制或者罚金。

（七）破坏耕地、林地罪

破坏耕地、林地罪是指违反国家土地管理法规，非法占用耕地改作他用，数量较大，造成耕地大量毁坏的行为。

破坏耕地罪违反了《土地管理法》及其《实施条例》、《土地复垦规定》，在客观上表现为非法占用耕地改作他用，即未经法定程序办理有关登记、批准手续，而非法占用集体所有的耕地，或者他人个人使用的耕地，包括采用欺骗手段获得批准而非法占用，超过批准数量而非法多占等。同时要求数量较大，造成耕地大量毁坏。耕地毁坏是指将耕地改作他用的行为造成耕地沙化、盐渍化、水土流失、土壤肥力下降等使耕地的种植功能丧失或难以恢复的情况。由于 1997 年颁布的《刑法》没有对林地的破坏作出规定，对这种毁林开垦和非法占用林地改作他用的违法行为，刑法中没有设定相应的罪名，又取消了类推原则，无法比照其他罪名追究毁林开垦和非法占用林地并改作他用的违法行为的刑事责任。为了有效地制止毁林开垦和乱占滥用林地的违法行为，切实保护森林资源，1998 年 8 月 5 日，国务院发出了《关于保护森林资源制止毁林开垦的紧急通知》（国发明电〔1998〕8 号），提出：“对毁林开垦数量巨大、情节严重，构成犯罪的，要依法追究有关人员的刑事责任。”由于现行刑法对此未作规定，国务院的规定一直无法落实。为此，国务院法制办、国家林业局在调查研究、广泛征求意见的基础上，2001 年 6 月 26 日在第九届全国人民代表大会常务委员会第二十二次会议拟订了修正案草案，就毁林开垦和非法占用林地改作他用的违法行为应负的刑事责任对《刑法》第 342 条、第 410 条作了相应修改补充。

鉴于毁林开垦和非法占用林地改作他用的行为从犯罪构成要件来看，与刑法第 342 条规定的非法占用耕地的犯罪行为基本相同。同时，考虑到林地上的森林资源状况不同，刑法重点惩治的应当是造成森林、林木严重毁坏的毁林开垦和非法占用林地改作他用的违法行为。因此，修正案草案在《刑法》第 342 条中增加一款，作为第 2 款，规定：“违反森林管理法规，开垦林地，非法占用林地并改作他用，数量较大，造成森林或者其他林木严重毁坏的，处 5 年以下有期徒刑或者拘役，并处或者单处罚金。”构成该罪的，处 5 年以下有期徒刑或者拘役，并处或者单处罚金。

（八）破坏矿产资源罪

破坏矿产资源罪是指违反矿产资源法的法规，未取得采矿许可证擅自采矿，擅自进入国家规划矿区，对国民经济具有重要价值的矿区和他人矿区范围采矿，擅自开采国家规定实行保护性开采的特定矿种，经责令停止开采后拒不停止开采，造成矿产资源破坏，或者采取破坏性的开采方法开采矿产资源，造成矿产资源严重破坏的行为。

该行为违反了矿产资源法的规定，在客观上表现为非法采矿的两类行为。第一类行为是指未取得采矿许可证擅自采矿，擅自进入国家规划矿区，对国民经济具有重要价值的矿区和他人矿区范围采矿，擅自开采国家规定实行保护性开采的特定矿种并经责令停止开采后拒不停止开采而造成了矿产资源破坏的行为，该行为应处 3 年以下有期徒刑、拘役或者管制，并处或者单处罚金，造成矿产资源严重破坏的，处 3 年以上 7 年以下有期徒刑，并处罚金；第二类行为是采取破坏性的开采方法开采矿产资源，造成矿产资源严重破坏的，该行为应处 5 年以下有期徒刑或者拘役，并处罚金。

（九）非法采伐、毁坏珍贵树木或者国家重点保护的其他植物罪

非法采伐、毁坏珍贵树木罪是指违反森林法的规定非法采伐、毁坏珍贵树木的行为。

该行为违反了《森林法》的规定，在客观上实施了非法采伐、毁坏珍贵树木的行为。我国《国家重点保护植物名单》将国家重点保护的珍稀濒危植物分为三级，一级为银杉、望天树等 8 种，二级为红杉、黄杉等 143 种，三级为樟子松等 203 种。

非法采伐、毁坏珍贵林木，无论其采伐、毁坏的数量多少，均构成犯罪，构成该罪的，处 3 年以下有期徒刑、拘役或者管制，并处罚金；情节严重的，处 3 年以上 7 年以下有期徒刑，并处罚金。

1997 年颁布的《刑法》第 344 条原本只规定了非法采伐、毁坏珍贵树木罪。鉴于除珍贵树木以外，根据国家关于野生植物保护的规定，还有许多国家重点保护的珍贵野生植物同样具有重要经济和文化科学研究价值。《刑法》第 4 修正案将第 344 条修改为：“违反国家规定，非法采伐、毁坏珍贵树木或者国家重点保护的其他植物的，或者非法收购、运输、加工、出售珍贵树木或者国家重点保护的其他植物及其制品的，处 3 年以下有期徒刑、拘役或者管制，并处罚金；情节

严重的，处 3 年以上 7 年以下有期徒刑，并处罚金。”

（十）盗伐林木罪

盗伐林木罪是指以非法占有为目的，违反《森林法》的规定，盗伐森林或者其他林木数量较大的行为。

盗伐森林或者其他林木，数额较大的，处 3 年以下有期徒刑、拘役或者管制，并处或者单处罚金；数量巨大的，处 3 年以上 7 年以下有期徒刑，并处罚金；数量特别巨大的，处 7 年以上有期徒刑，并处罚金。

（十一）滥伐林木罪

滥伐林木罪，是指违反森林法的规定，滥伐森林或者其他林木，数量较大的行为。

滥伐森林或者其他林木，数量较大的，处 3 年以下有期徒刑、拘役或者管制，并处或者单处罚金；数量巨大的，处 3 年以上 7 年以下有期徒刑，并处罚金。

（十二）非法收购、运输盗伐、滥伐的林木罪

非法收购盗伐、滥伐的林木罪是指以牟利为目的，非法收购明知是盗伐、滥伐的林木情节严重的行为。

情节严重是指非法收购盗伐或滥伐的林木数额在 1 万元以上或者多次实施非法收购盗伐、滥伐林木的行为等情况。

非法收购盗伐、滥伐的林木，情节严重的处 3 年以下有期徒刑、拘役或者管制，并处或者单处罚金；情节特别严重的，处 3 年以上 7 年以下有期徒刑，并处罚金。

鉴于这类犯罪案件大量是在运输环节查获的，有些非法运输人员往往就是盗伐、滥伐、非法收购行为的直接参与者或者帮助者。但由于司法机关认识不一致，很难及时处理，建议将非法运输明知是盗伐、滥伐的林木的行为增加规定为犯罪。因此，将《刑法》第 4 修正案将第 345 条第 3 款修改为：“非法收购、运输明知是盗伐、滥伐的林木，情节严重的，处 3 年以下有期徒刑、拘役或者管制，并处或者单处罚金；情节特别严重的，处 3 年以上 7 年以下有期徒刑，并处罚金。”

单位犯以上 12 个罪的，对单位判处罚金并对其直接负责的主管人员和其他直接责任人员，按相应条款处罚。

（十三）非法发放林木采伐许可证罪

非法发放林木采伐许可证罪，是指林业主管部门工作人员违反《森林法》的规定，超过批准的年采伐限额发放林木采伐许可证或者违反规定滥发采伐许可证，情节严重，致使森林遭受严重破坏的行为。

该罪有两种行为表现形式：一是超过批准的年采伐限额发放林木采伐许可证；二是违反规定滥发林木采伐许可证。构成该罪，以情节严重，致使森林遭受严重破坏为其构成要件。犯该罪的，处 3 年以下有期徒刑或者拘役。

（十四）玩忽职守罪

玩忽职守罪，是指负有环境资源保护监督管理权的机关工作人员严重不负责任，导致发生重大环境污染事故，致使公私财物遭受重大损失或者造成人身伤亡的严重后果的行为。

构成该罪，必须要有致使公私财物遭受重大损失或者造成人身伤亡的严重后果。否则不构成犯罪。

构成玩忽职守罪的，处 3 年以下有期徒刑或者拘役。

（十五）国家机关工作人员在土地管理工作中徇私舞弊罪

国家机关工作人员在土地管理工作中的徇私舞弊罪，是指国家机关工作人员徇私舞弊，违反土地管理法规，滥用职权非法批准征用、占用土地，或者非法低价出让国有土地使用权，情节严重的行为。

情节严重是指非法批准征用、占用土地或者低价出让国有土地使用权的面积较大，因收受贿赂而非法批准，所批准使用的土地被用于从事非法活动等情况。

构成该罪的，处 3 年以下有期徒刑或者拘役；致使国家或者集体利益遭受重大损失的，处 3 年以上 7 年以下有期徒刑。

（十六）违反危险物品管理规定肇事罪

违反危险物品管理规定肇事罪，是指违反爆炸性、易燃性、放射性、毒害性、腐蚀性物品的管理规定，在生产、储存、运输、使用中发生重大事故，造成严重后果的行为。

造成严重后果是指致人重伤、死亡或者公私财产遭受重大损失。

构成该罪的，处 3 年以下有期徒刑或者拘役；后果特别严重的，处 3 年以上 7 年以下有期徒刑。

第九章　环境资源纠纷解决制度

第一节　非诉解决制度

一、正当防卫

正当防卫是指为避免自己或他人免受不法侵害而进行防卫的必要攻击。

正当防卫是公民负有的制止不法侵害的一种义务，也是公民享有的从公民的民事权利中派生出来的一种权利。本人或他人的人身和财产权是原权。当这些权利受到侵犯时，就产生了正当防卫权。从这个意义上讲，正当防卫权是一种救济权。

在各国法律制度中，正当防卫均有免责事由，即正当防卫给侵害者造成损害的行为人不负法律责任。德国《民法典》第227条规定："因正当防卫所为之行为，不以违法论。正当防卫系对于现时违法的攻击为防卫自己或他人所为必要的行为。"我国《民法通则》第128条也规定："因正当防卫造成损害的，不承担民事责任。"

在我国的民事审判实践中，对正当防卫的认定主要是从以下方面进行的。

1. 正当防卫以不法侵害行为的存在为前提

即是说，只有在不法侵害真实地发生的情况下，才能实行正当防卫。侵害行为必须是实际存在的，而不是尚未发生或已经结束的。正当防卫所针对的不法行为在环境法上是指违反环境法规，污染和破坏环境，造成国家和人民财产严重损失，破坏生态平衡的行为。由于污染和破坏环境的行为往往具有价值正当性的特点，容易使人把它和正常的生产经营活动相互混淆，因此，必须从正确地认识环境对人类生存和发展的意义的高度，把两者区分开来。

2. 正当防卫所造成的直接损害必须加于不法侵害人本人

环境法上的正当防卫是公民为维护本人或他人利益而采取的一种防卫措施。由于环境污染和破坏的危害严重，影响面广，从而使防卫多是集体进行或是在某一公民的带领下共同进行的，并且多是采取制止污染和破坏继续进行的方法，即多是对财产的损害。由于不法侵害人多为正当，环境污染和破坏也是随着生产经营过程而产生，故而防卫也只能是对生产过程的强制。

3. 正当防卫必须具有必要性和紧迫性

即是说，防卫必须是针对非法的、不进行防卫就不能排除的侵害行为实施的，如可通过其他合法方式予以制止，则无须采取正当防卫来予以反击。

4. 正当防卫不得超过必要的限度

必要的限度也就是指必需限度，是指为了制止不法侵害，正当防卫人的正当防卫不得超过必要的限度。其基本精神是要求防卫者尽其所能地将其防卫行为的强度保持在排除侵害所必要的限度内①。环境法上，环境侵害行为所造成的危害以经济损失计算的话，也许并不很大，但若从生态平衡角度看其后果却十分严重，有些甚至无法估量。此时，就不能以直接的经济价值作为衡量防卫行为的限度。如果只看到防卫行为的经济损失而看不到环境侵害行为可能造成的环境污染和破坏后果，往往容易出现定罪量刑上的错误，至于具体行为的限度应如何确定，笔者认为应根据环境科学的原理，运用社会、经济、环境三方面效益的对比分析的方法，从生态环境保护的要求出发，根据环境侵害行为的性质、方法和强度及所可能造成的损害后果与防卫行为所保护的利益、性质和已经造成的实际后果的比较来确定。

任何一项权利的设置如果没有救济作为保障，则该权利就没有存在的价值。环境权亦是如此。正当防卫作为公民在特定情况下的私力救济的一种手段，是公民在特定情况下和特定范围内保障个人权利所必需的。我国《环境法》中并没有正当防卫的规定。

我国目前环境问题不能及时合理解决的原因很多，如环境法制不健全、公民环境意识不强、企业重视经济效益而忽视环境效益、官僚主义等，这些问题的解决虽然是解决环境问题的根本途径，但短期内解决是不可能的，但这些原因所导致的环境侵害却时有发生，影响越来越大，后果越来越严重。如果不在法律上承认公民的环境私力救济的权利，则公民的环境权及生命健康是无法得以保障的。因此，作为私力救济的一种手段，正当防卫的环境法上的确认是理所当然的。另外，确立和适用正当防卫，在实践中还可以避免那些由于环境污染纠纷长期得不到解决，群众在忍无可忍的情况下所采取的过激行为。因为防卫是有限度的，超过这个限度，则要承担相应的法律责任。这样，一方面可以防止防卫权滥用的现象，另一方面可以避免环境执法的混乱。

二、紧急避险

所谓紧急避险是指为了使公共利益、本人或他人的合法权益免受现实的和紧急的损害危险，不得已而采取的致他人和本人损害的行为。

虽然说紧急避险并不像正当防卫那样为各国法律制度普遍承认，对紧急避险

① 陶希晋，王家福：《中国民法学、民法债权》，法律出版社 1991 年版，第 494 页。

人损害的民事责任，有规定避险人承担民事责任的，有规定避险人依公平原则承担一定责任的，也有规定避险人不负责任的①。但笔者认为如果严格按照紧急避险的条件，对其加以合理恰当地运用，对于应付各种急性污染和破坏事故，保护有关的环境权利是非常重要的一种手段。

我国《环境法》虽然没有明确规定紧急避险，但是，我国《环境保护法》第31条规定："因发生事故或其他突发事件，造成或可能造成污染事故的单位，必须立即采取措施处理，及时通报可能受到污染危害的单位和居民，并向当地环境保护行政主管部门和有关部门报告，接受调查处理。"第32条规定："县级以上人民政府环境行政主管部门，在环境受到严重污染，威胁居民生命财产安全时，必须立即向当地人民政府报告，由人民政府采取有效措施，解除或减轻危害。"这里所讲的"措施"中，应该理解为包括紧急避险在内。

但和正当防卫相比，正当防卫可以把"咎由自取"作为不法侵害人承担损害后果的理由，那么在紧急避险的场合，人们就很难让受害的不幸的第三人，而不是非法侵害人承担责任。因此，在适用紧急避险时，必须严格符合一定的条件才能构成。紧急避险构成有如下条件。

1. 必须是合法权益受到紧急的危险

采取紧急避险，必须是危险正在发生，并威胁着公共利益、本人或他人的利益。如果危险已经消除或尚未发生，或者已经发生但并不会造成对合法权益的侵害，则不得采取避险措施。如基于对危险状况的误解、臆想或错误判断而采取避险措施，并致他人损害，应向他人负赔偿责任，在《环境法》上，这种危险一般是指环境污染事故或其他突发性环境污染事件，可能危及一定范围内公民的生命财产安全、威胁生态平衡的行为。

2. 必须是在迫不得已的情况下采取的措施

即是说如不采取避险措施，就不能保全更大的利益。避险人采取的手段不是唯一的，而有可能是多样的。只要避险人的避险行为所造成的损害，小于可能发生的损害，避险措施就是适当的。

3. 避险行为不得超过必要的限度

所谓不得超过必要的限度，是指在面临危险时，避险人应采取适当的措施，以尽可能小的利益损失换取较大的利益。即是说，紧急避险行为引起的损害应轻于所避免的损害。如果避险行为所造成的损害大于或等于可能发生的危害，则就超过了必要的限度。

① 陶希晋、王家福：《中国民法学、民法债权》，法律出版社1991年版，第495页。

三、自助行为

所谓自助行为，即权利人在一定情况下出于自助的目的对债务人或者侵权人采取强制措施。

一个人在其权利受到侵犯或权利的行使受到妨碍的情况下，原则上讲，他只能请求司法机关或其他主管当局提供强制保护（公力救济），或者同对方当事人协商解决，擅自采取强制行动在原则上是不合法的。但在大多数国家都存在自助行为的规定，如德国《民法典》第229条规定：“以自助为目的将有逃亡嫌疑的债务人施以扣押者，或对于义务人应容忍的行为，因其抗拒而加以制止者，若不及请求机关援助者，且非于当时为之，其请求权不得实行或实行显有困难时，不为违法。”

自助行为在我国没有法律的明文规定，但实践中却广泛地存在，并往往得到习惯和舆论的支持，这种情况的存在对于社会秩序的稳定有着一定的积极意义。但由于无法可依，滥用自力救助的现象时有发生。为了保护权利人的合法利益，同时避免一些消极后果的出现，在我国目前没有法律明文规定而又实际不能加以禁绝的情况下，对于合理的自助行为，司法实践中应予以保护，对于不合理的应予以禁止。对于环境权利的保护，同样应该这样。当然这也并非长久之计。笔者认为，最好的办法，就是在环境保护立法中要弥补这一漏洞，对于自助行为要予以承认。

在环境法上适用自助行为，必须符合一定的条件：

（1）自助行为，须由权利人为保护和行使其合法的环境权利而实施；

（2）自助行为，须是在合法的环境权利受到侵害或妨碍的情况下实施；

（3）自助行为，须是在情事急迫而又不能及时请求国家机关予以帮助的情况下实施，且如当时不实施，则环境权利保护的请求则无法实现或很难实现；

（4）自助行为，其实施手段不得违反法律、公共道德和善良风俗，且一般情况下只能对侵害环境权的侵害者、财产或人身实施。

（5）自助行为，事后须及时提请有关当局处理，如其行为不被有关当局事后认可，则须立即停止侵害并对受害人负损害赔偿责任。

四、环境行政调解

行政处理环境侵害民事纠纷，主要是依据《环境保护法》第41条等有关环境法律进行的。它是指环境保护行政机关以解决环境污染赔偿纠纷为目的，以自愿为原则，通过调解，促成当事人消除纠纷的活动。

环境行政调解是环境保护行政机关依法进行的。环境机关调解权来源于法律、法规的授权，并且调解行为的进行也是依照环境法律法规和有关的民事法律规范进行的。其目的是通过调解活动的进行来解决平等的民事主体之间的环境侵害赔偿纠纷。但这种调解必须以自愿为原则，尽量促成双方当事人达成协议，调解协议只能是当事人双方意志妥协的结果。环境机关并非纠纷的一方当事人，在协议中既无利害关系，也不直接体现其意志。

由环境保护行政机关调解处理环境侵害的民事纠纷，有利于纠纷的及时、公正的解决。环保部门对环境保护工作最重视、最熟悉，拥有相应监测技术手段，积累了一些基本资料，对环境状况及污染破坏环境的情况了解得较为及时和清楚，便于较快地查明事实，作出妥善的处理，维护国家和受害者的合法权益。在环境保护行政机关主持下进行调解处理纠纷的同时，也应对当事人，特别是致害人进行法律宣传教育，促进当事人双方的相互谅解，增进团结。目前，我国的大部分环境民事纠纷是通过环境行政调解来处理的。但是，环境行政调解也有很大的局限性，并非任何时候都能成功。因此，我国法律规定，如果环境行政调解不成的，当事人可以向人民法院起诉。

但不管怎样，环境行政调解是解决环境民事纠纷，实地对环境侵害受害者民事救济的一种重要方式。

第二节 环境资源民事诉讼

一、环境资源民事诉讼的概念与特征

环境资源民事诉讼是指环境资源法主体，在其环境民事权利受到或可能受到损害时，为保护自己的合法权利，依民事诉讼程序，向人民法院对侵权行为人提起的诉讼。环境资源民事诉讼涉及的是平等主体之间环境权利义务的争议，其诉讼请求通常是让法院确认原告享有某种权利，被告负有某种义务，并让被告履行某种义务，以满足原告的权利要求。

环境资源民事诉讼大致与一般的民事诉讼相同，也适用《中华人民共和国民事诉讼法》中的各项规定，但由于环境资源法在实体法上有许多不同于传统民法的特殊法律规范，因此环境资源民事诉讼法在某些方面又与普通的民事诉讼有所不同，具有自身的一些特点。

1. 诉讼主体的扩展

(1) 公民起诉资格的扩大。一般说来，只有那些与诉讼有直接利害关系的人才可以提起民事诉讼，而环境要素作为无主物，任何人无权对其提出权利要求，从而使得公民的诉权受到了限制，这样，无疑就限制了公民参与环境保护的权

利。为了解决这一问题，一些国家在环境民事诉讼的起诉人资格上放松了限制，规定了任何人均可对污染、破坏环境者提起诉讼。

(2) 起诉资格要件的扩大。环境侵害行为与传统侵权行为的不同之处在于受害人所遭受的是间接的，无形的侵害。但如依传统的诉讼法律理论，只有受到直接有形的侵害，才可取得原告资格的要件，则环境侵害的受害人就不具有原告资格所应具备的要件，也就无权提起环境民事诉讼。这对于环境侵害的受害人来说，是不公平的。因此，为了保护受害者的合法权益，各国的法律或制度均对此作了相应的调整，放宽了起诉资格的条件。

在我国，依据《民事诉讼法》的规定，起诉资格必须“与本案有直接利害关系”。也就是说，在我国提起环境民事诉讼的必须是那些人身或财产权益直接受到他人民事不法行为侵害的人。这种规定明显对环境民事侵害十分不利。因为他们所遭受的环境侵害多是“无形的”和“间接的”。如依此规定，他们的环境权利是得不到保护的。因此，我们认为，为有效地保护环境民事侵害的受害人合法的权益，我国应借鉴英、美国家关于放宽起诉资格要件的规定，允许与案件有间接利害关系的人有资格提起环境民事诉讼。

(3) 集团诉讼的运用。集团诉讼作为一种典型的扩大诉权的诉讼形式，发端于英国。根据19世纪的英国衡平法，最初因保护消费者利益而产生，现在环境民事诉讼中被广泛地运用。传统法律要求必须满足起诉资格中财产损失的规定或“实质性损害”的要求，才具有起诉的资格，而且，环境侵害民事诉讼的费用很高，单一的受害人往往难以承受，而且对相同的事实或被告反复地提起诉讼，增加法院的工作量，因此，一些国家便允许集团诉讼的存在。如美国最高法院公布的诉讼的资格为：凡一集团中的某成员受污染之害，该集团的其他人都具有提起集团诉讼的资格，都可以作为原告出庭。在英国，也有类似的规定。通常各种环境保护团体通过吸收某些对环境要求有权益的人的加入，在这些人的环境权益受到侵害时，该团体即可获得集团诉讼的起诉权。这种做法被广泛地用作保护环境，制止某些不合理开发活动的重要手段。由于集团诉讼具有可以简化诉讼程序、节约时间、减少费用，由于人数众多，声势浩大，容易引起公众的注意以致于足以对加害人产生一定的威慑力以及可以避免法院在审判中产生分歧的优点，其在国外环境民事诉讼中被广泛采用。

我国《民事诉讼法》也确立了代表人诉讼制度，其在环境侵权损害赔偿案中的运用，对于保护公民的环境民事权利具有重要的意义。

2. 因果关系推定

违法行为与损害后果之间的因果关系是构成民事损害赔偿的必要条件之一，也是在诉讼时必须确定的一个问题。环境侵害救济理论中无过失责任主义的确立，固然可使受害人的合法权益得到保护，但从救济实现可能性的层面来看，更为重要而且更难克服的还是在于因果关系的判定，如果这个问题不能解决，无过失责任原则则形同虚设。

传统的民事诉讼采用因果关系确定的方法，即必须直接而确切地证明加害行为与损害事实之间的因果关系，否则，侵害人不承担民事责任。但环境侵害与传统侵权行为不同。因为环境侵害问题，本为科技发展引发的问题，科技活动所隐藏的危险，往往不是我们所能控制或预料得到的。因为环境侵害大多是致害行为与污染物作用机制共同作用完成，环境污染物种类繁多，相互之间以及与环境之间作用形式复杂使得在因果关系认定方面容易出现偏差。

绝大多数环境侵害是污染物长期累积的结果，其危害也有一定的潜伏期。这就使得危害行为与后果之间存在时间差，表现出不连续性和不紧密性。并且由于其经历的时间长，或者距离远，在日常生活以及认识上，几乎杳无踪迹，可资追查。如果必须查明确实原因，证明损害与损害的原因行为之间的因果关系，则被害人的救济，永远也难以实现，损害赔偿只不过是一句空话。因此，有必要对传统的因果关系理论重新调整。鉴于这种情况，优势证据说、事实难定说、疫学因果关系说、间接反证说等理论应运而生。

我国环境资源法中尚未规定因果关系推定制度，但在环境民事审判实践中，已有对这一方法的运用，并收到了良好的效果。我们认为，立法上的缺陷，会导致实践中适用因果关系推定有无法律上的依据之嫌，从而产生一些不必要的麻烦，因此，为了有利于受害人参加诉讼并保护其合法权益，有利于环境纠纷公正合理地解决，使受害者及时得到赔偿，我国法律应尽快确立确定这一制度。

3. 举证责任倒置

在诉讼中，由谁负责举证，往往会对案件的裁决产生很大的影响。负有举证责任的一方往往比无此责任的一方处于一种不利的地位，因为他必须找到充分的证据才能使自己的主张成立，但不负举证责任的一方在对方收集不到充分的证据时，就可以使自己的主张成立了。在传统的民事损害赔偿诉讼中，原告要使自己的主张成立，必须举出加害人有过错、有损害事实，加害行为与损害事实之间有因果关系、受害人本人没有过错等证据。但在环境诉讼中，这一要求对受害人来说是难以做到的，从而导致受到污染侵害的原告很难胜诉。因为在科技高度发达、生产工艺技术严格保密的情形下，受害者对于工厂的排污行为是否出于过错，无法知道，也很难收集和提供有关的事实证据。而污染造成的损害往往有一个积累的过程，涉及深奥复杂的科技问题，受害人根本无法确定。要求受害人提供因果关系的充分证据，实际上是不可能的。在这种情况下，为了有效地保护环境，使环境侵害的受害者得到及时合理的补偿，举证责任倒置制度应运而生并被广泛采用。

在环境侵害赔偿中实行举证责任转移，主要有两个方面的理由：一是在环境受害赔偿诉讼中，加害一方一般技术力量以及物力财力雄厚，受害方往往处于弱小的地位，比较而言，加害方更有条件进行有关证据收集工作；另一方面，从环境侵害者的角度而言，实行举证责任倒置制度也是理所应当的。但实行举证责任倒置，并不意味着原告方不负任何举证责任。为使案件成立，原告方至少应提供受损害的事实，以及从表面上看有理由相信的是被告行为造成的损害事实证据。这种制度在一定程度上可以防止原告的滥诉倾向。

我国《民事诉讼法》第 64 条规定："当事人对自己提出的主张，有责任提供证据。当事人及其诉讼代理人因客观原因不能自行收集的证据，或者人民法院认为审理案件需要的证据，人民法院应当调查收集。"实际上我国采用的是谁主张谁举证的制度，这种举证责任制度会导致在环境民事诉讼中受害者因为无法举证而不能立案，或立案后在审理过程中因原告拿不出证据为由推卸责任。这样的举证责任制度使得无过错责任徒有虚名，使环境侵害者逃避法律责任。但对于环境民事诉讼，为了弥补这方面的漏洞，最高人民法院在其司法解释中作出了举证责任倒置的规定。最高人民法院《关于适用（中华人民共和国民事诉讼法）若干问题的意见》第 74 条规定，"因环境污染引起的损害赔偿诉讼"，"对原告提出的侵权事实，被告否认的，由被告负举证责任"。在某些法规中，对举证责任倒置作出了明确规定。如我国《防止船舶污染海域管理条例》第 41 条规定，受船舶污染损害的单位和个人，在提交污染损害索赔报告书时，只需附：①受船舶污染的时间、地点、范围、对象；②受污染损害的损失清单；③有关损害情况的鉴证；④有关照片等。从这一规定中可以看出，受污染损害的受害者只要提供船舶污染损害时的自然环境和一般概况以及有关索赔的鉴证和原始凭证，有关污染行为及污染行为与损害结果之间的因果关系等关键性证据则由被告承担。被告要免除责任，就必须证明它没有污染行为或污染行为与损害结果之间没有因果关系或有法定的免责条件，否则，就要负赔偿责任。

4. 诉讼时效的修正

法理上，诉讼时效作为一种消灭时效，是指权利人在法定期间内不行使权利，就丧失了请求法院依诉讼程序保护其民事权益的权利。在诉讼时效期间内，权利人的诉讼请求，法院依法予以保护，超过这个期限，则法院不予保护，当事人丧失了胜诉权。基于此，诉讼时效期间的起算点是直接影响诉讼时效期间届满的关键。

一般情况下，国家立法在规定诉讼时效期间时，一方面要考虑到当事人合法权利的保护，另一方面要考虑到社会关系的稳定，因此，都规定了几类诉讼时效，通常时效期限不会太长。基于传统侵害行为建立起来的诉讼时效理论，对于侵害行为赔偿请求权的诉讼时效期间，一般是从造成侵害之时起开始计算的；如果受害人尚不知侵害之发生或加害人是谁时，则从侵害行为发动时起，30 年不行使而消灭。

这种理论对于环境侵害赔偿诉讼显然过短，因为环境侵害一般都具有潜伏期，其从侵害行为发动时起至损害结果发生时，须经过相当长的一段时间。如此，势必产生“损害尚未发生，时效业已消灭”的不合理结果。如日本的水俣病，就经历半个世纪以上的经年累积才爆发。如果严格按照法律规定，则加害人于法律上就没有责任可言。这个问题不是现行民法侵权行为消灭时效制度所能妥善解决的。

环境民事诉讼时效与普通的民事诉讼时效不同之处在于前者较后者长一些。我国的《环境保护法》就规定：“因环境污染损害赔偿提起诉讼的时效期间为3年，从当事人知道或者应当知道受到污染损害时起计算。”这比《民法通则》规定的普通的诉讼时效长一年。环境民事诉讼的最长诉讼时效，法律没有专门规定，按照《民法通则》的规定，民事诉讼的最长时效为20年。那么，可以认为环境民事诉讼的最长诉讼时效期间也为20年，其计算从当事人知道或应当知道受到污染损害时开始。

这里存在的问题是对积累性或二次污染的环境损害如何确定“知道或应当知道”的时间，按照通常理解的权利人客观上“知道或应当知道”是否可行。对此须慎重考虑。如日本水俣病的致病机理是在该病发生后几十年后方弄清的。如以排污之日为“知道或应该知道”的时间显然就会将受害者的权利排除在外，使环境法成为保护致污者的法律。另一个问题是民事诉讼法规定最长诉讼时效20年，对于积累性环境污染的适用也存在不足。

针对这些问题，我们认为，应根据环境侵害的特点，将其视为特殊情况，适当地延长诉讼时效，以使环境侵害纠纷得以正确地解决。同时，基于环境侵害的特点，消灭时效的起算点，应定于损害发生时。

二、环境资源民事诉讼的分类

在我国，环境资源民事诉讼因环境资源民事纠纷的性质不同可以分为如下几种。

1. 停止侵害之诉

此诉是指要求已经从事或正在从事污染和破坏环境资源的违法民事行为人停止其活动的诉讼。这是一种积极的诉讼，有利于防止环境资源破坏的进一步扩大。停止侵害之诉在环境资源民事诉讼中占有较大比例。

2. 排除妨碍之诉

这是由财产权或环境权的行使受到他人开发利用环境资源活动的不利影响的人提起的民事诉讼。

3. 消除危险之诉

这种诉讼是对计划从事某种活动，并会对自己环境民事权利造成危害的人提起的。在这种诉讼中环境侵害行为尚未现实发生，但却潜伏着发生的必然性。这是一种积极的诉讼，可以有效地防止环境资源的破坏和污染。

4. 恢复环境原状之诉

这种诉讼是在环境侵权行为已造成环境资源质量的恶化或环境资源因素的损害，并且被恶化或损害的环境资源的质量或环境质量因素能够恢复的情况下提起的。这种诉讼是一种积极的诉讼，在防治环境资源的污染和破坏方面起着重要的作用。

5. 损害赔偿之诉

这种诉讼是在环境侵权行为已经对自己的财产或人身造成实际损害，但又不能恢复原状的情况下提起的诉讼。这是一种消极的诉讼。在环境资源的破坏和环境污染中，因为它既不能恢复原状，又难以使污染停止，因此，适用范围较窄。

需注意的是，在实践中，可以同时提起两种或两种以上的环境资源民事诉讼。

三、环境资源民事诉讼的基本规定

（一）关于环境资源民事诉讼案件的管辖的规定

根据《民事诉讼法》关于管辖的规定，并结合环境资源民事诉讼的特点，环境资源民事诉讼案件的管辖主要包括以下内容。

1. 级别管辖

级别管辖是确定由哪一级人民法院负责审理具体环境资源民事案件的基础，根据《民事诉讼法》的规定，各级法院的分工是：

（1）基层人民法院除按《民事诉讼法》规定应由其他人民法院审理的以外，基层人民法院管辖第一审环境资源民事案件。

（2）中级人民法院。中级人民法院依法管辖的第一审环境资源民事案件有三类：重大涉外案件；在本辖区有重大影响的案件；最高人民法院确定由中级人民法院管辖的案件。可见，中级人民法院受理的第一审环境资源民事案件一般应是案情复杂、涉及范围广、对社会影响较大或诉讼标的大的案件。“重大涉外案件”由中级人民法院管辖，一般的涉外环境资源民事案件应由基层人民法院管辖。

（3）高级人民法院。高级人民法院管辖在本辖区内有重大影响的第一审环境资源民事案件。

（4）最高人民法院。最高人民法院管辖在全国有重大影响的以及它认为应当由其审理的环境资源民事案件。最高人民法院是国家的最高审判机关，它对案件的判决或裁定是发生法律效力的判决和裁定。

2. 地域管辖

环境资源民事诉讼案件涉及的地域管辖主要包括：

(1) 一般地域管辖。对公民、法人或者其他组织提起的环境资源民事诉讼，由被告住所地人民法院管辖，公民被告的住所地与经常居住地不一致时，由经常居住地人民法院管辖。

环境资源和每个人息息相关，公民、法人或者其他组织的环境行为都可能引起环境资源民事诉讼。这时，确定案件管辖的原则是“原告就被告”。如果同一诉讼中的几个被告住所地、经常居住地在两个以上人民法院辖区内的，则出现共同管辖的局面，各人民法院对此环境资源民事诉讼都有管辖权。

(2) 特殊地域管辖。我国《民事诉讼法》第 29 条规定：“因侵权行为提起的诉讼，由侵权行为地或者被告住所地人民法院管辖。”环境资源民事诉讼案件中，很多是由环境侵权行为引起的，这时既可适用一般地域管辖原则，也可适用特殊地域管辖原则。侵权行为地，一般是指构成侵权行为的法律事实所在地，它既包括侵权行为发生地，又包括侵权危害结果地。因此，对环境侵权行为引起的环境民事诉讼案件，侵权行为地人民法院或被告住所地人民法院均有管辖权。

(3) 专属管辖。环境资源民事案件的专属管辖主要涉及因港口作业中的侵权行为而发生环境资源纠纷提起的民事诉讼，这类案件由港口所在地人民法院享有排他的专属管辖权。

(二) 关于环境资源民事纠纷的调解的规定

人民法院可以主持对环境资源民事纠纷的调解，调解可以在判决前的任何阶段进行，对于调解达成协议的，人民法院应制作调解书，写明诉讼请求、案件事实和调解结果，由审判人员、书记员署名，加盖人民法院印章，送达当事人。调解协议书经双方当事人签收后，即具有法律效力。

对于环境资源民事纠纷，人民法院进行调解必须遵循如下原则：第一，必须是双方当事人自愿接受调解，不得强迫达成协议；第二，调解应建立在事实清楚的基础上，分清是非，而不是和稀泥；第三，调解不成或调解书送达前一方反悔的，人民法院应及时判决，防止强行调解、违法调解以及久调不决等现象的发生。

(三) 关于环境资源民事诉讼第一审程序的规定

环境资源民事诉讼的第一审程序包括普通程序和简易程序。对于事实清楚、权利义务关系明确，争议不大的简单环境民事案件，基层人民法院及其派出法庭审理时，可适用简单程序。除此以外，环境资源民事案件的第一审程序一般应采用普通程序。普通程序由以下几个步骤组成。

1. 起诉和受理

（1）起诉条件。根据我国《民事诉讼法》的规定，提起环境资源民事诉讼必须符合下列条件：第一，原告是与本案有直接利害关系的公民、法人和其他组织。依此规定，只有自己的环境资源民事权益受到他人侵犯或者与他人发生争议时，公民、法人和其他组织才有权提起环境资源民事诉讼，才有资格成为原告。第二，有明确的被告。如果没有明确的被告，民事争议也就失去了对立面，人民法院就无法审理该“民事案件”。环境资源民事诉讼在起诉时也应有明确的被告。第三，有具体的诉讼请求和事实、理由。提起环境资源民事诉讼必须有明确、具体的诉讼请求。第四，属于人民法院受理民事诉讼的范围和受诉人民法院管辖。

（2）起诉形式。提起环境资源民事诉讼有口头和书面两种形式。一般情况下，起诉应当向人民法院递交起诉状并按照被告人数提出副本。但是，如果原告人书写诉状确有困难，也可以口头起诉，由人民法院记入笔录，并告知对方当事人。

（3）审查和受理。人民法院收到起诉状或接到口头起诉后，应按我国《民事诉讼法》第 108 条规定的起诉条件和其他有关法律要求进行审查。经审查，认为符合起诉条件的，应当在 7 日内立案，并通知当事人；认为不符合起诉条件的，应当在 7 日内裁定不予受理。

2. 审理和判决

根据我国《民事诉讼法》的规定，环境资源民事案件的审理和判决遵守如下程序：

（1）审理前的准备。人民法院受理环境民事诉讼案件后，为做好开庭审理，要进行审理前的准备。审理前的准备是民事审判的一个重要阶段和必经程序，其主要内容有：第一，发送有关诉讼文书。在立案之日起 5 日内，人民法院应当把起诉状副本送达被告。被告在收到起诉状副本之日起 15 日内提出答辩状。答辩是被告的一项重要诉讼权利，他有权处分该项权利。被告提出答辩状的，法院应在收到之日起 5 日内将答辩状副本送达原告。但是，被告不提交答辩状的，并不影响法院对案件的审理。第二，告知当事人权利和其他事宜。在受理案件通知书和应诉通知书中，人民法院应当向当事人告知有关的诉讼权利义务，也可以口头告知。在合议庭组成人员确定后，应当在 3 日内告知当事人，以便当事人提出回避请求或及早与审判人员联系。第三，审核诉讼材料、调查取证。审判人员在庭审前必须认真审核诉讼材料，如起诉状、答辩状及有关证据材料，根据需要调查收集必要的证据。

（2）开庭审理。开庭审理是民事诉讼第一审普通程序中最重要的诉讼阶段，其顺序为开庭前的准备、审理开始、法庭调查、法庭辩论、合议庭评议等。根据

《民事诉讼法》的规定，人民法院审理民事案件，除涉及国家秘密、个人隐私或者法律另有规定的以外，应当公开进行。因此，环境资源民事案件一般也应公开审理。法律同时规定了涉及商业秘密的案件，当事人申请不公开审理的，可以不公开审理，如果环境资源民事案件涉及有关当事人的商业秘密，又依法申请不公开审理的，人民法院可以决定不公开审理。法庭调查和法庭辩论是开庭审理的主要环节。按我国《民事诉讼法》的规定，法庭调查的顺序是：首先，当事人陈述，一般应按原告、被告、第三人的顺序进行；其次，审判长告知证人的权利义务，证人作证，审判员宣读未到庭的证人证言；最后，出示或宣读有关证据，依次出示书证、物证和视听资料，宣读鉴定结论，宣读勘验笔录。法庭辩论的一般顺序是：首先，原告及其诉讼代理人发言；其次，被告及其诉讼代理人答辩；再次，第三人及其诉讼代理人发言或者答辩；最后，互相辩论。在法庭辩论终结后，由审判长按照原告、被告、第三人的先后顺序征询各方最后意见。

（3）判决。人民法院适用普通程序审理的环境资源民事案件，应当在立案之日起 6 个月内审结；有特殊情况需要延长的，经院长批准，可以延长 6 个月；如果还需延长，则应报请上级人民法院批准。人民法院对案件审结后，一律公开宣判。当庭宣判的，应当在 10 日内发送判决书；定期宣判的，宣判后立即发给判决书。

（四）关于环境资源民事诉讼的第二审程序的规定

1. 上诉的条件和方式

在环境资源民事诉讼中，当事人不服地方人民法院第一审判决和裁定的，有权向上一级人民法院提起上诉。对第一审判决不服的，应在判决书送达之日起 15 日内上诉；对第一审裁定不服的，应在裁定书送达之日起 10 日内上诉。

在环境资源民事诉讼中，上诉应当递交上诉状。上诉状应当通过原审人民法院提出，并按照对方当事人或者代表人的人数提出副本，如果当事人直接向第二审人民法院上诉的，第二审人民法院应当在 5 日内将上诉状移交原审人民法院。

2. 上诉的审理方式和程序

根据我国《民事诉讼法》的规定，第二审人民法院对上诉的环境资源民事案件可采取两种审理方式：一般情况下，应当组成合议庭，开庭审理。但是，如果经过阅卷和调查，询问当事人，事实已核对清楚，合议庭认为不需要开庭审理的，也可以进行裁判。第二审人民法院审理上诉案件，适用第一审普通程序。

3. 裁判

对上诉的环境资源民事案件，第二审人民法院经审理后可作出维持原判、依法改判、发回重审等裁判。

（1）原判决认定事实清楚，适用法律正确的，应判决驳回上诉，维持原判决。

（2）原判决适用法律错误的，依法改判。

（3）原判决认定事实错误或者认定事实不清，证据不足，应裁定撤销原判决，发回原审。人民法院重审，或者查清事实后改判。

（4）原判决违反法定程序，可能影响案件正确判决的，应裁定撤销原判决，发回原审人民法院重审。

第二审人民法院的判决和裁定，是终审的判决和裁定。第二审的判决、裁定，最高人民法院的判决、裁定，以及超过上诉期没有上诉的判决、裁定都是发生法律效力的判决、裁定。

（五）关于执行的规定

对于发生效力的环境资源民事判决、裁定以及其他应当履行的法律文书，当事人必须履行。一方拒绝履行的，对方当事人可以向人民法院申请强制执行。民事诉讼法规定的强制执行措施包括：

（1）人民法院有权向银行、信用合作社和其他有储蓄业务的单位查询被执行人的存款情况，冻结、划拨被执行人应当履行义务的部分存款。有权扣留、提取被执行人应当履行义务部分的收入。

（2）人民法院有权查封、扣押、冻结并依法拍卖、变卖被执行人应当履行部分的财产。

（3）人民法院有权对隐匿财产的被执行人及其住所或者财产隐匿地进行搜查。

（4）申请人发现被执行人有其他财产和收入的，可以随时申请人民法院执行。

（5）被执行人应当加倍支付迟延还债期间的债务利息。

（六）环境资源民事诉讼的当事人

根据我国《民事诉讼法》的规定，公民、法人和其他组织，可以作为民事诉讼的当事人。法人由其法定代表人进行诉讼，其他组织由其主要负责人进行诉讼。诉讼人的诉讼权利包括：请求司法保护；委托代理人；申请回避；收集提供证据；进行辩论；请求调解；自行和解；提起上诉；申请强制执行。当事人在享有诉讼权利的同时，也要承担相应的诉讼义务。这些义务包括：必须依法行使诉讼权利；遵守法庭秩序和诉讼程序；服从判决或裁定，履行发生法律效力的判决书、裁定书和调解书。

（七）涉外环境资源民事诉讼的规定

我国《民事诉讼法》对涉外民事诉讼作了规定，这些规定同样适用于涉外环境资源民事诉讼，具体如下：①外国人、无国籍人、外国企业和组织在我国领域内进行环境资源民事诉讼，适用我国民事诉讼法。②中华人民共和国缔结或者参加的国际条约同我国民事诉讼法有不同规定的，适用国际条约的规定，但我国声明保留的条款除外。③外国人、无国籍人、外国企业和组织在人民法院起诉、应诉，同中华人民共和国公民、法人和其他组织有同等的诉讼权利义务。④外国法院对中华人民共和国公民、法人和其他组织的民事诉讼权利加以限制的，中国法院对该国公民、企业和组织的民事诉讼权利，实行对等原则。

第三节　环境资源行政诉讼

一、环境资源行政诉讼的概念与特征

环境资源行政诉讼是指公民、法人或其他组织认为环境资源行政管理机关或其工作人员的具体环境资源行政行为非法侵犯了公民、法人或其他组织的合法的环境资源权益，而依法向人民法院起诉和人民法院依法审理的活动。它是环境资源诉讼中区别于环境资源民事诉讼和环境资源刑事诉讼的一种诉讼形式。环境资源行政诉讼具有如下特征：

（1）环境资源行政诉讼是因公民、法人或其他组织不服环境资源行政管理机关的具体行政行为而引起的。

（2）环境资源行政诉讼的被告具有恒定性。即其被告一定是行使环境资源监督管理权，作出具体行政行为的环境资源行政机关。

（3）环境资源行政诉讼的原告是环境资源行政相对人。包括法律、法规规定必须接受环境资源行政管理机关管理的单位和个人。

（4）环境资源行政诉讼的标的是环境资源行政争议，亦即环境资源行政管理机关在实施环境资源监督管理权时与相对一方发生的争议。

（5）被认为侵犯环境资源行政相对人合法权益的具体行政行为，必须是法律、法规明文规定的可诉行为。

（6）环境资源行政诉讼关系是三方的法律关系，是在法院的主持下，由法院起主导作用，解决环境资源行政争议的活动。

（7）环境资源行政诉讼是依请求的法律活动，亦即如果没有相对一方的起诉，司法机关无权受理。

（8）环境资源行政诉讼当事人从总体上说是平等的。

二、环境资源行政诉讼的分类

根据解决的环境资源行政争议的不同，可将环境资源行政诉讼分为以下三种。

1. 要求履行职责之诉

要求履行职责之诉是指作为环境资源法主体的公民、法人或其他组织向行使环境资源监督管理权的行政机关或其工作人员提起的要求人民法院令其履行环境资源法的规定的职责的诉讼。这种诉讼一般是指作为环境资源法主体的公民、法人或其他组织在被诉讼方拒绝履行或不答复，要求其履行保护人身权或财产权的法定职责的申请后提起的，在这种诉讼中，原告的目的在于请求法院发布命令，令有关环境资源行政机构履行法定的职责。

2. 要求行政赔偿之诉

要求行政赔偿之诉是指作为环境资源法主体的公民、法人或其他组织在其合法权益因环境资源行政管理机关或其工作人员履行职责的行为而受到损害时，为获得赔偿而向人民法院提起的赔偿之诉。

环境资源行政管理机关或其工作人员，在履行职责的时候，如果发生了侵犯公民、法人或其他组织的权利的行为，使公民、法人或其他组织的权利受到损失，就构成了侵权行为，应当承担赔偿责任。

应当注意的是，这种诉讼的被告只能是国家环境资源行政管理机关，并且只有其工作人员在履行职务时造成的侵权行为，才由其所属的环境资源行政管理机关承担责任。

3. 司法审查之诉

司法审查之诉是指作为环境资源法主体的公民、法人或其他组织对环境资源行政管理机关等的行政管理行为的合法性、恰当性向人民法院对环境资源行政管理机关提起的诉讼。司法审查之诉可分为两种：一是对环境资源行政管理机关的一般性管理行为提起的；二是对环境资源行政管理机关的处罚决定提起的。

三、环境资源行政诉讼的基本规定

（一）有关受案范围的法律规定

我国法律对环境资源行政诉讼受案范围的规定有不同的方式。从法律规定的表现方式看主要有三种：一是概括式的规定，即用一个法律条款对有争议的行政行为规定一个概括性的标准，凡符合标准的行政行为均属于受案范围；二是列举式的规定，即用两个以上的并列的法律条款逐项举出若干种类的行政行为，只有所列举的行政行为才属于受案范围；三是排除式的规定，即用一个或几个法律条款规定排除若干种类的行政行为，凡排除的行政行为不属于受案范围。排除式规定不能单独确定受案范围，它只能起缩小受案范围的作用，只有把它与概括式规定、列举式规定相结合，才能确定受案范围。从法律规定所属的法律性质来看，有关受案范围的表达方式也有三种：一是通过专门的行政诉讼法典即《行政诉讼法》规定统一的行政诉讼受案范围，这种统一的受案范围当然适用于环境资源行政诉讼；二是通过专门的环境法律、法规，规定专门适用于环境资源行政诉讼的行政行为；三是通过其他法律部门的法律、法规，规定某些适用于环境资源行政诉讼的行政行为。目前，我国法律规定的环境资源行政诉讼受案范围包括上述三个方面的行政行为。

1.《行政诉讼法》关于环境资源行政诉讼受案范围的规定主要包括三个方面

（1）概括式的规定。《行政诉讼法》第 2 条确定了概括性的行政诉讼受案范围："公民、法人或者其他组织认为行政机关和行政机关工作人员的具体行政行为侵犯其合法权益，有权依照本法向人民法院提起诉讼。"这也是适用于环境资源行政诉讼的概括性受案范围，即凡是被公民、法人或其他组织认为侵犯其合法权益，且依法提起诉讼的具体环境资源行政行为均属于环境资源行政诉讼的受案范围。

（2）列举式规定。《行政诉讼法》第 11 条规定的行政诉讼受案范围，也是环境资源行政诉讼的受案范围，即人民法院应受理公民、法人或其他组织对下列具体环境资源行政行为不服提起的环境资源行政诉讼：对拘留、罚款、吊销许可证和执照，责令停产停业，没收财物等行政处罚不服的；对限制人身自由或者对财产的查封、扣押、冻结等行政强制措施不服的；认为行政机关侵犯法律规定的经营自主权的；认为符合法定条件申请行政机关颁发许可证和执照，行政机关拒绝颁发或者不予答复的；申请行政机关履行保护人身权、财产权的法定职责，行政机关拒绝履行或者不予答复的；认为行政机关没有依法发给抚恤金的；认为行政机关违反要求履行义务的；认为行政机关侵犯其他人身权、财产权的。除上述规定外，人民法院受理法律、法规规定可以提起诉讼的其他环境资源行政案件，即通过其他法律、法规列举的环境资源行政案件也属于环境资源行政诉讼的受案范围。

（3）排除式的规定。《行政诉讼法》第 12 条用排除式方法进一步明确了概括式、列举式条款所规定的行政诉讼受案范围，这种排除同样适用于环境资源行政诉讼的受害范围，即人民法院不受理公民、法人或其他组织对下列事项提起的环境资源行政诉讼：国防、外交等国家行为；行政法规、规章或者行政机关制定、发布的具有普遍约束力的规定、命令；行政机关对行政工作人员的奖惩、任免等决定；法律规定由行政机关最终裁决的具体行政行为。

2. 环境资源法律、法规关于环境资源行政诉讼受案范围的规定

我国现行的环境资源法律、法规虽没有设置有关环境资源行政诉讼受案范围的专门章节，但在某些法律条款中规定了某种可以向人民法院起诉的具体环境资源行政行为。主要包括：

(1) 环境资源行政处罚。目前我国绝大多数环境资源法律、法规都规定，当事人对行政处罚决定不服的，可以向人民法院提起行政诉讼。

(2) 处理资源权属纠纷的行政决定。我国大多数环境资源法律、法规都规定，当事人对人民政府处理资源权属纠纷的决定不服的，可以向人民法院起诉。

(3) 处理违法环境行为所引起的纠纷的行政决定。我国有些环境资源法律、法规规定，当事人对环境资源行政机关处理违法行为所引起的纠纷的行政决定不服时，可以向人民法院起诉。

(4) 处理环境污染纠纷的行政决定。我国多数环境保护法律、法规都规定，当事人对环境资源行政机关处理环境污染纠纷的行政决定不服时，可以向人民法院起诉。

(5) 性质不明确的环境资源行政行为。有些环境资源法律、法规，没有明确指出某种环境资源行政行为的性质和种类，但却规定当事人对这类行政行为不服时，可以向人民法院提起诉讼。例如，《海洋环境保护法》第 41 条规定："凡违反本法，造成或者可能造成海洋环境污染损害的，本法第 5 条规定的有关主管部门可以责令限期治理，缴纳排污费，支付消除污染费用，赔偿国家损失；并可以给予警告或者罚款。当事人不服的，可以在收到决定书之日起 15 日内，向人民法院起诉；期满不起诉又不履行的，由有关主管部门申请人民法院强制执行。"

(6) 环境法律、法规排除的环境资源行政行为。目前我国有个别法规规定暗示对某种行政行为不能向人民法院提起诉讼或行政诉讼。例如，《水法》第 56 条规定："不同行政区域之间发生水事纠纷的，应当协商处理；协商不成的，由上一级人民政府裁决，有关各方必须遵照执行。"这项规定虽然没有明确将这类水事纠纷排除在诉讼受案范围之外，但如果与第 36 条相比较，并结合司法实践可以知道，目前我国人民法院对有关处理政府与政府间发生的水资源行政纠纷的行政决定一般不予受理。

3. 其他法律部门的法律、法规适用于环境资源行政诉讼受案范围的规定

其他法律部门的法律、法规，没有关于环境资源行政诉讼受案范围的专门规定，但其中某些法律条款规定对某些行政行为可以向人民法院提起诉讼。这些行政行为虽然在环境资源法律、法规中没有规定可以提起诉讼，但他们或与环境资源工作有关，或由环境资源行政机关作出，在法院审理时适用有关环境法律、法规，因而可以列入环境资源行政诉讼的受案范围。如根据《国务院关于城镇集体所有制经济若干政策问题的暂行规定》中关于"对于侵犯集体所有制企业合法权

益的行为，企业有权抵制，索赔经济损失，或向司法部门提出控告”的规定，环境资源行政机关如侵犯集体所有制企业的合法权益，该企业可向人民法院起诉。再如，根据《国务院关于坚决制止向企业乱摊派的通知》中规定：“对于乱摊派的行为，企业有权抵制。抵制无效的，可向上级经委、审计、财政和税收、财务、物价检查办公室反映，有关机关应及时处理；企业还可以向人民法院起诉。”环境资源行政机关如果向企业乱摊派，该企业可向人民法院提起诉讼。

（二）关于环境资源行政诉讼管辖的基本规定

环境资源行政诉讼的管理，是指各级各地法院受理第一审环境资源行政诉讼案件的分工和权限。

管辖问题是涉及某一环境诉讼能否有效进行的首要问题，原告只有向有管辖权的人民法院提起环境资源行政诉讼，案件才可能得到受理，否则，诉讼无从开始。因此，管辖是环境资源行政诉讼必须明确的问题。根据我国《行政诉讼法》的规定，环境资源行政诉讼的管辖包括如下问题。

（1）一般的第一审环境资源行政案件，由基层人民法院管辖。对国务院各部门或者省、自治区、直辖市人民政府所作的有关环境资源管理的具体行政行为提起诉讼和其辖区内重大复杂的第一审环境资源行政案件由中级人民法院管辖。本辖区内重大、复杂的第一审环境资源行政案件，由高级人民法院管辖。最高人民法院管辖全国范围内重大、复杂的第一审行政案件。

（2）环境资源行政诉讼由环境资源行政机关所在地人民法院管辖。一般由最初作出具体行政行为的环境资源行政机关所在地人民法院管辖；对经复议改变原具体行政行为的，也可以由复议机关所在地人民法院管辖。对限制人身自由的强制措施不服的，由被告所在地或原告所在地人民法院管辖。因不动产提起的环境资源行政诉讼，由不动产所在地人民法院管辖。

（3）两个以上人民法院都有管辖权的案件，原告可以选择其中一个人民法院起诉；原告向两个以上有管辖权的人民法院起诉，由最先收到起诉状的人民法院管辖。对于不属于自己管辖的案件，应及时移送有管辖权的人民法院。上级法院对下级法院因特殊原因不能行使管辖权以及对管辖权有争议而不能协商解决的案件实行指定管辖。上级人民法院有权提审下级人民法院管辖的第一审行政案件，可以移交自己管辖的第一审行政案件，也可以移交自己管辖的第一审环境资源行政案件。下级人民法院则可以申请由上级人民法院审判其管辖的第一审案件。

（三）环境资源行政诉讼举证责任的法律规定

《中华人民共和国行政诉讼法》（以下简称《行政诉讼法》）第 32 条规定：“被告对作出的具体行政行为负有举证责任，应当提供作出该具体行政行为的证据和所依据的规范性文件。”根据这条规定，在环境资源保护行政诉讼中，被告即环境资源保护行政机关，负有举证责任。环境资源保护行政机关提供证据的，只限于作出原行政处罚或其他行政处理决定时所依据的那些证据。《行政诉讼法》第33条规定：“在诉讼过程中，被告不得自行向原告和证人收集证据。”也就是说环境资源保护行政机关在诉讼开始以后，不能自行去收集和补充证据。

（四）环境资源行政诉讼时效的法律规定

《行政诉讼法》对诉讼时效作了规定，逾越规定的诉讼时效期限，请求司法保护的权利即告消灭。

《行政诉讼法》规定的诉讼时效有两种，一是对复议决定不服的，可以在收到复议书之日起15日内向人民法院提起诉讼；二是直接向人民法院起诉的，应当在知道作出具体行政行为之日起3个月内提出。法律另有规定的依法律规定。在环境资源行政诉讼中，由于具体的环境资源行政行为与保护环境、防治污染和其他公害以及人民身体健康有密切关系，有时甚至是急性污染或破坏事故，必须及时予以处理，因此，环境法规定了短期的诉讼时效。《环境保护法》第40条规定：“当事人对行政处罚决定不服的，可以在接到处罚通知之日起15日内，向作出处罚决定的机关的上一级机关申请复议，对复议决定不服的，可以在接到处罚通知之日起15日内，向人民法院起诉；当事人也可以在接到处罚通知之日起15日内，直接向人民法院起诉。其他单行法规也作了类似规定。根据特别法优于普通法的原则，在环境资源行政诉讼中一般适用环境法关于诉讼时效的规定，这些规定有利于人民法院根据不同情况，妥善及时地处理环境资源行政纠纷。

（五）关于环境资源行政诉讼执行的法律规定

对于发生法律效力的判决的裁定的执行，是具体地落实法律责任的重要内容，执行将直接关系到法律的权威，是法律的国家强制性的具体体现。

《行政诉讼法》对执行作了较为明确的规定：

（1）公民、法人或者其他组织拒绝履行判决裁定的，行政机关可以向第一审人民法院申请强制执行或依法强制执行。对于行政机关拒绝履行判决、裁定的，第一审人民法院可以采取通知银行划拨、罚款、向有关机关提出司法建议以及对构成犯罪者追究刑事责任等措施。

（2）对于公民、法人或其他组织对具体行政行为在法定期限内不提起诉讼又不履行的，行政机关可以申请人民法院强制执行，或者依法强制执行。

第四节　环境资源刑事诉讼

一、环境资源刑事诉讼的概念和特征

环境资源刑事诉讼是指国家检察机关为追究环境资源犯罪者的刑事责任而向人民法院提起的诉讼。

环境资源刑事诉讼是伴随着危害环境资源罪的出现而形成的一种特殊的诉讼制度。危害环境资源的犯罪具有其他一般刑事犯罪所不具备的特点，因此，应有专门的环境资源刑事诉讼法或在刑事诉讼法中设立专章进行相应的规定，这样才有利于司法机关依法准确及时地对环境资源刑事案件进行审理，揭露和惩罚犯罪，保护环境资源和人民的生命财产。但是，我国目前还没有这方面的专门规定，因此，环境资源刑事诉讼基本上是依照现行《刑事诉讼法》的规定进行。

环境资源刑事诉讼是国家司法机关行使国家刑罚权的活动。在整个诉讼活动中，分别由公安部门、检察院和人民法院行使侦查、检察和审判权，代表国家对危害环境资源、构成犯罪的行为给予应有的刑事制裁。环境资源刑事诉讼中依法应承担刑事责任，受到刑事制裁的主体，不仅指具有刑事责任能力构成环境资源犯罪的自然人，而且包括法人。作为惩罚环境资源犯罪的最有效的方式，环境资源刑事诉讼在环境资源保护中具有重要的意义。

环境资源刑事诉讼不同于环境资源行政诉讼和环境资源民事诉讼，它是对因污染和破坏环境资源造成严重危害后果，依法构成犯罪的行为人提起的请求科以刑罚的诉讼。它具有如下特征：

(1) 环境资源刑事诉讼是一种公诉，它的起诉人只能是人民检察机关，其他任何机关和个人无权提起。

(2) 其诉讼程序适用《中华人民共和国刑事诉讼法》(以下简称《刑事诉讼法》)。

(3) 提起环境资源刑事诉讼的目的在于要使环境资源犯罪者受到刑罚处罚，并预防其他人从事环境资源犯罪。

二、环境资源刑事诉讼的基本规定

(一) 关于环境资源刑事案件的管辖的规定

根据我国《刑事诉讼法》的规定，环境资源刑事案件的管辖分为职能管辖和审判管辖。

1. 职能管辖

根据《刑事诉讼法》的规定，人民法院直接受理不需要侦查的轻微的环境资源刑事案件。实践中主要指污染和破坏环境资源的后果较轻、情节非常简单、不需要专门立案进行侦查，只要对原告和被告人进行询问、讯问和调查就可以查明事实真相的案件。人民检察院直接受理国家工作人员因为渎职、玩忽职守、重大责任事故等侵犯公民环境资源权益，造成人身伤亡或财产重大损失需要追究刑事责任的案件，以及检察院认为需要自己直接受理的其他案件。公安机关直接受理人民法院或人民检察院直接受理的案件以外的其他所有环境资源刑事案件。

2. 审判管辖

审判管辖分为级别管辖、地域管辖、专门管辖。

（1）级别管辖。依据《刑事诉讼法》规定，基层人民法院管辖绝大多数的第一审普通环境资源刑事案件，中级人民法院管辖判处无期徒刑、死刑的普通环境资源刑事案件，以及涉外的环境资源刑事案件；高级人民法院管辖在全省、自治区、直辖市有重大影响的第一审环境资源刑事案件。最高人民法院管辖在全国范围内罕见或国际上有重大影响的环境资源刑事案件。

（2）地域管辖。依据《刑事诉讼法》规定，环境资源刑事案件由犯罪地的人民法院管辖。环境资源犯罪地包括环境资源犯罪行为地、结果地、预备地和销赃地等。如果由被告人居住地的人民法院审判更为适宜的环境资源刑事案件，可以由被告人居住地的人民法院管辖。对于几个同级人民法院都有管辖权的环境资源刑事案件，应由最初受理的人民法院负责审判。上级人民法院可以指定下级人民法院审判管辖不明的案件，也可以指定下级人民法院将案件移送其他人民法院审判。

（3）专门管辖。依照法律规定应由专门人民法院管辖的环境资源刑事案件，由专门人民法院管辖。

（二）关于环境资源刑事案件立案、侦查和起诉的规定

公安机关或者人民检察院发现犯罪事实或犯罪嫌疑人，应当按照管辖范围，立案侦查。公安机关、人民检察院或者人民法院对于报案、控告、举报、自首，都应当接受。对于不属于自己管辖的，应当移送主管机关处理，并通知报案人、控告人、举报人及自首人；对于不属于自己管辖而又必须采取紧急措施的，应当先采取紧急措施，然后移送主管机关。环境资源刑事诉讼的材料一般来源于机关、团体、企业、事业单位和公民个人对环境犯罪的检举和控告，犯罪分子的自首及公、检、法在行使职权中自行发现等。立案的条件是有犯罪事实发生，并且需要追究刑事责任。

环境资源刑事案件的侦查权由公安机关和人民检察院行使。在侦查阶段通过

侦查收集证据，查明犯罪事实，确定犯罪人，制止和预防犯罪。侦查终结，对需要依法起诉追究刑事责任的环境资源犯罪，由检察院依法提起公诉。

环境资源刑事案件的起诉分为自诉和公诉。依据《刑事诉讼法》规定，自诉案件包括“告诉才处理”的案件和其他不需要进行侦查的轻微刑事案件。《环境保护法》规定：“一切单位和个人都有保护环境的义务，并有权对污染和破坏环境的单位和个人进行检举和控告。”《刑事诉讼法》也规定，机关、团体、企业、事业单位和公民发现有犯罪事实或犯罪嫌疑人，有权利也有义务向公安机关、人民检察院或者人民法院提出控告检举。因此实践中发现环境资源犯罪的公民和单位均有权利和义务进行控告。环境资源行政管理部门或有关监督管理部门在处理环境资源纠纷时，对于危害环境资源后果严重、依法构成犯罪的环境资源污染和破坏案件，应积极主动将有关材料移交公安机关、检察院或人民法院，由其追究有关人员、单位的刑事责任。人民检察院和公安机关应从保护环境资源的大局出发，对污染和破坏环境资源、构成犯罪的人依法积极侦查追诉，使危害环境资源的犯罪分子得到应有的惩罚。

（三）关于刑事案件的审判和执行的规定

环境资源刑事案件经自诉人起诉或检察院提起公诉，经法院审查立案便进入了审判阶段。《刑事诉讼法》对环境资源刑事案件审判的原则、审判制度、审判组织及具体程序，以及执行程序、二审程序、死刑复核程序、审判监督程序均作了具体规定，应严格适用。在司法实践中应充分考虑环境资源刑事犯罪的特点和环境资源刑事诉讼的特殊性。在对犯罪者定罪量刑时，实体法律规范的适用，要根据《环境保护法》以及有关单行法规的规定，依照《刑法》分则关于危害资源环境的犯罪的规定定罪量刑，同时，要准确把握危害环境资源的犯罪与其他刑事犯罪在构成上的区别，保护无罪的人不受追究，使环境资源犯罪者受到应有的惩罚。

下 篇

第十章 自然保护法

第一节 自然保护法概述

一、自然保护法的概念及性质

自然保护法是关于自然保护的法律规范的统一整体。自然保护所涉及的范围是十分广泛的，包括自然资源的保护、生物多样性的保护以及特殊的自然区域的保护等。

自然保护法是环境资源保护的次级法，它与污染控制法共同组成了我国的环境资源法。根据可持续发展原则，自然保护法应该是环境资源法的组成部分，而不应该是独立的。长久以来，关于这种观点，是存在争议的。尤其是自然保护法中的自然资源法部分，有人认为不属于环境资源法的领域，而是与环境资源法相独立的，因为前者主要调整的是人们在管理自然资源过程中的法律关系。但根据可持续发展的要求，对自然资源的开发利用单纯进行管理显然是不够的，自然资源是环境不可分割的要素，环境资源法对环境的保护当然要涉及该领域，而且环境资源法的角度与资源法角度的区别在于它更注重保护而不是注重开发，自然资源的开发应该服从保护的根本前提，不能够为了开发而牺牲环境。这一鲜明的环境资源法立场使得将资源法整合进环境资源法成为必然要求。当然，这种整合不仅是法律体系的整合，也是法律制度的整合，更是法律理论的整合。

二、自然保护法的特征

1. 战略性或称宏观性

从宏观上研究人类经济活动与自然生态的关系、自然的开发利用与经济发展的关系，这是自然管理法调整各种社会关系的理论基础。各种自然保护法规都是必须按照资源配置的宏观要求规定人们在开发、利用和保护自然资源过程中的行为规则，这是自然资源管理法的重要特征。自然界是由各种各样的生态系统组成的，在生态系统中，每一种生物又都占据一定的位置，具有特定的作用，它们相互依赖，彼此制约，协同进化，使整个生态系统成为协调整体。如果人们对环境资源的开发利用合乎生态规律，这些资源就能得到不断更新和正常地循环，能够不停地生长、发育和繁衍，实现可持续利用的目的。如果人们滥用自然资源，不能保持物种的合理结构，保持系统机制正常运行，就会使资源不可避免地趋向退化、枯竭。这些生态学的一般规律应该成为指导人们从事生产实践的基本原则。自然资源管理法就是以客观经济规律和生态规律对开发利用环境资源的要求，作为调整各种社会关系的基础，达到有效保护和合理开发利用自然资源的目的。

2. 综合性

自然保护法一般包括：土地法、森林法、草原法、矿产资源法、水法、渔业法、野生动物保护法、野生珍稀植物保护法、自然保护区法等。除了各种专门的自然保护法规外，在刑法、民法、行政法和其他经济法规中，也有保护自然资源的法律规范。有关自然资源管理的法律、法规，既包括国家最高权力机关制定的法律，也包括国家行政机关颁布的行政法规、命令和决定，还有一些地方性法规。

3. 科学技术性

现代科学技术的发展，对法律的影响十分广泛和深远。随着国土经济学、生产力经济学、系统生态学和经济生态学等新的边缘学科的产生和发展，以及计算机技术的广泛应用，人类对自然界的认识更加深化。人们对人类经济活动与自然生态的关系、自然的开发利用与经济发展的关系，提出了许多新的课题，采取更科学、更先进的措施，保护管理各种自然资源。用这些理论和方法制定的保护、开发和利用各种自然资源的许多技术规范，已经成为管理自然资源的法律规定。这不仅丰富了自然资源法的内容，扩大了自然资源法的调整范围，也使这些法律发挥着愈来愈重要的作用。

4. 国际共同性

人类共同生活的地球表面构成了一个完整的生态系统。地球上任何一块陆地或海域的变化，都将影响它邻近的地区以至整个地球的生态系统，环境问题的解决是超越国家界限的。有些资源的开发利用也不是一国所能完成的。地球上的所有物种是人类共有的生物基因库，一些珍贵稀有的野生动物植物，是地球进化过程中赐给人类的宝贵遗产。自然资源管理法所保护的对象，是人类赖以生存和持续发展的物质基础。在长期的生产、生活实践中，人们共同享受了大自然的恩惠，得到了开发、利用、保护自然资源所带来的利益，也共同承受了大自然给予人们无礼行为的严厉惩罚。因此，对自然资源的保护，人类负有共同的国际义务。作为目标相同的保护自然资源的国际组织、国际公约和各国的自然资源管理法规，尽管彼此在政治制度、经济制度等方面存在着差别，但在保护自然资源方面既有相互竞争以致斗争的一面，也有彼此可以相互借鉴的具有共性的规范和彼此共同合作的方面。

三、自然保护法的体系

根据我国现行立法和准备进行的立法，我国的自然保护法律体系应该由六个方面的法律所构成：国土整治法、资源行业法、专项资源法、资源保护法、资源政策法和国际自然资源法等。

1. 国土整治法

国土整治法是规范国土整治规划、规范资源整体利用、综合利用的方式及其原则的法律。国土整治规划，是各种资源利用、保护规划的依据，国土整治法规定的资源利用方式和原则，对各种资源的利用、保护活动有着强制指导作用。

2. 资源行业法

一种自然资源的利用主要与国民经济中某一行业的经济活动相联系，该资源的法律内容由资源管理和行业管理相结合，即称为资源行业法。我国目前的森林法、草原法、渔业法、矿产资源法等属于资源行业法。

3. 专项资源法

一种自然资源的利用与国民经济中的许多经济活动相联系，该资源的立法，不含有行业管理的内容，主要是针对该资源的合理利用和保护，即称之为专项资源法。如土地法、水法等属于专项资源法。

4. 资源保护法

主要是从资源保护方面进行的立法，为资源保护法，如自然保护区法、野生动物保护法、野生珍稀植物保护法等。

资源行业法、专项资源法和资源保护法，是确立自然资源配置的基本规则，是规范利用、保护自然资源的行为的法律，一般是长期、稳定的存在于社会之中，因此，是自然资源法律体系中的“主干法”。

5. 资源政策法

为了资源行业的发展和资源的开发、利用、保护、营造等而制定的社会政策和经济政策，以法律的形式出现时，即形成资源政策法。资源政策法是针对一定时期，某一经济阶段或资源利用某一方面而进行的立法，是资源行业法和专项资源法的补充性立法，在一般情况下是特别适用的。因此，资源政策法是自然资源法律体系中的“特别法”。

6. 国际自然资源法

我国与其他国家签订、缔结的有关自然资源利用和保护的国际条约，我国参加的有关自然资源利用和保护的国际公约，是我国自然资源法律体系中的国际法部分。

第二节　环境要素保护法

一、土地保护法

（一）土地保护立法

我国土地保护的立法较多，已经形成了较完善的体系。现行的主要法律有：《国家建设征用土地条例》、《土地管理法》、《土地复垦规定》、《土地管理法实施条例》、《自然保护区土地管理办法》等。特别值得注意的是，随着改革的深化和形势的发展，1986年制定的《土地管理法》已经不能适应加强土地管理、切实保护耕地的需要，1998年4月第九届全国人民代表大会常务委员会第二次会议通过了修订的《土地管理法》并重新予以颁布。新的《土地管理法》与其他的有关土地立法一起构成了我国完备的土地保护法律体系。

（二）土地保护法的主要内容

除了上面已经涉及的法律以外，我国的《宪法》、《环境保护法》等也有关于土地资源保护的规定，根据新修订的《土地管理法》，土地资源管理法主要有以下内容。

1. 关于土地资源保护的原则性以及一般规定

（1）将十分珍惜、合理利用土地和切实保护耕地确立为我国的基本国策。早在1981年11月30日的五届人大四次会议的政府工作报告中就指出“十分珍惜每寸土地，合理利用每寸土地，应该是我们的国策”。《土地管理法》则贯彻了这一土地管理的指导思想，并进一步规定，各级人民政府应当采取措施，全面规划、严格管理，保护、开发土地资源，制止乱占耕地和滥用土地的行为。

（2）土地资源管理体制。国务院土地行政主管部门统一负责全国土地的管理和监督工作。县级以上地方人民政府土地行政主管部门的设置及其职责，由省级人民政府根据国务院的有关规定确定。

（3）关于土地所有权和使用权的规定。城市市区的土地属于国家所有。农村和城市郊区的土地，除由法律规定属于国家所有的以外，属于农民集体所有；宅基地和自留地、自留山，属于农民集体所有。国有土地和农民集体所有的土地，可以依法确定给单位或者个人使用。使用土地的单位和个人，有保护、管理和合理利用土地的义务。农民集体所有的土地依法属于村农民集体所有的，由村集体经济组织或者村民委员会经营、管理；已经分别属于村内两个以上农村集体经济组织的农民集体所有的，由村内各该农村集体经济组织或者村民小组经营、管理；已经属于乡（镇）农民集体所有的，由乡（镇）农村集体经济组织经营、管理。农民集体所有的土地，由县级人民政府登记造册，核发证书，确认所有权。农民集体所有的土地依法用于非农业建设的，由县级人民政府登记造册，核发证书，确认建设用地使用权。单位和个人依法使用的国有土地，经县级以上人民政府登记造册，核发证书，确认使用权；其中，中央国家机关使用的国有土地的具体登记发证机关，由国务院确定。确认林地、草原的所有权或者使用权，确认水面、滩涂的养殖使用权，分别依照《中华人民共和国森林法》、《中华人民共和国草原法》和《中华人民共和国渔业法》的有关规定办理。依法改变土地权属和用途的，应当办理土地变更登记手续。依法登记的土地的所有权和使用权受法律保护，任何单位和个人不得侵犯。

(4) 农民集体所有的土地由本集体经济组织的成员承包经营，从事种植业、林业、畜牧业、渔业生产，土地承包经营期限为 30 年。发包方和承包方应当订立承包合同，约定双方的权利和义务。承包经营土地的农民有保护和按照承包合同约定的用途合理利用土地的义务。农民的土地承包经营权受法律保护。在土地承包经营期限内，对个别承包经营者之间承包的土地进行适当调整的，必须经村民会议 2/3 以上成员或者 2/3 以上村民代表的同意，并报乡（镇）人民政府和县级人民政府农业行政主管部门批准。国有土地可以由单位或者个人承包经营，从事种植业、林业、畜牧业、渔业生产。农民集体所有的土地，可以由本集体经济组织以外的单位或者个人承包经营，从事种植业、林业、畜牧业、渔业生产。发包方和承包方应当订立承包合同，约定双方的权利和义务。土地承包经营的期限由承包合同约定。承包经营土地的单位和个人，有保护和按照承包合同约定的用途合理利用土地的义务。农民集体所有的土地由本集体经济组织以外的单位或者个人承包经营的，必须经村民会议 2/3 以上成员或者 2/3 以上村民代表的同意，并报乡（镇）人民政府批准。

2. 土地用途管制制度

土地利用总体规划是土地用途管制的依据，对此法律作了如下规定：

(1) 国家编制土地利用总体规划，对耕地实行特殊保护，严格限制农用地转为建设用地，控制建设用地总量。按照土地资源状况或者土地利用总体规划，土地分为农用地、建设用地和未利用地。

(2) 各级人民政府应当依据国民经济和社会发展规划、土地供给能力以及各项建设对土地的需要，组织编制土地利用总体规划。下级土地利用总体规划应当服从上一级土地利用总体规划。地方各级人民政府编制的土地利用总体规划中的建设用地总量不得突破上一级人民政府下达的控制指标，农用地保有量不得低于上一级人民政府下达的控制指标。县、乡（镇）土地利用总体规划应当划分土地利用区，根据土地使用条件，明确土地用途。省、自治区、直辖市的土地利用总体规划，报国务院批准。省、自治区人民政府所在地的市，人口在 100 万以上的城市以及国务院指定的城市的土地利用总体规划，经省、自治区人民政府审查同意后，报国务院批准。其他土地利用总体规划逐级上报省、自治区、直辖市人民政府批准。土地利用总体规划一经批准，必须严格执行。城市建设用地规模应当符合国务院建设行政主管部门规定的标准，充分利用现有建设用地，不占或者尽量少占农用地。城市总体规划、村庄和集镇规划，应当与土地利用总体规划相衔接，城市总体规划、村庄和集镇规划中建设用地规模不得突破土地利用总体规划。在城市规划区内、村庄和集镇规划区内，土地利用应当符合城市规划、村庄和集镇规划。

（3）明确规定农用地转为建设用地的审批权限。土地利用总体规划将土地分为农用地、建设用地和未利用地。根据土地用途管制制度的要求，建设用地必须符合土地利用总体规划所确定的用途，并且严格控制农用地转为建设用地。建设占用土地，涉及农用地转为建设用地的，应当报省级以上人民政府批准。直辖市和省、自治区人民政府所在地的市以及其他设区的市为实施城市规划而统一开发土地，省、自治区、直辖市人民政府批准的大型工程和大型基础设施建设项目、国务院批准的建设项目占用土地，涉及农用地转为建设用地的，由国务院批准。其他的建设项目占用土地，在土地利用总体规划确定的城市和村庄、集镇建设用地规模范围内，为实施该规划而将农用地转为建设用地的，按年度分批次由原批准土地利用总体规划的机关批准。在已批准的农用地转用范围内，具体建设项目用地可以由市、县人民政府批准。涉及农用地转为建设用地的，由省、自治区、直辖市人民政府批准。这样规定，有利于严格控制城市建设用地规模和各类建设用地总量。

（4）上收征地审批权。根据《宪法》有关规定，土地征用权只能属于国家。征用下列土地的，由国务院批准：①基本农田；②基本农田以外的耕地超过 500 亩的；③其他土地超过 1000 亩的。征用其他土地的，由省、自治区、直辖市人民政府批准，并报国务院备案。征用农用地的，应当先行办理农用地转用审批。其中，经国务院批准农用地转用的，直接办理征地手续，不再另行办理征地审批；经省、自治区、直辖市人民政府批准农用地转用，在本条规定的征地批准权限内的，直接办理征地手续，不再另行办理征地审批，超过规定的征地批准权限的，应当按规定办理征地审批。

（5）乡村建设用地。乡（镇）村企业、乡（镇）村公共设施、公益事业、农村居民住宅等乡（镇）村建设，应当按照村庄和集镇规划，合理布局，综合开发，配套建设；建设用地，应当符合乡（镇）土地利用总体规划和土地利用年度计划，并依法办理审批手续。农村集体经济组织使用乡（镇）土地利用总体规划确定的建设用地兴办企业或者与其他单位、个人以土地使用权入股、联营等形式共同举办企业的，应当持有关批准文件，向县级以上地方人民政府土地管理部门提出申请，按照省、自治区、直辖市规定的批准权限，由县级以上地方人民政府批准；其中，涉及占用农用地的，依照有关规定办理审批手续。按照前款规定兴办企业的建设用地，必须严格控制。省、自治区、直辖市可以按照乡（镇）村企业的不同行业和经营规模，分别规定用地标准。乡（镇）村公共设施、公益事业建设，需要使用土地的，经乡（镇）人民政府审核，向县级以上地方人民政府土地管理部门提出申请，按照省、自治区、直辖市规定的批准权限，由县级以上地方人民政府批准；其中，涉及占用农用地的，依照有关规定办理审批手续。农村居民一户只能拥有一处宅基地，其宅基地的面积不得超过省、自治区、直辖市规定的标准。农村居民建住宅，应当符合乡（镇）土地利用总体规划，并尽量使用原有的宅基地和村内空闲地。农村居民住宅用地，经乡（镇）人民政府审核，由县级人民政府批准；其中，涉及占用农用地的，依照有关规定办理审批手续。农村居民出卖、出租住房后，再申请宅基地的，不予批准。

3. 土地调查和统计制度

国家建立土地调查制度。县级以上人民政府土地行政主管部门会同同级有关部门进行土地调查。土地所有者或者使用者应当配合调查，并提供有关资料。县级以上人民政府土地行政主管部门根据土地调查成果、规划土地用途和国家制定的统一标准，评定土地等级。国家建立土地统计制度。县级以上人民政府土地行政主管部门和同级统计部门共同统计调查方案，依法进行土地统计，定期发布土地统计资料。土地所有者应当提供有关资料，不得虚报、瞒报、拒报、迟报。土地行政主管部门和统计部门共同发布的土地面积统计资料是各级人民政府编制土地利用总体规划的依据。国家建立全国土地管理信息系统，对土地利用状况进行动态监测。

4. 耕地特殊保护

(1) 耕地总量动态平衡制度。法律规定，国家保护耕地，严格控制耕地转为非耕地。国家实行占用耕地补偿制度。非农业建设经批准占用耕地的，按照“占多少，垦多少”的原则，由占地单位负责开垦与所占用耕地的数量和质量相当的耕地；没有条件开垦或者开垦的耕地不符合要求的，应当按照省、自治区、直辖市的规定缴纳耕地开垦费，专款用于开垦新的耕地。省、自治区、直辖市人民政府应当监督占地单位开垦耕地或者组织开垦耕地并进行验收。省、自治区、直辖市人民政府应当严格执行土地利用总体规划，采取措施，确保本行政区域内耕地总量不减少，耕地总量减少的，由国务院责令在规定期限内组织开垦与所减少耕地的数量与质量相当的耕地，并由国务院土地管理部门会同农业行政主管部门验收。个别省、自治区、直辖市确因土地后备资源匮乏，新增建设用地后，新开垦耕地的数量不足以补偿所占用耕地的数量的，必须报经国务院批准减免本行政区域内开垦耕地的数量，进行异地开垦。

(2) 基本农田保护制度。下列耕地应当划入基本农田保护区，严格管理：①经国务院有关主管部门或者县级以上地方人民政府批准确定的粮、棉、油和名、优、特、新农产品生产基地内的耕地；②高产、稳产田，有良好的水利与水土保持设施的耕地，正在实施改造计划以及可以改造的中、低产田；③城市蔬菜生产基地；④农业科研、教学试验田；⑤国务院规定应当划入基本农田保护区的其他耕地。基本农田应当占耕地的 80％以上。基本农田保护的具体办法，由国务院规定。

(3) 禁止破坏耕地和闲置、荒芜耕地。非农业建设必须节约使用土地，可以利用荒地的，不得占用耕地；可以利用劣地的，不得占用好地。禁止占用耕地建窑、建坟或者擅自在耕地上建房、挖沙、采石、采矿、取土等。禁止占用基本农田发展林果业和挖塘养鱼。禁止任何单位和个人闲置、荒芜耕地。

5. 征用土地补偿标准

征用土地补偿标准制定的原则：一是根据《宪法》关于“国家为了公共利益的需要，可以依照法律规定对土地实行征用”的规定，征地是一种国家行为，也是农民对国家应尽的一种义务，不是农民向国家“卖地”。国家征用的土地再出让时，决定不同地价的级差地租是国家投资形成的，原则上这项收益应当属于国家。二是征地补偿以使被征用土地单位的农民生活水平不降低为原则。根据这两条原则，法律规定：征用土地的，按照被征用土地的原用途给予补偿。征用耕地的补偿费用包括征地补偿费、安置补助费以及地上附着物和青苗的补偿费。征用城市郊区的菜地，用地单位应当按照国家有关规定缴纳新菜地开发建设基金。依照此规定支付土地补偿费和安置补助费，尚不能使需要安置的农民保持原有生活水平的，经省、自治区、直辖市人民政府批准，可以增加安置补助费。但是，土地补偿费和安置补助费的总和不得超过土地被征用前 3 年平均年产值的 30 倍。同时，考虑到今后经济的发展和生活水平的提高，征地补偿可能需要适时有所调整，法律还规定了国务院根据社会、经济发展水平，可以调整征用耕地的土地补偿费和安置补助费的标准。考虑到征用土地的补偿费问题较为复杂，各地情况不同，土地管理法又规定，征地补偿安置方案确定后，有关地方人民政府应当公告，并听取被征地的农村集体经济组织和农民的意见。被征地的农村经济组织应当将征用土地的补偿费用的收支状况向本集体经济组织的成员公布，接受监督。各级地方人民政府应当支持被征地的农村集体经济组织和农民从事开发经营，兴办乡镇企业。

二、水保护法

（一）水保护立法

目前，我国的水保护法主要由《中华人民共和国水法》（以下简称《水法》）、《中华人民共和国河道管理条例》（以下简称《河道管理条例》）、《取水许可制度实施办法》、《城市供水条例》、《城市节约用水管理规定》和一些水污染防治的法律、法规、标准所组成。另外，各地还制定了相当数量的地方性水资源保护和管理法规与规章。值得注意的是，2002 年新修订的《水法》，修改幅度非常大，以致于原法只有两条两款没有改动，其余条文均作了修改。

（二）水保护法的主要内容

1. 权属制度

长期以来，水资源被看作是天赐之物而无偿地开发利用，从而导致了水资源的浪费。为了合理地开发利用水资源，就必须对水资源的所有权和使用权作出规定。我国《水法》对水资源的所有权，根据我国的实际情况作出了颇具特色的规定。《水法》第 3 条规定了水资源属于国家所有。水资源的所有权由国务院代表国家行使。农村集体经济组织的水塘和由农村集体经济组织修建管理的水库中的水，归各该农村集体经济组织使用。

2. 水资源开发利用原则

（1）开发利用与保护生态环境相结合原则。人们为了某种经济目的而开发利用水资源，可能会对水生生态产生一系列的影响。为了保护环境，就必须把对资源的开发利用同保护水环境有机地结合起来，防止水资源的开发利用对水环境造成不利影响。为了实现这一原则，国家对兴建水力发电站、修建拦河闸坝、建设跨流域引水工程、为开矿而输入地下水、开采地下水等，都规定了具体的环境保护措施要求，并规定禁止围湖造田。

（2）居民生活用水优先原则。无论是发展经济还是保护环境，最终目的都是为了使人们的生活和生存条件变得更加美好。因此当居民生活用水与工农业生产和其他方面的用水发生矛盾时，应当首先满足居民生活用水的需要，这就是所谓的“居民生活用水优先原则”。为此，《水法》第 21 条规定：开发、利用水资源，应当首先满足城乡居民生活用水，并兼顾农业、工业、生态环境用水以及航运等需要。在干旱和半干旱地区开发、利用水资源，应当充分考虑生态环境用水需要。

（3）计划用水原则。为了使我国有限的水资源既能满足居民生活用水需要，又能满足工农业生产和航运、旅游用水的需要，就必须实行计划用水。为此，《水法》对用水计划的编制、审批、用水指标的下达、用水计划的执行情况的考核、超计划用水的处理等，作出了较为全面的规定。

(4) 节约用水原则。在水资源不足的情况下，实行节约用水是解决水资源供求矛盾最有效的途径。我国作为一个人均水资源较少的国家，必须实行节约用水原则。为此，《水法》第8条规定：国家厉行节约用水，大力推行节约用水措施，推广节约用水新技术、新工艺，发展节水型工业、农业和服务业，建立节水型社会。各级人民政府应当采取措施，加强对节约用水的管理，建立节约用水技术开发推广体系，培育和发展节约用水产业。单位和个人有节约用水的义务。

3. 水保护管理体制

为了有效地保护水环境，合理地开发利用水资源，《水法》对管理体制作出了新的规定，尤其是江流域管理体制第一次被较为全面地确定下来。该法第12条规定了国家对水资源实行流域管理与行政区域管理相结合的管理体制。国务院水行政主管部门负责全国水资源的统一管理和监督工作。国务院水行政主管部门在国家确定的重要江河、湖泊设立的流域管理机构（以下简称流域管理机构），在所管辖的范围内行使法律、行政法规规定的和国务院水行政主管部门授予的水资源管理和监督职责。县级以上地方人民政府水行政主管部门按照规定的权限，负责本行政区域内水资源的统一管理和监督工作。该法第13条还规定了国务院有关部门按照职责分工，负责水资源开发、利用、节约和保护的有关工作。

4. 水保护的主要管理制度

(1) 水资源开发利用规划制度。水资源开发利用规划是法定机构按法定程序对一定时期水资源的开发利用和水害防治预先作出的整体安排。可分为综合规划和专业规划。水资源开发利用规划制度则是关于水资源开发利用规划的编制、审批、实施等一整套管理措施和程序的规定。它是保证水资源合理开发利用、发挥其多功能效益、兴利除害的宏观管理手段之一。

经批准的水资源开发利用规划，是开发利用水资源和防治水害活动的基本依据，任何单位和个人必须不折不扣地执行。任何违反规划的行为，便是违反制定规划所依据的法律的行为，就要承担相应的法律责任。如果规划需要修改，必须经原批准规划的机关核准后，新规划才发生效力。

(2) 取水许可制度。又称取水许可证制度，是指国家要求直接从地下或者江河、湖泊取水的单位或个人依法办理准许取水的证明文件的一整套管理措施和方法。它是我国用水管理的一项基本制度，是协调和平衡水的供求关系、实现水资源永续利用的重要保证。我国的取水许可制度，只适用于直接从地下和江河、湖泊取水的用户，而不适用于为家庭生活、畜禽饮用取水和其他少量取水，也不适用于使用自来水和水库等供水工程的水以及在江河、湖泊中行船、养鱼的用水。国务院发布的《取水许可制度管理办法》对取水许可证的适用范围、申请许可证的条件、申请书的内容、审批的程序、持证人的义务、违反许可证规定的制裁措施均作出了具体规定。

(3) 征收水资源费制度。水资源费是开发利用水资源的单位和个人依法向国家缴纳的费用。征收水资源费制度则是国家对水资源费征收的对象、范围、标准、程序和水资源费的使用等所作的规定，我国的水资源费的征收范围和对象只限于城市中从地下取水的单位，其他从地下或者从江河、湖泊取水的，只有在省、自治区、直辖市人民政府规定收费时才收费。个人，包括城市中的个人直接从地下取水的，不予收费。征收水资源费的具体办法，由国务院规定。

(4) 用水收费制度。用水收费制度是指使用供水工程供应的水的单位和个人，要向供水单位缴纳水费的一整套管理措施。实行这一制度，一方面可以解决供水设施的维修费用问题；另一方面可以大大减少水的浪费。水费的征收管理办法，由国务院 1985 年 7 月发布的《水利工程供水的水费核订、计收和管理办法》加以规定。水费和水资源费是两种不同的收费。水资源费要缴给国家，水费则缴给供水单位；水资源费是在用水单位自己直接从地下或江河湖泊取水时缴纳的，水费则是在其他单位给用水单位供水时由用水单位缴纳的；水资源费主要用于水资源的保护和水资源的开发，水费则主要用于供水设施的建设、维护和运行。

(5) 奖罚制度。即对于开发、利用、保护、治理水资源，防治水害，节约用水和进行有关的科学技术研究等方面成绩显著的单位和个人，由各级人民政府给予奖励；对破坏、浪费水资源者给予惩罚。对此，《水法》仅作出了原则性规定，一些单行法规和地方法规、规章则作出了比较具体的规定。

三、水土保持法

(一) 水土保持及其立法

水土保持是指对自然因素和人为活动造成的水土流失所采取的预防和治理措施的总称。其目的就是要预防和治理水土流失，改善自然环境。水土流失是指土地表层缺乏植被保护，被雨水冲蚀后引起跑水、跑土、跑肥，使土层逐渐变贫瘠的现象。

我国历来比较重视水土保持工作，早在 1957 年，国务院就公布了《水土保持暂行纲要》，此后又发布了《水土保持条例》，《水土保持法》及实施条例。同时还在《环境保护法》、《草原法》、《土地管理法》、《水法》、《农业法》等法律，对水土保持作出了相应规定。

(二) 水土保持法的主要内容

1. 水土保持的方针

国家对水土保持工作实行预防为主、全面规划、综合防治、因地制宜、加强管理、注重效益的方针。

2. 水土保持的管理制度

（1）水土保持规划制度。水土保持规划是人民政府对一定时期水土保持的目标、任务和措施等作出的整体安排。按照规定，国务院和县级以上地方人民政府的水行政主管部门，应当在调查评价水土资源的基础上，会同有关部门编制水土保持规划，报经同级人民政府批准，并报上一级人民政府水行政主管部门备案；水土保持规划的修改，须经原批准机关批准；县级以上人民政府应当将水土保持规划确定的任务，纳入国民经济和社会发展计划，安排专项资金，并组织实施。

（2）划定水土流失重点防治区制度。水土流失重点防治区是人民政府依法确定的造成或可能造成水土严重流失并优先予以预防和治理的区域。它可以分为重点预防保护区、重点监督区和重点防治区，按国家、省、县三级划分，具体范围由县级以上人民政府水行政主管部门提出，报同级人民政府批准并公告。

（3）水土流失监测和公告制度。国务院水行政主管部门应当建立水土保持监测网络，对全国水土流失动态进行监测预报，并予以公告。公告的事项包括水土流失面积与分布状况和流失程度、造成的危害及其发展趋势、防治情况及其效益。

（4）水土保持方案和“三同时”制度。水土保持方案是建设单位为防止开发建设活动造成水土流失而编制的对策措施。它通常被纳入建设项目的环境影响报告书中。按照规定，在山区、丘陵区、风沙区修建铁路、公路、水工程，开办矿山企业、电力企业和其他大、中型工业企业，在建设项目环境影响报告书中必须有水行政主管部门同意的水土保持方案；在山区、丘陵区、风沙区依法开办乡镇集体矿山企业和个体申请采矿，必须填写“水土保持方案报告表”，经县级以上地方人民政府水行政主管部门批准后，方可申请办理采矿批准手续。建设项目中的水土保持设施，必须与主体工程同时设计、同时施工、同时投产使用。

（5）水土流失治理的行政代执行制度。企业事业单位在建设和生产过程中造成水土流失的，应当负责治理；因技术等原因无力自行治理的，可以缴纳防治费，由水行政主管部门组织治理。

3. 开展和鼓励进行有利于水土保持的活动

一是要求各级人民政府加强水土保持的宣传教育工作，普及水土保持科学知识；组织全民植树造林和种草，扩大森林覆盖面积，增加植被；根据当地情况，组织有关单位和个人有计划地进行封山育林育草、轮封轮牧、防风固沙、保护植被；组织农业集体经济组织和农民，有计划地对禁止开垦坡度25°以下、5°以上的耕地进行治理，根据不同情况，采取整治排水系统、修建梯田、蓄水保土耕作等措施；对在防治水土流失工作中成绩显著的单位和个人给予奖励。二是采取有利于水土保持的鼓励措施。国家鼓励开展水土保持科学技术研究，提高水土保持科学技术水平，推广水土保持的先进技术，有计划地培养水土保持的科学技术人才；鼓励水土流失地区的农业集体经济组织和农民对水土流失进行治理，并在资金、能源、粮食、税收等方面进行扶持。三是对荒山、荒沟、荒丘、荒滩允许实行承包治理，并保护承包人的合法权益。

4. 禁止某些可能造成水土流失和荒漠化的活动

(1) 禁止毁林开荒、烧山开荒和在陡坡地、干旱地区铲草皮、挖树兜。

(2) 禁止在25°以上陡坡地开垦种植农作物，而且省、自治区、直辖市人民政府还可以根据本辖区的实际情况，规定小于25°的禁止开垦坡度。

(3) 禁止在崩塌滑坡危险区和泥石流易发区取土、挖砂、采石。

(4) 禁止在荒漠草原、半荒漠草原和沙化地区砍挖灌木、药材及其他固沙植物。

(5) 禁止开垦草原和破坏草原植被。已经开垦并造成草原沙化或者严重水土流失的，县级以上地方人民政府应当限期封闭，责令恢复植被，退耕还牧。

5. 从事可能造成水土流失的活动者采取水土保持措施的义务

(1) 从事林业活动应采取水土保持措施。采伐林木，必须因地制宜地采用合理采伐方式严格控制，对采伐区和集材道采取防止水土流失的措施，并在采伐后及时完成更新造林任务；在林区采伐林木的，采伐方案中必须有采伐区水土保持措施；在5°以上坡地上整地造林，抚育幼林，垦复油茶、油桐等经济林木，必须采取水土保持措施，防止水土流失。

(2) 修建铁路、公路和水工程应采取的水土保持措施。修建铁路、公路和水工程，应当尽量减少破坏植被；废弃的砂、石、土必须运至规定的专门存放地存放，不得向江河、湖泊、水库和专门存放地以外的沟渠倾倒；在铁路、公路两侧地界以内的山坡地，必须修建护坡或者采取其他土地整治措施；工程竣工后，取土场、开挖面和废弃的砂、石、土存放地的裸露土地，必须植树种草，防止水土流失。

(3) 开办大中型企业应采取的水土保持措施。开办矿山、电力和其他大中型工业企业，排弃的剥离表土、矸石、尾矿、废渣等必须堆放在规定的专门存放地，不得向江河、湖泊、水库和专门存放地以外的沟渠倾倒；因采矿和建设使植被受到破坏的，必须采取措施恢复表土层和植被，防止水土流失。

四、森林保护法

(一) 森林及其保护立法

森林是指存在于一定区域内的以树木或其他木本植物为主体的植物群落。从生态学上说，森林是指存在于一定区域内的，以树木或其他木本植物为主体的一个群落生态系统，它包括林地、树木及其他林地植物、栖息于森林中的动物等。根据其生态习性，可分为热带雨林、季节林、亚热带常绿阔叶林、温带落叶阔叶林、中温带针阔混交林、寒温带针叶林，特种用途林等。

森林是一种十分重要的环境要素，它对人类生态系统的保护和改善起着十分重要的作用，其主要环境效能包括：调节气候、净化大气；蓄水保土、防风固沙；降低噪音；保存生物物种；美化环境；提供各种林产品。因此，保护森林对于环境资源保护，经济发展和科学研究都有着重要意义。

为了保护和扩大森林资源，改善自然环境，我国制定和发布了一系列森林保护的法律、法规和规章，基本形成了比较完备的森林保护法体系。其中主要的法律、法规有全国人民代表大会《关于开展全民义务植树运动的决议》、国务院《关于开展全民义务植树运动的实施办法》、《森林法》及其实施细则、《森林防火条例》、《森林采伐更新管理办法》、《城市绿化条例》、《森林病虫害防治条例》、《制定年森林采伐限额暂行规定》、《森林资源档案管理办法》等。

需要指出的是，1997 年 10 月 28 日的第八届全国人民代表大会常务委员会第二十八次会议审议修正了《森林法》。新的《森林法》是在总结实践经验、深入调查研究、广泛听取意见的基础上，对涉及国有重点林区林权证的核发、林地使用权和林木的流转、征用、占用林地的管理、森林生态效益补偿、森林公安机关的任务、珍贵木材的出口及法律责任等 7 个方面的内容作了规定，使《森林法》更能适应市场经济下森林资源管理的需要。

（二）森林法的主要内容

1. 森林所有权

森林所有权，又称为林权，是指森林法律关系的主体对森林，林木或者林地的占有、使用、收益和处分的权利。我国森林法把林权分为国家林权、集体林权、机关团体林权和公民个人林权。除法律规定属于集体所有的以外，森林资源属于全民所有，即国家所有；全民所有制单位营造的林木，由营造单位经营并按照国家规定支配林木收益；集体所有制单位营造的林木，归该单位所有；农村居民在房前屋后、自留地、自留山种植的林木，归个人所有；城镇居民和职工在自有房屋的庭院内种植的林木，归个人所有；集体或者个人承包全民所有和集体所有的宜林荒山荒地造林的，承包后种植的林木归承包的集体或者个人所有。

我国法律对林权的保护，主要采取确认权属、返还非法占有、排除妨碍、赔偿损失等措施。《森林法》第 3 条第 2 款规定："国家所有的和集体所有的森林、林木和林地，个人所有的林木和使用的林地，由县级以上地方人民政府登记造册，核发证书，确认所有权或者使用权。经国务院批准确定的国家所有的重点林区的森林、林木和林地，由国务院林业主管部门登记造册，核发证书。"

2. 林地使用权和林木的流转

近几年来，随着社会主义市场经济的发展，实践中出现了中幼林转让、中幼林合营、林地出租造林以及林地使用权、林木折价入股等多种森林资源流转形式。这对优化生产要素配置、盘活森林资源资产、促进林业发展，起了重要作用。《森林法》第15条规定了森林、林木可以转让；林地使用权和林木可以作为合资、合作造林、经营林木的出资或者合作条件。具体办法由国务院规定。

3. 林业建设方针

《森林法》第5条规定的林业建设方针为“以营林为基础，普遍护林，大力造林，采育结合，永续利用”。

4. 植树造林和绿化

植树造林和绿化是增加森林面积，提高森林覆盖率的主要途径，也是保护森林资源的主要措施之一。因此，我国对植树造林和绿化作出了比较全面的规定。

(1) 全民植树义务。要求凡有条件的地方，年满11周岁的中华人民共和国公民，除老、弱、病、残者外，因地制宜，每人每年植树3至5棵，或者完成相应劳动量的育苗、管护和其他绿化任务。并规定每年的3月12日为植树节。

(2) 森林覆盖率奋斗目标。全国森林覆盖率的奋斗目标为30%。要求县级以上地方人民政府按照山区一般达到70%以上、丘陵区一般达到40%以上、平原区一般达到10%以上的标准，确定本行政区域内的森林覆盖率的奋斗目标。

(3) 植树造林责任制。各级人民政府负责制定植树造林规划，组织各行各业和城乡居民完成植树造林规划确定的任务，并对新造幼林地和其他必须封山育林的地方组织封山育林；宜林荒山荒地，属于全民所有的，由林业主管部门和其他主管部门组织造林；属于集体所有的，由集体经济组织造林；铁路与公路两旁、江河两侧、湖泊水库周围，由各有关主管单位因地制宜地组织造林；工矿区、机关、学校用地，部队营区以及农场、牧场、渔场经营地区，由各该单位负责造林；全民所有和集体所有的宜林荒山荒地可以由集体或者个人承包造林。

(4) 国务院设立全国绿化委员会，统一组织领导全国城乡绿化工作；国务院城市建设行政主管部门和国务院林业行政主管部门等，按照国务院规定的职权划分，负责全国城市绿化工作；地方绿化管理体制，由省、自治区、直辖市人民政府根据本地实际情况规定。

5. 森林保护措施

(1) 限量采伐和采伐更新制度。我国森林法规定，国家根据用材林的消耗量低于生长量的原则，严格控制森林年采伐量。全民所有的森林和林木以国营林业企业事业单位、农场、厂矿为单位，集体所有的森林和林木以县为单位，制定年采伐限额，由省、自治区、直辖市林业主管部门汇总，经同级人民政府审核后，报国务院批准。除了农村居民采伐自留地和房前屋后个人所有的零星林木外，采伐林木必须申请采伐许可证。审核发放采伐许可证的部门，不得超过批准的年采伐限额发放采伐许可证。采伐林木的单位或个人，必须按照采伐许可证的规定采伐，并按采伐许可证规定的面积、株数、树种、期限完成更新造林任务，更新造林的面积和株数必须大于采伐的面积和株数。

（2）建立林业基金。林业基金是国家为发展林业而设立的专项资金。它主要来源于国家的林业投资、财政拨款、林业部门按规定提取或征收的育林费、更新改造资金、单位和个人对发展林业的捐赠款等。该基金主要用于林区采伐基地更新和林间空地、荒山、荒地造林和育林、护林等费用的支出。它由中央和地方林业部门按规定权限分级管理，专款专用，年终节余允许跨年度使用。

（3）森林生态效益补偿费。防护林和特种用途林主要是为保持水土、涵养水源、调节气候、美化环境等服务，无法进行市场交换，造林、营林的投入也就无法通过市场交换得到回收和补偿，为了保证其进行再生产，《森林法》第 8 条第 2 款规定："国家设立森林生态效益补偿基金，用于提供生态效益的防护林和特种用途林的森林资源、林木的营造、抚育、保护和管理。森林生态效益补偿基金必须专款专用，不得挪作他用。具体办法由国务院规定。"

（4）封山育林制度。封山育林是指对划定的区域采取封禁措施，利用林木天然更新能力使森林恢复的育林方法。封山育林的对象是具备天然更新能力的疏林地、造林不易成活需要改善林地条件的荒山荒地和幼林地等。按照规定，封山育林区和封山育林期由当地人民政府因地制宜地划定。在封山育林区内，禁止或者限制开荒、砍柴和放牧等活动。

（5）群众护林制度。《森林法》要求地方各级人民政府组织有关部门建立护林组织，负责护林工作，并督促有林的地区和林区的基层单位订立护林公约，组织群众护林，划定护林责任区，配备专职或者兼职护林员。护林员可以由县级或者乡级人民政府委任，其主要职责是巡护森林，制止破坏森林的行为。

（6）森林防火制度，防治森林火灾。森林火灾是指由自然或人为原因引起的失去人为控制并对森林造成破坏性作用的森林燃烧现象。它是危害森林资源的主要灾害之一。为了防止森林火灾，我国建立了严格的森林防火制度，并制定了专门的《森林防火条例》。该条例规定了"预防为主，积极消灭"的森林防火工作方针。对国家和地方森林防火组织的设立及其职责，森林火灾的预防、扑救、调查、统计，森林火灾预防和扑救有功人员的奖励和对违法者的处罚，作了比较全面具体的规定。森林防火的措施：一是建立防火责任制度和军民联防制度。二是授权县级以上地方人民政府可以根据本地具体情况规定森林防火期和森林防火戒严期、森林防火戒严区。三是森林防火期内禁止野外用火，对因特殊情况需要用火者实行生产用火许可制度。四是加强森林防火设施的建设。五是加强森林火险的监测和预报。六是实行森林火灾发现的报告制度。任何单位和个人，一旦发现森林火灾，必须立即扑救，并及时向当地人民政府或者森林防火指挥部报告。七是对森林防火成绩显著的单位和个人给予奖励，对违反森林防火规定者给予严厉的惩罚。

(7) 森林病虫害防治制度。森林病虫害是指危害森林、林木、林木种苗及木材、竹材的病害和虫害的合称。它是导致森林面积减少、生产能力下降、环境效能降低的重要原因之一。森林病虫害防治制度则是指对森林病虫害进行预防和治理的一整套措施、途径和方法的规定。按照国务院 1989 年 12 月 18 日发布的《森林病虫害防治条例》的规定，森林病虫害防治的基本方针是“预防为主，综合治理”。其基本原则是“谁经营、谁防治”。防治的主要措施包括：建立健全森林病虫害防治机构；对林木种苗实行检疫措施，禁止检疫对象从国外传入或在国内传播；划定疫区和保护区，防止检疫对象扩散；对林内各种有益生物加强保护，并有计划地进行繁殖和培养，发挥生物防治作用；建立健全森林病虫害监测和预报制度；根据实际需要建立森林病虫害防治的设施；对病虫害的发生实行报告制度、紧急除治措施制度和联防联治制度；对森林病虫害防治成绩显著者给予奖励，对不履行森林病虫害防治职责或义务者给予处罚。

(8) 珍贵木材的出口禁限制度。1981 年，我国参加了《濒危野生动植物种国际贸易公约》。按照公约的要求，《森林法》第 38 条规定了国家禁止、限制出口珍贵木材。禁止、限制出口的珍贵木材名录及其制品、衍生物的名录和珍贵木材的年度限制出口总量，由国务院林业主管部门会同有关部门制定，报国务院批准。出口国家限制出口的珍贵木材，或者其制品、衍生物，必须经所在地省、自治区、直辖市人民政府林业主管部门审核，报国务院林业主管部门批准，海关凭国务院林业主管部门的批准文件查验放行。出口的木材及其制成品属于《濒危野生动植物种国际贸易公约》规定的濒危物种的，并必须向国家濒危物种进出口管理机构申请办理允许出口证明书，海关凭允许出口证明书查验放行。

(9) 设立森林公安机关。森林公安机关的职责是维护林区社会治安、负责保卫森林资源，同时对盗伐、滥伐等违法行为实施行政处罚。《森林法》第 20 条规定：“依照国家有关规定在林区设立的森林公安机关，负责维护辖区社会治安秩序，保护辖区内的森林资源，并可以依照本法规定，实施由林业主管部门实施的行政处罚。”

五、草原保护法

(一) 草原及其保护立法

草原分为草甸草原、典型草原、荒漠草原、高寒草原。草原作为一个特殊的生态系统，对于保持水土，防风固沙，保护和养育草原动物与植物，保持生物多样性、维持生态平衡，都有着十分重要的作用。

草原资源是指由草和其附着生长的土地构成的自然综合体。它是一种可更新资源，是发展畜牧业的基础。这种资源不仅可以自我繁殖再生，而且适应性强，更新速度快。只要注意保护，合理利用，就可以供人类永续利用。

为了保护草原，国家除制定了一系列的政策和措施外，还在 1985 年颁布了《草原法》，2002 年 12 月 28 日第九届全国人民代表大会常务委员会进行了修订。此外，1993 年发布了《草原防火条例》，一些省、自治区还制定了地方性的草原保护条例。

（二）草原保护法的主要内容

1. 草原所有权和使用权

草原权属不清，就会导致草原保护责任不明和滥用草原的情况发生。为了保护草原，就必须明确草原的所有权和使用权。对此，我国《草原法》第 9 条规定：草原属于国家所有，由法律规定属于集体所有的除外。国家所有的草原，由国务院代表国家行使所有权。由于 2002 年 12 月修订的新《草原法》取消了草原集体所有权，所以该法第 10 条规定：国家所有的草原，可以依法确定给全民所有制单位、集体经济组织等使用。

为了明确确认草原的权属，新《草原法》第 11 条规定：依法确定给全民所有制单位、集体经济组织等使用的国家所有的草原，由县级以上人民政府登记，核发使用权证，确认草原使用权。该法还同时规定：未确定使用权的国家所有的草原，由县级以上人民政府登记造册，并负责保护管理。集体所有的草原，由县级人民政府登记，核发所有权证，确认草原所有权。依法改变草原权属的，应当办理草原权属变更登记手续。

2. 草原的承包经营与承包经营权的转让

为了进一步完善草原家庭承包制，保证草原承包经营权的稳定，减少草原承包纠纷，新《草原法》规定了集体所有的草原或者依法确定给集体经济组织使用的国家所有的草原，可以由本集体经济组织内的家庭或者联户承包经营。在草原承包经营期内，不得对承包经营者使用的草原进行调整；个别确需调整的，必须经本集体经济组织成员大会或者成员代表会议 2/3 以上成员的同意，并经乡（镇）人民政府审核同意后报县级人民政府畜牧业行政主管部门批准。集体所有的草原或者依法确定给集体经济组织使用的国家所有的草原由本集体经济组织以外的单位或者个人承包经营的，必须经本集体经济组织成员大会或者成员代表会议 2/3 以上成员的同意，并报乡（镇）人民政府批准。承包经营草原，发包方和承包方应当签订书面合同。草原承包合同的内容应当包括双方的权利和义务、承包草原实至界限、面积和等级、承包期和起止日期、承包草原用途和违约责任等。承包期届满，原承包经营者在同等条件下享有优先承包权。承包经营草原的单位和个人，应当履行保护、建设和按照承包合同约定的用途合理利用草原的义务。

针对当前草原承包经营权转让中存在的问题，新《草原法》还对草原承包经营权转让的原则、条件作了明确规定。草原承包经营权受法律保护，可以按照自愿、有偿的原则依法转让。草原承包经营权转让的第三方必须具有从事畜牧业生产的能力，并应当履行保护、建设和按照承包合同约定的用途合理利用草原的义务。草原承包经营权转让应当经发包方同意。承包方与第三方在流转合同中约定的转让期限，不得超过原承包合同剩余的期限。

3. 草原保护、建设、利用规划

草原保护、建设、利用规划，是保护、建设和合理利用草原的重要依据。长期以来，由于法律对此没有作出明确规定，草原保护、建设、利用的规划工作一直没有得到应有的重视，这既不利于国家对草原保护、建设的宏观调控，也影响了对草原的分类管理和合理利用，从而迫切需要通过立法加以规范。因此，新《草原法》专设一章，规定了国家对草原保护、建设、利用实行统一规划制度。国务院畜牧业行政主管部门会同国务院有关部门编制全国草原保护、建设、利用规划，报国务院批准后实施。县级以上地方人民政府畜牧业行政主管部门会同同级有关部门依据上一级草原保护、建设、利用规划编制本行政区域的草原保护、建设、利用规划，报本级人民政府批准后实施。经批准的草原保护、建设、利用规划确需调整或者修改时，须经原批准机关批准。草原保护、建设、利用规划一经批准，必须严格执行。编制草原保护、建设、利用规划，应当依据国民经济和社会发展规划并遵循下列原则：①改善生态环境，维护生物多样性，促进草原的永续利用；②以现有草原为基础，因地制宜，统筹规划，分类指导；③保护为主、加强建设、合理利用；④生态效益、经济效益、社会效益相结合。草原保护、建设、利用规划应当包括：草原保护、建设、利用的目标和措施，草原功能分区和各项建设的总体部署，各项专业规划等。草原保护、建设、利用规划应当与土地利用总体规划相衔接，与环境保护规划、水土保持规划、防沙治沙规划、林业长远规划、城市总体规划、村庄和集镇规划以及其他有关规划相协调。

为了保证草原保护、建设、利用规划的不断完善和更好实施，还确立了草原调查制度、草原分等定级制度、草原统计制度和草原生态监测预警制度。

4. 草原建设

针对当前普遍存在的对草原重利用轻建设以及草原基础设施和服务体系建设滞后等问题，新《草原法》对草原建设专设一章，主要作了四个方面的规定：

(1) 规定县级以上各级人民政府应当增加对草原建设的投入，并按照谁建设、谁使用、谁受益的原则，鼓励单位和个人投资建设草原；

（2）规定了县级以上地方各级人民政府在支持草原水利设施建设、改善人畜用水条件、加强草种基地建设、做好防火准备工作、安排草原改良、人工种草和草种生产资金等方面的职责；

（3）规定国家鼓励与支持人工草地建设、天然草原改良和饲草饲料基地建设、县级以上地方各级人民政府支持、鼓励和引导农牧民开展草原围栏、饲草饲料储备、牲畜圈舍、牧民定居点等生产生活设施的建设；

（4）规定地方各级人民政府应当对退化、沙化、盐碱化、石漠化和水土流失的草原组织专项治理，并规定大规模的草原综合治理列入国家国土整治计划。

5. 草原利用

针对草原承包经营中生产方式不合理、过度放牧严重、草原利用失衡等问题，新《草原法》规定了草原承包经营者应当合理利用草原，不得超过畜牧业行政主管部门核定的载畜量；牲畜饲养量超过核定载畜量的，草原承包经营者应当采取种植和储备饲草饲料、增加饲草饲料供应量、调剂处理牲畜、优化畜群结构、提高出栏率等措施，保持草畜平衡。牧区的草原承包经营者应当实行划区轮牧，合理配置畜群，均衡利用草原。国家提倡在农区、半农半牧区和有条件的牧区实行牲畜圈养。草原承包经营者应当按照饲养牲畜的种类和数量，调剂、储备饲草饲料，采用青贮和饲草饲料加工新技术，减轻天然草地的放牧压力。县级以上地方人民政府畜牧业行政主管部门对割草场和野生草种基地应当规定合理的割草期、采种期以及留茬高度和采割强度，实行轮割轮采。

针对非牧业征用、利用草原逐渐增多、畜牧业行政主管部门缺乏必要的管理手段等问题，新《草原法》规定：进行勘查、开采矿藏和工程建设，应当不占或者少占草原；确需征用或者使用草原的，必须经省级以上人民政府畜牧业行政主管部门审核同意后，依照有关土地管理的法律、行政法规办理建设用地审批手续。为了保护草原所有者和使用者的合法权益，使草原承包经营者得到合理的补偿，尽量少占草原，及时恢复草原植被，新《草原法》规定了因建设征用集体所有的草原的，应当依照《中华人民共和国土地管理法》的规定给予补偿；因建设使用国家所有的草原的，应当依照国务院有关规定对草原承包经营者给予补偿；因建设征用或者使用草原的，应当缴纳草原植被恢复费。草原植被恢复费专款专用，由畜牧业行政主管部门按照规定用于恢复草原植被，任何单位和个人不得截留、挪用。草原植被恢复费的征收、使用和管理办法，由国务院价格主管部门和国务院财政部门会同国务院畜牧业行政主管部门制定。需要临时占用草原的，应当经县级以上地方人民政府畜牧业行政主管部门审核同意。临时占用草原的期限不得超过两年，并不得在临时占用的草原上修建永久性建筑物、构筑物；占用期满，用地单位必须恢复草原植被并及时退还。

6. 草原保护

为了强化对草原的保护，新《草原法》规定：国家实行基本草原保护制度。下列草原应当划为基本草原，实施严格管理：①重要放牧场；②割草地；③用于畜牧业生产和生态建设的人工草地、退耕还草地以及改良草地、草种基地；④对调节气候、涵养水源、保持水土、防风固沙具有特殊作用的草原；⑤作为国家重点保护野生动植物生存环境的草原；⑥草原科研、教学试验基地；⑦国务院规定应当划为基本草原的其他草原。至于基本草原的保护管理办法，则由国务院另行制定。同时，为了维护草原生物多样性，保护植物种质资源，新《草原法》还确定了草原自然保护区制度。

新《草原法》还明确规定了以草定畜、草畜平衡、核定载畜量的制度，禁止开垦草原制度，对严重退化、沙化、盐碱化、石漠化草原和生态脆弱区草原实行禁牧、休牧制度，禁止破坏草原植被活动；同时，对在草原上种植牧草饲料、开展经营性旅游活动、草原防火以及鼠害、病虫害和毒害草的防治等也作了规范。

为了按照 WTO 有关规则支持和保护我国畜牧业生产，调动广大牧民保护草原的积极性，新《草原法》作出了原则性规定，国家支持依法实行退耕还草和禁牧、休牧。具体办法则由国务院或者省、自治区、直辖市人民政府制定。

六、渔业资源保护法

（一）渔业资源及其保护立法

渔业资源是指一切具有经济开发利用和科学研究价值的水生生物的总称。按其所依赖的水域的不同，可分为淡水渔业资源和海水渔业资源。渔业资源是从产业部门分工的角度命名的，它与森林资源、土地资源、草原资源、水资源等以资源本身为主体来命名的资源有所不同。这种方法命名的自然资源，会与其他资源有一定的交叉。例如，渔业资源就与野生动物资源存在一定的交叉。我国《渔业法》所说的渔业资源，是指在我国管辖的内水、滩涂、领海以及其他海域内可以养殖、采捕的野生动植物。渔业资源既是重要的自然资源，又是自然环境要素的重要组成部分。它对于社会经济的发展，满足和改善人们的物质生活，保持水生生态的平衡，都有着十分重要的意义。

我国作为一个渔业资源比较丰富的国家，十分重视对渔业资源的保护，并制定了一系列渔业资源保护的法律、法规和规章。目前，我国的渔业资源保护法主要由《中华人民共和国渔业法》（1986 年 1 月颁布，2000 年 10 月修订）、《中华人民共和国渔业法实施细则》、《水产资源繁殖保护条例》、《水生野生动物保护实施条例》和一些地方性的法规所组成。

（二）渔业资源保护法的主要内容

1. 渔业生产方针

《渔业法》规定了“实行以养殖为主，养殖、捕捞、加工并举，因地制宜，各有侧重的渔业生产方针”，并要求各级人民政府把渔业生产纳入国民经济发展计划。采取措施，加强水域的统一规划和综合利用。

2. 渔业资源保护管理体制

国家对渔业资源的监督管理实行统一领导、分级管理的体制。国务院渔业行政主管部门主管全国的渔业工作；县级以上地方人民政府渔业行政主管部门主管本行政区域内的渔业工作：海洋渔业，除国务院划定由国务院渔业行政主管部门及其所属的渔政监督管理机构监督管理的海域和特定渔业资源渔场外，由毗邻海域的省、自治区、直辖市人民政府渔业行政主管部门监督管理；江河、湖泊等水域的渔业，按照行政区划由有关县级以上人民政府渔业行政主管部门监督管理；跨行政区域的由有关县级以上地方人民政府协商制定管理办法，或者由上一级人民政府渔业行政主管部门及其所属的渔政监督管理机构监督管理；国家渔政渔港监督管理机构对外行使渔政渔港监督管理权。

3. 发展养殖业制度

发展渔业养殖是解决渔业资源供需矛盾的重要途径之一。为了发展养殖业，《渔业法》规定，国家鼓励全民所有制单位、集体所有制单位和个人充分利用适于养殖的水面、滩涂发展养殖业。其主要措施：一是实行养殖使用证制度，确定单位和个人对水面的养殖使用权；二是对全民所有制单位使用的水面、滩涂，集体所有的水面、滩涂和集体所有制单位使用的全民所有的水面、滩涂，可以由集体或者个人承包，从事养殖生产；三是对荒芜的水面、滩涂限期开发利用；四是建立水面、滩涂所有权、使用权争议处理制度。

4. 捕捞作业规范制度

（1）鼓励和扶持外海和远洋捕捞业的发展。对经国务院渔业行政主管批准的外海远洋捕捞业，国家从资金、物资、技术和税收等方面给予扶持或者优惠。

（2）渔业捕捞许可证制度。捕捞许可证是国家准许单位或个人在一定水域行使捕捞权利的凭证。可分为外海捕捞许可证、近海捕捞许可证、内陆水域捕捞许可证、专项（特许）捕捞许可证、临时捕捞许可证。凡在我国管辖水域从事渔业生产的单位和个人，均需按规定申请办理捕捞许可证。未取得捕捞许可证的，不得从事捕捞作业。

（3）加强对捕捞工具的管理。批准发放海洋作业的捕捞许可证不得超过国家下达的船网工具控制指标；制造、更新改造、购置、进口的从事捕捞作业的船舶经渔业船舶检验部门检验合格，方可下水作业。

5. 渔业资源增殖和保护

为了增殖和保护渔业资源，《渔业法》规定了一系列严格的管理措施。一是禁止炸鱼、毒鱼。二是规定禁渔区、禁渔期、禁用渔具和禁用的捕捞方法；不得在禁渔区和禁渔期进行捕捞，也不得使用禁用的渔具、捕捞方法和小于规定的最小网目尺寸的网具进行捕捞。三是除经过特别批准外，禁止捕捞有重要经济价值的水生动物苗种。四是禁止围湖造田。五是在鱼、虾、蟹洄游通道建闸、筑坝对渔业资源有严重影响的，建设单位应当建造过鱼设施或者采取其他补救措施。六是对进行水下爆破、勘探、施工作业严重影响渔业资源的，要求其采取措施，防止或者减少对渔业资源的损害。

七、矿产资源保护法

（一）矿产资源及其保护立法

矿产资源是指在地质运动过程中形成的，在一定的经济技术条件下可为人类用于生产和生活的各种矿物质富集物，是自然资源的一种。它赋存于地壳内部或地表，可呈固态、液态或气态产出。一般可分为燃料矿产、金属矿产、非金属矿产和地下热能等，按照我国《矿产资源法实施细则》的规定，矿产资源是指“由地质作用形成的，具有利用价值的，呈固态、液态、气态的自然资源”。同时，该细则还将我国的矿产资源分为能源矿产、金属矿产、非金属矿产和水气矿产。矿产资源是人类赖以生存和发展的生产资料和生活资料的重要来源，是国家经济建设的重要物质基础。由于矿产资源具有有限性和不可再生性的特征，因此必须倍加珍惜和保护。

为了保护和合理利用矿产资源，我国十分重视矿产资源保护的立法。早在1951年，当时的政务院就颁发了《中华人民共和国矿业暂行条例》，目前，我国的矿产资源保护法主要由《矿产资源法》、《矿产资源法实施细则》、《矿产资源勘查登记管理暂行办法》、《全民所有制矿山企业采矿登记管理暂行办法》、《矿产资源监督管理暂行办法》、《石油及天然气勘查、开采登记管理暂行办法》、《中外合作开采陆上石油资源缴纳矿区使用费暂行规定》、《矿产资源补偿费征收管理规定》、《煤炭法》、《煤炭生产许可证管理办法》、《乡镇煤矿管理条例》等组成。

（二）矿产资源保护法的主要内容

1. 矿产资源的所有权、探矿权和采矿权

矿产资源的所有权是矿产资源法律关系主体对矿产资源占有、使用、收益和处分的权利。按照我国矿产资源法的规定，我国的矿产资源实行单一的所有权制度，即矿产资源属于国家所有，由国务院行使国家对矿产资源的所有权。地表或地下的矿产资源的国家所有权，不因其所依附的土地的所有权或使用权的不同而改变。

探矿权，是指在依法取得的勘查许可证规定的范围内勘查矿产资源的权利。取得勘查许可证的单位或个人称为探矿权人。探矿权人依法享有的权利包括：按照勘查许可证规定的区域、期限及工作对象进行勘查；在勘查作业区及相邻区域架设供电、供水、通讯管线；在勘查作业区及相邻区域通行；根据工程需要临时使用土地；优先取得勘查作业区内新发现矿种的探矿权；优先取得勘查作业区内矿产资源的采矿权；自行销售除国务院规定由指定单位统一收购的矿产品之外的勘查中按照批准的工程设计施工回收的矿产品。

采矿权，是指在依法取得的采矿许可证规定的范围内开采矿产资源和获得所开采的矿产品的权利，取得采矿许可证的单位或者个人称为采矿权人。采矿权人享有的权利包括：按照采矿许可证规定的范围和期限从事开采活动；自行销售除国务院规定由指定的单位统一收购的矿产品之外的矿产品；在矿区范围内建设采矿所需的生产和生活设施；根据生产建设的需要依法取得土地使用权；法律、法规规定的其他权利。

探矿权、采矿权的取得必须是具备法定条件者经过申请和管理部门的审查和批准，并依法办理登记，取得矿产资源勘查许可证、采矿许可证。依法取得的探矿权、采矿权受法律保护。

国家实行探矿权、采矿权有偿取得制度。开采矿产资源，必须按照国家有关规定缴纳资源税和资源补偿费。

2. 矿产资源保护监督管理体制

我国的矿产资源保护实行主管与协管相结合的监督管理体制。即国务院地质矿产主管部门主管全国矿产资源勘查、开采的监督管理工作，国务院有关主管部门协助国务院地质矿产部门进行矿产资源勘查、开采的监督管理工作；省、自治区、直辖市人民政府地质矿产主管部门主管本行政区域内矿产资源勘查、开采的监督管理工作。

设区的市人民政府、自治州人民政府和县级人民政府及其负责管理矿产资源的部门，依法对本级人民政府批准开办的国有矿山企业和本行政区域内的集体所有制矿山企业、个体采矿者以及在本行政区域内从事勘查施工的单位和个人进行监督管理，依法保护探矿权人、采矿权人的合法权益。

3. 矿产资源保护监督管理制度

（1）矿产资源规划制度。矿产资源规划是法定部门按照规定程序编制的国家对一定时期矿产资源勘查和开发利用整体安排的书面文件，矿产资源规划制度则是关于矿产资源规划编制和实施的一整套程序、措施和方法，是矿产资源规划的法律化。它对于矿产资源的合理开发利用与保护有着重要意义。按照规定，全国矿产资源规划，在国务院计划行政主管部门指导下，由国务院地质矿产主管部门根据国民经济和社会发展中长期规划，组织国务院有关主管部门和省、自治区、直辖市人民政府编制，报国务院批准后实施。按其内容，可分为矿产资源勘查规划和矿产资源开发规划。

（2）矿产资源勘查登记制度。国家对矿产资源勘查实行统一的区块登记管理制度。凡在中华人民共和国领域及其管辖海域内从事 1∶20 万和大于 1∶20 万比例尺的区域地质调查，金属矿产、非金属矿产、能源矿产的普查和勘探，地下水、地热、矿泉水资源的勘查，矿产的地球物理、地球化学的勘查，航空遥感地质调查工作的，都必须申请登记，取得探矿权。但是，矿山企业在划定或者核定的矿区范围内进行的生产勘探工作、地质踏勘及不进行勘探工程施工的矿点检查，不需要进行登记。矿产资源勘查登记工作由国务院地质矿产主管部门负责，特定矿种的矿产资源勘查登记工作可以由国务院授权有关主管部门负责。

（3）采矿许可证制度。采矿许可证是矿产资源主管部门依法向符合规定条件的单位或个人发放的允许其开采矿产资源的证明文件。采矿许可证制度则是关于采矿许可证的取得条件、申请、审核、发放和管理的一整套程序、措施和方法。凡在中华人民共和国领域及管辖海域开采矿产资源的单位和个人，必须经过审查批准，取得采矿许可证。否则，不得进行采矿活动。不同区域、规模和不同种类的矿产资源，分别由不同的机构审批和发放采矿许可证。

（4）矿产资源补偿费制度。矿产资源补偿费是采矿权人为补偿国家矿产资源的消耗而向国家缴纳的一定费用。矿产资源补偿费制度则是关于矿产资源补偿费的征收对象、范围、费率、程序和使用与管理的一整套措施和方法。其目的是为了保障和促进矿产资源的勘查、保护与合理开发，维护国家对矿产资源的财产权益。除法律、行政法规另有规定外，凡在中华人民共和国领域和其他管辖海域开采矿产资源的采矿权人，都应当按规定缴纳矿产资源补偿费。矿产资源补偿费按照矿产品销售收入的一定比例计征。补偿费费率由国家统一规定，最高为 4%，最低为 0.05%。矿产资源补偿费由地质矿产主管部门会同财政部门征收。征收的矿产资源补偿费纳入国家预算，实行专项管理，主要用于矿产资源勘查。

4. 矿产资源保护措施

（1）对特定矿区和矿种实行计划开采。国家对国家规划矿区、对国民经济具有重要价值的矿区和国家规定实行保护性开采的特定矿种，实行有计划地开采；未经国务院有关主管部门批准，任何单位和个人不得开采这类矿区和矿种。

（2）对具有工业价值的共生和伴生矿产实行综合勘探与综合开采。在完成主要矿种普查任务的同时，应当对工作区内包括共生或者伴生矿产的成矿地质条件和矿床工业远景作出初步综合评价；矿床勘探必须对矿区内具有工业价值的共生和伴生矿产进行综合评价，并计算其储量；在开采主要矿产的同时，对具有工业价值的共生和伴生矿产应当统一规划，综合开采，综合利用，防止浪费；对暂时不能综合开采或者必须同时采出而暂时还不能综合利用的矿产以及含有有用组分的尾矿，应当采取有效的保护措施，防止损失破坏。

（3）要求采取合理的开采顺序、方法和工艺。开采矿产资源，必须采取合理的开采顺序、开采方法和选矿工艺；矿产资源的开采回采率、采矿贫化率和选矿回收率应当达到设计要求。

5. 集体和个体采矿

国家对集体矿山企业和个体采矿实行积极扶持、合理规划、正确引导、加强管理的方针，鼓励集体矿山企业开采国家指定范围内的矿产资源，允许个人采挖零星分散资源和只能用作普通建筑材料的砂、石、黏土以及为生活自用采挖少量矿产。矿产储量规模适宜由矿山企业开采的矿产资源、国家规定实行保护性开采的特定矿种和国家规定禁止个人开采的其他矿产资源，个人不得开采。同时，集体矿山企业和个体采矿应提高技术水平，提高矿产资源回收率。

6. 保护环境

开采矿产资源，必须遵守有关环境保护的法律规定，防止污染和破坏环境。在国家划定的自然保护区、重要风景区、国家重点保护的不能移动的历史文物和名胜古迹所在地，未经国务院授权的有关主管部门同意，不得开采矿产资源；勘查、开采矿产资源时，发现具有重大科学文化价值的罕见地质现象以及文化古迹，应当加以保护并及时报告有关部门；耕地、草原、林地因采矿受到破坏的，矿山企业应当因地制宜地采取复垦利用、植树种草或者其他利用措施。

7. 矿区范围争议解决

矿山企业之间的矿区范围的争议，由当事人协商解决，协商不成的，由有关县级以上地方人民政府根据依法核定的矿区范围处理；跨省、自治区、直辖市的矿区范围的争议，由有关省、自治区、直辖市人民政府协商解决，协商不成的，由国务院处理。

第三节　生物多样性保护法

一、生物多样性

（一）生物多样性的概念

1992 年 6 月 5 日在联合国环境与发展大会上开放签署的《生物多样性公约》对生物多样性所下的定义为：生物多样性是指所有来源的形形色色生物体，这些来源除其他外包括陆地、海洋和其他水生生态系统及其所构成的生态综合体，还包括物种内部、物种之间和生态系统的多样性。该公约还同时对生物资源进行了定义，认为生物资源是对人类具有实际或潜在用途或价值的遗传资源、生物体或其部分、生物群体，或生态系统中任何其他生物组成部分。

从上述定义可以看出：生物多样性指的是生命的一种属性。它不是将所有的生态系统、物种和遗传材料的简单相加，而是指它们之中和它们之间的变异性。保护生物多样性就是要保护这种存在于生态系统、物种和遗传材料之中和之间的变异性和物质形式。生物多样性既是生物相互之间和生物与其生境之间的复杂关系的体现，也是生物资源丰富多样的标志。

生物多样性的内容包括三个基本方面。即遗传多样性、物种多样性和生态系统多样性。遗传多样性，是指种内基因变化的多样性，包括种内显著不同的种群间和同一种群内遗传变异的多样性；一处物种的种内基因的变化越具多样性，其抗御外界干扰的能力就越强，也就具有进化的潜势。物种多样性，是指一定空间范围内的物种数量及其分布保持在较高水平和较均匀的程度；衡量物种多样性时，不能只考虑一个地区的物种数目的多少，还要衡量物种种数和物种内个体分布的均匀度。生态系统的多样性是指生物圈内生境、生物群落和生态过程的多样化及生态系统内生境差异、生态过程变化的多样性。其中生境的多样性是生物群落多样性乃至整个生物多样性形成的基本条件。

（二）生物多样性的立法概况

地球本来是一个极具生物多样性的世界，但由于长期的过度开发，我们这一代人目睹了世界上大量物种陷入濒危乃至灭绝的境地。其中许多物种是人类潜在的食用、医药和工业原料资源。由于物种多样性的大量流失，人们保持和提高农林畜牧业生产的能力大大减弱；由于生态系统退化恶化，人们也损失了由天然、半天然的生态系统所提供的十分重要的效益。

如今全世界每天灭绝一种物种，生物资源的损失已经到了十分严重的程度。生物多样性的丧失主要可归因为生境的丧失或改变；人类对资源的过分开采；环境污染；被引进外来物种影响等因素。

为了防止和避免生物多样性的丧失，人类采取了生物多样性保护行动，并进行了相关立法。除制定了专门的《生物多样性公约》外，还制定了《国际捕鲸管制公约》、《濒危野生动植物物种国际贸易公约》、《养护野生动物移栖物种公约》等有关生物多样性的公约。我国已加入了《生物多样性公约》，并制定了《中国生物多样性保护行动计划》。目前我国已有大量的法律法规对生物多样性进行了保护，主要有：《野生动物保护法》、《进出境动植物检疫法》、《陆生野生动物保护实施条例》、《水生野生动物保护实施条例》、《野生药材资源保护管理条例》、《水产资源繁殖保护条例》、《国务院关于禁止犀牛角和虎骨贸易的通知》、《陆生动物资源管理费收费办法》、《国家重点保护野生动物驯养繁殖许可证管理办法》，并颁布了《国家重点保护野生动物名录》和《中国珍稀濒危保护植物名录》等。

（三）生物多样性保护的意义

生物多样性是人类生产和生活中不可缺少的自然财富，具有重大的价值，加强对多样性的保护具有很重要的意义。

1. 维持生态平衡

生物是生态系统中生命系统的组成部分。它们不仅与非生命系统发生联系，而且彼此之间“相生相克”。现存的多种生物，是长期演化的结果，它们在生态系统中有着自己的位置与独特的作用，维持着生态的平衡。而人为引起的生物的多样性损失则可能破坏着物种平衡。研究表明，一个物种的灭绝，可能引起与物种有密切联系的多种物种灭绝，从而引发更大的灾难，致使生态系统解体。因此，生物多样性保护，对于维持生态平衡十分重要。

2. 给人类以战胜疾病的希望

世界上使用的相当一部分药品是利用多种野生动植物制成的，仅我国中医使用的就多达5000余种。目前人类还有癌症、艾滋病等绝症没有找到有效的治疗方法，新的不治之症也还有可能继续出现。对这些困扰人类的不幸来说，寻求解决的途径在很大程度上依赖于现存的物种。疾病与健康的斗争永远不会停止，但我们能够依靠的扼制疾病的资源则是如今正在消失的生物多样性。因此，保护生物多样性，就是保护人类的健康，给人类以战胜疾病的希望。

3. 为人类提供物质和能量

人类处于食物链的末端，作为异养生物，只能靠别的生物提供物质和能量来满足自身生长和存活的需要。在人类可依赖作为食物来源的物种中，驯化的极少，大量的处于“野生”状态，它们向人类提供着其栽培植物或饲养动物所不能提供的某些特别物质。因此，生物多样性是人类获得物质和能量的宝库。

4. 促进科学技术和文化的发展

人类的科学研究很多受益于生物物种，正是由于仿生学，使我们获得许多重要的发明，如雷达、飞机等。野生动物还以其特有的质朴、野性体现着独具魅力的美感，给人以丰富多彩的精神享受，给艺术提供创作的源泉，并启发着人的想像力和创造力。因而生物多样性又是科学技术和文化得以发展的重要因素之一。

5. 具有巨大的经济价值

野生动物的经济价值早已为人类所知并充分利用。依赖于生物资源的新兴工业更是很好的说明。

二、野生动物保护法

（一）野生动物及其立法概况

野生动物是指非人工繁殖、驯养的，天然生存于自然界中的各种动物。包括各种哺乳动物、鸟类、爬行动物、两栖动物、鱼类、软体动物、昆虫、腔肠动物及其他动物。

通常人们将野生动物分为四类：第一类是珍贵、稀有的、濒于灭绝的野生动物；第二类是有益的野生动物；第三类是产业野生动物，即可作为渔业、狩猎业的主要对象的动物；第四类是有害的野生动物。

野生动物是人类宝贵的自然资源，是与人类共同生活在同一个星球上的邻居。大多数野生动物都有很高的经济价值，为人类的生产和生活提供原料。它们又是生态系统的重要组成部分。在自然界的物质循环、能量流动和信息传递中，有着不可替代的作用，它们与人类一样，是地球的儿女，有相当一部分野生动物在生物圈的平衡与和谐中具有内在的独立价值。

中华人民共和国建国以来，国家十分重视对野生动物的保护和管理，做了不少工作。但由于诸多原因，野生动物资源的破坏十分严重，致使不少野生动物数量骤减，有的甚至濒于灭绝。加强野生动物的保护已成了当务之急。因为野生动物不仅仅是我们的邻居，还是我们人类赖以生存的生物圈得以维持的基本力量，从一定程度上讲，保护野生动物就是保护人类自己。

我国对野生动物的保护立法，起步较早，经过 50 年来的发展，已具有了相当的规模，有了一个较为完备的体系。早在 1950 年 5 月，就发布了《关于稀有生物保护办法》；目前，主要的法律法规有：《关于严格保护珍贵稀有动物的通令》；《野生动物保护法》，《国家重点保护野生动物名录》；《关于加强野生动物保护严厉打击违法犯罪活动的紧急通知》；《陆生野生动物保护实施条例》；《水生野生动物保护实施条例》。除这些专门立法外，我国的《环境资源保护法》、《海洋环境保护法》、《森林法》、《草原法》、《渔业法》等都对野生动物的保护作了相关规定。

（二）野生动物保护的法律制度

野生动物保护的法律规定得比较全面，主要包括以下内容。

1. 野生动物的所有权

野生动物资源属国家所有。国家保护依法开发利用野生动物资源的单位和个人的合法权益。有关单位和个人因保护国家和地方重点保护野生动物受到损失的，可以向当地人民政府野生动物行政主管部门提出补偿要求，由当地政府按有关规定给予补偿。

2. 野生动物保护的管理体制

国务院林业、渔业行政主管部门分别主管全国的陆生、水生野生动物管理工作。省级人民政府的林业主管部门，自治州、县和市政府的有关部门负责辖区内的陆生野生动物保护；县级以上的地方政府渔业行政主管部门主管本行政区域内水生野生动物管理工作。

3. 野生动物生存环境保护制度

为保护野生动物的生存环境，规定了几项具体的措施：

（1）划定自然保护区。国务院野生动物行政主管部门和省级人民政府，应当在国家和地方重点保护野生动物的主要生息繁衍的地区和水域，划定自然保护区，加强对国家和地方重点保护野生动物及其生存环境的保护管理。

（2）加强监视、监测环境对野生动物的影响。各项野生动物行政主管部门应当监视、监测环境对野生动物的影响。由于环境影响对野生动物造成危害时，野生动物行政主管部门应当会同有关部门进行调查处理。

（3）建设项目对国家或者地方重点保护野生动物的生存环境产生不利影响的，建设单位应当提交环境影响报告书，环境资源保护部门在审批时，应当征求同级野生动物行政主管部门的意见。国家和地方重点保护的野生动物受到自然灾害威胁时，当地政府应当及时采取措施。

4. 珍贵、濒危的野生动物重点保护制度

国家重点保护的珍贵、濒危野生动物分为二级，即国家一级保护动物及国家二级保护动物。国家重点保护的野生动物名录及其调整，由国务院野生动物行政主管部门制定，报国务院批准公布。地方重点保护野生动物，由省级人民政府自行公布并报国务院备案。

5. 猎捕野生动物许可证制度

禁止猎捕、杀害国家重点保护野生动物。因科学研究、驯养繁殖、展览或者其他特殊情况，需要捕捉、捕捞国家一级保护野生动物的，必须向国务院野生动物行政主管部门申请特许猎捕证；猎捕国家二级保护野生动物的，必须向省级政府野生动物行政主管部门申请特许猎捕证；猎捕非国家重点保护野生动物的，必须取得狩猎证，并且服从捕量限额管理。禁止在自然保护区、禁猎区和禁猎期内，进行猎捕活动及其他妨碍野生动物生息繁殖的活动。不得采用破坏野生动物资源和危害人畜安全的狩猎工具和狩猎方法。禁止炸鱼、毒鱼、滥用电力捕鱼等破坏资源的方法。

6. 野生动物收购、经营、运输、出口许可证制度

禁止出售、收购国家重点保护的野生动物及其产品。经营野生动物及产品，必须持有许可证。运输、携带国家重点保护野生动物或者其产品出县境的，必须

经省级人民政府野生动物行政主管部门或者授权的单位批准。出口国家重点保护野生动物或者其产品的，进出口我国参加的国际公约所限制进出口的野生动物或者其产品的，必须经国务院野生动物行政主管部门或者国务院批准，并取得国家濒危物种进出口管理机构核发的允许进出口证明书。

三、野生植物保护法

（一）野生植物及其立法概况

野生植物是非经人工栽培的，天然生存于自然界的各种植物，属可再生资源。一般分为藻类、菌类、地衣、苔藓、蕨类和种子植物。野生植物是自然界能量转化和物质循环的重要环节，也是重要的环境要素之一。

我国迄今尚无保护野生植物的专门法律，但有一些行政法规和地方法规对此有各尽所能的规定。如 1987 年国务院发布的《野生药材资源保护管理条例》，对濒危的野生药材物种作出了保护规定。还有 1996 年 9 月 30 日国务院发布的《野生植物保护条例》等。另外，《环境保护法》、《森林法》、《草原法》等都有相关的规定。由于我国加入了《生物多样性保护公约》，所以该公约的有关规定对我国也有法律效力。

（二）野生植物保护的法律制度

1. 野生植物权属

野生植物资源属国家所有，任何单位和个人都有权对侵占或者破坏野生植物及其生长环境的行为进行检举和控告。

2. 野生植物保护的监督管理体制

国务院林业行政主管部门主管全国林区内野生植物和林区外珍贵野生树木的监督管理工作；国务院农业行政主管部门主管全国其他野生植物保护工作；国务院建设行政主管部门负责城市园林、风景名胜区内野生植物的监督管理工作；国务院环境保护行政主管部门负责对全国野生植物环境保护工作的协调和监督；国务院其他有关部门依照职责分工负责有关的野生植物保护工作。县级以上地方人民政府负责野生植物管理工作的部门及其职责，由省、自治区、直辖市人民政府根据当地具体情况规定。

3. 重点保护野生植物名录制度和分级保护制度

国务院林业行政主管部门、农业行政主管部门应商同国务院环境资源保护、建设等有关部门制定国家重点保护野生植物名录，报国务院批准公布；省、自治区、直辖市人民政府制定和公布地方重点保护野生植物名录，报国务院备案。

4. 野生植物资源档案制度

野生植物行政主管部门应定期组织国家重点保护野生植物和地方重点保护野生植物资源调查，建立野生植物资源档案。

5. 重点保护野生植物采集证制度

国家一级保护野生植物原则上禁止采集，但因科学研究、人工培育、文化交流等特殊需要，须采集国家一级保护野生植物的，必须经采集地的省级人民政府野生植物行政主管部门签署意见后，向国务院野生植物行政主管部门或者授权的机构申请采集证；采集国家二级保护野生植物的，必须经采集地的县级人民政府野生植物行政主管部门签署意见后，向省级人民政府野生植物行政主管部门或者其授权的机构申请采集证；采集城市园林或者风景名胜区内的国家一级或者二级保护野生植物的，须先征得城市园林或者风景名胜区管理机构的同意，再按规定程序申请采集证；采集珍贵野生树木或者林区内、草原上的野生植物的，依照森林法、草原法的规定申请采集证或许可证。野生植物行政主管部门发放采集证后，应当抄送环境资源保护行政主管部门备案。取得采集证的单位和个人，必须按照采集证规定的种类、数量、地点、期限和方法采集野生植物。

6. 重点保护野生植物进出口许可制度

进出口国家重点保护野生植物或者进出口中国参加的国际公约所限制进出口的野生植物的，必须经进出口者所在地的省级人民政府野生植物行政主管部门审核，报国务院野生植物行政主管部门批准，并取得国家濒危物种进出口管理机构核发的允许进出口证明书或者标签。但未定名的或者新发现并有重要价值的野生植物，禁止出口。

7. 野生植物生长环境保护制度

国家在重点保护野生植物物种和地方重点保护野生植物物种的天然集中分布区，依法建立自然保护区；野生植物行政主管部门及有关部门负责监视监测环境对重点保护野生植物生存的影响，并采取措施维护和改善重点保护野生植物的生长条件。建设项目对重点保护野生植物产生不利影响的，建设单位提交的环境影响评价报告书中必须对此作出评价；环境资源保护行政主管部门在审批环境影响报告书时，应当征求野生植物行政主管部门的意见。

8. 野生植物的收购、销售管理制度

禁止出售、收购国家一级保护野生植物；出售、收购国家二级保护野生植物的，必须经省级人民政府或者其授权的机构批准；外国人不得在中国境内采集或者收购国家重点保护野生植物；外国人在中国境内对国家重点保护野生植物进行野外考察的，必须按规定程序报经批准。

第四节 特殊区域保护法

一、特殊区域

特殊区域是指在科学、历史、文化、教育、美学、旅游、保健等方面具有特殊价值，并受到国家法律特殊保护的各种天然的和经过改造的自然因素的总称。它们是一种特殊的环境资源，要么是珍贵的自然遗产，要么是由于社会历史活动而形成的具有特别意义的人文遗迹，或者是两者的结合。

各国对特殊区域的理解各不相同，如日本将特殊区域限定为：原生自然环境资源保护区、自然环境资源保护区、都道府县自然环境资源保护区、国立公园、国家公园、都道府县自然公园等。美国则把国家公园、自然保护区、国家野生动物庇护区规定为特殊区域予以保护。在国际上，1978年的《国际自然和自然资源保护公约》则把形形色色的保护区分成科学保护区、国家公园、自然纪念保护区、管理的自然区、景观保护区、资源保护区、人类学保护区、资源经营保护区、生物圈保护区、世界遗产保护地等10类保护区。

根据我国环境资源法的有关规定，目前当作特殊区域进行保护的种类比较多，包括自然保护区、风景名胜区、自然遗迹、人文遗迹、森林公园、海洋特殊保护区、基本农田保护区、禁猎区、禁渔区等。

特殊区域往往具有不可再生、不可替代的属性，一旦毁坏就难以恢复。它不仅仅是所在国家的财富，亦是全人类的共同遗产。国际社会把自然保护区和国家公园占国土面积的百分比作为衡量该国自然保护事业及整个科学文化发展水平的一个标志。

特殊区域保护就是根据特殊区域的特点和结构，采取比一般区域更为严格的保护措施，使其特殊价值得以保存的全部行动的总和。对特殊区域的保护，是人类对自然的干涉范围日益扩大和深入的结果。由于开发行为对自然环境改造的不可逆转性，使得特殊区域的保护成为必要。

对特殊区域的保护具有重大意义，至少可表现在以下几个方面：

(1) 保存一部分自然环境资源的本来面目，为人类观察研究自然界的发展演化规律和人类对环境资源的影响提供依据。至今为止，人类对自然界的演化方面仍然所知甚少，尚有无数的秘密等待人类的发现。这些特殊区域就是秘密隐藏的场所。天然的环境资源可以告诉人类最原始的和谐是如何保持并得以发展的，也为人类研究自身行为对环境的影响提供参照。

(2) 提高环境的舒适度，满足人类的精神享受。特殊区域的天然景观和人文景观为人类保留了精神的家园，保留了人与自然、与特殊的历史文化进行交流的领地。为人类精神的舒展提供了机会和条件。这是人类作为文化和社会动物所不可或缺的生活一部分。

(3) 特殊区域本身也具有维护生物圈平衡、改善区域环境质量的作用。特殊区域具有保持水土、涵养水源、调节气候、改善人类生存环境，促进农业生产的生态效能，可以显著改善区域性的环境。

二、特殊区域保护法的概念和特征

特殊区域保护法是指因保护管理和建设特殊区域而制定的法律规范的总称。对特殊区域采取专门的立法进行特别保护，是19世纪中后期以后才开始的。因为是进行特殊保护，所以相对于一般环境资源保护法而言，具有自己的特点：

(1) 采取的保护措施更为严格。这是由特殊区域的独特价值和不可再生性决定的。对于不可替代的区域，采取的态度，保护重于开发利用，有时甚至根本不允许进行开发。保留景观的原貌仅供科学研究等使用。

(2) 对特殊区域的保护，往往需要一套专门的管理机构，并建立专门的程序和制度，按保护对象的特征设定专门的标准，建立档案，这种管理与对一般区域的管理有明显区别。

(3) 特殊区域自身价值的独特和不可替代，亦使法律的规定因不同的区域而有所区别，即使在法律上同属一类的立法，也可能因保护对象的差异而有所区别。如对自然保护区的立法，会因自然保护区的森林类型、野生动物类型等的不同而不同。这对于特殊区域保护立法而言属正常情况，有差别才有保护。

三、自然保护区法

(一) 自然保护区及其立法概况

自然保护区是指对有代表性的自然生态系统、珍稀濒危野生动植物物种的天然集中分布区、有特殊意义的自然遗迹等保护对象所在的陆地、陆地水体或者海域，依法划定一定面积予以特殊保护和管理的区域。广义的自然保护区的概念与特殊区域的范围相当，指所有法律予以特别保护的区城，狭义的自然保护区则仅指与国家自然公园、风景名胜区、历史文化遗迹相区别的基本上以自然保护和科学研究为目的而划定的自然区城。本书采用狭义的自然保护区的概念。

自然保护区是组成整体环境的一种特殊环境要素，也是保护自然环境的一种最严格、有效的形式。对自然保护区进行保护，具有下列意义：

(1) 为人类保留自然环境的“天然本底”，从而为人类评价自己的行为对环境的影响提供了“参考系”，为人类建立科学的人工生态系统提供了模式。

（2）保护各种珍稀濒危物种及其他生物物种。

（3）为科学研究提供条件、场所，为教育提供条件、场所。

（4）保护和改善生态环境。

自然保护区的立法是随着自然保护区工作的兴起而逐步发展起来的。1979年，国务院环境资源保护领导小组等联合发布了《关于加强自然保护区管理、区划和科学考察工作的通知》，1995年，国务院发布了《自然保护区条例》。除此之外，我国的《环境保护法》、《海洋环境保护法》、《森林法》等对此有相关规定。

（二）自然保护区法律制度

1. 自然保护区管理体制

国家对自然保护区实行综合管理与分部门管理相结合的管理体制。国务院环境资源行政主管部门负责全国自然保护区的综合管理；国务院林业、农业、地质矿产、水利、海洋等有关行政主管部门在各自的职责范围内，主管有关的自然保护区；县级以上地方人民政府负责自然保护区管理的部门的设置和职责，由省、自治区、直辖市人民政府根据当地具体情况确定。

2. 自然保护区设立制度

（1）建立自然保护区的条件。凡具有下列条件之一的，即应当建立自然保护区：①典型的自然保护区域、有代表性的自然生态系统区域以及已经遭受破坏但经保护能够恢复的同类自然生态区域；②珍稀、濒危野生动植物物种的天然集中分布区域；③具有特殊保护价值的海域、海岸、岛屿、湿地、内陆水域、森林、草原和荒漠；④具有重大科学文化价值的地质构造、著名溶洞、化石分布、冰川、火山、温泉等自然遗迹；⑤经国务院或者省、自治区、直辖市人民政府批准，需要予以特殊保护的其他自然区域。

（2）关于自然保护区的分级和命名。自然保护区分为国家级自然保护区和地方级自然保护区。在国内外有典型意义、在学术上有重大国际影响或者有特殊学术研究价值的自然保护区，可列为国家级自然保护区。除列为国家级自然保护区的外，其他具有典型意义或者重要科学研究价值的自然保护区列为地方级自然保护区。地方级自然保护区可以分级管理。国家级自然保护区、地方级自然保护区的命名应分别在自然保护区所在地地名前加“国家级自然保护区”或“地方级自然保护区”。

（3）自然保护区的审批。国家级自然保护区由自然保护区所在的省级人民政府或者国务院有关自然保护区行政主管部门提出申请，经国家级自然保护评审委员会评审后，由国务院环境资源行政主管部门进行协调并提出审批建议，报国务院批准。地方级自然保护区由自然保护区所在县、自治县、市、自治州人民政府或者省级人民政府有关自然保护区行政主管部门提出申请经地方级自然保护区评审委员会评审后，由省级人民政府环境资源保护行政主管部门进行协调并提出审批建议，报省级人民政府批准，并报国务院环境资源保护行政主管部门和国务院有关自然保护区行政主管部门备案。跨两个以上行政区域的自然保护区的建立，由有关行政区域的人民政府协商一致后提出申请，并按有关规定程序审批。建立海上自然保护区，须经国务院批准。

3. 自然保护区的规划和分区制度

国务院环境资源保护行政主管部门应当会同国务院有关自然保护区行政主管部门，在对全国自然环境和自然资源状况进行调查和评价的基础上，拟订国家自然保护区发展规划，经国务院计划部门综合平衡后，报国务院批准实施。自然保护区管理机构或者该自然保护区行政主管部门应当组织编制自然保护区的建设规划，按照规定的程序纳入国家的、地方的或者部门的投资计划，并组织实施。

自然保护区可以分为核心区、缓冲区和实验区。

4. 自然保护区管理制度

（1）设立自然保护区管理机构。有关自然保护区主管部门应在自然保护区内设立专门的管理机构。管理经费，由自然保护区所在地的县级以上的地方人民政府安排。国家对国家级自然保护区的管理，给予适当的资金补助。公安部门可根据需要在自然保护区内设置派出机构。

（2）对自然保护区内各项活动的管理。除法律有明确规定外，禁止在自然保护区内进行砍伐、放牧、狩猎、捕捞等活动。禁止任何人进入自然保护区的核心区。因科学研究的需要，必须进入核心区从事科研工作的，应事先向自然保护区管理机构提交申请和活动计划，并经省级以上人民政府有关部门批准。禁止在缓冲区开展旅游和生产经营活动，因科研、教学需要的，需要先得到批准。在国家级自然保护区的实验区开展参观、旅游活动的，由自然保护区管理机构提出方案并经省级主管部门审核后，报国务院主管部门批准。在自然保护区的核心区和缓冲区内，不得建设任何生产设施。实验区内不得建设污染环境、破坏资源或者景观的生产设施。在自然保护区的外围保护地带建设的项目，不得损害自然保护区内的环境质量。

四、风景名胜区保护法

（一）风景名胜区及其立法概况

风景名胜区是指国家进行特殊保护和管理所划定的具有观赏、文化和科学价值，自然景物、人文景物比较集中，环境优美，具有一定规模和范围，可供人们游览、休息和进行科学、文化活动的地区。划定风景名胜区是对风景名胜资源进行的一种地域保护形式。而所谓风景名胜资源，是指具有观赏、文化和科学价值的山河、湖海、地貌、森林、动植物、化石、特殊地质、天文气象等自然景观和人文景观。

风景名胜资源是一种不可再生资源，它具有永续性、经济性、地域性、季节性特征。保护风景名胜区具有十分重要的意义。它是维护国土风貌、优化生态环境的重要保证，又是弘扬民族文化、激发爱国热情的重要场所。同时还可以为教学、科研提供场所。

我国的风景名胜区保护立法，始于20世纪70年代，至今已有一个较为完备的体系。1973年，国务院颁布了《关于保护和改善环境的若干决定》，第一次提出了风景游览区的保护问题。1982年，国务院批转了城乡建设环境资源保护部、文化部、国家旅游局《关于审定第一批国家重点风景名胜区的请示》，并发布通知，宣布44个风景名胜区为国家第一批重点风景名胜区。1984年，城乡建设环境资源保护部、公安部等颁发了《关于加强风景名胜区游览安全管理的通知》。1985年，国务院发布了《风景名胜区管理暂行条例》。除此之外，《环境保护法》、《城市规划法》等法律法规也有相关规定。

（二）风景名胜区保护法律制度

1. 风景名胜区管理体制

国务院建设行政主管部门主管全国风景名胜区工作；地方各级人民政府建设行政主管部门主管本地区的风景名胜区工作。风景名胜区依法设立人民政府，全面负责风景名胜区的保护、利用、规划和建设；没有设立人民政府的，应当设立管理机构，在所属人民政府的领导下，主持风景名胜区的管理工作。设在风景名胜区内的所有单位，除各自业务受上级主管部门领导外，都必须服从管理机构对风景名胜区的统一规划和管理。

2. 分级管理制度

按景物的观赏、文化、科学价值和环境质量、规模大小、旅游条件等，我国的风景名胜区分为三级，即市（县）级、省级和国家重点风景名胜区。市（县）级风景名胜区，由市、县人民政府审定公布，并报省级主管部门备案；省级风景名胜区，由市县人民政府提出风景名胜资源调查评价报告，报省级人民政府审定公布，并报国务院建设主管部门备案；国家重点风景名胜区，由省级人民政府提出风景名胜资源调查评价报告，报国务院审定公布。国务院已分别于1984年、1988年和1994年审定公布了三批共119处国家重点风景名胜区。

3. 风景名胜区规划制度

各级风景名胜区都应当制定规划。规划的内容应包括：①确定风景名胜区性质；②划定风景名胜区范围及其外围保护地带；③划分景区和其他功能区；④确定保护和开发利用风景名胜资源的措施；⑤确定游览接待容量和游览活动的组织管理措施；⑥统筹安排公用、服务及其他设施；⑦估算投资和效益；⑧其他需要规划的事项。风景名胜区规划，在所属人民政府领导下，由主管部门会同有关部门组织编制。编制规则应当广泛征求有关部门、专家和人民群众的意见，进行多方面的比较和论证。风景名胜区规划经主管部门审查后，报审定设风景名胜区的人民政府审批，并报上级主管部门备案。

4. 风景名胜区内动植物保护制度

风景名胜区应通过封山育林、植树绿化、护林防火和防治病虫害工作，切实保护好林木植被和动、植物物种的生长、栖息条件。风景名胜区及其外围保护地带内的林木，不分权属都应当按照规划进行抚育管理，不得砍伐。确需进行更新、抚育性采伐的，须经地方主管部门批准。对于古树名木，严禁砍伐。在风景名胜区内采集标本、野生药材和其他林副产品，必须经管理机构同意，并应限定数量，在指定的范围内进行。

5. 风景名胜区内旅游、开发管理制度

风景名胜区应当组织规划，积极开发风景资源，改善交通、服务设施和旅游条件；按照规划确定的游览接待容量，有计划地组织游览活动，不得无限制地超量接纳游览者。对于风景名胜区的土地，任何单位和个人都不得侵占。风景名胜区的一切景物和自然环境，必须严格保护，不得破坏或随意改变。在风景区及其外围保护地带内的各项建设，都应当与景观相协调，不得建设破坏景观、污染环境、妨碍游览的设施。在游人集中的游览区内，不得建设宾馆、招待所以及休养、疗养机构。在珍贵景物周围和重要景点上，除必需的保护和附属设施外，不得增建其他工程设施。

五、国家公园保护法

（一）国家公园及其立法概况

国家公园一般是指既保护自然生态系统和自然景观的原始状态，同时又作为科学研究、科学普及和供公众旅游娱乐、了解和观赏大自然奇特景观的场所。划定国家公园是对自然生态环境进行保护的一种特殊形式。

我国在现阶段建立的森林公园，它是国家公园的一种类型，因为国家公园还包括国家自然公园、国家历史公园、国家海岸公园和国家湖岸公园等。所谓森林公园，是指森林景观优美，自然景观和人文景物集中，具有一定规模，可供人们游览、休息或进行科学、文化、教育活动的场所。

自然景观一般包括：①具有观赏价值的自然资源，如山岳、河川、湖泊、森林、海滨、瀑布、石林、溶洞、花草等；②地球历史变迁遗迹资源，如冰川、火山口、温泉、地质剖面、地下河流等；③生物进化资源，如各种树木、植被、野生动物、濒危物种、已灭绝的生物化石等；④野外娱乐资源，如滑冰、滑雪、狩猎、野营、登山、游泳等。人文景物包括文物古迹、革命历史纪念地、古文化遗迹、古墓葬、古建筑、石窟寺、摩岸石刻等。

我国环境保护法和森林法对森林公园未作规定，学术界把国家公园作为广义自然保护区的一种类型。1994 年 1 月 22 日，林业部发布了《森林公园管理办法》，对森林公园的管理体制、级别划分、建立、合并、变更、规划、建设、保护等问题作了规定。

（二）我国有关森林公园的法律规定

1. 森林公园的管理体制

县级以上人民政府林业管理部门，主管全国和本行政区域内的森林公园工作。在国有林业局、国有林场、国有苗圃、集体林场等单位经营范围内建立森林公园的，依法设立经营管理机构；但在国有林场、国有苗圃经营范围内建立森林公园的，其经营管理机构也是森林公园的经营管理机构，其性质仍然属于事业单位。森林公园经营管理机构的主要职责是负责森林公园的规划、建设、经营和管理，对依法确定其管理的森林、林木、林地、野生动植物、水域、景点景物、各类设施等实施经营管理权。

2. 森林公园的分级

森林公园按其森林景观和人文景观的观赏、科学、文化价值和旅游条件以及知名度等，划分为国家级森林公园、省级森林公园和市、县级森林公园三级。

其一，国家级森林公园：森林景观特别优美，人文景物比较集中，观赏、科学、文化价值高，地理位置特殊，具有一定的区域代表性、旅游服务设施齐全，有较高的知名度。

其二，省级森林公园：森林景观优美，人文景物相对集中，观赏、科学、文化价值较高，在本行政区域内具有代表性，具备必要的旅游服务设施，有一定的知名度。

其三，市、县级森林公园：森林景观有特色，景点景物有一定的观赏、科学、文化价值，在当地知名度较高。

对森林公园进行分级，是为了明确森林公园的重要程度和影响大小，以便于对不同级别的森林公园，采取有针对性的政策和措施，进行规划、建设、保护和经营管理。

3. 森林公园的建立、撤销、合并及变更

森林公园的建立、撤销、合并及变更应依照法定程序进行：

第一，森林公园的建立。它是指依照法定程序选点、调查、评价、申报、审批等一系列活动的总称。它使一定范围的林区或林场，取得森林公园的法律形式，享受森林公园法律保护地位。我国森林公园建立的程序一般包括：调查和评价、申报、审批与公布几个步骤。

（1）调查和评价。森林风景资源的调查，是开发利用森林资源的前提，也是建立森林公园，开展森林旅游的基础。

（2）申报。建立国家级森林公园，由省级林业主管部门提出书面申请、可行性研究报告和图表、照片等资料，报林业部审批；建立省级森林公园，由市、县级林业主管部门提出书面申请，报省级林业主管部门审批；建立市、县级森林公园由市、县级林业主管部门审批。

（3）批准与公布。批准是指有权批准建立森林公园的机关，对符合森林公园条件的林区或林场取得森林公园形式的直接确认，这是森林公园建立程序中关键的一个环节。根据《森林公园管理办法》的规定，国家级森林公园由林业部批准；省级森林公园由省级林业主管部门批准；市、县级森林公园由市、县级林业主管部门批准。经批准成立的省级森林公园和市、县级森林公园，由省级林业主管部门将有关材料报林业部备案。公布是指法定机关以一定方式向公众宣布批准建立森林公园的决定，这是森林公园建立程序的最后一个环节。《森林公园管理办法》对此未作规定，所以许多森林公园的建立，未及时以有效方式公布，使许多群众在相当长的时间内还不知道有森林公园存在。

第二，森林公园的撤销、合并及变更。森林公园的撤销是指解除森林公园法律地位行为；合并主要指相邻两个或两个以上森林公园合并成一个或几个森林公园；变更是指森林公园的撤销、合并或者变更经营范围，必须经原审批单位批准。现有法规未明确管理级别的变更，但在实践中却存在这种情况，如陕西太白森林公园，1988 年经省林业厅批准，建立眉县汤峪森林公园，1991 年经林业部批准，更名为陕西太白国家森林公园。楼观台森林公园，1982 年批准建立省级森林公园，1992 年经林业部批准更名为陕西楼观台国家森林公园。我们认为，森林公园级别的变更，应按其建立程序报批。森林公园的撤销或合并，除经原审批单位批准外，还应报林业部备案。

4. 森林公园的规划

森林公园的规划，是有效保护、合理开发建设和科学管理森林公园的综合部署，是森林公园建设、保护、管理的依据。《森林公园管理办法》规定，“国家级森林公园的总体规划设计，由森林公园经营管理机构组织具有规划设计资格的单位负责编制，报省级林业主管部门审批，并报林业部备案。" 从上述规定可以看出，森林公园规划由森林公园管理机构负责组织，可以委托国内有规划设计资格的规划设计科研单位负责编制。森林公园规划要贯彻国家有关方针、政策和法律、法规，要在保护以森林为主要资源的前提下，充分利用森林资源的各种功能，要对森林景观资源的开发目的、方针、规模容量、旅游区划、设施、工程技术、管理措施和投资效益等作出决策，并正确处理保护与利用、远期与近期、整体与局部、旅游利用与其他利用关系等，做到公园内部与外界有关事业协调发展。

5. 森林公园的建设

森林公园的建设，必须以森林公园规划为依据，有计划地实施。根据资金情况与建设需要，可以由森林公园经营管理机构单独进行，也可以与其他单位或个人以合资、合作等方式联合进行，后者不得改变森林公园经营管理机构的隶属关系。

根据《森林公园管理办法》规定，森林公园的设施和景点建设，必须按照总体规划设计进行。在珍贵景物、重要景点和核心景区，除了必要的保护和附属设施外，不得建设宾馆、招待所、疗养院和其他工程设施。

6. 森林公园的保护

森林公园的保护，是森林公园管理机构的主要任务，也是全体公民应尽的责任。根据《森林公园管理办法》的规定，森林公园保护的主要内容是：①禁止毁林行为。禁止在森林公园毁林开荒和毁林采石、采砂、采土以及其他毁林行为。采伐森林公园的林木，必须遵守有关林业法规、经营方案和技术规程的规定。②占用、征用或转让林地，必须依法批准。占用、征用或者转让森林公园经营范围内的林地，必须征得森林公园经营管理机构同意，并按《森林法》及其实施细则等有关规定，办理占用、征用或者转让手续，缴纳有关费用，报有法定审批权限的人民政府批准。③依法做好植树造林、森林防火、森林病虫害防治、林木林地和野生动植物资源保护等工作。

7. 森林公园的管理

森林公园的管理，是维护森林风景资源的需要，是使森林旅游秩序良好、保障游人安全的需要，也是提高旅游服务质量的重要保证。按照《森林公园管理办法》的规定，森林公园管理的主要内容是：①对进入森林公园进行游览等活动的单位和个人，可以收取门票及有关费用。在森林公园设立网点，必须经森林公园经营管理机构同意，并按规定向森林公园经营管理机构缴纳有关费用。征收有关费用是用经济手段增强人们的自然保护观念，也是为了更好地保护好森林风景资源，其依据是“受益者负担"原则，而不是单纯为了创收。②森林公园范围内的单位、居民和进入森林公园内的游人，应当保护园内的各项设施，遵守有关管理制度。③ 森林公园经营管理机构，应当按规定设置防火、卫生、环保、安全等设施和标志，维护旅游秩序。④ 森林公园的治安管理工作，由所在地林业公安机关负责。

六、文物古迹保护法

（一）文物古迹及其立法概况

文物通常是指存在于社会或者埋藏于地下的历史文化遗产；古迹则是指古代遗留下来的具有研究、纪念意义的建筑物或者场所。我国现行法律实际上将二者合称为文物。根据《中华人民共和国文物保护法》（2002 年 10 月修订）的规定，在我国境内，下列具有历史、艺术、科学价值的文物，受国家保护：

（1）具有历史、艺术、科学价值的古文化遗址、古墓葬、古建筑、石窟寺和石刻、壁画；

（2）与重大历史事件、革命运动或者著名人物有关的以及具有重要纪念意义、教育意义或者史料价值的近代现代重要史迹、实物、代表性建筑；

（3）历史上各时代珍贵的艺术品、工艺美术品；

（4）历史上各时代重要的文献资料以及具有历史、艺术、科学价值的手稿和图书资料等；

（5）反映历史上各时代、各民族社会制度、社会生产、社会生活的代表性实物。

文物认定的标准和办法由国务院文物行政部门制定，并报国务院批准。

具有科学价值的古脊椎动物化石和古人类化石同文物一样受国家保护：

需要指出的是，环境法所保护的文物古迹，必须是依赖于一定的环境要素，并与该环境要素构成一个独立、和谐的统一体。已经发掘出来，进了博物馆、图书馆、陈列室的文物，不是环境资源法的保护客体。

我国对保护文物一贯高度重视。早在解放战争中，党中央和人民解放军总部就十分注意防止战争的炮火对文物古迹的摧毁。新中国成立后，更把保护文物古迹上升到法律高度，颁行了大量的文物保护法规 ，初步形成了一个保护文物古迹的法规体系，应当说，基本做到了有法可依。

现行宪法和《中华人民共和国环境保护法》对保护文物古迹作了明确具体的规定。《中华人民共和国刑法》、《中华人民共和国治安管理处罚条例》等一系列法律、法规都有涉及保护文物古迹的法律条款。

（二）文物古迹保护的法律制度

1. 文物的所有权

（1）中华人民共和国境内地下、内水和领海中遗存的一切文物，属于国家所有。古文化遗址、古墓葬、石窟寺等属于国家所有。国家指定保护的纪念建筑物、古建筑、石刻、壁画、近代现代代表性建筑等不可移动文物，除国家另有规定的以外，属于国家所有。

国有不可移动文物的所有权不因其所依附的土地所有权或者使用权的改变而改变。

属于国家所有的可移动文物包括：①中国境内出土的文物，国家另有规定的除外；②国有文物收藏单位以及其他国家机关、部队和国有企业、事业组织等收藏、保管的文物；③国家征集、购买的文物；④公民、法人和其他组织捐赠给国家的文物；⑤法律规定属于国家所有的其他文物。

属于国家所有的可移动文物的所有权不因其保管、收藏单位的终止或者变更而改变。

（2）属于集体所有和私人所有的纪念建筑物、古建筑和祖传文物以及依法取得的其他文物，其所有权受法律保护。文物的所有者必须遵守国家有关文物保护的法律、法规的规定。

2. 不可移动文物

国务院文物行政部门在省级、市、县级文物保护单位中，选择具有重大历史、艺术、科学价值的确定为全国重点文物保护单位，或者直接确定为全国重点文物保护单位，报国务院核定公布。省级文物保护单位，由省、自治区、直辖市人民政府核定公布，并报国务院备案。市级和县级文物保护单位，分别由设区的市、自治州和县级人民政府核定公布，并报省、自治区、直辖市人民政府备案。尚未核定公布为文物保护单位的不可移动文物，由县级人民政府文物行政部门予以登记并公布。

保存文物特别丰富并且具有重大历史价值或者革命纪念意义的城市，由国务院核定公布为历史文化名城。保存文物特别丰富并且具有重大历史价值或者革命纪念意义的城镇、街道、村庄，由省、自治区、直辖市人民政府核定公布为历史文化街区、村镇，并报国务院备案。历史文化名城和历史文化街区、村镇所在地的县级以上地方人民政府应当组织编制专门的历史文化名城和历史文化街区、村镇保护规划，并纳入城市总体规划。历史文化名城和历史文化街区、村镇的保护办法，由国务院制定。

各级文物保护单位，分别由省、自治区、直辖市人民政府和市、县级人民政府划定必要的保护范围，作出标志说明，建立记录档案，并区别情况分别设置专门机构或者专人负责管理。全国重点文物保护单位的保护范围和记录档案，由省、自治区、直辖市人民政府文物行政部门报国务院文物行政部门备案。县级以上地方人民政府文物行政部门应当根据不同文物的保护需要，制定文物保护单位和未核定为文物保护单位的不可移动文物的具体保护措施，并公告施行。

各级人民政府制定城乡建设规划，应当根据文物保护的需要，事先由城乡建设规划部门会同文物行政部门商定对本行政区域内各级文物保护单位的保护措施，并纳入规划。

文物保护单位的保护范围内不得进行其他建设工程或者爆破、钻探、挖掘等作业。但是，因特殊情况需要在文物保护单位的保护范围内进行其他建设工程或者爆破、钻探、挖掘等作业的，必须保证文物保护单位的安全，并经核定公布该文物保护单位的人民政府批准，在批准前应当征得上一级人民政府文物行政部门同意；在全国重点文物保护单位的保护范围内进行其他建设工程或者爆破、钻探、挖掘等作业的，必须经省、自治区、直辖市人民政府批准，在批准前应当征得国务院文物行政部门同意。

根据保护文物的实际需要，经省、自治区、直辖市人民政府批准，可以在文物保护单位的周围划出一定的建设控制地带，并予以公布。在文物保护单位的建设控制地带内进行建设工程，不得破坏文物保护单位的历史风貌。工程设计方案应当根据文物保护单位的级别，经相应的文物行政部门同意后，报城乡建设规划部门批准。

在文物保护单位的保护范围和建设控制地带内，不得建设污染文物保护单位及其环境的设施，不得进行可能影响文物保护单位安全及其环境的活动。对已有的污染文物保护单位及其环境的设施，应当限期治理。

建设工程选址，应当尽可能避开不可移动文物；因特殊情况不能避开的，对文物保护单位应当尽可能实施原址保护。

实施原址保护的，建设单位应当事先确定保护措施，根据文物保护单位的级别报相应的文物行政部门批准，并将保护措施列入可行性研究报告或者设计任务书。

无法实施原址保护，必须迁移异地保护或者拆除的，应当报省、自治区、直辖市人民政府批准；迁移或者拆除省级文物保护单位的，批准前须征得国务院文物行政部门同意。全国重点文物保护单位不得拆除；需要迁移的，须由省、自治区、直辖市人民政府报国务院批准。

国有不可移动文物由使用人负责修缮、保养；非国有不可移动文物由所有人负责修缮、保养。非国有不可移动文物有损毁危险，所有人不具备修缮能力的，当地人民政府应当给予帮助；所有人具备修缮能力而拒不依法履行修缮义务的，县级以上人民政府可以给予抢救修缮，所需费用由所有人负担。

对文物保护单位进行修缮，应当根据文物保护单位的级别报相应的文物行政部门批准；对未核定为文物保护单位的不可移动文物进行修缮，应当报登记的县级人民政府文物行政部门批准。

文物保护单位的修缮、迁移、重建，由取得文物保护工程资质证书的单位承担。

对不可移动文物进行修缮、保养、迁移，必须遵守不改变文物原状的原则。

不可移动文物已经全部毁坏的，应当实施遗址保护，不得在原址重建。但是，因特殊情况需要在原址重建的，由省、自治区、直辖市人民政府文物行政部门征得国务院文物行政部门同意后，报省、自治区、直辖市人民政府批准；全国重点文物保护单位需要在原址重建的，由省、自治区、直辖市人民政府报国务院批准。

核定为文物保护单位的属于国家所有的纪念建筑物或者古建筑，除可以建立博物馆、保管所或者辟为参观游览场所外，如果必须作其他用途的，应当经核定公布该文物保护单位的人民政府文物行政部门征得上一级文物行政部门同意后，报核定公布该文物保护单位的人民政府批准；全国重点文物保护单位作其他用途的，应当由省、自治区、直辖市人民政府报国务院批准。国有未核定为文物保护单位的不可移动文物作其他用途的，应当报告县级人民政府文物行政部门。

国有不可移动文物不得转让、抵押。建立博物馆、保管所或者辟为参观游览场所的国有文物保护单位，不得作为企业资产经营。

非国有不可移动文物不得转让、抵押给外国人。

非国有不可移动文物转让、抵押或者改变用途的，应当根据其级别报相应的文物行政部门备案；由当地人民政府出资帮助修缮的，应当报相应的文物行政部门批准。

使用不可移动文物，必须遵守不改变文物原状的原则，负责保护建筑物及其附属文物的安全，不得损毁、改建、添建或者拆除不可移动文物。

对危害文物保护单位安全、破坏文物保护单位历史风貌的建筑物、构筑物，当地人民政府应当及时调查处理，必要时，对该建筑物、构筑物予以拆迁。

3. 考古发掘

一切考古发掘工作，必须履行报批手续；从事考古发掘的单位，应当经国务院文物行政部门批准。地下埋藏的文物，任何单位或者个人都不得私自发掘。

从事考古发掘的单位，为了科学研究进行考古发掘，应当提出发掘计划，报国务院文物行政部门批准；对全国重点文物保护单位的考古发掘计划，应当经国务院文物行政部门审核后报国务院批准。国务院文物行政部门在批准或者审核前，应当征求社会科学研究机构及其他科研机构和有关专家的意见。进行大型基本建设工程，建设单位应当事先报请省、自治区、直辖市人民政府文物行政部门组织从事考古发掘的单位在工程范围内有可能埋藏文物的地方进行考古调查、勘探。考古调查、勘探中发现文物的，由省、自治区、直辖市人民政府文物行政部门根据文物保护的要求会同建设单位共同商定保护措施；遇有重要发现的，由省、自治区、直辖市人民政府文物行政部门及时报国务院文物行政部门处理。需要配合建设工程进行的考古发掘工作，应当由省、自治区、直辖市文物行政部门在勘探工作的基础上提出发掘计划，报国务院文物行政部门批准。国务院文物行政部门在批准前，应当征求社会科学研究机构及其他科研机构和有关专家的意见。确因建设工期紧迫或者有自然破坏危险，对古文化遗址、古墓葬急需进行抢救发掘的，由省、自治区、直辖市人民政府文物行政部门组织发掘，并同时补办审批手续。

此外，《文物保护法》还对馆藏文物和民间收藏文物的保护作出了相应的规定。

第十一章　污染防治法

第一节　污染防治法概述

一、环境污染的概念

环境污染是指人类直接或间接地向环境排放超过其自净能力的物质或能量，从而降低环境质量，影响人类及其他生物生存和发展的现象。环境污染给人类社会造成的危害是极大的。首先环境污染会破坏人类环境的正常物质组成结构，使某些化学物质突然增加或出现了环境中本来没有的合成化学物质，破坏自然界的生态平衡。同时环境污染影响人体健康，导致肌体疾病，甚至死亡。据研究，人类癌症由病毒等生物因素引起的不超过 5%，由放射性等物理因素引起的也在 5%左右，由化学物质引起的约占 90%。而这些化学物质绝大多数是环境污染物[①]。此外环境污染破坏生态环境、影响生态平衡，造成大量动、植物物种的灭绝，还给人类带来巨大的财产损失。

环境污染主要由人类活动所引起，其产生的原因是环境资源的浪费和不合理使用，使有用的资源变为废物进入环境而造成危害，如我们熟知的大气污染、水污染、噪声污染、土壤污染等。环境要素是人类与环境进行物质交换与能量流动的介质，同时它们又受到生态学规律的限制，呈现出最小限制律、等值性、整体性和关联性。环境污染也相应地具有如下特性：

（1）环境污染物一般是低浓度、长时间而且是多种物质同时存在，联合作用于环境要素，并以环境要素为介质作用于人体。

（2）环境污染物进入环境要素可通过生物的或理化的作用发生转化、增毒、降解或富集，从而改变环境要素的原有性状或浓度，产生不同的危害作用。

（3）环境污染物可通过环境要素和食物等多种途径对人体产生长期影响，受影响的对象广泛，后果严重。

（4）环境要素及其相互关系构成的环境资源系统是一个动态平衡的体系，各种环境要素彼此相互依赖，其中任何一个因素发生变化便会影响整个系统的平衡，环境污染所造成的环境要素变化均会造成环境资源系统的不稳定，对环境构成威胁。

---

① 参见《环境保护工作全书》，中国环境出版社 1997 年 5 月版，第 158 页。

因此，防治环境污染是保护环境资源的重要内容，也是环境资源立法的重要任务。

二、环境污染防治法的概念和特征

环境污染防治法是指以防治环境污染为立法对象的一类法律法规，它们作为环境资源法的重要组成部分，以对各环境要素污染的防治为内容，在形式上表现为环境保护基本法下属的单行法及其配套法规，既是对基本法防治环境污染的原则性规定的具体化，又是对环境污染防治的综合性规定。这一类法律法规具有如下特征：

（1）环境污染防治法是针对某一环境要素的污染防治或某一类污染物控制所进行的综合性立法，其内容涉及对各环境要素的全面保护。如水污染防治法以水体作为其立法对象，它包括了对各种水体的保护措施，包括了水资源保护与水污染防治的全部内容，对于各种不同重要的水体以及可能进入水体的各种污染源和污染物均作了全面的规定。而单纯以污染物或污染源控制为立法对象的立法，则从污染物控制的角度对环境要素立法加以配合，使整个环境污染防治法更为全面和系统。

（2）环境污染防治法是环境法的一个亚子系统，它也是由某一环境要素保护的专门单行法及其相关法规构成的系统性规范，并非仅指某一具体的单行法。如大气污染防治法就是由《大气污染防治法》及其相关的大气质量标准、大气污染物排放标准以及《大气污染防治法实施细则》和其他有关法规规章构成的规范群，而不仅仅是《大气污染防治法》一个法律 。

（3）环境污染防治法与自然资源管理法之间应是互相协调与互相配合的关系。它们从不同的角度，不同的层面对环境要素的保护作出规定。但它们各有侧重，两者不可偏废。自然资源管理法的实施是防止环境污染的重要条件；而环境污染的防治又是合理开发和利用环境要素的结果。自然资源管理法着重于对水、森林、草原、土地等环境要素的开发与利用本身的限制，而环境污染防治法则更注重对于环境资源开发利用过程中所产生的副作用的限制。

第二节 媒介污染防治法

一、大气污染防治法

（一）大气污染

大气污染是指由于自然和人为的原因造成大气成份发生改变，而对人类、生物及财产带来不利影响的现象。

大气污染，是由于污染源排放污染物引起的。污染源有两大部分，一类是自然污染源，另一类是人工污染源。造成大气污染的自然原因主要有火山爆发、森林火灾、地面尘暴等。而人工污染源则包括工业污染源、农业污染源、生活污染源以及交通运输污染源等。各种污染源排放的污染物种类很多，已被人们发现的就有100多种，其中影响范围广，对人类威胁较大的主要有：颗粒物、二氧化硫、一氧化碳、氮氧化物、碳氢化合物、硫化氢、氟化物、臭氧、光化学烟雾、苯并芘（α）等。当前，造成大气污染的主要元凶是人工污染源。

大气污染对人类环境的危害巨大，主要体现在以下几方面：

（1）对人体健康的危害。大气污染可以导致人体患各种疾病，直至造成人的死亡。如1952年12月5日～8日发生的伦敦烟雾事件，5天时间就有4000多人死亡。有资料表明近几十年来各国肺病的发病率与死亡率显著提高，与大气污染不无关系。

（2）对植物的危害。气体污染物通过叶片气孔进入植株体，破坏叶片内的叶绿体，影响植物的光合作用、呼吸作用、受精能力和酶活性，干扰植物生长发育，降低作物产量和品质。大气中的重金属毒物以及含氟气体被植物吸收或吸附后，既影响植物生长，还会残留于植物体内，对农作物造成残留污染。

（3）对天气和气候造成不良影响。首先表现为使空气变浊，能见度降低；其次是城市的“热岛效应”，局部地区温度升高；第三是出现“拉波特效应”，促使雨量增加；第四是出现酸雨。大气污染对全球气候的影响主要是形成“温室效应”或“反温室效应”等。

（4）对动物的危害。在污染物长时间的作用下，小剂量的大气污染会使家禽、牲畜、鸟类的呼吸道感染而患病；牧草受大气污染而发生家禽中毒，同时还会使动物发生畸变、癌变，破坏遗传基因。大剂量的大气污染，则可使牲畜等动物中毒死亡。

（5）其他危害。大气污染对机器设备、金属制品、油漆涂料、皮制品等都具有腐蚀作用，长期的大气污染会导致它们的使用寿命降低，危及生产和生活的安全。

（二）大气污染防治的立法演变

我国十分重视加强大气污染的防治的立法，1987年9月5日由第六届全国人大常委会第二十二次会议通过了《中华人民共和国大气污染防治法》，1995年8月29日，第八届全国人大常委会第十五次会议对该法进行了修改。经过三年多的实施，修改后的法律在控制大气污染方面起到了一定作用：推动了煤炭的清洁利用；加快了淘汰严重污染大气的落后工艺和设备的步伐；一些重点地区开始了对酸雨和二氧化硫污染的控制。但是，由于当时对大气污染严重状况和发展趋势认识不足，所规定的防治措施不够有力，加上近几年一些新的变化，修改后的《大气污染防治法》已不能适应形势的需要。当前我国大气污染严重，大气污染物排放总量居高不下，1998 年全国二氧化硫排放量高达 2100 万吨，烟尘排放量 1400 万吨，工业粉尘排放量 1300 万吨，是世界上大气污染物排放量最大的国家之一。据世界卫生组织 1998 年公布的 54 个国家 272 个城市大气污染评价结果，大气污染最严重的 10 个城市中，7 个在中国。随着机动车数量的迅速增加，城市中机动车排放的碳氢化合物、一氧化碳、氮氧化物占大气中同类污染物的比重越来越大，在一些特大城市氮氧化物甚至成为影响大气质量的首要污染物。加之现行法律的法律责任部分内容偏少，力度不够，致使一些违法行为得不到追究。日趋严重的大气污染，影响人民身体健康和社会经济的发展，因此，2000 年 4 月 25 日第九届全国人大常务委员会再次对《大气污染防治法》进行了修改。此外，我国还颁布了《大气污染防治法实施细则》,《大气环境质量标准》,《关于加强防尘防毒工作的决定》,《关于防治煤烟型污染技术政策的规定》,《关于发展民用型煤的暂行办法》,《城市烟尘控制区管理办法》,《汽车排气污染监督管理办法》,《关于加强新生产机动车排气污染监督管理的通知》等。

（三）大气污染防治法的法律规定

1. 政府防治大气污染的职责

《大气污染防治法》第 2 条规定："国务院和地方各级人民政府，必须将大气环境保护工作纳入国民经济和社会发展计划，合理规划工业布局，加强防治大气污染的科学研究，采取防治大气污染的措施，保护和改善大气环境。"因此国务院和地方各级人民政府防治大气污染的具体职责有以下四个方面：一是将大气环境保护工作纳入国家和地方各级的国民经济和社会发展计划；二是合理规划工业布局；三是加强防治大气污染的科学研究；四是采取各种防治大气污染的措施。同时《大气污染防治法》还赋予省、自治区、直辖市人民政府对在防治大气污染，保护和改善大气环境方面成绩显著的单位和个人给予奖励的职责。

2. 大气污染防治监督管理体制

根据《大气污染防治法》第 3 条规定，地方各级人民政府对本辖区的大气环境质量负责，制定规划，采取措施，使本辖区的大气环境质量达到规定的标准。第 4 条规定，县级以上人民政府的环境保护部门对大气污染防治实施统一监督管理，各级公安、交通、铁道、渔业管理部门根据各自的职责对机动车船污染实施监督管理。同时《大气污染防治法》还在法律责任一章中赋予环境保护行政主管部门和其他监督管理部门对违反《大气污染防治法》的行为一定的行政处罚权。

3. 大气环境保护标准

根据《大气污染防治法》第 6 条规定，国务院环境保护部门制定国家大气环境质量标准，省、自治区、直辖市人民政府对国家大气环境质量标准中未作规定的项目，可以制定地方标准，并报国务院环境保护部门备案。

《大气污染防治法》第 7 条规定：国务院环境保护部门根据国家大气环境质量标准和国家经济、技术条件，制定国家大气污染物排放标准，省、自治区、直辖市人民政府对国家大气污染物排放标准中未作规定的项目，可以制定地方排放标准，对国家大气污染物排放标准已有规定的，可制定严于国家排放标准的地方排放标准。地方排放标准须报国务院环境保护部门备案。

4. 大气污染防治的监督管理制度

《大气污染防治法》在第二章中规定了大气污染防治的监督管理制度，主要有环境影响评价制度、“三同时”制度、排污申报登记制度、排污收费制度、限期治理制度、对严重污染大气环境的落后生产工业和落后生产设备实行淘汰制度、大气污染事故强制应急制度、现场检查制度以及大气污染监测制度等。

值得关注的是，新修改的《大气法》正式采用了总量控制制度。该法规定，国家采取措施，有计划地控制或者逐步削减各地方主要污染物的排放总量。国务院和省、自治区、直辖市人民政府对尚未达到规定的大气环境质量标准的区域和国务院批准划定的酸雨控制区、二氧化硫污染控制区，可以划定为大气污染物总量控制区。同时规定环境保护行政主管部门依据大气污染物总量控制规划和有总量控制任务的企业、事业单位的申报，按照公开、公正、公平的原则，核定该企业、事业单位的大气污染物排放总量，核发大气污染物排放许可证。

新的《大气法》还禁止超过排放标准排放污染物。我国已颁布了《标准化法》。根据该法第 7 条、第 14 条和第 20 条的规定，我国现行的污染物排放标准是强制性标准，违反排放标准即违法，对不执行者要予以行政处罚。从世界各国的通行做法来看，超标与否也是决定是否违法的主要界限。但是，原《大气污染防治法》没有明确规定超标排污违法，只规定超标排放污染物应征收超标排污费。本次修订中，把超标排污作为违法行为，从而与《标准化法》相一致。1996 年国务院在《关于环境保护若干问题的决定》中，已要求到 2000 年全国所有工业污染物排放浓度要达到国家和地方规定的标准。1998 年，全国工业废气处理达标率已达到 66%，经过努力，大多数企业到 20 世纪末可以做到达标排放污染物。为此，草案规定“向大气排放污染物的，其污染物排放不得超过国家和地方规定的排放标准”。并在法律责任中相应规定了“向大气排放污染物超过国家和地方规定排放标准的，由所在地县级以上人民政府环境保护行政主管部门处 10 万元以下罚款；对其中严重污染大气环境的，还应当限期治理”。

5. 防治燃煤产生的大气污染

我国的大气污染仍以煤烟型为主，烟尘和二氧化硫是主要污染物，因此《大气污染防治法》对防治燃煤产生的大气污染作了专章规定。其主要内容如下：

（1）加强煤炭的加工管理。国家推行煤炭洗选加工，降低煤的硫份和灰份，限制高硫煤、高灰份煤炭的开采。新建的所采煤碳属于高硫份、高灰份的煤矿，必须建设配套的煤炭洗选设施，使煤炭中的含硫份、含灰份达到规定的标准。对已建成的所采煤炭属于高硫份、高灰份的煤矿，应当按照国务院批准的规划，限期建成配套的煤炭洗选设施。禁止开采含放射性和砷等有害物质超过规定标准的煤炭。

（2）推行清洁能源。国务院有关部门和地方各级人民政府应当采取措施，改进城市能源结构，推广清洁能源的生产和使用。在禁止使用高污染燃料的区域，单位和个人应当在当地人民政府规定的期限内停止燃用高污染燃料，改用天然气、液化石油气、电或者其他清洁能源。国家采取有利于煤炭清洁利用的经济、技术政策和措施，鼓励和支持使用低硫份、灰份的优质煤炭，鼓励和支持清洁煤技术的开发和推广。大、中城市人民政府应当制定规划，对饮食服务企业限期使用天然气、液化石油气、电或者其他清洁能源。对未划定为禁止使用高污染燃料区域的大、中城市市区内的其他民用炉灶，限期实现燃用固硫型煤或者其他清洁能源。

（3）集中供热制度。城市建设应当统筹规划，在燃煤供热地区，统一解决热源，发展集中供热。在集中供热管网覆盖的地区，不得新建燃煤供热锅炉。

（4）控制区和禁煤区制度。划定酸雨控制区和二氧化硫污染控制区，在酸雨控制区和二氧化硫污染控制区排放二氧化硫，必须建设配套脱硫、除尘装置或者采取其他控制排放措施防治二氧化硫的危害。超标排污的，要限期治理。大气污染防治的重点城市人民政府可以在本辖区内划定禁止销售、使用国务院环境保护行政主管部门规定的高污染燃料的区域。

6. 防治废气、粉尘和恶臭污染

《大气污染防治法》第五章对防治废气、粉尘和恶臭等作了具体规定，主要包括：

（1）限制排放制度。严格限制向大气排放含有毒物质的废气和粉尘，确需排放的，应当经过净化处理并不得超过规定的排放标准，运输、装卸、贮存能够散发有毒有害气体或者粉尘的物质，必须采取密闭措施或者其他防护措施。

（2）回收利用和排放处理制度。工业生产中产生的可燃性气体应当回收利用，不具备回收利用条件而向大气排放的，应当进行防治污染处理。向大气排放转炉气、电石气、电炉法黄磷尾气，有机烃类尾气的，须报当地环境保护部门批准。炼制石油、生产合成氨、煤气和燃煤焦化、有色金属冶炼过程中排放含硫气体，应当配置脱硫装置或者采取其他脱硫措施。

(3) 达标排放放射性物质制度。向大气排放含放射性物质的气体和气溶胶，必须符合国家有关放射性防护的规定，不得超过规定的排放标准。

(4) 禁限排放恶臭物质制度。向大气排放恶臭气体的排污单位，必须采取措施，防止周围居民区受到污染。禁止在人口集中地区焚烧沥青、油毡、橡胶、塑料、皮革以及其他产生有毒有害烟尘和恶臭气体的物质；特殊情况下确需焚烧的，须报当地环境保护部门批准。

7. 防治机动车船污染

新法将防治机动车船污染单独作为一章，从机动车制造、机动车使用和维修、燃油质量、监督检查等几个环节，分别作出了规定：规定新机动车船，“向大气排放污染物不得超过规定的排放标准”，“任何单位和个人不得制造、销售或者进口污染物排放超过规定排放标准的机动车船”。对在用机动车，规定“在用机动车不符合污染物排放标准的，不得上路行驶”。对燃油质量也作出了规定：“国家鼓励和支持生产、使用优质燃料油，采取措施减少燃料油中有害物质对大气环境的污染。单位和个人应当按照国务院规定的期限，停止生产、进口、销售含铅汽油。”

二、水污染防治法

(一) 水污染

水是人类和其他一切生物生存和发展的不可缺少的环境要素。人们通常所讲的“水”是指河流、湖泊、沼泽、水库、地下水、冰川、海洋等表层水，而《水污染防治法》中所指的“水”，则是指这些表层水及水中的溶解物、悬浮物、水生生物和底泥等的统称，即“水体”。水污染即水体污染，它是指水体因某种物质的介入而导致其化学、物理、生物或者放射性等方面特性的改变，从而影响水的有效利用，危害人体健康或者破坏生态环境，造成水质恶化的现象。

造成水体污染的物质叫水污染物，水污染物的种类繁多，大体上可分为三类：第一类是物理性污染物，如热污染、放射性污染等。第二类是化学性污染物，包括：需氧污染物，植物营养类污染物，油类污染物，酚类污染物，氰化物类污染，酸、碱和一般无机盐类污染物，重金属类污染物，农药及其他化学污染物。第三类是生物性污染物，如病菌病毒、寄生虫等病原体污染物。造成水污染的主要污染物是化学性污染物。

水污染造成的危害是十分严重的，主要表现在以下几方面：

(1) 对人体健康的危害。人直接饮用含有病菌病毒或寄生虫的活水后，会引起疾病的蔓延。如痢疾、霍乱、伤寒、血吸虫等。

（2）对工业生产的危害。水污染直接影响工业生产，造成工业产品质量降低，产值下降甚至造成一些工业生产无法进行。

（3）对渔业生产的危害。由于水体污染影响鱼类产卵，造成鱼产量下降，严重的水体污染还会导致鱼类大量的死亡，甚至绝迹。

（4）对农业生产的危害。用有毒污水灌溉农田，一是造成农作物产量降低，二是引起农作物质量下降，影响人类健康。同时，用含盐的废水灌溉土地，会使土地荒废。严重的废水污染会使农作物枯萎、腐烂、死亡甚至导致颗粒无收。

（5）其他危害。水污染还会降低水的可利用性，并且造成航道堵塞、航运受阻、破坏风景、妨碍体育、娱乐活动和影响旅游业的发展。

（二）水污染防治的立法概况

水污染给人类社会带来的严重危害，引起了人们对水污染防治和立法的重视，如美国有《清洁水法》，日本有《水质污染防治法》，荷兰有《地表水污染法》，法国、德国分别制定了《水域分类管理污染防治法》、《水资源管理法》等。我国也先后颁布了大量的水污染防治的法律、法规及行政规章，主要有：《水污染防治法》、《水污染防治法实施细则》、《淮河流域水污染防治暂行条例》、《关于防治水污染技术政策的规定》、《关于水污染物排放许可证管理暂行办法》、《污水处理设施环境保护监督管理办法》、《防止拆船污染环境管理条例》、《关于防治造纸行业水污染的规定》、《饮用水水源保护区污染防治管理规定》等。此外，还先后颁布了一系列水环境质量标准，如《生活饮用水卫生标准》、《农田灌溉水质标准》、《污染物排入城市下水道水质标准》、《地面水环境质量标准》、《污水综合标准》、《渔业水质标准》等。另外，还颁布了医院、造纸、甜菜制糖、甘蔗制糖、合成脂肪酸、合成洗涤剂、制革、石油开发、石油炼制、船舶、电影洗片等 11 个行业性的污染物排放标准。

（三）水污染防治法律制度

水污染防治的法律、法规及规章规定的防治水污染的内容是较为全面、具体的。主要包括以下内容：

1. 各级政府水污染防治职责

根据我国《水污染防治法》的规定，国务院有关部门和地方各级人民政府在水环境保护和防治水污染工作中有明确的职责，归纳起来，这些职责主要有：合理开发、利用水资源；编制流域水污染防治规划；合理规划布局、划定重点保护区并加以特殊保护；实施水污染物排放总量控制；确定水环境质量标准、组织水环境综合整治、建设城市污水集中处理设施；发生水污染事故时，采取强制性应急措施以及限期治理等。

2. 水污染防治的监督管理体制

我国《水污染防治法》及其实施细则确立了统一监督管理和分工负责相结合的监督管理体制，即由各级人民政府的环境保护部门对水污染防治实施统一监督管理，各级交通部门的航政机关对船舶污染实施监督管理，各级人民政府的水利部门、地质矿产部门、市政管理部门、重要江河的水源保护机构结合各自的职责，协同环境保护部门对水污染防治实施监督管理。

3. 水环境质量标准和水污染物排放标准

《水污染防治法》第二章对水环境质量标准和水污染物排放标准的制定作了规定了国务院环境保护部门制定国家水环境质量标准，省、自治区、直辖市人民政府可以对国家水环境质量标准中未规定的项目制定补充标准，并报国务院环境保护部门备案。

国务院环境保护部门根据国家水环境质量标准和国民经济、技术条件，制定国家污染物排放标准，省、自治区、直辖市人民政府对国家标准中未作规定的项目，可以制定地方标准；对国家已制定排放标准的项目，可以制定严于国家标准的地方标准，地方标准须报国务院环境保护部门备案。

4. 水污染防治原则

(1) 水污染防治与水资源开发利用相结合的原则。造成水污染的原因主要是大量有毒有害物质随废水排入水体，但不合理开发、利用、调节、调度水资源也会加剧水污染，因此在加强水污染防治的同时，必须合理开发、利用、调节、调度水资源，以维护水体的自净能力。《水污染防治法》第 9 条规定：“国务院有关部门和地方各级人民政府在开发、利用和调节、调度水资源的时候，应当统筹兼顾，维护江河的合理流量和湖泊、水库以及地下水体的合理水位，维护水体的自然净化能力。”

(2) 统一规划原则。《水污染防治法》第 10 条规定了国家确定的重要江河的流域水污染防治规划，由国务院环境部门会同计划主管部门、水利管理部门等有关部门和有关省、自治区、直辖市人民政府编制，报国务院批准；跨省、区的流域污染防治规划，根据国家确定的重要江河的流域水污染防治规划和本地实际情况，由省级以上人民政府环境保护部门会同水利管理部门等有关部门和有关地方人民政府编制，报国务院或者省级人民政府批准。跨县不跨省的其他江河的流域水污染防治规划由该省人民政府报国务院备案。

(3) 水污染防治同企业整顿和改造相结合原则。水污染主要来自工业污染源，工业的布局不合理和采用落后的技术、设备是造成水污染的主要原因，而对企业进行整顿和技术改造，提高资源的利用率，降低能耗，提高水的重复利用率，是从根本上防治水污染的措施。《水污染防治法》第 11 条规定：“国务院有关部门和地方各级人民政府应当合理规划工业布局，对造成水污染的企业进行整顿和技术改造，采取综合防治措施，提高水的重复利用率，合理利用资源，减少废水和污染物的排放量。”

5. 关于水污染防治监督管理制度的规定

《水污染防治法》第三章规定了水污染的监督管理制度，包括：划定重点保护区制度、环境影响评价制度、“三同时”制度、排污申报登记制度、环境监测制度、水污染事故强制性应急制度、落后设备淘汰制度、限期治理制度、现场检查制度等环境资源管理的一般性制度。同时，也针对水污染防治的特点，作了特殊规定。

（1）水源保护区制度。水源保护区是用于某种专门用途而须采取措施并加以特别保护的水源区域。《水污染防治法》主要规定了两类情况：第一类是风景名胜区水体、重要渔业水体和其他具有特殊经济文化价值的水体，由县级以上人民政府划定保护区，并采取措施，保证保护区的水质符合规定用途的水质标准。第二类是生活饮用水源保护区，省级以上人民政府可以依法划定生活饮用水地表水源保护区，生活饮用水地表水源保护区分为一级保护区和其他等级保护区。在生活饮用水地表水源取水口附近可以划定一定的水域和陆域为一级保护区。在生活饮用水地表水源一级保护区外，可以划定一定的水域和陆域为其他等级保护区。在生活饮用水地表水源一级保护区内，禁止向水体排放污水，禁止从事旅游、游泳和其他可能污染生活饮用水水体的活动，禁止新建、扩建与供水设施和保护水源无关的建设项目。在生活饮用水地表水源一级保护区内已设置的排污口，由县级以上人民政府按照国务院规定的权限责令限期拆除或者限期治理，另外，对生活饮用水地下水源应当加强保护。

（2）排污收费制度。目前，我国主要实施的是超标排污收费制度，即仅对超过污染物排放标准的污染物和污染源征收排污费。但在水污染防治中实行了排污费制度，即对所有的向水体排放污染物的行为征收排污费，而对超过水污染物排放标准的，征收超标排污费。《水污染防治法》第 15 条规定：“企业事业单位向水体排放污染物的，按照国家规定缴纳排污费；超过国家或者地方规定的污染物排放标准的，按照国家规定缴纳超标排污费，……”

（3）水污染物排放总量控制制度。水污染物排放总量控制是指在一定时期内，根据经济、技术等条件，规定水污染物排放源的水污染物排放量，使一定范围内排放的污染物总量控制在水环境质量容许限度内的控制措施。《水污染防治法》第 16 条规定，省级以上人民政府对实现水污染物达标排放仍不能达到国家规定的水环境质量标准水体，可以实施重点污染物排放的总量控制制度。在实行总量控制的区域内，对各个水污染源排放污染物的数量由省级以上人民政府进行审核确定。总量控制不仅可以改革过去浓度控制的种种弊端，也为市场经济条件下根据市场规律建立污染权交易制度奠定了基础。

(4) 城市污水集中处理制度。城市污水是城市范围内工业废水、生活污水及径流污水的统称，它的排放地点集中，排放量较大，污染物成份复杂，各国环境立法都将城市污水集中处理作为防治水污染的重要措施。我国《水污染防治法》也作了同样规定，要求国务院有关部门和地方各级人民政府将保护城市水源和防治城市水污染纳入城市建设机制，建设和完善城市排水管网，有计划地建设城市污水集中处理设施，加强城市水环境的综合治理。城市污水集中处理设施按规定提供污水处理有偿服务，收取污水处理费用。向城市污水集中处理设施排放污水支付处理费用后，不再缴纳排放费。

6. 关于防止地表水污染的规定

地表水是指地球陆地表面的水体，即江河湖泊、池塘水库中的水体，我国关于防止地表水污染的规定主要有以下内容：

(1) 设置排污口的限制制度。在生活饮用水源地，风景名胜区水体，重要渔业水体和其他有特殊经济文化价值的水体的保护区不得新建排污口。在保护区附近新建排污口，必须保证保护区水体不受污染。已有的排污口排放污染物超标的，应当治理；危害饮用水源的排污口，应当搬迁。

(2) 事故性排放的处置制度。排污单位发生事故或者其他突然性事件，排放污染物超过正常排放量，造成或可能造成水污染事故的，必须立即采取应急措施，通报可能受到水污染损害的单位，并报告当地环境保护部门。船舶造成污染事故的，应向就近的航政机关报告，接受调查处理，造成渔业污染事故的，应当接受渔政监督管理机构的调查处理。

(3) 禁止排放制度。禁止向水体排放油类、酸液、碱液或者剧毒废液；禁止在水体清洗装贮过油类或者有毒污染物的车辆和容器；禁止将含有汞 、镉、砷、铬、铅、氰化物、黄磷等可溶性剧毒废渣向水体排放、倾倒工业废渣、城市垃圾和其他废弃物；禁止向水体排放或者倾倒放射性固体废弃物或者含有高放射性和中放射性物质的废水；禁止在江河、湖泊、运河、渠道、水库最高水位线以下的滩地和岸地堆放、存贮固体废弃物和其他污染物。

(4) 达标排放制度。向水体排放含热废水、含病原体的污水，向农田灌溉渠道排放工业废水和城市污水，必须符合排放标准。船舶排放含油污水、生活污水必须符合船舶污染物排放标准。船舶的残油、废油必须回收，禁止排入水体。

(5) 农药和化肥的使用管理制度。使用农药应当符合国家有关农药安全使用的规定和标准。运输、存贮农药和处置过期失效农药，必须加强管理，防止造成水污染。县级以上地方人民政府的农业管理部门和其他有关部门应当采取措施，指导农业生产者科学、合理地使用化肥和农药，控制化肥和农药的过量使用，防止造成水污染。

7. 关于防止地下水污染的规定

地下水是指地表以下的潜水和承压水。关于防止地下水污染，主要有以下规定：

（1）地面渗漏污染防治制度。禁止企业单位利用渗井、渗坑、裂隙和溶洞排放、倾倒含有毒污染物的废水，含病原体的污水及其废弃物。在无良好隔渗地层，禁止企业事业单位使用无防止渗漏措施的沟渠、坑塘等输送或者存贮含有毒污染物的废水，含病原体污水和其他废弃物。

（2）开发中的污染防治制度。在开采多层地下水的时候，如果各含水层的水质差异大，应当分层开采。对已污染的潜水和承压水不得混合开采；兴建地下工程设施或者进行地下勘探，采矿活动，应当采取防护性措施，防止地下水污染；人工回灌补给地下水，不得恶化地下水质。

三、海洋污染防治法

（一）海洋污染

我国《海洋环境保护法》规定："海洋环境污染损害是指直接或间接地把物质或能量引入海洋环境，产生损害生物资源、危害人体健康、妨碍渔业和海上其他合法活动，损害海水使用素质和减损环境质量等有害影响。"

海洋污染的危害严重，首先表现为对海洋生物的危害，由于大量有机物和重金属流入海洋，使内湾渔场遭到破坏，渔场外移，鱼群死亡，有些海域还出现赤潮。同时海水污染造成某些流行性传染病盛行，危害人体健康。此外，还对海洋渔业养殖业、海洋工程设施、海洋自然景观和海洋生态平衡造成严重危害。

（二）海洋污染防治的立法概况

我国海洋污染防治立法开始于 20 世纪 70 年代，集中于 80 年代至 90 年代初，1974 年 1 月 30 日国务院批准发布了《中华人民共和国防止沿海水域污染暂行规定》。1979 年颁布的《环境保护法（试行）》对海洋污染防治作了原则性规定。当然，1989 年 12 月 26 日新颁布的《环境保护法》是我国海洋环境保护的基本法律规定。1982 年 8 月全国人大常委会通过了《中华人民共和国海洋环境保护法》，1999 年对此进行了修改。此外，国务院先后颁布了一系列行政法规，如：《防止船舶污染海域管理条例》、《海洋石油勘探开发环境保护管理条例》、《海洋倾废管理条例》、《防治陆源污染物污染损害海洋环境管理条例》、《防治海岸工程建设项目污染损害海洋环境管理条例》，同时还有 10 余项政府各部门制定的海洋环境保护规章和保护标准等，形成了我国海洋环境保护法律法规体系。

（三）海洋环境保护法律制度

1. 海洋环境保护监督管理体制

《海洋环境保护法》确立了我国海洋环境保护实行国家环境保护部门统一管理，有关部门分工负责的管理体制。国务院环境保护行政主管部门作为对全国环境保护工作统一监督管理的部门，对全国海洋环境保护工作实施指导、协调和监督，并负责全国防治陆源污染物和海岸工程建设项目对海洋污染损害的环境保护工作。国家海洋行政主管部门负责海洋环境的监督管理，组织海洋环境的调查、监测、监视、评价和科学研究，负责全国防治海洋工程建设项目和海洋倾倒废弃物对海洋污染损害的环境保护工作国家海事行政主管部门负责所辖港区水域内非军事船舶和港区水域外非渔业、非军事船舶污染海洋环境的监督管理，并负责污染事故的调查处理；对在中华人民共和国管辖海域航行、停泊和作业的外国籍船舶造成的污染事故登轮检查处理。船舶污染事故给渔业造成损害的，应当吸收渔业行政主管部门参与调查处理。国家渔业行政主管部门负责渔港水域内非军事船舶和渔港水域外渔业船舶污染海洋环境的监督管理，负责保护渔业水域生态环境工作，并调查处理有关的渔业污染事故。军队环境保护部门负责军用船舶排污的监督管理及污染事故的调查处理。沿海县级以上地方人民政府行使海洋环境监督管理职责。

2. 海洋环境保护一般法律制度

海洋环境保护法的一般法律制度包括，海洋功能区划制度、海洋环境保护区制度、海洋环境标准制度、排污收费制度、限期治理制度、清洁生产制度、海洋环境监测制度、重大事故强制应急制度等。

其中最值得重视的是，新修改的《海洋环境保护法》规定了海洋污染的总量控制制度，该法第 3 条规定，国家建立并实施重点海域排污总量控制制度，确定主要污染物排海总量控制指标，并对主要污染源分配排放控制数量。第 10 条规定，在国家建立并实施污染总量控制制度的重点海域，水污染物排放标准的制定，还应当将主要污染物排海总量控制指标作为重要依据。

3. 海洋生态保护

国务院和沿海地方各级人民政府应当采取有效措施，保护红树林、珊瑚礁、滨海湿地、海岛、海湾、入海河口、重要渔业水域等具有典型性、代表性的海洋生态系统，珍稀、濒危海洋生物的天然集中分布区，具有重要经济价值的海洋生物生存区域及有重大科学文化价值的海洋自然历史遗迹和自然景观。对具有重要经济、社会价值的已遭到破坏的海洋生态，应当进行整治和恢复。国务院有关部门和沿海省级人民政府应当根据保护海洋生态的需要，选划、建立海洋自然保护区。国家级海洋自然保护区的建立须经国务院批准。对具有下列条件之一的，应当建立海洋自然保护区：①典型的海洋自然地理区域、有代表性的自然生态区域，以及遭受破坏但经保护能恢复的海洋自然生态区域；②海洋生物物种高度丰富的区域或者珍稀、濒危海洋生物物种的天然集中分布区域；③具有特殊保护价值的海域、海岸、岛屿、滨海湿地、入海河口和海湾等；④具有重大科学文化价值的海洋自然遗迹所在区域；⑤其他需要予以特殊保护的区域。凡具有特殊地理条件、生态系统、生物与非生物资源及海洋开发利用特殊需要的区域，可以建立海洋特别保护区，采取有效的保护措施和科学的开发方式进行特殊管理。开发利用海洋资源，应当根据海洋功能区划合理布局，不得造成海洋生态环境破坏。引进海洋动、植物物种，应当进行科学论证，避免对海洋生态系统造成危害。开发海岛及周围海域的资源，应当采取严格的生态保护措施，不得造成海岛地形、岸滩、植被以及海岛周围海域生态环境的破坏。沿海地方各级人民政府应当结合当地自然环境的特点，建设海岸防护设施、沿海防护林、沿海城镇园林和绿地，对海岸侵蚀和海水入侵地区进行综合治理。禁止毁坏海岸防护设施、沿海防护林、沿海城镇园林和绿地。国家鼓励发展生态渔业建设，推广多种生态渔业生产方式，改善海洋生态状况。新建、改建、扩建海水养殖场，应当进行环境影响评价。海水养殖应当科学确定养殖密度，并应当合理投饵、施肥，正确使用药物，防止造成海洋环境的污染。

4. 防治陆源污染物对海洋环境的污染损害

向海域排放陆源污染物，必须严格执行国家或者地方规定的标准和有关规定。入海排污口位置的选择，应当根据海洋功能区划、海水动力条件和有关规定，经科学论证后，报设区的市级以上人民政府环境保护行政主管部门审查批准。环境保护行政主管部门在批准设置入海排污口之前，必须征求海洋、海事、渔业行政主管部门和军队环境保护部门的意见。在海洋自然保护区、重要渔业水域、海滨风景名胜区和其他需要特别保护的区域，不得新建排污口。在有条件的地区，应当将排污口深海设置，实行离岸排放。设置陆源污染物深海离岸排放排污口，应当根据海洋功能区划、海水动力条件和海底工程设施的有关情况确定。省、自治区、直辖市人民政府环境保护行政主管部门和水行政主管部门应当按照水污染防治有关法律的规定，加强入海河流管理，防治污染，使入海河口的水质处于良好状态。排放陆源污染物的单位，必须向环境保护行政主管部门申报拥有的陆源污染物排放设施、处理设施和在正常作业条件下排放陆源污染物的种类、数量和浓度，并提供防治海洋环境污染方面的有关技术和资料。排放陆源污染物的种类、数量和浓度有重大改变的，必须及时申报。拆除或闲置陆源污染物处理设施的，必须事先征得环境保护行政主管部门的同意。禁止向海域排放油类、酸液、碱液、剧毒废液和高、中水平放射性废水。严格限制向海域排放低水平放射性废水；确需排放的，必须严格执行国家辐射防护规定。严格控制向海域排放含有不易降解的有机物和重金属的废水。含病原体的医疗污水、生活污水和工业废水必须经过处理，符合国家有关排放标准后，方能排入海域。含有机物和营养物质的工业废水、生活污水，应当严格控制向海湾、半封闭海及其他自净能力较差的海域排放。向海域排放含热废水，必须采取有效措施，保证邻近渔业水域的水温符合国家海洋环境质量标准，避免热污染对水产资源的危害。沿海农田、林场施用化学农药，必须执行国家农药安全使用的规定和标准。沿海农田、林场应当合理使用化肥和植物生长调节剂。在岸滩弃置、堆放和处理尾矿、矿渣、煤灰渣、垃圾和其他固体废物的，依照《固体废物污染环境防治法》的有关规定执行。禁止经中华人民共和国内水、领海转移危险废物。经中华人民共和国管辖的其他海域转移危险废物的，必须事先取得国务院环境保护行政主管部门的书面同意。沿海城市人民政府应当建设和完善城市排水管网，有计划地建设城市污水处理厂或者其他污水集中处理设施，加强城市污水的综合整治。建设污水海洋处置工程，必须符合国家有关规定。国家采取必要措施，防止、减少和控制来自大气层或者通过大气层造成的海洋环境污染损害。

5. 防治海岸工程建设项目对海洋环境的污染损害

新建、改建、扩建海岸工程建设项目，必须遵守国家有关建设项目环境保护管理的规定，并把防治污染所需资金纳入建设项目投资计划。在依法划定的海洋自然保护区、海滨风景名胜区、重要渔业水域及其他需要特别保护的区域，不得从事污染环境、破坏景观的海岸工程项目建设或者其他活动。海岸工程建设项目的单位，必须在建设项目可行性研究阶段，对海洋环境进行科学调查，根据自然条件和社会条件，合理选址，制作环境影响报告书。环境影响报告书经海洋行政主管部门提出审核意见后，报环境保护行政主管部门审查批准。环境保护行政主管部门在批准环境影响报告书之前，必须征求海事、渔业行政主管部门和军队环境保护部门的意见。海岸工程建设项目的环境保护设施，必须与主体工程同时设计、同时施工、同时投产使用。环境保护设施未经环境保护行政主管部门检查批准，建设项目不得试运行；环境保护设施未经环境保护行政主管部门验收，或者经验收不合格的，建设项目不得投入生产或者使用。禁止在沿海陆域内新建不具备有效治理措施的化学制浆造纸、化工、印染、制革、电镀、酿造、炼油、岸边冲滩拆船以及其他严重污染海洋环境的工业生产项目。兴建海岸工程建设项目，必须采取有效措施，保护国家和地方重点保护的野生动植物及其生存环境和海洋水产资源。严格限制在海岸采挖砂石。露天开采海滨砂矿和从岸上打井开采海底矿产资源，必须采取有效措施，防止污染海洋环境。

6. 防治海洋工程建设项目对海洋环境的污染损害

海洋工程建设项目必须符合海洋功能区划、海洋环境保护规划和国家有关环境保护标准，在可行性研究阶段，编报海洋环境影响报告书，由海洋行政主管部门核准，并报环境保护行政主管部门备案，接受环境保护行政主管部门监督。海洋行政主管部门在批准海洋环境影响报告书之前，必须征求海事、渔业行政主管部门和军队环境保护部门的意见。海洋工程建设项目保护设施，必须与主体工程同时设计、同时施工、同时投产使用，环境保护设施未经海洋行政主管部门检查批准，建设项目不得试运行；环境保护设施未经海洋行政主管部门验收，或者经验收不合格的，建设项目不得投入生产或者使用。拆除或者闲置环境保护设施，必须事先征得海洋行政主管部门的同意。海洋工程建设项目，不得使用含超标准放射性物质或者易溶出有毒有害物质的材料。海洋工程建设项目需要爆炸作业时，必须采取有效措施，保护海洋资源。海洋石油勘探开发及输油过程中，必须采取有效措施，避免溢油事故的发生。海洋石油钻井船、钻井平台和采油平台的含油污水和油性混合物，必须经过处理达标后排放；残油、废油必须予以回收，不得排放入海。经回收处理后排放的，其含油量不得超过国家规定的标准。钻井所使用的油基泥浆和其他有毒复合泥浆不得排放入海。水基泥浆和无毒复合泥浆及钻屑的排放，必须符合国家有关规定。海洋石油钻井船、钻井平台和采油平台及其有关海上设施，不得向海域处置含油的工业垃圾。处置其他工业垃圾，不得造成海洋环境污染。海上试油时，应当确保油气充分燃烧，油和油性混合物不得排放入海。勘探开发海洋石油，必须按有关规定编制溢油应急计划，报国家海洋行政主管部门审查批准。

7. 防治倾倒废弃物对海洋环境的污染损害

任何单位未经国家海洋行政主管部门批准，不得向中华人民共和国管辖海域倾倒任何废弃物。需要倾倒废弃物的单位，必须向国家海洋行政主管部门提出书面申请，经国家海洋行政主管部门审查批准，发给许可证后，方可倾倒。禁止中华人民共和国境外的废弃物在中华人民共和国管辖海域倾倒。国家海洋行政主管部门根据废弃物的毒性、有毒物质含量和对海洋环境影响程度，制定海洋倾倒废弃物评价程序和标准。向海洋倾倒废弃物，应当按照废弃物的类别和数量实行分级管理。可以向海洋倾倒的废弃物名录，由国家海洋行政主管部门拟定，经国务院环境保护行政主管部门提出审核意见后，报国务院批准。国家海洋行政主管部门按照科学、合理、经济、安全的原则选划海洋倾倒区，经国务院环境保护行政主管部门提出审核意见后，报国务院批准。临时性海洋倾倒区由国家海洋行政主管部门批准，并报国务院环境保护行政主管部门备案。国家海洋行政主管部门在选划海洋倾倒区和批准临时性海洋倾倒区之前，必须征求国家海事、渔业行政主管部门的意见。国家海洋行政主管部门监督管理倾倒区的使用，组织倾倒区的环境监测。对经确认不宜继续使用的倾倒区，国家海洋行政主管部门应当予以封闭，终止在该倾倒区的一切倾倒活动，并报国务院备案。获准倾倒废弃物的单位，必须按照许可证注明的期限及条件，到指定的区域进行倾倒。废弃物装载之后，批准部门应当予以核实。获准倾倒废弃物的单位，应当详细记录倾倒的情况，并在倾倒后向批准部门作出书面报告。倾倒废弃物的船舶必须向驶出港的海事行政主管部门作出书面报告。禁止在海上焚烧废弃物。禁止在海上处置放射性废弃物或者其他放射性物质，废弃物中的放射性物质的豁免浓层由国务院制定。

8. 防治船舶及有关作业活动对海洋环境的污染损害

在中华人民共和国管辖海域，任何船舶及相关作业不得违反本法规定向海洋排放污染物、废弃物和压载水、船舶垃圾及其他有害物质。从事船舶污染物、废弃物、船舶垃圾接收、船舶清舱、洗舱作业活动的，必须具备相应的接收处理能力。船舶必须按照有关规定持有防止海洋环境污染的证书与文书，在进行涉及污染物排放及操作时，应当如实记录。船舶必须配置相应的防污设备和器材。载运具有污染危害性货物的船舶，其结构与设备应当能够防止或者减轻所载货物对海洋环境的污染。船舶应当遵守海上交通安全法律、法规的规定，防止因碰撞、触礁、搁浅、火灾或者爆炸等引起的海难事故，造成海洋环境的污染。国家完善并实施船舶油污损害民事赔偿责任制度；按照船舶油污损害赔偿责任由船东和货主共同承担风险的原则，建立船舶油污保险、油污损害赔偿基金制度。实施船舶油污保险、油污损害赔偿基金制度的具体办法由国务院规定。载运具有污染危害性货物进出港口的船舶，其承运人、货物所有人或者代理人，必须事先向海事行政主管部门申报。经批准后，方可进出港口、过境停留或者装卸作业。交付船舶装运污染危害性货物的单证、包装、标志、数量限制等，必须符合对所装货物的有关规定。需要船舶装运污染危害性不明的货物，应当按照有关规定事先进行评估。装卸油类及有毒有害货物的作业，船岸双方必须遵守安全防污操作规程。港口、码头、装卸站和船舶修造厂必须按照有关规定备有足够的用于处理船舶污染物、废弃物的接收设施，并使该设施处于良好状态。装卸油类的港口、码头、装卸站和船舶必须编制溢油污染应急计划，并配备相应的溢油污染应急设备和器材。从事法律规定的活动，应当事先按照有关规定报经有关部门批准或者核准，这些活动包括：①船舶在港区水域内使用焚烧炉；②船舶在港区水域内进行洗舱、清舱、驱气、排放压载水、残油、合油污水接收、舷外拷铲及油漆等作业；③船舶、码头、设施使用化学消油剂；④船舶冲洗沾有污染物、有毒有害物质的甲板；⑤船舶进行散装液体污染危害性货物的过驳作业；⑥从事船舶水上拆解、打捞、修造和其他水上、水下船舶施工作业。船舶发生海难事故，造成或者可能造成海洋环境重大污染损害的，国家海事行政主管部门有权强制采取避免或者减少污染损害的措施。对在公海上因发生海难事故，造成中华人民共和国管辖海域重大污染损害后果或者具有污染威胁的船舶、海上设施，国家海事行政主管部门有权采取与实际的或者可能发生的损害相称的必要措施。所有船舶均有监视海上污染的义务，在发现海上污染事故或者违反本法规定的行为时，必须立即向就近的依照本法规定行使海洋环境监督管理权的部门报告。民用航空器发生海上排污或者污染事件，必须及时向就近的民用航空空中交通管制单位报告。接到报告的单位，应当立即向依照该法定行使海洋环境监督管理权的部门通报。

第三节　污染物质污染防治法

一、固体废物污染防治法

（一）固体废物污染

固体废物是指在生产建设、日常生活和其他活动中产生的污染环境的固态半固态废弃物质。固体废物污染，是指因不适当地排放、收集、贮存、运输、利用、处置固体废物而对环境质量造成损害的现象。

固体废物污染被列为四大公害之一，其危害日渐增大，它在造成大气污染、水污染、土壤污染的同时，也影响市容卫生，传播疾病，危害人体健康，甚至导致死亡。近年来，我国固体废物污染日趋严重，1997 年，工业固体废物产生量 10.6 亿吨，其中危险废物为 1077 万吨，城市垃圾逐年增加，1997 年垃圾粪便清运量为 1.4 亿吨，塑料包装物用量迅速增加，“白色污染”问题突出。

（二）固体废物污染防治的立法概况

为防治固体废物污染，各国都制定了相应的法律。有的规定于环境保护法之中，有的则制定专门的法律。如英国在 1958 年颁布了《垃圾法》，日本于 1970 年制定了《废弃物处理和清扫法》，美国在 1980 年制定了《固体废弃物处置法》，国际社会也于 1989 年通过了《控制危险废物越境转移及其处置巴塞尔公约》。

我国关于防治固体废物污染的立法主要有：《固体废物污染环境防治法》，《粉煤灰综合利用管理办法》，《关于处理城市垃圾，改善环境卫生面貌的报告的通知》，《城市市容和环境卫生管理条例》，《关于废物进口环境保护管理暂行规定》。国家还发布了一系列固体废物的污染控制标准，如《农用污泥中污染物控制标准》、《城镇垃圾农用控制标准》、《含氰废物污染控制标准》等。

（三）固体废物污染防治环境法律制度

1. 固体废物污染防治监督管理体制

国务院环境保护行政主管部门对全国固废物污染环境的防治工作实施统一监督管理。国务院有关部门在各自的职责范围内负责固体废物污染环境防治的监督管理工作，县级以上地方人民政府环境保护行政主管部门对本行政区域内固体废物污染环境的防治工作实施统一监督管理，县级以上地方人民政府有关部门在各自的职责范围内负责固体废物污染环境防治的监督管理工作。国务院建设行政主管部门和县级以上地方人民政府环境卫生行政主管部门负责城市生活垃圾清扫、收集、贮存、运输和处置的监督管理工作。

2. 固体废物污染防治监督管理制度的规定

我国《环境保护法》中规定的制度如环境监测制度、环境影响评价制度、“三同时”制度以及现场检查制度、限期治理制度等，在固体废弃物污染防治中同样适用。除此之外，还有其特有的制度。

（1）固体废物转移管理制度。转移固体废物出省、自治区、直辖市行政区域贮存、处置的，应当向固体废物移出地的省级人民政府环境保护行政主管部门报告，并经固体废物接收地的省级人民政府环境保护行政主管部门许可。禁止中国境外的固体废物进境倾倒、堆放、处置；禁止进口不能用作原料的固体废物。限制进口可以用作原料的固体废物，国务院环境保护行政主管部门会同国务院对外经济贸易主管部门制定、调整并公布可以用作原料进口的固体废物的目录，进口该目录中的固体废物必须经国务院环境保护行政主管部门会同国务院对外经济贸易主管部门审查许可，方可进口。

（2）固体废物综合利用制度。《固体废物污染环境防治法》第 4 条规定：国家鼓励、支持综合利用资源，对固体废物实行充分回收和合理利用，并采取有利于固体废物综合利用活动的经济、技术政策和措施。

（3）固体废物污染管理制度。产生、收集、贮存、运输、利用、处置固体废弃物的单位和个人，必须采取措施，防止和减少固体废弃物对环境的污染。不得在运输过程中沿途丢弃、遗撒固体废弃物，按规定对可以回收利用的产品包装物和容器进行回收利用。按规定建立、使用、收集、贮存、运输、处置固体废弃物的设施、设备和场所，禁止对其擅自关闭、闲置或者拆除。禁止在自然保护区、风景名胜区、生活饮用水源地和其他需要特别保护的区域内建设工业固体废物集中贮存处置设施、场所和生活垃圾填埋场。

3. 工业固体废物污染环境的防治

（1）落后工艺和设备淘汰制度。国务院环境保护行政主管部门会同国务院经济综合主管部门和其他有关部门对工业固体废物对环境的污染作出界定，制定防治工业固体废物污染环境的技术政策，组织推广先进的防治工业固体废物污染环境的生产工艺和设备，国务院经济综合主管部门会同国务院有关部门公布限期淘汰的产生严重污染环境的工业固体废物的落后生产工艺、落后设备的名录。生产者、销售者、进口者或者使用者应在限期内停止生产、销售、进口或者使用该名录中的设备和工艺。

（2）申报登记制度。产生工业固体废物的单位必须按规定向环境保护行政主管部门提供工业固体废物的产生量、流向、贮存、处置等有关资料。

（3）限期治理制度。按规定建设贮存或处置工业固体废物的设施、场所，并按规定缴纳超标排污费。没有按规定建设工业固体废物贮存或处置的设施、场所或者工业固体废物贮存、处置的设施、场所不符合环境保护标准的，必须限期建成或者改造，在限期内对新产生的污染环境的工业固体废物，应当缴纳排污费或者采取其他措施，缴纳排污费的单位在限期内完成符合标准的设施、场所的，不再缴纳排污费。

4. 城市生活垃圾污染环境的防治

（1）城市生活垃圾管理制度。按规定倾倒、堆放、贮存、运输、处置城市生活垃圾。及时清运城市生活垃圾，并积极开展合理利用和无害化处理，逐步做到分类收集、贮存、运输和处置。建设符合规定的城市生活垃圾清扫、收集、贮存、运输、处置设施及场所。

（2）防止生活垃圾污染制度。改进燃料结构，发展城市煤气、天然气、液化气和其他清洁能源，组织净菜进城，减少城市生活垃圾，合理安排废弃物收购网点，促进废弃物的回收利用。

5. 危险废弃物污染环境的防治

（1）名录制度。国务院环境保护行政主管部门应当会同国务院有关部门制定国家危险废物名录，规定统一的危险废物鉴别标准、鉴别方法和识别标记。

（2）识别标志制度。对危险废物的容器和包装物以及收集、贮存、运输、处置危险废物的设施、场所，必须设置危险废物识别标志。

（3）申报登记制度。即产生危险废物的单位，必须按国家有关规定申报登记。

（4）行政代处置制度。产生危险废物的单位，必须按照国家有关规定处置，不处置的由所在地县级以上地方人民政府环境保护行政主管部门责令限期改正，逾期不处置或者处置不符合国家有关规定的，由所在地县级以上地方人民政府环境保护行政主管部门指定单位按照国家有关规定代为处置，处置费用由产生危险废物的单位承担。

（5）经营许可证制度。从事收集、贮存、处置危险废物经营活动的单位，必须向县级以上人民政府环境保护行政主管部门申请领取经营许可证。禁止无经营许可证或者不按照经营许可证规定从事危险废物经营活动。

（6）分类经营制度。收集、贮存危险废物，必须按照危险废物特性分类进行。禁止混合收集、贮存、运输、处置性质不相容而未经安全性处置的危险废物，禁止将危险废物混入非危险废物中贮存。

（7）事故的应急处置制度。产生、收集、贮存、运输、利用、处置危险废物的单位，应当制定在发生意外事故时采取的应急措施和防范措施，并向所在地县级以上地方人民政府环境保护行政主管部门报告。因发生事故或者其他突发性事件，造成危险废物严重污染环境的单位，必须立即采取措施消除或减轻污染危害，及时通报受污染的单位和居民并向所在地县级以上地方人民政府环境保护行政主管部门和有关部门报告，接受调查处理。

此外，危险废物的转移、运输应符合法律规定，禁止经过中华人民共和国越境转移危险废物。

二、噪声污染防治法

（一）噪声污染

噪声，即环境噪声，是指在工业生产、建筑施工、交通运输和社会生活中所产生的干扰周围生活环境的声音。噪声污染即所产生的环境噪声超过国家规定的环境噪声排放标准，并干扰他人正常生活、工作和学习的现象。

噪声污染与大气污染、水污染和固体废物污染被人们称之为环境“四害”，它危害范围广，危害程度也深。一方面影响人们的学习、工作、休息和睡眠，损害听觉，同时还对人的神经系统、心血管系统、胃肠消化系统造成危害，引起各种疾病。此外，强噪声还会影响生产、损伤建筑物、机器设备，危害科研和国防建设。

我国是噪声污染比较严重的国家之一，据《一九九七年中国环境状况公报》显示，我国多数城市噪声处于中等污染水平，其中生活噪声影响范围大，并呈扩大趋势，交通噪声对环境冲击最强，各类功能区噪声普遍超标。噪声污染已成为影响人们生产、生活的一大严重公害。

（二）噪声污染防治的立法概况

噪声污染是随着现代工业、交通运输和城市发展而兴起的一大公害，因此有关噪声污染防治立法大都在 20 世纪五六十年代以后，如日本在 1968 年颁布了《噪声控制法》，美国在 1972 年制定了《噪声控制法》，1978 年又出台了《宁静社会法》，德国在 1971 年颁布了《飞机噪声法》，1980 年又制定了《噪声防护法》。

我国环境噪声污染防治立法始于 50 年代，1956 年劳动部颁发的《工厂安全卫生规程》就包含有防治噪声的规定。目前，主要有《环境保护法》对防治噪声污染的原则规定，《环境噪声污染防治法》对防治环境噪声污染作了具体规定。此外，还制定了一些环境噪声标准。

（三）噪声污染防治法律制度

1. 各级人民政府的环境噪声污染防治职责

国务院和地方各级人民政府应当将环境噪声污染防治工作纳入环境保护规

划，并采取有利于噪声环境保护的经济、技术政策和措施。

地方各级人民政府在制定城乡建设规划时，应当充分考虑建设项目和区域开发、改造所产生的噪声对周围生活环境的影响，统筹规划、合理安排功能区和建设布局，防止或者减轻环境噪声污染。

2. 环境噪声污染防治监督管理体制

国务院环境保护行政主管部门对全国环境噪声污染防治实施统一监督管理，县级以上地方人民政府环境保护行政主管部门对本行政区域内的环境噪声污染防治实施统一监督管理，各级公安、交通、铁路、民航部门和港务监督管理机构，根据各自的职责，对交通运输和社会生活噪声污染防治实施监督管理。

3. 环境噪声标准

国务院环境保护行政主管部门分别根据不同的功能区制定国家噪声环境质量标准，并根据国家噪声环境质量标准和国家经济、技术条件，制定国家环境噪声排放标准。

4. 防治噪声污染监督管理制度

我国《环境噪声污染防治法》第二章对环境污染防治的监督管理制度作了规定，主要有环境影响评价制度、“三同时”制度、排污收费制度、限期治理制度、对环境噪声污染严重的落后设备实行淘汰制度、环境噪声监测制度及现场检查制度等。另外还规定了偶发性强烈噪声的事先申请批准和公告制度，即在城市范围内从事生产活动确需排放偶发性强烈噪声的，必须事先向当地公安机关提出申请，经批准后方可进行。当地公安机关应当向社会公告。

5. 工业噪声污染防治

(1) 达标排放制度。在城市范围内向周围生活环境排放工业噪声应符合国家规定的工业企业厂界环境噪声排放标准。

(2) 环境噪声排放申报制度。在工业生产中因使用固定的设备、造成环境噪声污染的工业企业，必须按规定向环境保护行政主管部门申报拥有的造成环境噪声污染的设备的种类、数量以及在正常作业条件下所发出的噪声值和防治环境噪声污染的设施情况，并提供防治噪声污染的技术资料，造成环境噪声污染的设备的种类、数量、噪声值和防治设施有重大改变的，必须及时进行变更申报，并采取应有的防治措施。

(3) 产品质量标准制度。国务院有关主管部门应对可能造成环境噪声污染的工业设备在产品标准中规定噪声限值。

6. 建筑施工噪声污染防治

(1) 达标排放制度。在城市市区范围内向周围生活环境排放建筑施工噪声，应符合国家规定的建筑施工场界环境噪声排放标准。

(2) 排污申报制度。在城市市区范围内建筑施工过程中使用机械设备，可能产生环境噪声污染的，施工单位必须在工程开工 15 日以前向工程所在地县级以上地方人民政府环境保护行政主管部门申报该工程的项目名称、施工场所和期限、可能产生的环境噪声值以及所采取的环境噪声污染防治措施的情况。

（3）禁止排放制度。在城市市区噪声敏感、建筑物集中区域内，禁止夜间进行产生环境噪声污染的建筑施工作业，但抢修、抢险作业和因生产工艺上要求或者特殊需要必须连续作业的除外。因特殊需要，必须连续作业的，必须有县以上人民政府或者其有关主管部门的证明，并公告附近居民。

7. 交通运输噪声污染防治

（1）设备配套制度。应有符合要求的交通运输工具并按规定配备、使用声响装置。禁止制造、销售或者进口超过规定的噪声限值的汽车。在城市市区范围内行驶的机动车辆的消声器和喇叭，必须符合国家规定的要求，机动车辆必须加强维修和保养，保持技术性能良好，防治环境噪声污染。机动车辆在城市市区范围内行使、机动船舶在城市市区的内河航道航行，必须按照规定使用声响装置。警车、消防车、工程抢险车、救护车等机动车辆安装、使用报警器，必须符合国务院公安部门的规定，在执行非紧急任务时，禁止使用警报器。

（2）公告制度。规定禁止机动车辆、船舶行驶的地段和时间。城市人民政府公安机关可以根据本地城市市区区域噪声环境保护的需要，划定禁止机动车辆行驶和禁止使用声响装置的路线和时间并向社会公告。

（3）防护措施制度。建设经过已有的噪声敏感建筑物集中区域的高速公路和城市高架、轻轨道路，有可能造成环境噪声污染的，应当设置噪声屏障或者采取其他有效的控制环境噪声污染的措施。在已有的城市交通干线的两侧建设噪声敏感建筑物的建设单位，应当按照国家规定间隔一定距离，减轻噪声对周围生活环境的影响。在车站、铁路编组站、港口、码头、航空港等地指挥作业时使用广播喇叭的，应控制其音量；除起飞、降落或者依法规定的情形外，民用航空器不得飞越城市市区上空。城市人民政府应当在航空器起飞、降落的净空周围划定限制建设噪声敏感建筑物的区域，在该区域内建设噪声敏感建筑物的建设单位应当采取减轻、避免航空器运行产生的噪声影响的措施。民航部门应采取有效措施，减轻环境噪声污染。另外，城市人民政府应组织铁路部门和其他有关部门，对因铁路机车运行造成环境噪声污染的，制定减轻环境噪声污染的规划。铁路和其他有关部门应按规划要求，采取有效措施，减轻环境噪声污染。

8. 社会生活噪声污染防治

（1）控制商业经营活动噪声污染制度。在城市市区噪声敏感建筑物集中区域内，因商业经营活动中使用固定设备造成环境噪声污染的商业企业，必须按规定向所在地的县级以上地方人民政府环境保护行政主管部门申报拥有的造成环境噪声污染的设备的状况和防治环境噪声污染的设施的情况。在商业经营活动中，禁止使用高音广播喇叭或者采用其他发出高噪声的方法招揽顾客；使用空调器、冷却塔等可能产生环境噪声污染的设备、设施的，其经营管理者应当采取措施，使其边界噪声不超过国家规定的环境噪声排放标准。

（2）控制文化娱乐场所噪声污染制度。新建营业性文化娱乐场所的边界噪声必须符合国家规定的环境噪声排放标准。经营中的文化娱乐场所，其经营管理者必须采取有效措施，使其边界噪声不超过国家规定的环境噪声排放标准。

（3）禁止制度。禁止任何单位和个人在城市市区噪声敏感建筑物集中区域内使用高音广播喇叭。在城市市区街道、广场、公园等公共场所组织娱乐、集会等活动，使用音响器材可能产生干扰周围生活环境的过大音量的，必须遵守当地公安机关的规定。

（4）控制家庭噪声污染制度。使用家用电器、乐器或者进行其他家庭室内娱乐活动时，应当控制音量或者采取其他有效措施，避免对周围居民造成环境噪声污染，在已竣工交付使用的住宅楼进行室内装修活动，应限制作业时间，并采取其他有效措施，以减轻、避免对周围居民造成环境噪声污染。

三、放射性污染防治法

（一）放射性污染

某些物质的原子核能发生衰变，放射出人类肉眼看不见也感觉不到，只能用专门仪器才能探测到的射线，物质的这种性质叫放射性。具有这种性质的物质叫放射性物质。放射性物质分为两类，一类是天然放射性物质，一类是人工放射性物质。放射性污染是指人为活动排放的放射性物质使环境的放射性强度超过了适用于该环境的放射性标准限值的环境恶化现象。

放射性污染对人体和动物存在许多危害作用，如引起各种癌症，包括白血病、骨癌、肺癌及甲状腺癌，缩短人的寿命。急性大剂量照射可导致人的死亡，也能损伤遗传物质，引起基因突变和染色体畸变，使下一代甚至几代受害。

（二）放射性污染防治的立法概况

为防治放射性污染，世界各国都十分重视放射性污染防治的立法工作。如日本就有《核限制法》、《放射性危害防止法》；美国也颁布了《铀矿尾渣放射性控制法》等。同时国际社会也签署了一些关于防治放射性污染的公约和条约。如《保护工人免受电离子辐射公约》、《核能损害民事责任维也纳公约》、《核材料实物保护公约》、《核事故或辐射紧急情况援助公约》等。

我国于2003年6月颁布了《放射性污染防治法》。

（三）放射性污染防治的法律制度

1. 放射环境监督管理

放射环境管理是指为防治核设施、放射性同位素应用以及伴生放射性矿物资源利用项目污染环境所进行的管理。放射性同位素应用是指利用放射性物质或放射源进行生产、科研、教学和医疗等的活动。伴生放射性矿物资源是指某种矿石或矿砂资源中，除了含所需的矿用成份外，同时伴生有高于规定水平的天然、放射性物质。

（1）监督管理体制。国务院环境保护行政主管部门和国务院其他有关部门，按照职责分工，各负其责，互通信息，密切配合，对核设施、铀（钍）矿开发利用中的放射性污染防治进行监督检查。

县级以上地方人民政府环境保护行政主管部门和同级其他有关部门，按照职责分工，各负其责，互通信息，密切配合，对本行政区域内核技术利用、伴生放射性矿开发利用中的放射性污染防治进行监督检查。

监督检查人员进行现场检查时，应当出示证件。被检查的单位必须如实反映情况，提供必要的资料。监督检查人员应当为被检查单位保守技术秘密和业务秘密。对涉及国家秘密的单位和部位进行检查时，应当遵守国家有关保守国家秘密的规定，依法办理有关审批手续。

（2）主要的法律制度。①放射性污染防治标准制度：放射性污染防治标准由国务院环境保护行政主管部门根据环境安全要求、国家经济技术条件制定。国家放射性污染防治标准由国务院环境保护行政主管部门和国务院标准化行政主管部门联合发布。含有放射性物质的产品，应当符合国家放射性污染防治标准；不符合国家放射性污染防治标准的，不得出厂和销售。使用伴生放射性矿渣和含有天然放射性物质的石材做建筑和装修材料，应当符合国家建筑材料放射性核素控制标准。②放射性污染监测制度：国家建立放射性污染监测制度。国务院环境保护行政主管部门会同国务院其他有关部门组织环境监测网络，对放射性污染实施监测管理。③资质管理制度：国家对从事放射性污染防治的专业人员实行资格管理制度；对从事放射性污染监测工作的机构实行资质管理制度。

2. 核设施的放射性污染防治

核设施选址，应当进行科学论证，并按照国家有关规定办理审批手续。在办理核设施选址审批手续前，应当编制环境影响报告书，报国务院环境保护行政主管部门审查批准；未经批准的，有关部门不得办理核设施选址批准文件。核设施营运单位在进行核设施建造、装料、运行、退役等活动前，必须按照国务院有关核设施安全监督管理的规定，申请领取核设施建造、运行许可证和办理装料、退役等审批手续。核设施营运单位领取有关许可证或者批准文件后，方可进行相应的建造、装料、运行、退役等活动。核设施营运单位应当在申请领取核设施建造、运行许可证和办理退役审批手续前编制环境影响报告书，报国务院环境保护行政主管部门审查批准；未经批准的，有关部门不得颁发许可证和办理批准文件。与核设施相配套的放射性污染防治设施，应当与主体工程同时设计、同时施工、同时投入使用。放射性污染防治设施应当与主体工程同时验收；验收合格的，主体工程方可投入生产或者使用。进口核设施，应当符合国家放射性污染防治标准；没有相应的国家放射性污染防治标准的，采用国务院环境保护行政主管部门指定的国外有关标准。核动力厂等重要核设施外围地区应当划定规划限制区。规划限制区的划定和管理办法，由国务院规定。核设施营运单位应当对核设施周围环境中所含的放射性核素的种类、浓度以及核设施流出物中的放射性核素总量实施监测，并定期向国务院环境保护行政主管部门和所在地省、自治区、直辖市人民政府环境保护行政主管部门报告监测结果。

国务院环境保护行政主管部门负责对核动力厂等重要核设施实施监督性监测，并根据需要对其他核设施的流出物实施监测。监督性监测系统的建设、运行和维护费用由财政预算安排。核设施营运单位应当建立健全安全保卫制度，加强安全保卫工作，并接受公安部门的监督指导。核设施营运单位应当按照核设施的规模和性质制定核事故场内应急计划，做好应急准备。出现核事故应急状态时，核设施营运单位必须立即采取有效的应急措施控制事故，并向核设施主管部门和环境保护行政主管部门、卫生行政部门、公安部门以及其他有关部门报告。

国家建立健全核事故应急制度。核设施主管部门、环境保护行政主管部门、卫生行政部门、公安部门以及其他有关部门，在本级人民政府的组织领导下，按照各自的职责依法做好核事故应急工作。中国人民解放军和中国人民武装警察部队按照国务院、中央军事委员会的有关规定在核事故应急中实施有效的支援。

核设施营运单位应当制定核设施退役计划。核设施的退役费用和放射性废物处置费用应当预提，列入投资概算或者生产成本。核设施的退役费用和放射性废物处置费用的提取和管理办法，由国务院财政部门、价格主管部门会同国务院环境保护行政主管部门、核设施主管部门规定。

3. 核技术利用的放射性污染防治

生产、销售、使用放射性同位素和射线装置的单位，应当按照国务院有关放射性同位素与射线装置放射防护的规定申请领取许可证，办理登记手续。转让、进口放射性同位素和射线装置的单位以及装备有放射性同位素的仪表的单位，应当按照国务院有关放射性同位素与射线装置放射防护的规定办理有关手续。

生产、销售、使用放射性同位素和加速器、中子发生器以及含放射源的射线装置的单位，应当在申请领取许可证前编制环境影响评价文件，报省、自治区、直辖市人民政府环境保护行政主管部门审查批准；未经批准的，有关部门不得颁发许可证。国家建立放射性同位素备案制度。具体办法由国务院规定。

新建、改建、扩建放射工作场所的放射防护设施，应当与主体工程同时设计、同时施工、同时投入使用。放射防护设施应当与主体工程同时验收；验收合格的，主体工程方可投入生产或者使用。

放射性同位素应当单独存放，不得与易燃、易爆、腐蚀性物品等一起存放，其贮存场所应当采取有效的防火、防盗、防射线泄漏的安全防护措施，并指定专人负责保管。贮存、领取、使用、归还放射性同位素时，应当进行登记、检查，做到账物相符。

生产、使用放射性同位素和射线装置的单位，应当按照国务院环境保护行政主管部门的规定对其产生的放射性废物进行收集、包装、贮存。生产放射源的单位，应当按照国务院环境保护行政主管部门的规定回收和利用废旧放射源；使用放射源的单位，应当按照国务院环境保护行政主管部门的规定将废旧放射源交回生产放射源的单位或者送交专门从事放射性固体废物贮存、处置的单位。

生产、销售、使用、贮存放射源的单位，应当建立健全安全保卫制度，指定专人负责，落实安全责任制，制定必要的事故应急措施。发生放射源丢失、被盗和放射性污染事故时，有关单位和个人必须立即采取应急措施，并向公安部门、卫生行政部门和环境保护行政主管部门报告。公安部门、卫生行政部门和环境保护行政主管部门接到放射源丢失、被盗和放射性污染事故报告后，应当报告本级人民政府，并按照各自的职责立即组织采取有效措施，防止放射性污染蔓延，减少事故损失。当地人民政府应当及时将有关情况告知公众，并做好事故的调查、处理工作。

4. 铀（钍）矿和伴生放射性矿开发利用的放射性污染防治

开发利用或者关闭铀（钍）矿的单位，应当在申请领取采矿许可证或者办理退役审批手续前编制环境影响报告书，报国务院环境保护行政主管部门审查批准。开发利用伴生放射性矿的单位，应当在申请领取采矿许可证前编制环境影响报告书，报省级以上人民政府环境保护行政主管部门审查批准。

与铀（钍）矿和伴生放射性矿开发利用建设项目相配套的放射性污染防治设施，应当与主体工程同时设计、同时施工、同时投入使用。放射性污染防治设施应当与主体工程同时验收；验收合格的，主体工程方可投入生产或者使用。

铀（钍）矿开发利用单位应当对铀（钍）矿的流出物和周围的环境实施监测，并定期向国务院环境保护行政主管部门和所在地省、自治区、直辖市人民政府环境保护行政主管部门报告监测结果。对铀（钍）矿和伴生放射性矿开发利用过程中产生的尾矿，应当建造尾矿库进行贮存、处置；建造的尾矿库应当符合放射性污染防治的要求。铀（钍）矿开发利用单位应当制定铀（钍）矿退役计划。铀（钍）矿退役费用由国家财政预算安排。

5. 放射性废物管理

核设施营运单位、核技术利用单位、铀(钍)矿和伴生放射性矿开发利用单位，应当合理选择和利用原材料，采用先进的生产工艺和设备，尽量减少放射性废物的产生量。向环境排放放射性废气、废液，必须符合国家放射性污染防治标准。产生放射性废气、废液的单位向环境排放符合国家放射性污染防治标准的放射性废气、废液，应当向审批环境影响评价文件的环境保护行政主管部门申请放射性核素排放量，并定期报告排放计量结果。

产生放射性废液的单位，必须按照国家放射性污染防治标准的要求，对不得向环境排放的放射性废液进行处理或者贮存。产生放射性废液的单位，向环境排放符合国家放射性污染防治标准的放射性废液，必须采用符合国务院环境保护行政主管部门规定的排放方式。禁止利用渗井、渗坑、天然裂隙、溶洞或者国家禁止的其他方式排放放射性废液。低、中水平放射性固体废物在符合国家规定的区域实行近地表处置。高水平放射性固体废物实行集中的深地质处置。α放射性固体废物依照前款规定处置。禁止在内河水域和海洋上处置放射性固体废物。

国务院核设施主管部门会同国务院环境保护行政主管部门根据地质条件和放射性固体废物处置的需要，在环境影响评价的基础上编制放射性固体废物处置场所选址规划，报国务院批准后实施。有关地方人民政府应当根据放射性固体废物处置场所选址规划，提供放射性固体废物处置场所的建设用地，并采取有效措施支持放射性固体废物的处置。

产生放射性固体废物的单位，应当按照国务院环境保护行政主管部门的规定，对其产生的放射性固体废物进行处理后，送交放射性固体废物处置单位处置，并承担处置费用。放射性固体废物处置费用收取和使用管理办法，由国务院财政部门、价格主管部门会同国务院环境保护行政主管部门规定。

设立专门从事放射性固体废物贮存、处置的单位，必须经国务院环境保护行政主管部门审查批准，取得许可证。具体办法由国务院规定。禁止未经许可或者不按照许可的有关规定从事贮存和处置放射性固体废物的活动。禁止将放射性固体废物提供或者委托给无许可证的单位贮存和处置。禁止将放射性废物和被放射性污染的物品输入中华人民共和国境内或者经中华人民共和国境内转移。

四、危险物品污染防治法

(一) 危险物品污染

危险物品是指具有爆炸性、易燃性、放射性、毒害性或腐蚀性的物品。危险物品污染则是指在生产、运输、贮藏、销售和使用危险物品过程中，由于危险物品的爆炸、燃烧或其在环境中的含量或浓度超过其规定的限值而使环境质量恶化，造成损害人体健康和财产损失的现象。

危险物品具有危险性，因而其污染危害大。它一是严重危害人体健康，一些危险物品具有致畸、致癌、致突变作用；二是危害人类环境，它污染水体、土壤和大气，危害动植物，破坏生态平衡；三是造成财产破坏，由于化学危险物品大多易燃、易爆或具腐蚀性，因而一旦爆炸、燃烧，便会造成巨额财产损失。

（二）危险物品污染防治的立法概况

危险物品污染后果严重，因此，世界各国都很重视这方面的立法，许多国家还制定专门的法律对此进行规定，如法国制定了《化学物质控制法》，德国也制定了《危险物质防护法》等。

我国除《环境保护法》对此作了一些原则性规定外，还发布了一些专门的行政法规及规章，如《化学危险物品安全管理条例》、《监控化学品管理条例》、《农药管理条例》、《化学危险物品经营许可证发放办法》、《农药安全使用标准》等。

（三）危险物品污染防治的法律制度

1. 化学危险物品污染防治的法律制度

化学危险物品是指中华人民共和国国家标准《GB6944－86 危险货物分类与品名编号》规定的分类标准中的爆炸品、压缩气体和液化气体、易燃液体、易燃固体、自燃物品和遇湿易燃物品、氧化剂和有机过氧化物、毒害品和腐蚀品。

为防治化学危险物品的污染，我国《化学危险物品安全管理条例》作了具体规定：

（1）项目控制制度。国家对化学危险物品的生产，统一规划，严格管理，对新建、扩建、改建生产剧毒化学危险物品企业实行严格控制，禁止乡、镇、街道企业生产剧毒化学危险物品；凡新建、扩建、改建生产化学危险物品的企业，须履行严格的审批手续，并按规定申请领取生产许可证，按规定到工商行政管理部门登记注册。生产、使用、销毁、处理化学危险物品必须采取规定的安全防护措施，并妥善处理由此而产生的“三废”。

（2）贮存管理制度。化学危险物品必须贮存在专用仓库、专用场地或专用贮存室（柜内，并设专人管理。其专用仓库，应当符合有关安全、防火规定，并分类设置相应的安全设施）。

（3）经营管理制度。国家对化学危险物品实行经营许可证制度。凡经营化学危险物品的企业必须具备规定的条件，并按规定程序申领经营许可证，禁止无证经营化学危险物品。

（4）运输和装卸管理制度。运输化学危险物品，必须按照国家有关危险货物运输管理规定办理。对不按规定的，发货人不得托运，运输部门不得承运。装运化学危险物品不得客货混装。禁止乘客随身携带、夹带化学危险物品乘坐火车、船舶、飞机等交通运输工具。装卸时做到轻拿轻放，防止撞击、拖拉和倾倒。

2. 农药污染防治的法律制度

农药是指用于预防、消灭或控制危害农业、林业的病虫、草和其他有害生物以及有目的的调节植物、昆虫生长的化学合成物或者来源于生物、其他天然物质的一种物质或者几种物质的混合物及其制剂。为加强对农药的管理、防治农药污染，我国《农药管理条例》主要规定以下几方面的内容：

（1）农药监督管理体制。国务院农业行政主管部门负责全国的农药登记和农药监督管理工作。省、自治区、直辖市人民政府农业行政主管部门协助国务院农业行政主管部门做好本行政区域内的农药登记，并负责本行政区域内的农药监督管理工作。县级人民政府和设区的市、自治州人民政府的农业行政主管部门负责本行政区域内农药监督管理工作。国务院化学工业行政管理部门负责全国农药生产的统筹规划，协调指导，监督管理工作。省自治区、直辖市人民政府化学工业行政管理部门负责本行政区域内农药生产的监督管理工作。县级以上各级人民政府其他有关部门在各自的职责范围内负责有关的农药监督管理工作。

（2）农药登记制度。生产农药和进口农药都必须经过登记。国内首次生产的农药和首次进口的农药的登记，必须分三个阶段进行，即田间试验阶段、临时登记阶段和正式登记阶段。国务院农业行政主管部门所属的农药鉴定机构负责全国的农药具体登记工作。省、自治区、直辖市人民政府农业行政主管部门所属的农药鉴定机构协助做好本行政区域内的农药具体登记工作。

（3）农药生产许可制度。农药生产应当符合国家农药工业的产业政策；开办农药生产企业必须符合规定的条件，并经企业所在地的省、自治区、直辖市化学工业行政管理部门审核同意后，报国务院化学工业行政管理部门批准，经批准后，方可领取营业执照；国家实行农药生产许可证制度，生产已有国家标准或者行业标准的农药的，应当向国务院化学工业行政管理部门申请农药生产许可证，生产尚未制定国家标准、行业标准但已有企业标准的农药的，应当经省、自治区、直辖市化学工业行政管理部门审核同意后，报国务院化学工业行政管理部门批准，发给农药生产批准文件。

（4）农药产品质量管理制度。生产的农药应符合农药产品质量标准，其包装符合规定。并在出厂前进行质量检验，附具产品质量检验合格证。

（5）农药经营管理制度。农药经营单位符合法定资格。农药经营单位购进农药，应当将农药产品与产品标签或者说明书、产品质量合格证核对无误，并进行质量检验，禁止收购、销售无农药登记证或者农药临时登记证、无农药生产许可证或者农药生产批准文件、无产品质量标准和产品质量合格证和检验不合格的农药。农药经营单位按规定做好农药储备工作。

（6）农药使用制度。使用农药应遵守农药防毒规程，遵守有关农药安全、合理使用的规定，防止农药污染环境、农药中毒事故，防止污染农副产品。

3. 监控化学品污染防治的法律制度

监控化学品是指列入国家监控化学品名录，可作为化学武器、生产化学武器前体、生产化学武器主要原料的化学品和除炸药与纯碳氢化合物以外的特定有机化学品。监控化学品分为四类：第一类是可作为化学武器的化学品；第二类是可作为生产化学武器前体的化学品；第三类是可作为生产化学武器主要原料的化学品；第四类是除炸药和纯碳氢化合物外的特定有机化学品。

为防治、监控化学品对环境的污染，我国《监控化学品管理条例》主要规定了以下内容：

（1）生产管理制度。生产第一类监控化学品，需经国务院化学工业主管部门批准，并在其指定的小型设施中生产；生产第二类、第三类监控化学品和第四类监控化学品中含磷、硫、氟的特定有机化学品，实行特别许可证制度。未经特别许可，任何单位和个人均不得生产。

（2）使用管理制度。需要使用第一类监控化学品，需经国务院化学工业主管部门审查批准；需要使用第二类监控化学品的，需经省、自治区、直辖市人民政府化学工业主管部门审查批准。

（3）进出口管理制度。国家严格控制第一类监控化学品的进出口。非为科研、医疗、制造药物或者防护的目的不得进口第一类监控化学品。接受委托进口或出口第一类监控化学品的，必须经国务院批准；接受委托进口或出口第二类和第三类监控化学品及其生产技术、专用设备的，必须经国务院化学工业主管部门批准。

第十二章　国际环境资源法

第一节　国际环境资源法概述

一、国际环境资源法的概念和特点

（一）国际环境资源法的概念

国际环境资源法主要是调整国家间在环境资源保护领域中的行为关系的有拘束力的原则、规则和规章、制度的总和，是 20 世纪 60 年代中期由于环境问题的发展而兴起的一个国际法部门。

国际法的调整对象是国际关系，而作为国际环境资源法的调整对象只有也只可能是国际环境资源保护关系。

从生态学的观点看，整个地球有机地构成一个统一的生态系统，在这个庞大而复杂的生态系统内，全球的物质循环和能量流动依固有的规律不断进行。任何一个环节受到干扰，整个生态系统就会失衡，人类环境就会发生危难。

在地球这个统一的生态系统中，人类的一切活动都会远期或近期地对环境资源产生这样或那样的影响，每一子系统或每一国家的经济与发展都会产生全球性的环境效应，正是这种统一性使地球上的每一个国家超越传统的国际关系而形成一种更为广泛而深刻的新型关系——国际环境资源保护关系，而这种关系又由于人类认识水平、科学技术发展水平、经济发展水平等因素的影响要求我们进行审慎的处理。

尽管在生态学上地球是一个统一的整体，但是目前的国际体系仍以国家为基本单位，这是不容否认的。因此，我们这里的“地球一体”并非取消国家或建立世界政府，亦非完全不要国家主权的特殊地位，而是要求从生态学的角度树立“地球一体”的概念，并在此概念的基础上建立正常的符合生态规律的国际环境资源保护关系，加强国际环境资源保护领域的合作与交流。所以，我们认为：国际环境资源法的调整对象是基于环境资源的开发、利用、保护、改善而产生的各种国际社会关系，简称为国际环境资源关系。

具体而言，国际环境资源法所调整的国际环境资源关系包括以下内容。

1. 国家与国家之间基于开发利用和保护改善环境而产生的关系

国家是国际法上的基本主体，这对于国际环境资源法也不例外，国际环境资源关系主要体现为国家之间的关系。斯德哥尔摩《人类环境宣言》明确宣告："各国有权按照自己的环境政策开发本国的资源，同时也有义务保证其管辖或控制下的活动，不致损害他国的环境或属于国家管辖范围以外地区的环境。"里约热内卢《人类环境与发展宣言》和《二十一世纪议程》也都重申了这一原则。这就表明，国家拥有环境主权，在国际环境资源关系中，国家必然也必须是最主要的主体。

2. 政府间国际组织或国际机构因开发利用和保护改善环境而与国家以及国际组织相互之间发生的关系

政府间国际组织或国际机构在此是指保护环境资源的专门机构和相关机构，如联合国环境规划署、世界卫生组织等，它们是由各成员国组成的负有一定环境资源保护职责的机构。正是由于全球一体化，由于环境资源保护需要有经常的不间断的国际合作与交流，要求国际社会的成员采取共同的符合生态规律的环境资源保护措施。因此，成立负有一定环境资源保护职责的国际机构或组织就显得十分必要，这些组织或机构在履行各成员国赋予的职责的过程中必然会与有关国家产生国家环境资源关系。国际环境资源保护机构或组织成为国际环境资源法的主体，也符合一般国际法的理论。

3. 个人和法人因开发利用环境资源或污染环境而产生的国际环境资源关系

在一般国际法中，个人和法人被认为不具备独立参加国际关系的能力，所以不能成为国际关系的主体，个人与法人间的关系不作为国际法的调整对象。但在国际环境资源法中，个人和法人虽然没有签订环境资源保护协定、开展各种政府间环境资源保护合作的能力，却在与环境资源保护密切相关的国际经济交往中具有重要地位；同时，个人和法人的行为也是造成跨国污染的重要原因，遭受跨国污染危害的也是个人或法人。因此，有必要在国际环境资源法上确立个人和法人的法律地位，调整个人和法人在国际经济技术交往和跨国污染行为方面所产生的国际环境资源关系，使个人和法人成为国际环境资源法中权利义务的承担者。1982年，联合国环境规划署理事会特别会议通过的《内罗毕宣言》指出："所有企业，包括跨国公司在内的采用工业方法或技术的及在将此种方法或技术出口到别的国家时，都应考虑其对环境的责任。在这方面，及时而充分的立法行动也很重要。"说明了个人和法人在国际环境资源法中作为主体的必要性以及将个人和法人间因开发利用和保护改善环境资源而产生的社会关系纳入到国际环境资源法调整对象的可能性。

从对国际环境资源法的调整对象的分析不难看出，国际环境资源法不等于环境资源的国际法，它虽然是国际法的一个领域，但它是一个"新"领域，是一个有着自己的特殊性的领域。可以说，国际环境资源法的特殊性正是以国际环境资源关系的特殊性为基础的。

值得特别指出的是：国际环境资源关系作为国际环境资源法的调整对象是一种十分复杂的社会现象，是多层次社会关系的综合体。为研究方便，在理论上常依不同标准对其进行分类。除以上我们以国际环境资源关系主体为划分标准，将其分为国家间的环境资源关系、政府间组织或国际机构与国家之间的环境资源关系、个人和法人之间的国际环境资源关系以及各主体相互之间的国际环境资源关系外。还可以主体的数量为划分标准，将其分为双边国际环境资源关系和多边国际环境资源关系，多边关系中又有普遍性的、全球性的，和特殊性的以及区域性的环境资源关系；以环境资源保护的客体为标准，可以分为国际环境污染防治关系、国际自然资源保护关系；以各环境要素为标准，亦可分为国际大气环境保护关系、国际水域环境保护关系、国际海洋环境保护关系、国际森林环境保护关系……不同的分类方法将根据需要和可能进行使用。

（二）国际环境资源法的特点

国际环境资源法是国际法在新形势下发展起来的一门新学科，主要是国际环境资源保护过程中国家行为的共同准则。它具有传统国际法的一般属性：国际环境资源法律关系的主体主要是国家；国际环境资源法的制定者是国家，且法的制定程序须经诸国协商而不是由一国单独立法；国际环境资源法的阶级性主要表现为各国统治阶级意志的协调；国际环境资源法的强制实施主要依靠国家本身的行动等。但是，国际环境资源法有它自己的特性，与传统的国际法不同。国际环境资源法律具有以下特征。

1. 国际环境资源法具有科学技术性

国际环境资源法的内容除了包含有法律规范外，还包含有大量的技术规范，它有较强的科学技术性

所谓法律规范，是指协定中对国家行为所作的那些要求，或国家在国际社会中所应承担的义务。所谓技术规范，就是国家在满足法律要求或履行义务时，其行为所涉及的科学技术问题，例如在海洋倾倒中倾倒物质之性能，排放中排放物之浓度等。国际环境资源法既然是国家在国际环境资源保护中相互关系的行为规范，而环境保护在很大程度上及很广的范围内都涉及物理、化学、生物、生态、遗传工程等自然科学及工程技术方面诸问题，所以它除了规定通常的国家的社会行为的法律规范外，还包括大量的技术规范。这些技术规范如排放标准、污染源鉴别、污染鉴定、放射性防护、环境容量测算、环境影响评价、监测方法以及对机器、设施、车辆、船舶、飞行器等类产品的工艺要求等，都常常通过国际协定的签订而赋予法律效力。国际环境资源法律要完善其法律控制的手段，必须取得其他涉及科学技术的控制手段如环境监测、环境影响评价、产品工艺技术设计及环境资源管理和相应支持措施（如宣传、教育等）的配合。国际环境资源法的健

康发展，有赖于这些工作的改进与完善，环境监测是认识环境状况的耳目，为环境影响评价提供科学依据；而环境影响评价是环境资源立法的背景及依据；环境资源管理及其他支持措施以及产品设计、工艺改进都为有关协定的贯彻执行创造条件。因此，任何协定的签署，从课题的提出、目标的确定、标准的制定到执行措施的采取，都必须以环境科学的研究发展为基础。在所有环境资源保护的国际协定中，可以看出各国怎样遵循自然规律来谋求各国意志的协调，又怎样根据当前各国社会经济、科学技术的发展水平把某些责任法则逐步纳入相应的国际协定，以期达到保护人类环境的目的。凡是关于国际环境资源保护的协定几乎都有相应的科学技术的规定作为其附件，这些附件组成协定的重要部分，满足了协定的技术要求，使协定能产生实际效果。如著名的控制海洋倾倒的《奥斯陆公约》（1972）除条约文本外，就将庞杂繁多的各种倾倒物质，按其毒性、持久性及在生物体内的蓄积量和对海洋环境带来的眼前后果、潜在影响，进行了精心的科学研究和分析，把它们分为严禁倾倒的“黑名单”物质、严格控制的“灰名单”物质以及经过批准可以倾倒的一般物质三大类，并依此分类规定了相应的控制程序，从而开创了科学的控制海洋倾倒的途径以及把科研成果纳入法律规范的良好先例。有些国际协定的签订，往往事先要经过长期的调查研究以找出事件的因果关系，例如在签订《长程越界空气污染公约》以前，科学家对西欧大气中的 SO_2 及 NOX 进行了长期监测，又经过了多次的反复模拟试验及计量学测定，确定位于英、法、德、波、荷诸国的高烟囱是北欧斯堪的纳维亚酸雨的根源，并弄清了这种酸雨对森林、土地、农业、建筑物的实在的有害影响，然后才着手签署协定。现在，由于大气污染的加剧，联合国环境规划署组织专家对氮氧化物给臭氧层带来的后果及二氧化碳给大气带来的潜在影响等进行研究，为签订保护臭氧层公约和气候变化公约提供科学依据。国际环境资源法的这种技术规范与法律规范相结合的特征，也是它成为一门边缘学科的原因。其他领域的国际协定，有的虽然也涉及科学技术问题（如裁军协定），但没有环境资源法这样普遍，这是国际环境资源法的一大特征。

2. “硬法”（hard law）与“软法”（soft law）构成国际环境资源法的两大部分

环境资源保护的国际协定的签署既受到社会经济发展的制约，也受到自然科学和工程技术发展的制约，各国的社会经济及科学技术发展水平又存在着差异。国际环境资源保护协定中某些规则规定固然应对各国作出统一要求，表明国际条约的严肃性与原则性；但有的规则则不必也不宜对各国一律要求，而是留作该国认为时机成熟或条件具备时再表示承诺，以表明处理环境资源问题的灵活性。因此，国际环境资源法的实体便分为“硬法”和“软法”两大部门。

所谓“硬法”，就是指那些能够引起肯定的法律拘束后果的国际条约、协定等。所谓“软法”，就是指那些并不直接产生法律拘束后果，但同样应予遵守的指导性原则、宣言、司法实践处理方法及程序、环境标准等。起着环境资源保护功能作用的一些措施如环境监测、环境影响评价也应归于“软法”。由于有了“硬法”与“软法”这种区别，许多环境资源保护的国际协定，除了有着缔约国所必须遵守的协定正文条款外，往往还有不少附录、附件或附则。这些附录、附件或附则，多为技术规范，其中一些为缔约国必须履行的义务，另一些则为选择履行的义务；有些规定在当时有效，有些规定在以后才有效。例如《国际防止船舶污染公约》(1973) 第 14 条“任选附则”规定：“在签署、批准、接受、认可或加入本公约时，一个国家可以提出声明，它不接受本公约的附则 III、IV 和 V 或不接受其中的任一附则。”又如《防止陆源污染公约》(1976) 中关于采用排放标准的规定，虽然公约规定了英国建议采用的“环境客观容量”标准，但由于其他缔约国坚持采用“统一排放标准”，英国便声明各国可以自由采用它认为合适的标准，这些都属于“软法”范围。关于公约修订的程序，往往也把“软法”的修订规定得比较灵活。有的附则（或附件）条款采用所谓“默认”程序，即当授权修订的组织或委员会中途对这些规定进行了修订以后，缔约国如果不在规定的时间内表示异议，则修正案就视为对该缔约国发生效力。

3. 区域性环境资源保护的国际协定构成国际环境资源法的重要组成部分

环境问题既有全球的共性，也有地区的个性，即使是在一国以内，也有着区域的差异。地球这一庞大的生态系统包含着无数个“中”、“小”生态系统，而地球环境的整体保护依赖各地区区域的保护。由于各地区的环境因素的特点并不完全一样，人类活动对其影响又有着深浅之别，则各地区环境资源保护的目标、要求、措施自然迥异。分布在同一地区的各国面临着大致相同的环境问题，则应对该地区环境资源保护措施的采取自然更易寻求共同的语言、协调彼此的意志，于是采取区域性的合作方式签订国际协定便成为重要的途径，区域性（多边的或双边的）协定当然构成环境资源法的重要部分。这样的协定往往较全球性的环境资源保护协定更易于有效执行。如控制海洋倾倒的两个著名公约，《伦敦公约》的签订在《奥斯陆公约》之后，而后签订的《伦敦公约》却不如《奥斯陆公约》的有些规定那么具体严格，前者的语言也不如后者那么明白。其原因之一在于前者是全球性的而后者是地区性的。北海船运频繁，平台林立，污染严重，但采取的防污措施较为有力，控制效果也较好，原因之一在于沿海岸各国下定了决心。所以，联合国环境规划署成立后，特别重视区域性的环境资源保护立法工作，在环境规划署的倡导下，建立了一些区域性的环境资源保护国际组织，也签订了不少区域性环境资源保护协定。其中，海洋环境中的区域性环境资源保护协定签订得尤多：诸如地中海、波罗的海、波斯湾、几内亚海这样一些遭受污染严重的海湾地区，自 1976 年以来的短短数年间，都陆续签署了海洋环境保护的防污协定，其他海湾地区也制定了相应的区域性规则。

4. “协定法”（coventional law）是国际环境资源法的主要形式

国际环境资源法由于其科学技术性强，发展历史短及其他原因，全部内容几乎都是见诸于条约和协定。传统国际法的法源，除条约和协定外，还吸收了不少国际惯例、案例及法学家的学说等。这些都应该可以适用于国际环境资源法，但实际上，在现行的国际环境资源法中，其基本原则和规定几乎都是见诸于条约和协定的。这使得“协定法”成为了国际环境资源法的主要形式，国外一些学者为了突出这一特点，干脆将其称之为“协定环境法”。

5. 国际环境资源法有强烈的公益性

由于环境保护关系到全人类的共同利益，国际环境资源法有着强烈的公益性。这一特点不仅表现为各类环境资源保护协定的动机、目的、内容都直接为保护并改善人类环境；而且在程序方面也反映了公益性的特点。国际环境资源保护协定中的某些措施和原则，对加害者规定得较为严峻而对受害者则较为宽容；在承担责任方面，不仅适用“过失责任”而且适用“直接责任”甚至“绝对责任”；在举证责任方面，以“实情举证”取代“过失举证”等等；为防止发生或可能发生环境资源损害事故的蔓延，国际环境资源法允许国家有条件地在其管辖权以外的地区享有采取干预措施的权利。

二、国际环境资源法的基本原则

国际环境资源法涉及国际生活中广泛的经济、社会、政治等方面的法律问题，各个领域都有许多具体的原则、规则和规章制度。而所谓国际环境资源法的基本原则，是指贯穿并指导整个国际环境资源法领域、具有普遍意义、构成国际环境资源法的基础的原则。

（一）国家环境资源主权原则

国家主权原则是整个国际法的基础，它当然也是国际环境资源法的基础和核心。国家环境资源主权原则是指在环境保护领域，每个国家不论大小，都拥有自己的环境资源主权，对于本国管辖范围以内的环境资源保护问题具有对内的最高处理权和对外独立性，有权自行处理经济社会发展与环境资源保护的关系；任何国家不得以保护环境资源为借口，干涉别国内政。在处理环境资源保护关系中每一国都必须尊重别国的主权，同时也必须承担不损害他国环境资源的义务。

国家环境资源主权原则是在国家主权原则的基础上发展起来的一项国际环境资源法律的基本原则。在传统国际法中，国家主权是一项完全的排他性的权利，当然也包括对自己的领空、领海及领土内各种资源任意使用的权利。这样的国家主权原则显然不利于国际环境资源保护，因而必须对其加以限制。国际环境资源法以保护全球环境资源为立法宗旨，其基本原则必须以环境资源保护的客观要求为出发点，于是国际社会在传统国家主权的原则上加以拓展，提出了国家环境资源主权原则，在充分赋予各国享有环境资源主权的同时，强调其应承担的环境保护义务。国家环境资源主权原则的内容在《人类环境宣言》第 21 条中作了充分阐述，即“各国享有按自己的环境政策开发自己的自然资源的主权，同时也有责任保证在它们管辖或控制下的活动，不致损害他国的环境或属于国家管辖范围以外的地区的环境”。这一条充分反映了国家环境资源主权原则的两个方面内容。

一方面，每一国家都有对本国范围内环境问题的处理权。在有些学者看来，只有一个地球，全球是一个统一的生态系统，如果其中任何一个环节受到干扰，整个生态系统便会失衡。人类就会发生环境灾难，尽管国家可以宣告它们的领土、领水、领空等主权范围，但污染的迁移转化和环境质量的下降并无边界疆域的限制。因此，要有效地保护地球环境，就必须对国家主权加以严格限制，建立起超国家的环境资源管理机构，统一地进行地球环境资源管理和环境资源保护。这种观点在理论上较为偏激，完全忽视别国主权，在实践中也是行不通的。我们并不赞成这一观点。我们认为，从环境保护的角度出发，国家主权不能再像过去那样毫无限制，毫不考虑环境资源因素；但也不能完全不要环境主权，不赋予国家在开发利用和保护环境方面的权利。那样的话，国家的经济将无从发展，社会也将无法进步。我们主张对传统的国家主权加以适当限制，在国家主权中贯穿环境保护的要求，这便是国家环境资源主权原则的第二方面内容：国家虽然有权按照自己的政策开发利用本国的自然资源，但也有义务保证这种开发利用活动不致损害他国和国际公有地区的环境。从权利的角度看，任何国家在享有管辖权的范围内从事一切活动的同时，也享有使自己的领土环境保持洁净的免受外来污染与干扰的控制权。

国家环境资源主权原则在 20 世纪 30 年代著名的崔尔冶炼厂仲裁案裁决中得到明确，其后为《人类环境宣言》、《内罗毕宣言》、《环境与发展宣言》所重申，也为各类环境资源保护协定所承认并以约文形式加以肯定。

国家环境资源主权原则及其贯彻，必须建立在“可持续发展”的基础上，必须有对全球因环境资源而形成的关系进行新的认识。

可持续发展的核心在于全面考虑人类发展过程中的经济、社会和环境问题，将环境和发展问题紧密地联系在一起，采取各种措施，促进环境资源保护和经济、社会的共同发展，以满足当代人和后代人的需要。为保证人类社会的可持续发展，必须依靠科技进步和提高资源利用效率，尽量减少对自然资源的索取和对生态环境的破坏。为此目的，不仅需要全球在环境资源保护领域的广泛交流与密切合作，更需要各国从自身的具体国情和环境与发展的总体出发，制定出促进经济、社会、资源、环境及人口、教育等相互协调发展的战略、政策和措施、方案，摒弃过去那种“高生产、高消费、高污染”的传统发展模式。因此，国家环境资源主权原则只有建立在可持续发展的观念上才是正确的，也才能够适应国际环境资源保护的需要。

（二）资源共享原则

资源共享原则指处在任何国家管辖领土之外的自然环境资源为全人类所共有，任何国家不能独占或享有“既得权”。对于人类共有资源，各国有权参加保护和管理，有权对其开发利用，有权分享产生于这些资源的收益；同时，各国也要承担义务，以保证这些资源不被滥用，不被污染。

各个主权国家拥有其管辖范围内的资源并有权对其开发使用，这是当代国际法已确立的基本规则，而对于人类公有的环境资源共同使用和共同保护则是国际环境资源法的一个重要内容。在有关公海、外层空间、南极以及其他人类共有资源保护方面，必须确立资源共享原则，以利于在保护全球环境资源的同时，确保全球资源为人类永续开发利用。资源的可持续利用是人类可持续发展的必要前提。而在传统国际法中，对于有些公有资源没有规范，仅有的少数规范也由于缺乏环境资源保护意识而未考虑到资源开发利用与保护问题，如对于公海作为人类共同财富确立了“公海自由”原则，正是在这一原则下，人们将公海作为了天然的“无底垃圾箱”，任意向其排放污染物，根本不考虑对公海的保护。这样的原则显然不利于环境资源保护。从 20 世纪 60 年代开始，国际社会日益重视公有资源的合理开发利用和保护问题，从建立国际海底区域的共有制度开始，逐步发展到国际海床、海洋洋底及其底土以及该海域的一切资源，进而发展到外层空间、南极次大陆、臭氧层保护等国际公有资源，确立了资源共享原则；至此，才将公海等国际公有资源当作真正的共同财富加以保护和利用，从“公海自由”到“公海共享”和“公海共管”。国际社会围绕公海签订的一系列国际协定都充分体现了这一原则，如《联合国海洋法公约》规定，国家管辖范围以外的海床和海洋洋底及其底土是人类的共同继承财产，对该区域的开发和利用，应为全人类之利益；其一切收益归全人类分享，各国均应共同努力，使该区域的环境不受污染。其他有关国际资源共享的公约如《南极条约》、外空条约以及有关保护臭氧层的条约也体现了这一原则。

资源共享原则主要是指对各主权国家管辖范围以外的人类公有资源的共享。近年来这一原则有扩展趋势，国际社会将某些属于国家管辖范围以内，但对人类生存和发展具有重要意义的特定环境因素确认为人类共同利益并加以保护。1972 年联合国教科文组织发起制定的《保护世界文化和自然遗产公约》指出了文化或自然遗产是非常重要的，涉及人类的共同利益，因此，必须作为整个人类遗产的一部分加以保护。该公约规定各缔约国有义务根据公约中对“文化遗产”和“自然遗产”的定义，在各自的管辖区内，确定并划出符合公约规定的各项珍贵遗产，并向世界遗产委员会提交各自本土内珍贵遗产的目录清单。对于列入世界遗产清单的遗产，缔约国有识别、保存、保护、陈列以及传之后代的责任。这些规定，虽然是在尊重国家对这些遗产的主权基础上作出的，但缔约国一旦将其管辖范围内的珍贵遗产申请提交上目录清单，该国便承担了更多的国际保护义务，同时也享有获得国际合作和国际援助的权利。这些立法实践表明：在国际环境资源法领域，资源共享已由人类公有资源扩大至某些重要的国内资源。

（三）国际合作原则

国际合作原则是指在国际环境资源保护领域，各国需要进行广泛密切的合作，通过合作采取共同的环境资源保护措施，实现保护全球环境的目的。正如《人类环境宣言》第 7 条所指出的：“种类越来越多的环境问题，它们在范围上是地区性或全球性的，或者它们影响着共同的国际领域，将要求国与国之间广泛合作及国际组织采取行动以谋求共同的利益。”

历史发展到今天，人类必须清醒地认识到过去的发展模式，特别是工业革命之后流行的发展模式，虽然使地球的一些地方富裕和发达起来，却在更多的地方造成了贫穷和落后；虽然提高了人类的生产能力，却过度地消耗资源，破坏了生态平衡和生存环境；虽然部分满足了人们的近期需要，却牺牲了人类长远的发展利益。因此，这种方式难以为继，而且，人类环境资源保护与经济、社会发展密切联系，环境资源保护必须要以和平与稳定为前提条件。总结历史经验，人类清醒地认识到环境与发展是全人类面临的共同问题，没有一个国家或一群国家能够独善其身，也没有一个国家仅仅依靠自己的力量能够完全排除环境问题。环境问题与当今政治、经济及其他各种因素的密切联系，比任何时候都更明显。我们不仅要对人类与自然的关系有新的理解，而且要求对人与人之间、国与国之间的关系有新的理解，富国的问题不能离开穷国的问题，环境资源关系将它们都紧密地联系在了一起。在此意义上，环境资源必须是也只能是共享的。事实上也正是如此，如：穷国的资源过度开发和贫困给全球环境带来了诸多问题，而富国的资源严重浪费也是穷国资源过度开发的主要原因；富国多年来经济发展造成的污染使穷国严重受害，而穷国经济的发展过程中必然出现的环境问题也不能使富国免受其害。无论从哪一方面看，所有国家毕竟都生活在一个地球上。因此，全球环境问题的紧迫感确实能给人们在各级水平上的合作以新的视野和激励，并产生共同的政治见解和策略。

自 1972 年“人类环境会议”到 1992 年“联合国环境与发展大会”，人类对环境与发展问题的认识有了质的飞跃。为实现人类可持续发展的目标，建立一种

“新的全球伙伴关系”的呼声越来越高，《里约宣言》已将其正式载入。《宣言》提出：“各国应本着全球伙伴精神，为保存、保护和恢复地球生态系统的健康和完整进行合作。”这一宣言充分体现了国际社会为人类的共同长久利益，同时也是为了各国的切身利益，超越国界、民族、文化、宗教和社会制度的差异，同舟共济，通力合作，发挥集体智慧，治理和保护环境资源的愿望和诚意。这一宣言也为国际合作原则的实施奠定了认识基础。

在国际环境资源保护领域进行广泛的合作是有效地保护国际环境资源的必要手段。就自然环境本身而言，生态系统是没有国界的，酸雨、油污染、大气污染或 DDT 的扩散都不可能被限制在国界以内，一国的环境资源受到破坏，势必影响邻近的另一国环境。就污染防治而言，环境污染的规模大问题严重，单靠一国努力是无以为济的。任何国家在当今世界也都不可能脱离全球经济环境，在经济上，一国采取的反污染措施的费用可能会使国际贸易成为畸形；在技术上，某些污染的危害后果不是立即就能发现的，这就要求国际社会共同努力开展对污染的监测和研究；就环境管理而言，环境问题本身以及与经济、政治、社会等发展问题的密切联系使得环境问题更加复杂化，只有依靠国际社会的共同努力，强化管理，才能取得较好的环境资源保护效果。实践也证明，没有合作的计划和管理，单个国家的发展行动会对他国造成不必要的环境影响，也不能有效地保护国际环境。正是基于以上各点，合作是必要的也是必需的，国际环境资源法才将其作为一项基本原则。

进行国际环境资源保护合作，主要体现在如下方面：

(1) 建立信息、教育制度及有关的国际机构，向各国的环境决策者准确及时地提供环境问题的信息，以及人类活动对环境潜在影响的资料。

(2) 相互通知和协商。一国在从事可能对另一国的环境资源造成影响的活动之前，有义务通知另一国并与另一国相互协商以取得其同意。为此，各国必须建立信息交流与事先协商制度。

(3) 共同努力提高现有技术，发展无污染或低污染的新技术，并使之运用于日常生活。

(4) 交换有关专家和科技人员。

(5) 援助发展中国家，包括削减或免除债务，提供环境保护技术和资金，以增加它们解决环境问题的能力，等等。

(四) 共同但有区别的责任原则

全球环境问题的产生和发展在世界的各个区域的表现是不平衡的，不同国家因其经济发展水平的不同也存在着巨大差异，《人类环境宣言》将环境问题区分为发达国家的发展过度的环境问题和发展中国家发展不足的环境问题，并提出了解决两类不同性质的环境问题的不同对策和措施。1992 年，联合国环境与发展大会在这一基础上，更进一步明确了发达国家与发展中国家在造成全球环境问题方面的差别责任，提出了共同但有区别的责任原则。

国际环境资源问题是全球科学技术和经济发展造成的，因此，各国都应对国际环境资源问题负一定的责任。但是，发达国家和发展中国家对环境问题应负的责任是有区别的。从历史上看，当代环境问题主要是发达国家在其工业化过程中，为自己创造了大量的财富，也向地球排放了大量污染物，从而积累形成的环境问题，如温室效应、臭氧层破坏、酸雨、土地沙漠化、热带雨林砍伐、淡水污染等等。即便是从现实的角度看，发达国家也仍然是主要的污染物排放者。目前仅占世界人口 1/4 的发达国家，二氧化碳排放量占全球总排放量的 75%，全球消费的有关破坏臭氧层的 113 万吨受控物质中，发达国家占 86%；全球现有的危险废弃物产量发达国家占世界的 90%左右。所以，无论是从历史的角度还是从现实的角度来看，发达国家都是当代环境问题的主要责任者，而发展中国家却是受害者，正在蒙受着发达国家造成的环境污染和破坏所带来的损害。因此，发达国家应对全球环境污染和破坏负主要责任，并有义务在现有的发展援助以外，提供新的、充分的、额外的资金，帮助发展中国家参加全球环境保护的努力，或补偿由于保护环境而带来的额外解决损失，并以优惠的、非商业性条件向发展中国家提供环境无害技术。

共同但有区别的责任原则是发展中国家在国际环境资源保护领域提出的一项新的原则。它的提出，充分反映了发展中国家在国际环境资源保护中日益重要的主导作用，是南北双方在环境问题上严重对立的情况下的正当要求。解决全球环境问题必须注意维护发展中国家的利益，体现公平责任原则。这一原则在印度、中国、马来西亚三次发展中国家环境部长会议文件中得到了充分肯定，联合国环境与发展大会上签署的《气候变化框架公约》也确认了这一原则。

三、国际环境资源法的渊源和体系

（一）国际环境资源法的渊源

国际环境资源法的渊源，是指国际环境资源法的表现形式。国际环境资源法的渊源与一般国际法渊源一样，包括国际条约、国际习惯、一般法律原则及确定法律规则的辅助方法——司法判例、公法家的学说等方面。但由于国际环境资源法出现的时间不长却发展十分迅速，一方面有大量的国际环境资源保护条约，另一方面又有丰富的国际环境资源保护实践，尤其是国际环境资源保护的“软法”正迅速发展并在国际环境资源保护实践中日益发挥重要的作用。目前，国际环境资源法的渊源主要有：国际环境资源保护条约、国际环境资源保护宣言与决议、国际环境资源保护的著名案例及其他渊源。

1. 国际环境资源保护条约

国际环境资源保护条约是公认的国际环境资源法的主要渊源。国际环境资源保护条约作为国家之间共同保护环境资源的明示协议，对缔约国有拘束力，因而成为国际法院裁判案件的主要依据。

一般说来，条约只对缔约国有拘束力。因此，就条约对缔约国的拘束力不同而言可以有多种类型。双边条约和几个国家参加的多边条约只对有关国家有拘束力，构成有关国家之间的权利义务关系，从而表现为有关国家的特殊的国际法；多数国家参加的多边条约则很可能对大多数国家由于其参加而具有拘束力，从而表现为大多数国家之间的一般国际法。因此，《国际法院规则》规定，法院适用国际公约，不论其为一般的还是特殊的，只要它们“确定了诉讼当事国所承认的规则”。

迄今为止，国际上已签订了大量的环境资源保护条约，据联合国环境规划署的统计，有关环境资源方面的全球性和区域性的国际条约和协定已达150多件，这些条约确定了国际环境资源法的基本原则和制度，也形成了国际环境资源法以“协定法”为主要形式的特点。尤其是在国际环境资源保护条约中，有许多是以创立新的国际环境资源法原则、规则和规章、制度或者变更现有的传统国际法原则、规则和规章、制度为目的的多边国际公约，具有“国际立法”的特征，是国际环境资源法的直接表现形式。

2. 国际宣言与决议

在传统国际法学说中，国际组织的宣言和决议至多只是“确定法律原则之辅助资料”，不是国际法的直接渊源；但在国际环境资源法的形成过程中，国际宣言与决议却起着创制法律原则的重要作用，出现了大量的“软法”。这种情况产生的原因，一方面是因为环境资源保护的条约的签署既受到社会经济发展的制约，也受到自然科学和工程技术发展水平的制约，各国社会经济及科技发展水平差异甚大，加之对制定环境资源保护条约经验不足，导致环境资源保护协定签署困难；另一方面又因为环境问题已成为威胁人类自身生存和发展的重大问题，共同的生存目标使环境资源保护必须有超越国界、超越意识形态的全人类通力合作。为了解决许多迫在眉睫的环境问题，有关环境资源保护的国际会议及国际组织发表了大量的关于环境资源保护的国际宣言和决议——即英美法学家所说的“软法”。

一般而言，较之于国际条约——硬法，国际宣言与决议——软法具有如下特点：

（1）它们大多由不拥有立法权的国际机构制定或国际会议通过。

（2）软法的条文在文字上一般采取条件句式，或插入“应该”、“尽可能”之类的词语，且规范内容不确定，多为原则性阐述，没有详细具体的规定。

(3) 软法的实施更需由国内法进行“接力”。即需要由各国根据本国情况制定相应的国内法加以保证；有些规则的实施则需要一些国家的多边合作。

(4) 软法的执行主要表现为施加压力，尤其是舆论压力，其本身不具备制裁力。

尽管如此，这些软法无论在制定新的国际环境资源法方面，还是在确认、固定、发展和解释现有的国际环境资源法规范方面的作用都不可低估。从20世纪70年代初以来，保护人类的思想和原则越来越多地载入了联合国大会及各种国际环境资源保护机构的决议和宣言中，这些宣言和决议中有些包含了全球环境资源保护的法律原则宣言，有些是关于某些环境要素保护方面的法律原则宣言，前者如《人类环境宣言》，后者如《世界国家公园大会宣言》。这类宣言和决议的效力值得充分注意。不能因为这些宣言和决议不具备强制力便认为是毫无法律效果的。这些宣言和决议可能得到一致通过或者得到绝大多数会员国投票赞成，因此，它们不仅对投票赞成的会员国有一定的拘束力，而且在国际环境资源保护中还具有一定的普遍意义。同时，这些决议和宣言可能全部或者部分地反映着现有的或者正在形成中的国际环境资源法的原则、规则和规章制度。如《人类环境宣言》的26项原则，被普遍认为是解决环境问题和基本准则，是国际环境资源法的基础。因此，这些国际宣言和决议毫无疑问就成为确定国际环境资源法原则、规则和规章、制度的重要形式，并且就其国际性和规范性而言，应该位于“确定法律原则之辅助资料”之上。

3. 国际环境资源保护的著名案例

《国际法院规约》第59条规定：“法院之裁判对于当事国及本案外，无拘束力。”这就充分表明，国际法院只有适用法律的职权，而没有创造法律的功能，从而在国际法上排除了英美法系普通法上的遵从判例主义。国际司法判例的意义在于：这些裁判所依据的推理往往为其后的司法实践所遵循。换言之，法官往往遵从一条与过去的判例与咨询意见一脉相承的推理方法，对有关国际法进行认证和确定。可见，国际司法判例不直接表现为国际法，但却有助于国际法原则、规则、规章、制度的确定。因此，可以把它看作一种辅助性渊源。

20世纪三四十年代以来，国际上发生了崔尔冶炼厂仲裁案、兰诺克斯湖案件、柯孚海峡案件和核试验案件。这些案件的判决和裁决，对于国际环境资源法的发展具有积极的意义，成为国际环境资源保护条约的重要补充。

国内司法判决在一定条件下可以表现为一个国家的国际法观点，却不能成为国际法的直接渊源。但是，一个国家的国际法观点对于国际法的形成是有影响的。如果来自各国国内法院的判例，表现出一致性，这一类国内法院的判例往往可以直接发展为国际习惯规则。其次，这类判决被当作重要先例，甚至对当局有约束力的先例。正如美国前联邦法院首席大法官马歇尔所说："每个国家法院判例，表明了该国在特定案件中对国际法的理解，并将国际法当作国内优先适用的规则。"

（二）国际环境资源法的体系

国际环境资源法的体系是指由各种国际环境资源法律规范组成的具有内在联系的整体，它体现了国际环境资源法的内部结构，是根据一定的标准和原则划分的具有相互间规律性联系的各类国际环境资源法律规范的整体。对于国际环境资源法的内部结构进行研究，主要目的是为了建立科学的国际环境资源法理论体系，以正确指导立法实践的发展。

国际环境资源法经过几十年的发展，规范数量已达到相当规模，规范的内容已涉及国际环境资源保护的各个领域或保护对象，现正处于蓬勃发展时期，对已粗具规模的国际环境资源法规范进行分类已完全可能。

根据不同的划分标准，可以对国际环境资源法规范体系从不同角度进行认识，而每一种认识并无主次之分，主要是为了理论研究的便利以及指导立法实践的需要。在各种对国际环境资源法的体系的认识中，其中最主要的一些基本分类法有如下几种。

1. 根据国际环境资源法规范的作用进行分类

根据国际环境法规范在国际环境保护关系调整过程中所发挥的作用，可以将其分为综合性国际环境法、单行性国际环境法和经过国际认可的国内环境保护法规和其他国际法领域有关环境保护的规范等。一般说来，综合性的国际环境法表现为法律文件，如国际会议发表的宣言、多数国家发表的有关环境问题的原则宣言，以及多边的国际公约等，这些文件对于整个国际环境保护具有整体性指导意义；单行的国际环境法主要表现为缔约国就某一具体环境问题签订国际环境保护条约，它是对综合性国际环境法文件所规定的一些原则和制度的具体化。

2. 根据国际环境保护的对象分类

由于环境是由多个环境要素所构成的，根据环境保护的客体不同，可以将国际环境法分为国际江河流域环境法、国际海洋环境法、空气空间和外层空间保护法、国际生物资源保护法等。由于不同的环境要素对环境保护所提出的要求不同，环境要素的特征及其受到人类危害的程度不同，国际合作的方式也各不相同。因而，在国际环境法中，根据不同的环境保护对象的特点比较容易形成具有相同特征的国际环境法规范。所以，在理论研究中，这种分类法采用得比较多。

3. 根据国际环境法的拘束力分类

根据国际环境法是否具有强制约束力，可以将其分为有拘束力的规范和无拘束力的规范。有拘束力的规范主要是指由国际社会签订的全球性、区域性和双边的国际环境保护条约和协定，这些条约和协定要求缔约国履行国际义务，违反条约及协定规定的义务要承担国家责任，因而具有一定的强制性；无拘束力的规范主要是指国际环境保护机构和组织通过或发表的有关国际环境保护的宣言、声明、纲领以及科学家和法学家的学说、著作及建议等，这些国际环境法律文件或学说、著作主要表明国家、学者对国际环境保护的态度、观点和建议，它们对国际环境保护条约的签订具有重要影响，但其本身没有强制执行力。

四、中国与国际环境资源法的发展

国际法与国内法是法律的两个体系，二者之间存在着不同的特性。但是，由于国内法的制定者是国家，而国际法也是国家参与制定的，这两个法律体系间也有着密切的联系——它们互相渗透和互相补充。在原则上，国家在制定国内法时，要考虑到国际法的要求，而在参与制定国际法时要考虑国内法的立场。在国际环境资源法的发展过程中，也无不受到国内法和国家立场的影响。中国作为当今世界上有影响的大国之一，人口居世界首位，国土面积居世界第二位，自然资源种类多、藏量丰富，经济发展迅速。高速发展的中国，一举一动都不可避免地要牵动全球环境资源保护的网络。

中国的环境问题是全球性环境问题的一个组成部分，中国深知自己在保护全球生态环境方面的责任和可以发挥的作用，从这一点出发，中国十分重视和积极参与联合国有关环境与发展问题的讨论并签署了多项国际公约和协议，此外还与美、日、朝鲜以及各周边国家签订了保护环境的双边协定，中国的国内环境资源保护立法也对国际环境资源法的发展作出了有益的贡献。

1979 年以来，中国在积极制定一系列国内环境资源法的同时，陆续审定和加入了一些国际环境资源保护的条约和协定，主要有《国际捕鲸管理公约》、《东南亚及太平洋区植物保护协定》、《大陆架公约》、《关于各国探索和利用包括月球和其他天体在内的外层空间活动的原则公约》、《国际油污损害民事责任公约》、《国际干预公海油污损害公约》、《关于油类以外物质造成污染时在公海进行干预的议定书》、《禁止在海床洋底及其底土安置核武器及其他大规模毁灭性武器的条约》、《禁止发展、生产和储存细菌（生物）及毒素武器或销毁此种武器的公约》、《保护世界文化和自然遗产公约》、《防止因倾倒废物及其他物质而引起海洋污染的公约》、《濒危野生动植物物种国际贸易公约》、《1978 年议定书修定的 1973 年国际防止船舶污染公约》、《1973/1978 国际防止船舶污染的〈防止油污规则〉》、《1973/1978 国际防止船舶污染的〈控制散装有毒液体物质污染规则及其修正案〉》、《核材料实物保护公约》、《联合国海洋法公约》、《国际热带木材协定》、《保护臭氧层维也纳公约》、《关于消耗臭氧层物质经修正的蒙特利尔议定书》、

《南太平洋无核区条约》、《及早通报核事故公约》、《核事故或辐射紧急情况援助公约》、《亚洲和太平洋水产养殖中心国际协定》、《控制危险废物越境转移及其处置的巴塞尔公约》、《南极环境保护议定书》、《气候变化框架公约》、《生物多样性公约》、《关于特别是水禽生境的国际重要湿地公约》等。

中国作为国际社会的一个成员，十分重视国际环境资源保护合作，积极负责地参与各项国际环境资源保护工作和有关公约的制定，为促进国际环境资源保护事业的发展和国际环境资源法的发展，作出了不懈的努力。1972 年中国派代表团出席了斯德哥尔摩人类环境会议，并作出了有益的贡献。十一届三中全会以后，中国将环境保护上升为一项基本国策，在强化国内环境资源管理的同时高度重视世界环境与发展事业，本着积极、务实、合作的精神，参与了亚太地区乃至全球的环境资源保护合作和国际环境资源法的制定工作，中国加入了《人与生物圈计划》，并且是“人与生物圈国际协调理事会”的理事国；中国是联合国环境规划署“阿佩尔”计划的试点国；中国的一大批人文古迹如故宫、长城等被联合国教科文组织列为“世界文化遗产”；中国积极参与了大量的全球环境问题的谈判和会议，如世界环境与发展大会的多次筹备会议，发起并召开了“发展中国家发展与环境部长会议”，通过了《北京宣言》，还参加了气候变化、保护臭氧层、保护生物多样性、有害废物和有毒化学品管理的专题会议和国际公约的谈判……凡此种种，都充分说明了中国在国际环境资源保护中的重要地位，以及在国际环境资源保护中的立场鲜明，维护中国和发展中国家的发展权益方面的贡献。

五、国际环境资源保护的基本法律制度

（一）全球气候的保护

1. 臭氧层的保护

联合国环境署早在 1981 年就开始倡议制定一项国际条约来保护臭氧层并开始了谈判。由于不同的国家对臭氧层的削弱有不同的看法，特别是发展中国家和发达国家之间对为保护臭氧层所采取的措施对本国经济发展的影响有不同的看法，因此所拟定的条约需在不同的利益之间作出平衡。其中最突出的问题是包括印度和中国在内的发展中国家主要担心限制使用削弱臭氧层的物质可能会妨碍其国内经济发展，以及它们可能得不到发达国家已有的替代技术。美国强烈主张成立国际机构评估和监管臭氧层的保护，但欧共体国家一开始则不愿意作出太多的承诺，以防执行起来费用太高，还有些欧共体国家则认为还存在科学不确定性因而抵制国际监管。但是臭氧层保护和大气层保护，特别是越境大气污染防治的不同之处是臭氧层保护的法律架构只有是全球性的才会成功。这是因为不管削薄臭氧层的气体是由哪个国家排放出来的，其对臭氧层的影响都是一样的。

经过数年的谈判，《保护臭氧层的维也纳公约》终于在 1985 年签署。该公约在序言中提及了《人类环境宣言》的原则，但并没有要求成员国承担任何具体的法律责任。这充分反映了该公约是各成员国之间妥协的产物。公约对成员国的唯一要求就是，对臭氧层削薄的起因和后果进行分析，提供信息以及相互交换有关的信息和技术。尽管如此，该公约在国际环境法中仍然不失为一重要的公约。其原因有二：第一，该公约明确表示为了保护全球臭氧层环境，公约既没有采用养护也没有采用污染来描述公约的范围，而是选用了一个新的概念，即“全面影响”。这是采取了生态系统的概念并承认了自然环境除了对人类有用途之外，还有其自身的重要性。第二，该公约是第一个认识到有必要在有确凿的证据证明实际危害之前采取预防性的措施的公约。

在公约签署了两年后，即 1987 年，又制定了《关于削减臭氧层物质的蒙特利尔议定书》。该议定书在 1990 年作了修改。相比较而言，议定书及其修正案是比公约本身更重要的协议。这首先是因为议定书设定了明确的削减和最终消除使用和生产那些削薄臭氧层的物质。其次，议定书承认若对所有国家适用公平对待原则实际上是不公平的，而且发展中国家对臭氧层的削薄只应承担很小的历史责任。因此，为满足发展中国家的需要而作了一些特殊规定。再者，议定书试图通过禁止公约成员国与非成员国就会削薄臭氧层物质进行交易而对非成员国加以间接调整。

1987 年议定书有两条特别有特色而且是极其重要的有关缔约国会议的职权的规定：第一，如果缔约国会议已经穷尽了各种达成一致意见的努力，那么缔约国会议经 2/3 多数通过即可以作出一些决定。这些决定对包括投反对票的国家在内的所有成员国都有约束力。为了确保发展中国家与发达国家之间的平衡，这些决定必须分别得到这两类国家的多数的支持。第二点更不同寻常。议定书规定了就非正式的执行程序进行谈判。在 1990 年成员国同意通过一临时程序。任何成员国都可以单方面启动该程序。执行委员会将聆听当事各方的投诉及答辩，其目的是在遵守议定书的前提下达成和谐的、大家满意的决定。然后执行委员会向成员国会议汇报。后者可以决定并要求采取措施全面执行所通过的决定。

2. 气候变化

就全球气候变化而言，《人类环境宣言》原则以及国际习惯法原则都对主权国家产生温室效应气体或其他可导致全球气候变化的活动有一定的限制。但从国际习惯法中却不能得出主权国家需要遵守的任何明确的标准。这还有待条约法来解决。许多的国际宣言都已号召世界各国采取各种措施来减少二氧化碳的排放量。该问题在 1989 年的专家会议上得到了充分的讨论并最终于 1992 年联合国环境与发展大会上正式通过。联合国《气候变化框架公约》由于该公约成员国在谈判时所面临的问题比 1985 年的《臭氧层保护维也纳公约》的成员国所面临的问题还要复杂得多，而气候变化可能带来的影响也要广泛得多，因此，《气候变化框架公约》事实上是学习了《臭氧层保护维也纳公约》的经验，只制定了一个比较空洞的框架公约，而把更具体的内容留给成员国通过议定书的形式去解决。

3. 外层空间的环境保护

外层空间法是建立在所有国家对外空享有平等的受益权和开采与使用的自由权这些原则之上的。国际社会已就外层空间通过了许多宣言，并签署了 1967 年的《外层空间条约》。这些都说明就管理外空活动的规则方面，国际社会是存在共识的。因此，可以说这些宣言及条约中有关环境的规定是各主权国家就其环境保护所应承担的国家责任的指南。

根据《外层空间条约》，各国在外层空间进行活动时必须考虑其他国家的利益，必须不对外空或天体造成污染以及采取适当的措施来避免因外空事件而对地球的环境造成负面的变化。《外层空间公约》第 9 条要求当事国在进行可能产生损害的活动之前与相关国家进行磋商。但其他被磋商的国家并不享有任何否决权。而且需要指出的是，磋商的目的并不是为了保护地球的环境或外层空间，而仅仅是为了保护当事国在开发和利用外层空间方面的利益。

（二）海洋环境保护的国际法制度

在海洋环境保护方面，从 1958 年日内瓦海洋法会议通过一系列协定确立海域和海洋生物资源保护的原则开始，至 1982 年的《海洋法公约》对海洋环境保护的原则和制度的全面规定，基本上形成了国际海洋环境保护法的全套制度。以下内容为最富于代表性的国际公约。

1.《海洋法公约》

1982 年 12 月 10 日签署的《海洋法公约》是海洋法律制度的综合性国际公约，对海洋环境的保护与管理有着深远的意义。

《海洋法公约》第 12 部分专门规定了环境资源保护问题——“海洋环境保护与保全”；第 54 部分则对养护海洋生物资源的许多问题作了规定。整个《海洋法公约》中海洋环境资源保护占有很大比重，可以说是对过去海洋环境资源保护的国际条约的总结。

《海洋法公约》规定了各国保护和保全海洋环境资源的义务，并制定了履行这些义务的方式的规则；规定了对各海洋污染源的控制；建立了国际海洋污染管理体制；还对专属经济区与海洋资源有关的方面作了规定，赋予了沿海国养护海洋生物资源的权利和义务，并为养护海洋生物资源建立了切实的体制。

《海洋法公约》根据海洋环境资源保护的需要，对公海制度及公海自由原则进行了新的发展，它标志着国际海洋环境资源法的正式形成。

2.《公海渔业及生物资源养护公约》

1958 年 4 月 29 日在日内瓦签署的《公海渔业及生物资源养护公约》是规定公海生物资源开发利用原则的一个重要国际公约。

该公约的宗旨是考虑到由于现代技术的发展，公海生物资源有被过度开发的危险，因而希望通过国际合作以解决这些资源的养护问题。《公海渔业及生物资源养护公约》规定：世界各国都有责任采取措施或与其他国家合作采取措施，以养护生物资源；沿海国对毗邻其领海的公海拥有特殊利益，可以对这种地区单独采取养护措施，这种措施如确属紧急需要并以科学调查为根据，则对其他国家有效。该公约还规定了“捕获定量分配制”，这在客观上有利于鱼类的保护。

《公海渔业及生物资源养护公约》严格说来是属于经济性质的条约，但它较之于过去的规定在环境资源保护方面已有了很大的进步，因为它是第一个全球性的涉及整个海洋生物资源养护的公约，而被认为是国际环境资源法萌芽时期保护海洋环境资源的主要公约之一。

3.《防止陆源物质污染海洋公约》

1974 年 6 月 4 日，在巴黎由参加防止陆源物质污染海洋公约的外交会议的欧共体和其他国家通过的《防止陆源物质污染海洋公约》建立了防止陆地污染源对海洋污染的规则。

该公约的目的是要求采取国际行动，以便控制陆源物质对海洋的污染，要求各有关国家为了公共利益而进行区域合作或分区合作。《防止陆源物质污染海洋公约》规定了缔约国在防止陆源污染方面的权利和义务；要求建立永久性的监测系统；缔约国为防止污染必须加强相互合作并建立国际委员会行使管理权。公约的两个附件则规定了污染物排放标准和争议的仲裁程序。

4.《防止海洋倾倒及其他物质污染海洋公约》

1972 年在伦敦通过的《防止海洋倾倒及其他物质污染海洋公约》建立了保护海洋免受倾废污染的规则。

该公约的目的是为了采取一致的国际行动以控制海洋由于倾废而受污染。公约的主要内容包括：各缔约国应有效地控制一切海洋环境污染的来源；禁止倾倒任何形式或状态的任何废物及其他物质污染海洋，按规定获得特许证和一般许可证的除外；在不可抗力作用或其他危险情况下，当确有必要保证生命安全或船舶、飞机、平台或其海上构造物的安全而倾倒是防止危险的唯一方法时，可以例外，但应立即向条约主管机关报告，并将损害减少到最低限度；每一缔约国应有专门机关，从事执行公约中规定的有关事项；缔约国实施本公约的管辖权等等。

5.《防止以船舶及飞行器倾废污染海洋公约》

1972 年在奥斯陆签署的《防止以船舶及飞行器倾废污染海洋公约》建立了防止海上倾废污染的又一规则。

该公约的目的在于控制由船只和飞机倾倒有害物质造成的海洋污染。《防止以船舶及飞行器倾废污染海洋公约》包括 27 条和 3 个附录，其主要内容为：公约适用的范围，各缔约国有协调一致防止船只和飞行器倾废造成海洋污染的义务；禁止倾倒的物质和无特别许可证情况下禁止倾倒的物质；在不可抗力作用的情况下条约的适用；缔约国的权利和义务；国际性管理委员会的权利和义务等。

6.《国际防止船舶污染公约》

1973 年签署的《国际防止船舶污染公约》，1978 年经过修订和补充，并签订了《1973 年船污公约 1978 年议定书》，公约生效后取代了 1954 年的《防止海洋石油污染公约》。

《国际防止船舶污染公约》的宗旨是为彻底消除有意排放油类和其他有害物质的污染，减轻这类物质的意外排放以保护海洋环境。它适用于海上任何类型的船舶和固定或浮动的采油平台，但不适用于军舰与政府非商业性船只。公约对排放、排放量作了严格规定；对于船旗国及沿岸国的船舶违章排污都有权利，特别是规定了 7 万吨以上的新油轮，要求有分离的压舱水装置，防止油水混装，禁止 4000 吨以上油轮使用燃油箱盛压舱水。公约的 5 个附则分别规定了“防止油污规章”、“控制散装有毒液体污染规章”、“防止海运包装成箱、可移动罐式公路或铁路槽罐车装有害物质污染规章”、“防止船舶生活污水造成污染规章”以及“防止船舶垃圾造成污染规章”。

7.《国际干预公海油污事件公约》

1969 年在布鲁塞尔缔结的《国际干预公海油污事件公约》，是规定沿岸国为防污目的在领海外对他国船只采取干预行动的第一个公约，是对传统海洋法公海自由原则的修改，创立了新的国际海洋环境法原则。

该公约的目的在于规范各国就引起海上和海岸线油污危险的公海海难事件，在不影响公海自由原则的前提下采取的行动。《国际干预公海油污事件公约》的主要内容包括：在必要情况下缔约国可以在公海上采取措施以防止、减轻或消除海洋油污污染或油污威胁对其海岸线或有关利益而引起严重和紧急的危险；沿海国在采取行动前应通知船旗国请教独立专家并通知可能因此行动而受影响的有关国家和人士，在极端紧急情况下，可以立即采取措施；干预措施不应超越条约目的和合理范围，并应预计可能损害的程度和在实际中不能超越必要的限度，否则，应对受干预的船只给予赔偿。

8.《国际油污损害民事责任公约》

1969 年 11 月在布鲁塞尔缔结的《国际油污损害民事责任公约》，创立了国际环境污染损害的民事责任规则。

该公约的宗旨是为确保受到船舶漏出或排出油污损害的人员获得充分赔偿，对判定这类案件责任问题和充分赔偿的国际法规和程序加以标准化。《国际油污损害民事责任公约》的主要内容为：在船舶出事造成油污损害时，船东应负造成任何损害的责任；但战争行为、不可抗拒的自然灾害和损害事件、第三者恶意行为、政府或主管助航设备的管理人员的疏忽引起的事故除外。公约还规定了责任的承担、赔偿的定额以及要求保险或其他保证书的船舶吨位。为保证《国际油污损害民事责任公约》的实施，1969 年签署了《关于建立油污损害国际赔偿基金的协定》、《关于基金报告工作组的决定》、1971 年签署了《关于油污损害建立国际基金的国际公约》作为《国际油污损害民事责任公约》的补充规定。

（三）国际江河流域环境保护的国际法制度

在古老的国际河流法基础上发展起来的国际江河流域环境保护法极为鲜明地保留了“一个流域一种制度”的特点，呈现出显著的区域性。这一领域内国际公约不多，更没有全球性公约，但在国际江河流域环境保护法的形成过程中，也出现了一些重要的国际条约。

1.《美加边界水域条约》

1909 年由美国和加拿大签署的《美加边界水域条约》根据睦邻友好原则确立了边界水域利用的基本原则和制度，并创立了建立国际水域管理体制的新方法。《美加边界水域条约》的主要原则有：两国水权平等；航行自由；为保护大湖水域的水质及保证持续利用，必须进行用水限制；对于一国因干扰水域或分洪造成另一国损失时，应由造成损失的一方负责赔偿。该条约还建立了合作管理机构和制度。由该条约建立的国际委员会的工作受到国际社会的广泛重视，被认为是国际合作体制中成功的典型。

2.《银河流域条约》

1969 年由银河流域五国签订的《银河流域条约》确立了大面积开发利用国际水域的原则，是国际河流开发史上的一个创举。

《银河流域条约》的宗旨是：通过联合行动使本地区的巨大自然资源得到协调和均衡发展并获得最高效益，并通过对这些自然资源的合理使用从而为后代保护这些资源。条约规定了银河开发利用的目的，确立了由各主权国家划出一部分土地按照流域开发计划的要求进行合作开发和接受共同管理的新型制度；并特别强调了将国际流域的开发利用与环境资源保护相结合，建立统一的管理制度。随着实践的发展，这种新的开发体制正在不断完善，并取得了显著进展。

3.《关于利用印度河条约》

1969 年，印度与巴基斯坦签署了《关于利用印度河条约》，确立了新的河流利用规则。

《关于利用印度河条约》没有采取过去许多条约规定用水量或平均取水的办法，而是考虑两国用水需要划线。这一原则较之于过去的平均分配水量有了很大发展。

4.《大湖水质协定》

1972 年美国与加拿大签署《大湖水质协定》，建立了国际水域围绕防治的新制度。

《大湖水质协定》技术性极强，内容也十分复杂，主要是通过规定水质标准及其各种污染防治措施以保证两国为保持和改善大湖水质采取新的更有效的合作行动。该协定的 8 个附件规定了特别水质技术标准，磷的控制，船舶设计、制造及驾驶，船舶废弃物，来源于船舶的污染之研究，疏浚污泥的鉴别与放置，从岸上及近海设施而来的排放，联合应急计划。《大湖水质协定》所确立的环境标准以及将环境标准作为是否造成污染的依据的做法为国际流域污染防治提供了新思路。

5.《保护莱茵河免遭化学污染公约》和《保护莱茵河免遭氯污染公约》

1976 年在波恩签署的两个防污公约建立了国际江河流域污染防治法中的排污许可证制度。

《保护莱茵河免遭化学污染公约》和《保护莱茵河免遭氯污染公约》除了规定缔约国在防污方面的义务、建立国际管理体制外，还以附件列举了“黑名单”，禁止排放附件 1 所列的物质，减少排放附件 2 所列的物质，进行排放必须取得相应的许可证。两个防污公约还对各缔约国的排污量进行了限制，要求逐步减少化学污染物及氯离子的排放量。

（四）自然资源、文化遗产保护的国际法制度

在国际上，关于自然资源、文化遗产保护方面的公约或协定有 40 多个，其中以下几个是较为重要的全球性公约。

1.《面临灭绝威胁的野生动物和植物国际贸易公约》

1973 年签订的《面临灭绝威胁的野生动物和植物国际贸易公约》创立了控制野生物种的贸易，使政府负有责任监督物种贸易的原则和制度。

《面临灭绝威胁的野生动物和植物国际贸易公约》的宗旨在于建立进出口许可证制度以防止过度采捕那些有灭绝危险的物种，包括无论是死的还是活的动植物及其产品。公约有 4 个附录，列出了三类控制贸易的动植物名单和许可证样本。要求由缔约国管理机构负责贸易的方法（如颁发许可证），而由科学机构负责生物方面，保证进出口许可证的发放不会对有关物种带来有害影响。科学机构有权根据它对物种状况的看法否决管理机构的决定，这样使得国家管理机构和科学机构网之间以及与秘书处能够直接挂钩联系。公约还规定了多边和双边的技术援助和合作等制度。

《面临灭绝威胁的野生动物和植物国际贸易公约》被认为是使国际协定能够提供一种方法，以保证达到与他们有关的保护目的的成功范例。

2.《保护世界文化和自然遗产公约》

1972年11月在巴黎通过的《保护世界文化和自然遗产公约》创立了保护世界自然遗产和文化遗产的基本法律制度。

该公约的宗旨是为国际社会集体保护具有重大价值的文化遗产和自然遗产，建立一个长久性的有效制度。公约规定：确定、保存、保护具有重大价值的文化遗产和自然遗产，首先应发挥缔约国本国的作用；同时，整个国际社会有责任进行合作。按照公约的规定，缔约国可以提出申请，要求将本国若干文化和自然遗产列入《世界遗产目录》，并据此申请公约规定的经济和技术援助，使之受到国际性保护。为实施这一公约，联合国教科文组织专门设立了“世界遗产委员会”负责管理。

《保护世界文化和自然遗产公约》特别强调：每一缔约国独特的自然和文化地区具有国际价值，是全人类遗产的一部分，国际间有援助它们的相应义务。因此，各国不仅要成为世界遗产公约的成员国，而且要向世界遗产基金会慷慨捐助；基金不会削弱每个国家保护本国独特的自然地区的基本责任，而是提供一种方法以保证具有全球性重要意义的地区不会因当地缺少金钱和技术而受到损失。

3.《野生动物移栖种保护公约》

1979年6月在波恩通过的《野生动物移栖物种保护公约》建立了保护穿越国界动物的法律制度。

《野生动物移栖种保护公约》的宗旨是保护通过国家管辖边界或国家管辖边界外的野生动物中的移栖物种。公约要求各成员国对面临灭绝的移栖物种加以保护，并尽力缔结协定保护那些处境“不妙”的移栖物种。公约附录分别列举了“有灭绝危险的移栖物种”和“需协议的移栖物种”。根据公约设立的科学理事会和秘书处负责有关移栖物种保护和管理的各个方面，提供咨询意见，达到养护的目的。

4.《关于特别是水禽生境的国际重要湿地公约》

1971年2月在兰姆萨尔签订的《关于特别是水禽生境的国际重要湿地公约》宗旨是制止目前和未来对湿地的逐渐侵占和损害，确认湿地的基本生态作用及其经济、文化、科学和娱乐价值。

《关于特别是水禽生境的国际重要湿地公约》要求缔约国根据科学的观点，至少指定一块具有国际代表性的国立湿地列入“国际重要湿地名单”，并由国际保护；缔约国应承担保护、管理和合理利用移栖野禽原种方面的国际义务；缔约国应设立湿地自然保护区，并相互交流情报、培训人员，并在必要时召开湿地和水禽养护大会等。

5.《生物多样性保护公约》

1992年6月11日在里约热内卢签署的《生物多样性保护公约》是联合国环

境与发展大会的一项重要成果。该公约被认为是既有利于工业化国家、也有利于发展中国家的公约，它建立了一种有利于南北对话的新型环境保护制度。该公约对动植物资源的保护和可持续利用作出了详尽的规定。

《生物多样性保护公约》接受了北方国家必须从财力和技术上帮助南方国家的观点，并要求这种资金援助是在现存的已有援助基础上的额外援助。公约特别强调为保护生物多样性而建立保护区域网络首先是各个国家的责任；而农村社区和土著人应是保护和持续利用野生动植物物种的最先受益人，因为，几个世纪以来，他们的传统观念和对这些资源的尊重保护了生物的多样性。

该公约的签署，建立了一种新的国际环境资源保护协作制度，即在该公约下，北方国家在一定程度上可获得南方国家的生物资源。同时，南方国家也将获得北方新的技术资源。这一制度，改变了过去在环境资源保护的合作领域单向义务性观念，要求双方都有所给予和索取，都在享有权利的同时承担义务。但这样一种新的制度的建立和实施，尚需国际社会成员的共同努力和积极支持。

第二节　中国对国际环境资源保护的法律态度

一、我国对国际环境资源保护的基本法律主张

发展中国家在国际环境保护中起着重要的作用。发展中国家应在力所能及的范围内，积极参与国际环境保护的工作。我们国家认为：

（1）保护必须充分承认发展中国家的发展权利，保护全球环境的措施应该支持发展中国家的经济增长与发展。国际社会尤其应该积极支持发展中国家加强其组织管理和技术能力。

（2）应该充分考虑发展中国家的特殊情况和需要。每个国家都应能够根据自己经济、社会和文化条件的适应能力，决定改善环境的进程。发展中国家的环境问题根源在于他们的贫困。这些国家使用了发达国家提供的过时的、有害环境的技术来实现发展，因此加剧了环境的退化，进而又破坏了发展进程。这不仅对发展中国家，而且对全世界都造成了不利影响。持续的发展和稳定的经济增长是改变这种贫困与环境退化恶性循环并加强发展中国家保护环境能力的出路。最不发达国家、灾害频繁的国家以及发展中岛国和低地国家都应得到国际社会的特别重视。

（3）在当今国际关系中，发展中国家在债务、资金、贸易和技术转入等方面受到种种不公平待遇，导致资金倒流、人才外流和科学技术落后等严重后果。发展中国家的经济发展因而受到制约，这削弱了他们有效参与保护全球环境的能力。因此，必须建立一个有助于所有国家，尤其是发展中国家持续和可持久发展的公平的国际经济新秩序，为保护全球环境创造必要条件。各国应能决定自己的

环境和发展政策，不受任何贸易壁垒和歧视的影响。

（4）环境保护领域的国际合作应以主权国家平等原则为基础。发展中国家有权根据其发展与环境的目标和优先秩序利用其自然资源。不应以保护环境为由干涉发展中国家的内政，不应借此提出任何形式上的援助或发展资金的附加条件，也不应设置影响发展中国家出口和发展的贸易壁垒。

（5）保护环境是人类的共同利益。发达国家对全球环境的退化负有主要责任。工业革命以来，发达国家以不能持久的生产和消费方式过度消耗世界的自然资源，对全球环境造成损害，发展中国家受害更为严重。

（6）鉴于发达国家对环境恶化负有主要责任，并考虑到它们拥有较雄厚的资金技术能力，它们必须率先采取行动保护全球环境，并帮助发展中国家解决其面临的问题。

（7）发展中国家需要足够的、新的和额外的资金，这样才能够有效地处理它们面临的环境和发展问题。应该以优惠或非商业性条件向发展中国家转让环境无害技术。

（8）发展中国家应通过加强相互间的技术合作和技术转让，对保护和改善全球环境作出贡献。

二、对各领域具体问题的态度及国际环境资源法律动议

（1）土地退化、沙漠化，水旱灾害，水质恶化与供应短缺，海洋和海岸资源恶化，水土流失，森林破坏和植被退化等等是发展中国家面临的严重的环境问题，也是全球环境问题的一个重要部分，应予优先考虑解决。国际论坛讨论过这些问题，并提出和通过了一些行动计划。但是，国际社会迄今尚未采取具体行动加以实施。国际社会应在这方面立即开始行动，特别是为此建立国际资金机制。

（2）密切关注导致气候变化的温室气体的不断增加及其对全球生态系统可能产生的影响，特别是对发展中国家，尤其是岛屿和低地的发展中国家构成的威胁。应从历史的、积累的和现实的角度确定温室气体排放的责任。解决办法应以公平的原则为基础：造成污染多的发达国家应多做贡献。因此，发达国家应承担义务，采取措施制止人为引发的气候变化，建立保障发展中国家环境安全和发展的机制，包括为此以优惠或非商业性条件向发展中国家转让技术。

（3）正在谈判中的气候变化框架公约应确认发达国家对过去和现在的温室气体的排放负主要责任，发达国家必须立即采取行动，确定目标，以稳定和减少这种排放。近期内不能要求发展中国家承担任何义务。但是应该通过技术和资金合作鼓励它们在不影响日益增长的能源需要的前提下，根据其计划和重点，采取既有助于经济发展又有助于解决气候变化问题的措施。框架公约必须包含发达国家向发展中国家转让技术的明确承诺；建立一个单独资金机制，并且开放经济上可

行的新的和可再生的能源以及建立可持续的农业生产方式，以此作为缓解气候变化主因的重要步骤。此外，发展中国家在解决气候变化带来的不利影响时必须获得充分必要的科技和资金合作。

(4)《保护臭氧层维也纳公约》和1990年6月修改后的《关于消耗臭氧层物质的蒙特利尔议定书》的宗旨和原则是积极的。发展中国家如何履行修改后的议定书中的规定的义务，取决于议定书批准国有效地落实向发展中国家提供资金和转让技术的安排。为此，发达国家应就《维也纳公约》和1990年6月修改后的《蒙特利尔议定书》所提出的充足资金和迅速转让技术的长期安排作出承诺。

(5) 对生物多样性锐减表示关注。发展中国家拥有大部分活性生物和它们的栖息地，多年来承担着保护它们的费用。这一努力应得到国际社会和任何国际公约及其议定书的承认和支持。每一个国家都对其生物资源拥有主权，因此保护措施应与其计划和重点相一致。正在谈判中的生物多样化性的国际法律文件应特别表明，获得遗传物质与转让生物技术之间、物种所在国研究与发展之间、分享科研成果及分享商业利润之间的关系。知识产权问题必须得到圆满解决不应成为技术转让包括生物技术转让的障碍。而且，国际法律文件还必须承认和奖励主要分布在发展中国家的农村居民在保护和利用生物物种多样性方面的创新。

(6) 虽然对有害废弃物和有毒物的控制和管理需要国际合作，但两年前通过的《巴塞尔公约》并未生效。为此，呼吁那些尚未批准的国家考虑加入，并呼吁所有国家采取行动建立责任和赔偿制度，建立分析和处理废物的能力，以便建立一个在全球禁止向缺乏此类能力的发展中国家出口危险废物的机制；同时，对继续非法贩运有毒有害物品和废弃物，特别是它们从发达国家运至发展中国家表示关注。敦促发达国家采取适当措施制止此类贩运。

(7) 保护森林和促进可持久经营的多边措施，包括就森林问题形成全球协商一致的建议，旨在提高森林的经济、社会及环境方面的潜力。管理计划应把生物资源的保护和开发的优先顺序及目标结合起来，并顾及当地社区包括生境的需要。应承认和支持这方面的各种努力，包括发展中国家促进持久利用热带森林的具体项目。这种支持应采取以资金和技术援助的形式，并确保增值较高的热带木材有更好的市场。资金、技术援助和提供市场同确保国际社会为保护和发展森林而进行资金合作具有同等的重要意义。为此，国际社会应为绿化世界作出努力。过去大范围毁坏了森林的国家应通过植树造林的计划提高森林覆盖率。

(8) 深为关切沙漠化的扩展和长期持续的干旱。国际社会已认识到这是重大的环境问题。因此迫切需要高度重视，优先考虑，采取一切必要措施，包括为遏制和扭转沙漠化、持续干旱提供适当的资金和科技资源，为保持全球生态平衡做贡献。

(9) 主要由发达国家进行的不合理开发和污染造成的海洋和沿海资源的恶